广东省优秀社会科学家文库（系列二）

徐真华自选集

徐真华◎著

中山大學出版社
SUN YAT-SEN UNIVERSITY PRESS
·广州·

图书在版编目（CIP）数据

徐真华自选集/徐真华著. —广州：中山大学出版社，2017.11
(广东省优秀社会科学家文库. 系列二)
ISBN 978-7-306-06136-2

Ⅰ.①徐…　Ⅱ.①徐…　Ⅲ.①社会科学—文集　Ⅳ.①C53

中国版本图书馆 CIP 数据核字（2017）第 187713 号

出 版 人：徐　劲
策划编辑：嵇春霞
责任编辑：刘学谦
封面设计：曾　斌
版式设计：曾　斌
责任校对：杨文泉
责任技编：何雅涛
出版发行：中山大学出版社
电　　话：编辑部 020-84111996，84111997，84113349，84110779
　　　　　发行部 020-84111998，84111981，84111160
地　　址：广州市新港西路 135 号
邮　　编：510275　　传　真：020-84036565
网　　址：http://www.zsup.com.cn　E-mail：zdcbs@mail.sysu.edu.cn
印 刷 者：广州家联印刷有限公司
规　　格：787mm×1092mm　1/16　22.5 印张　377 千字
版次印次：2017 年 11 月第 1 版　2017 年 11 月第 1 次印刷
定　　价：60.00 元

徐真华

1950年1月生，江苏无锡人。教授、博士生导师。曾任广东外语外贸大学党委书记、校长，历任中国翻译协会副会长、广东省社科联副主席、广州市科协副主席、广州市人民政府决策咨询顾问、中共广东省委政策研究室特约研究员、教育部外语专业教指委委员兼法语专业教指委副主任。现任广东外语外贸大学教授、中国法国文学研究会副会长、广东省人民政府文史研究馆馆员。

1975年毕业于广州外国语学院法语专业。曾先后赴摩洛哥王国、法国、加拿大进修访学。主要研究方向为法国现当代文学和比较文化学，先后发表论文百余篇，主持并完成教育部高等学校外语专业面向21世纪课程体系和教育内容改革课题、广东省高等学校“211工程”第三期重点学科建设项目。曾先后获得广东省哲学社会科学成果奖、教育部教学成果奖。2003年被评为广东省高等学校“十大师德”标兵，享受国务院政府特殊津贴。获颁法国政府“金棕榈教育骑士勋章”，获得英国朴茨茅斯大学、英国中央兰开夏大学荣誉博士学位。2008年担任北京奥运会火炬手。2015年被评为广东省第二届优秀社会科学家。

“广东省优秀社会科学家文库”（系列二）

“广东省优秀社会科学家文库”（系列二）

出版说明

习近平总书记在党的十九大报告中明确提出要“加快构建中国特色哲学社会科学”，为新时代中国哲学社会科学繁荣兴盛指明了方向。哲学社会科学是人们认识世界和改造世界、推动社会进步的强大思想武器，哲学社会科学的研究能力是文化软实力和综合国力的重要组成部分。广东改革开放近40年所取得的巨大成就离不开广大哲学社会科学工作者的辛勤劳动和聪明才智，广东要实现“四个坚持、三个支撑、两个走在前列”的目标更需要充分调动与发挥广大哲学社会科学工作者的积极性、主动性和创造性。中共广东省委、省政府高度重视哲学社会科学，明确提出要打造“理论粤军”、建设学术强省，提升广东哲学社会科学的学术形象和影响力。这次出版的“广东省优秀社会科学家文库”，就是广东社科界领军人物代表性成果的集中展现，是广东打造“理论粤军”、建设学术强省的一项重要工程。

这次入选“广东省优秀社会科学家文库”的作者，均为广东省第二届优秀社会科学家。2014年7月，中共广东省委宣传部和广东省社会科学界联合会启动“广东省第二届优秀社会科学家”评选活动。经过严格的评审，于2015年评选出广东省第二届优秀社会科学家10人。他们分别是（以姓氏笔画为序）：王珺（广东省社会科学院）、毛蕴诗（中山大学）、冯达文（中山大学）、胡经之（深圳大学）、桑兵（中山大学）、徐真华

（广东外语外贸大学）、黄修己（中山大学）、蒋述卓（暨南大学）、曾宪通（中山大学）、戴伟华（华南师范大学）。这些优秀社会科学家是我省哲学社会科学工作者的杰出代表和学术标杆。为进一步宣传、推介我省优秀社会科学家，充分发挥他们的示范引领作用，推动我省哲学社会科学繁荣兴盛，根据省委宣传部打造“理论粤军”系列工程的工作安排，我们决定在推出“广东省优秀社会科学家文库”（系列一）的基础上，继续编选第二届优秀社会科学家的自选集。

本文库自选集编选的原则是：（1）尽量收集作者最具代表性的学术论文和调研报告，专著中的章节尽量少收。（2）书前有作者的“学术自传”，叙述学术经历，分享治学经验；书末附“作者主要著述目录”。（3）为尊重历史，所收文章原则上不做修改，尽量保持原貌。（4）每本自选集控制在30万字左右。我们希望，本文库能够让读者比较方便地进入这些当代岭南学术名家的思想世界，领略其学术精华，了解其治学方法，感受其思想魅力。

10位优秀社会科学家中，有的年事已高，有的工作繁忙，但对编选工作都高度重视。他们亲自编选，亲自校对，并对全书做最后的审订。他们认真严谨、精益求精的精神和学风，令人肃然起敬。

在编辑出版过程中，除了10位优秀社会科学家外，我们还得到中山大学、暨南大学、华南师范大学、广东外语外贸大学、深圳大学、广东省社会科学院等有关单位的大力支持，在此一并致以衷心的感谢。

广东省优秀社会科学家每三年评选一次。“广东省优秀社会科学家文库”将按照“统一封面、统一版式、统一标准”的要求，陆续推出每一届优秀社会科学家的自选集，把这些珍贵的学术精华结集出版，使广东哲学社会科学学术之薪火燃烧得更旺、烛照得更远。我们希望，本文库的出版能为打造“理论粤军”、建设学术强省做出积极的贡献。我们相信，在习近平新时代中国特色社会主义思想指引下，广东的哲学社会科学一定能迈上新台阶。

“广东省优秀社会科学家文库”编委会

2017年11月

目录

第二部分 语言教学与语言研究

第三部分　译作

附录

学术自传

◎徐真华

1950 年 1 月，我出生于江苏无锡市一个手工业劳动者家庭，父亲是裁缝，擅制戏服；母亲缫丝厂童工出身，当了一辈子工人。或许是受江南文化熏陶的缘故吧，只读过三年初小的父亲始终没有放弃学习传统文化的强烈欲望。记得幼时常听母亲抱怨说，父亲染上了“白相人”的坏习惯，每周总会用三四个下午或晚上的时间到“书场”听书。后来我才明白，所谓“听书”，就是到旧时茶馆或街区小剧场听苏州评弹。我想，父亲的博闻强记当得益于坊间评弹艺人的说唱，他对中国传统文化中“忠、孝、仁、义、礼、智、信”的坚定信念，对子女们产生了不可磨灭的影响。母亲不识字，她的善良与宽容，她的忍耐与坚韧，为了家、为了孩子甘愿吃尽苦中苦的生活态度深深烙印在我的血脉。那时候，除了大哥在上海工作，每月接济家用外，徐家的其余 4 个孩子都还在上学，家里经济拮据。母亲虽然在无锡中国饭店下属的一家商场打工，但薪水微薄。为了增加收入，每年夏天，她都会向商场申领一个牌照，到户外卖棒冰。记得那是 1964 年夏天，学校刚放暑假，我执意要陪母亲一起走街串巷卖棒冰。母亲不忍心让沉重的棒冰箱压在我尚显孱弱的肩膀上，总要等箱子空了一半后才让我背。那天午后，我们穿过光复路，拐进太平巷，迎面碰到我的班主任、数学老师顾棣芬先生。我拘谨地叫了一声“顾老师”，嗫嚅道：“暑假里我想帮姆妈卖棒冰。”母亲未曾见过顾先生，站在一边，不知说什么好。顾先生似乎感觉到了母亲略现局促不安的神态，转向母亲，说：“徐师母，徐真华在学堂里表现好格，现在长大了，懂事了，暑假里能帮家里做点事情，蛮好。”母亲如释重负，急忙连声道谢。当年 9 月开学不久，学校总务科的一位老师通知我去领助学金，说“学校批准给你一等助学金，每月 4 元”。放学后，我把钱交给母亲。母亲默默地看着我，过了好一会，说“这是顾老师的安排，你要争气呀”。

对我学习与工作影响至深的另一个人是大哥景华，大哥年长我 16 岁，我在徐家的5个孩子中排行最小。

大哥于1951年到上海当学徒，“文革”前曾任上海无线电七厂党委副书记，“文革”中被打成走资本主义道路的当权派，有很长一段时间挨批斗，靠边站。可大哥身处逆境却一直没闲着，他把“赋闲”的时间全部投放进对文史哲的学习与研究，竟有大家之风范，年届80仍能背诵上百首唐诗，对历朝历代名人轶事掌故更能娓娓道来，如数家珍。1966—1968年的多事之秋，我常常被母亲打发到上海长住，几乎天天聆听大哥对隐藏在历史帷幕中的文学精华的解读。其时，老三届初高中生都已无书可读，大哥“私塾”式的讲学竟似无心插柳，在我尚且稚嫩的心灵里播下了一颗文学的种子。

我是1963年考入无锡市东新路初级中学的，当时的东新初中名不见经传，却汇聚了一大批新中国成立前后毕业于中央大学、复旦大学等名校的高才生，他们虽然有深厚的学养，却因历次政治运动的冲击悄无声息地隐于市野。记得有一次语文老师徐寿臻先生讲解刘勰的“登山则情满于山，观海则意溢于海”，那博大的胸怀、高远的意境，令我激动不已。“文革”期间，地主出身的语文教研组组长周德昌先生奉命为红卫兵抄写大字报。一天，我突然发现，老先生在一张废报纸上写下了“观古今于须臾，抚四海于一瞬”的楹联。我趋前问道：“什么意思？”周老师慌忙答曰：“没什么意思，只是抄录了陆机《文赋》中的一句话，顺一顺笔锋。”此后，周德昌、徐寿臻、顾棣芬、尤鉴明等一批老师都在当时的校革委会宣传组挂了号，专司抄写大字报，他们扫庭院、洗厕所、挨斗挨批的厄运得以减缓，我也由众人眼中的红卫兵而成为他们可以信赖的“朋友”，周先生更是育人之心不改，每见大字报中文不通、句不顺之处，常常与我一一道来。

1968年秋，我与一大批东新初中的老三届同学奔赴盐城地区射阳县插队落户当农民，接受贫下中农再教育。1968—1972年的4年间，苏北贫瘠的盐碱地和纯朴勤劳的盐阜乡亲给予我太多的教益。无论是忙春耕、战四夏、保三秋，还是冬天水利工程大会战，我都未曾缺席过，倒真是应了孟夫子的那一席话：“天将降大任于斯人也，必先苦其心志，劳其筋骨，饿其体肤，空乏其身，行拂乱其所为，也所以动心忍性，增益其所不能。”不过苦中也有乐。1970年，苏州下放干部邱先生一家落户相邻的生产队。邱先生早年毕业于德国军事院校，攻炮科，通晓德文、英文，1949

年在国民党江阴要塞炮兵大队长任上，随部队起义，下放前任职苏州市政协。闲暇时，去邱先生家串门，一来二往终于相熟。

一日，邱先生手持一红色塑料封面的小册子赠予我，说：你的英文底子尚可，劳动之余可诵之，背之，既能学习主席的思想，又可练习英文。我接过一看是一本英文版的毛主席语录。于是，用英文背诵毛主席语录成为我知青生活中的一门功课。无论是在动荡不安的“文革”时期，还是在生活艰辛的苏北农村，虽身处逆境，先生们骨子里对知识与学问不离不弃的追求，对晚辈学子义无反顾却不露声色的指点；盘湾公社新沃大队乡亲们勤俭乐天的生活态度、宽厚包容的人格精神在我的心里发酵，内化成一种力量，促使我下定决心，要把知青岁月铺垫成通向一个更广阔的外部世界的桥梁。冥冥之中似有神助，1972 年 6 月，我经当时射阳县盘湾人民公社推荐，被广州外国语学院（以下简称“广外”）录取为该校首届工农兵学员。

1972 年 9 月—1975 年 6 月，我在广外二系法语专业学习法语。其时，法语系师资力量雄厚，除以梁宗岱先生为代表的一批老一辈外国语言文学大家外，还有毛凤仔、孙传才、马炳华、余耀南、李良裕、黄建华、程依荣、龚毓秀、梁启炎、杨元良等学养深厚的法国语言文学教学与研究的名家，以及赖其良、邓康生、郎维忠、李万钧、邓翚、林木悌、陈学吟、麦梅娟、金义端、李逢森、陈淑英、朱匡侯、夏家珍、谭菁华、黄庆昇、伍承典、王年远、陈齐欢、彭云清等爱岗敬业的优秀教师。在这样一个名家辈出的学术群体里浸润了整整 3 年，我再次幸运地被学校选中提前毕业，留校任教，并旋即受国家教委委派，于 1975 年 9 月赴摩洛哥王国穆罕默德五世大学修读法语语言文学。北非之行虽然只有短短两年，却为我日后的法语教学与研究事业打下了一个比较扎实的基础。

1977—1988 年，我当了 10 年的班主任，在一、二年级的讲坛上舌耕不辍。天道酬勤。其间，广东省人民政府分别于 1985 年和 1988 年两次授予我立功证书，肯定了我在教书育人方面做出的贡献。这 10 年埋首书斋的另一项成果是，在教学实践中收集了低年级法语学生常见的口笔语表达错误 1000 余条，并逐一加以分类整理，对中国学生学习法语的特点、弱点与困难进行了认真、细致的研究，从词法、句法、修辞、语用、拼写、语音等不同角度分析错误的原因，并从中精选出 200 余条典型的错误例句编辑成书，后由台湾志一出版社出版。

10 年基础法语教学的锻炼，一方面让我站稳了三尺讲台，另一方面也让我看到了自己在外语教学理论与法国语言文学理论研究方面的不足与局限。我在寻找一条适合自己的成长与发展之路。于是，我决定第二次出国，向法国驻华使馆申请赴法留学奖学金。经学校批准，1989—1990 年，我以自费公派的方式入读巴黎第三大学（新索邦大学）法语拉丁语语言文学系，攻读大学第三阶段文凭（DEA），学位论文《论安德烈·马尔罗关于艺术形式的理论》以 17/20 分的成绩获得导师克里斯蒂娜·莫阿蒂教授的高度评价。

1994—1995 年，我获得加拿大政府的奖学金，以高级访问学者的身份进入蒙特利尔大学魁北克研究中心工作一年。进修学习—教研实践—再进修学习—再教研实践的学习与工作路径让我受益匪浅，1975—1995 年的 20 年中，3 次出国留学的经历助我博学，催我多思。无论在北非、西欧还是北美，呈现在我视野中的是一种多元共存的文化形态。在摩洛哥王国，伊斯兰教的道德哲学与现代社会的文明进步相映成趣。一方面，人们极力保护自己的宗教与文化传统，努力排斥世俗的纷扰；另一方面，他们又积极分享世俗文明的恩惠，在现代都市繁华的面纱下极力维系着穆斯林的主体性。

在法国和加拿大，我领略了另一种多元、奔放的文化，那是一种崇尚变革、追求新奇、认同多元、接受异己，甚至包容颓废主义、嬉皮士运动等非主流意识的文化生态。然而，在繁荣的表象下，当资本、商品和信息全球化流通成为现实的时候，不同族群之间的交流与碰撞有时会变得如此无奈，那些为了生活而远走巴黎或蒙特利尔的北非移民、西非移民、亚洲移民，赚钱成为他们赖以立足生根的价值标准。种族意识、宗教信仰、根文化保护在融入与生存面前都无法充当价值取向的最终指导力量，分歧被遮蔽了，矛盾被掩盖了，作为一个社会人理应拥有的创造美好生活的平等机会或多或少被剥夺了。于是，存在即合理，跨文化对话与理解受阻，承受不公平成为真实人生的必然命运。

摩洛哥、法国与加拿大的 3 次游学经历拓宽了我的视野，我对他者文化的关注，也从工具主义层面的兴趣转变为文化哲学层面的反思。20 世纪 90 年代是我学术研究的第一个产出期，在导师黄建华先生的鼓励与帮助下，我先后完成了《理性与非理性——20 世纪法国文学主流》《法汉新词与社会互动关系研究》《理论·模式·方法——外国语高教研究》等一批学术著作。我的系列论文《马尔罗研究》也于1999年被中共广东省委宣传部评为广东省第六次社会科学成果三等奖。《理性与非理性——20世纪法国文学主流》被国务院学位办遴选为研究生教学推荐用书。由于法语教学的体量较英语教学小得多，20世纪八九十年代成长起来的青年学者，大都文学、语言学兼修。我的法国文学研究重视小说家在哲学层面上对人的存在和文学创作的审美思考，关注文学流派与文学文本对生命的有限与无限、对非理性与潜意识、对荒诞与孤独、对形式创造、对人性善恶的挖掘与批评，追求富有玄理深度的诗性表述。于是，学界也有论者把我归入“文化哲学”类批评者之列。我的法语语言学研究始于1995年。其时，比较语言学在中国外语学界复兴不久，我作为黄建华先生的入门弟子，攻读广外国家级重点学科外国语言学及应用语言学研究中心的应用语言学博士学位，比较语言学的视野与研究方法拓宽了我的研究领域。毋庸置疑，一个国家或民族的语言，在封闭、保守的环境里只能停滞不前，而经济全球化的大趋势、信息与不同文化的交流与互动使得汉语和法语都得以蓬勃发展。事实上，吸收其他民族丰富多彩的语言与文化已成为发达国家语言政策中的一种常态，这促使我把研究的重点放在现时鲜活的语言上。研究中国社会改革开放以来新词的结构、形态、功能及其与社会、文化、经济、科技进步的互动因素，并对中法两国语言变化发展的状况开展共时性交叉研究。我的博士学位论文《法汉新词与社会互动关系研究》正是这一学术考量的结果，尔后，法语版论文经由巴黎新索邦大学著名社会学家 Desjeux 教授的推荐，由法国巴黎 L'Harmattan 出版社出版。

1995年，广州外国语学院与广州对外贸易学院合并组建成广东外语外贸大学（以下简称“广外”），两校先前已分别从国家教育部和国家外经贸部下放给广东省人民政府管理。6月，我受命担任广外首任教务处处长。1997年，我把从教20余年来就外语教学研究撰写的论文结集出版，书名为《理论·模式·方法——外国语高教研究》。关于外语教学的理论与实践，前人已有不少著述，但以宏观研究为多，我结合自己的教学实践，主要从微观的角度对法语教学实践中的若干基本问题作了探索性的理论梳理与思考，在法语教育界产生了积极的影响。

2000年6月，我出任广外校长，2003年起还兼任大学党委书记多年。记得在我的任职演讲中，我承诺“从今往后，我将把治理好广外作为我的第一专业，法国语言文学专业将成为我的第二专业，这方面的学习与研究，主要在寒暑假中进行”。

我自忖资质平平，故笃信“笨鸟先飞早入林”的祖述。一次，友人来访，闲谈中问我儿子明涛：“你小时候对你爸印象最深的是什么？”明涛答道：“暑假里我爸光着膀子，每天都坐在书桌前不是看书就是写字，那时家里还没有空调，我看着汗水从爸的脊背上淌下来，沾湿了整个裤腰。”朋友叹曰：“家风如斯，竖子可教。”知识的海洋茫无边际，学术研究更无捷径，勤奋是学者的必修课，也是学者必须坚守的底线。繁忙的行政工作之余，我始终不忘初心，始终把自己的身份定位于“承担着重大领导责任的教师”。对学问的追求成为我毕生坚持的学术志向，早已融入我的血脉，不需要记起，也决不会忘记。21世纪以来的10年中，我主持了（含联合主持）教育部高等学校外语专业面向21世纪课程体系和课程内容改革项目“法国文学导读——从中世纪到20世纪”，广东省普通高校人文社会科学研究重点项目“20世纪法国小说的‘存在’观照”，广东省“211工程”三期重点学科建设项目“全球化背景下的外国语言文学研究”等3个比较重要的课题。第一个项目的研究成果已于2006年由上海外语教育出版社出版，后经严格评审，先后入选教育部普通高等教育“十一五”“十二五”国家级规划教材，被国内20余所大学作为本科生高年级法国文学教学用书；第二项成果于2011年由暨南大学出版社出版，翌年即被评为广东省哲学社会科学优秀成果著作类三等奖；第三项成果，课题结项获评优秀，从2011年开始，上海外语教育出版社出版由本人主编的系列专著25本。

史家治学主张“博而后约”。可能长期在一线担任外语教师的缘故吧，在学术上，我尚博雅有余，而“返约”不足，虽然也写过不少研究性文章，有一部分亦发在诸如北京外国语大学《外语教学与研究》《外国文学》，广外《现代外语》，华中师范大学《外国文学研究》，广东社会科学界联合会《学术研究》，台湾辅仁大学《哲学与文化》等知名期刊上，有的也被全球权威的“艺术与人文科学引文索引”数据库A&HCI收录，但远未达到恩师黄建华先生所倡导的“学者当自树其帜”的高度。“由博返约”终成学问上的一大遗憾。

光阴荏苒，从1972年入读广州外国语学院到2014年6月从广东外语外贸大学教授任上退休，我在广外求学、执教、从事行政40余年，其间没有跳过一次槽。在一个单位学习、工作、生活一辈子，我想这也是我们这一代人的一大特点，往好里想是专注于生活、专注于事业、专注于学问，以至于临近杖国之年仍然念念不忘；往坏里说，确也慵懒，不想动，安于现状，个性使然，亦喜亦悲，改不了，不改也罢！这 40 多年，学校与社会给予我诸多荣誉：2003 年，我被评为“广东省高等学校十大师德标兵”；2009 年，法国政府授予我金棕榈教育骑士勋章，以表彰我为中法文化、教育交流所做的贡献；2014 年，我受聘为广东外语外贸大学云山学者岗位资深教授；2015 年，在省委宣传部、省社科联主持的广东省第二届优秀社会科学家评审活动中，我又名忝其列。盛名之下，其实难副，今天我不揣冒昧，选辑了这本自选集，一是鞭策自己，勉力而为；二是求教于外国语言学界的各位同仁，恳请教正。

2016 年夏 · 广州

徐真华自选集

第一部分

法国现当代文学评述

文学的嬗变

——20世纪法国文学辨正

回望过去的100年，一批伟大的文人，其中不乏杰出的思想家和哲学家，以他们独特的眼光和艺术风格给他们生活的时代打上了鲜明的烙印，成为当时文坛的领军人物。瓦莱里、纪德、莫里亚克、布勒东、阿拉贡、普鲁斯特、马尔罗、萨特、加缪、圣－埃克絮佩里、杜拉斯、罗伯－格里耶、克洛岱尔、科克托、孟泰朗、贝克特、昆德拉等，他们在人类的想象博物馆里各领风骚。他们渴望医治他们自身乃至人类思想上及精神上的疾苦。他们采取的手段是关注社会、关注人的存在，无情地揭露当代人类和社会的异化，或者探索绝对，或者追寻永恒，或者崇尚革命和行动，或者诉诸潜意识和非理性，或者发现荒诞和自由，或者乞求艺术的救赎与超越。

一、关于20世纪法国文学的几点评价

现代法国文学呈现出一派繁花似锦、争奇斗妍的万千景象。法国不仅是世界上出版新书最多的国家之一，其新书在质量上也堪称一流。无论是过去还是现在，法国都涌现出了一批举世闻名的伟大作家，他们屹立于世界文学之林，每每引领文学艺术创新之潮流。自19世纪末开始，那些权威的文学流派逐渐失去了往日的耀眼光辉，甚至销声匿迹，伴随着历史而成为过去。在古典文学时代秩序井然的“文学界”，如今变得“四分五裂”，形成纵横交错的多元格局。各种流派此起彼伏，崛起与衰落交相辉映。人们在将那些大大小小的作家进行归类时往往感到非常困难，无论是从流派的角度，还是从文体的角度来确定他们的归属，都令人煞费苦心。各种主题交叉渗透，所有传统的定义都要重新确认。文学创作活动不再是对昔日光彩夺目、各领风骚的文学巨擘的模仿。文学的嬗变，即不断地对各种以往的价值观念进行质疑和更新，这正是表现法国文学活力的最好指征。

现代文学已不再是时代生活的反映物和传声筒，它的雄心壮志是让作家自由并真实地表现自己的思想和视角。因此，新文学显示出独立创新，有时甚至是挑战好斗的风格，它企图改造整个社会，使我们生活在其中的这个世界变得更加美好。法国的作家们，从波德莱尔和福楼拜开始，积极投身于变革，热衷于在文艺思想和创作领域进行各种尝试。他们就像画家、雕塑家和音乐家那样标新立异，在我们生活的世界中阐发新的思想观念并创造奇异的艺术形式，他们的影响力经久不衰。早已经岌岌可危的经院文学未能经受住两次世界大战的震撼和冲击。第一次世界大战摧毁了1914 年以前建立的漂亮的新古典主义大厦；而第二次世界大战则清理了人们思想领域的废墟，让人们从混乱无序的世界状态中摆脱出来。因此，现代文学的任务和目标旨在重塑精神价值和创新艺术形式，在文艺思想和艺术创造的形式领域建立新的秩序。

区区数页稿纸不可能概括出当代作家的全部面貌，所以，我们在此根据萨特（1905—1980）的划分方法，将 20 世纪那些体现文学兴衰变迁的作家们按照时间顺序分成三代来加以阐述。

第一代，在 1914 年大战前就开始创作的作家。其中有纪德（1869—1951）、普鲁斯特（1871—1922）、克洛岱尔（1868—1955）和莫里亚克（1885—1970），他们完全属于资产阶级社会（很多时候，即使写作给他们带来不错的收入，他们也用不着以此为生）。但是，资产阶级这个社会群体本身也在发生变化。这些人再也不是 19 世纪开创事业的资产者们：他们的儿子或孙子从今往后可以享受先辈所留下的基业和果实。即使他们谴责这个社会，他们还是试图从诗学的角度找到他们与社会之间的联系，以便“从根本上”去挽救社会。他们沉醉在这种美丽的梦幻之中，创造出一种超出历史之外的“遁世文学”，最为明显的例子大概就是《大个子莫林》中的那个《奇怪的节日》[①]。

第二代，1918 年以后成人的作家。第一次世界大战的噩梦结束之后，战争的荒谬慢慢显现，这是“降压的时期”（阿尔贝 · 蒂博岱语），也是“疯狂的年代”（1919—1929 年），伟大的蒙帕拿斯时代（蒙帕拿斯位于巴黎的第 14 街区，是文学家和艺术家聚居之地，有著名的文学咖啡馆和艺术工场，还有众多的剧院和演出厅，夜生活非常丰富）。同时，美国式

① 参见萨特《境地》Ⅱ，1948 年。

的生活节奏开始入侵，电影开始进入社会。根据萨特的看法，这些年代受到了消极精神的反攻，它不仅要摧毁客观性，而且还要摧毁自我和语言。它摧毁的是保尔·莫朗（1888—1976）小说中描绘的被速度平面化了的世界，它摧毁的是德利约·拉·罗歇尔（1893—1945）式的自我。纳粹的狂热使人迷失，犹如飞蛾经受不住火烛的诱惑，这也是超现实主义者式的摧毁，尽管这种破坏是通过大量的小册子和书籍去完成的。

由于世界大战后的欧洲更容易让人们感受到堕落而不是新生的迹象，因此，作家、艺术家们大都选择了摧毁，以摆脱精神苦闷。为了让他们的内心能够平静下来，他们再度膜拜于古老的赫拉克勒斯神话，在这个神话中，相传生命诞生于死亡。所以，20 世纪 20 年代，这个“疯狂的年代”又是一个在精神领域进行自我陶醉的时代，是一个以寻求愉悦和快乐为特征、以追求妇女解放和表现幻想为特征的时代：柯莱特（1873—1954）所展现出来的女主人公在肉体和精神上完全独立的个性，吉罗杜（1882—1944）所刻画的从现实中逃离出来的年轻女孩们以及吉奥诺（1895—1970）所描绘的对自然和幸福的热爱，都反映出了当时人们的心态和精神面貌。

20 世纪 20 年代也是小说发展的鼎盛时期。这一时代的小说家，如普鲁斯特、纪德和莫里亚克，他们以各自独特的方式开辟了小说创作的新领域。读者除了享受到阅读的快感外，还从他们的作品中体会到了另外一种情绪，即对社会和道德观念的忧心忡忡和不确定感，这在纪德和莫里亚克的作品中表现得尤为突出。例如，在《伪币制造者》（1926）中，纪德揭露的是社会的虚假价值观念。在 1927 年发表的小说《黛莱丝·德克罗》中，莫里亚克从全新的角度来探讨女主人公的心理活动，关注的焦点是人物备受煎熬的灵魂和潜意识。

第三代，在 1940 年溃败之后或是第二次世界大战爆发前不久开始写作的那一代作家。实际上，大约就在 1930 年，萨特曾试图把作家发现的反映历史真实性的东西写进作品。人们不该在某个重大历史事件发生之后才去感觉它，而应该在其发生之前就把握它。经济危机及其带来的社会影响，法西斯的上台，一同宣告了“文学休闲期”的终结。作家感到自己“身在其中”，他深知集体在未来的命运也将是他个人的命运。作家“猛然间又融入历史”，他无可逃避地选择“历史性的文学”“重大历史时刻的文学”“觉悟者的文学”。人们向存在主义文学提出的根本问题之一，是“人怎样才能在历史中，并通过历史、同时又是为了历史而成为人”①。

二、什么是文学

根据皮埃尔·德·布瓦岱弗尔的说法，在所有的文学运动中，我们能分辨出三个决定性的方向，或者说文学所拥有的三种不同的观察和描写方式，它们分别侧重于人的内心活动、真实的客观世界和语言的技巧。第一种方式似乎专门表达人类的意识之声，这就是蒙田（1533—1592）、帕斯卡尔（1623—1662）、普鲁斯特和萨特的声音。第二种方式歌颂那些拓荒者，他们引以为自豪的是他们辛勤开垦并经过艰苦卓绝的斗争才征服了的土地。这就是在荷马史诗中，在拉伯雷或德迪福的游记中，在魏特曼或克洛岱尔的诗歌中所展现的壮丽情景。第三种方式所感兴趣的不是对大自然的描写或者对人类心灵的揭示，而是智力产物本身。它更多地关注创造这些智力产物的方式和词语的精妙变化，仿佛语言具有一种魔力，仿佛人类还不如他所掌握的神秘奇特的语言重要。从伟大的韵律家那里承袭而来的这个传统一直延续至今，在瓦莱里（1871—1945）和科克托（1889—1963）身上表现得尤为突出。②

我们看到按照时间顺序和作品种类划分的这三代作家，这三种倾向经过演化和相互渗透，如今已融合到一起，汇成了对人类的状况进行控诉的潮流。的确，作家们把忧虑的目光更多地投向人类和他们的生存状况。当代文学所做的一切努力，就是要从文学创作的这三个角度来研究人类的命运：探讨主观世界，深入研究人类的内心活动；探索真实的客观世界；崇尚风格，即注重语言的完美和形式的创新。根据这种逻辑，一本书只有当它对人类和世界提出疑问时，或者说，只有当它能把心灵世界、现实世界和形式世界结合起来时，才具有生命力。

---

① 布律内尔（P.）、百朗热（Y.）、库蒂（D.）、塞利埃（PH.）、特吕（M.）等：《法国文学史》（第2卷），巴黎：博达斯出版社1977年版，第571～572页。

② 参见布瓦岱弗尔（P. de）《文学的嬗变》（第1、2卷），巴黎：阿尔萨斯亚出版社1963年版，第321页。

三、文学，对形式的追求

文学的体裁不是单一的，还可细分为小说、散文、诗歌、戏剧等。但是不论主题如何，形式是其始终不渝的追求。如果说当今大部分作家都十分关心文学的形式，那么他们看待形式的态度却不尽相同：一些人把形式当作一种探讨生活和世界的工具，通过赋予形式丰富的想象来塑造出伟大的艺术形象；而另外一些人则把形式看成是文学或艺术作品的终极。作家或艺术家所采用的形式既决定了作品的外表，还直接决定了它的艺术特性。因此，形式与上述两方面都息息相关。一部作品的真谛就在于它是根据作家或艺术家所发现的价值观念来重新塑造世界，而不是机械地表现世界。因为，从文学艺术的角度看，现实世界本身没有意义，也无价值，只能作为创作的原材料，它自身需要美化、转化或被改造成艺术。从这一点出发，文学创作就不该反映短暂的现实，或复制现存的事物，或以某种艺术形式机械地再现现实世界。

但是，作家怎样才能再造这个区别于客观世界的独立世界呢？用既定的传统的审美标准吗？当然不行，因为风格不仅与重复客观世界相对立，也与美迥然不同。内容和形式的统一应该是运动变化的和多种多样的，作家要不停地创造这种统一。他根据自己的观点重新进行创造，一切都尽在内容和形式的完美结合之中，而形式与内容的独创性正是通过风格来体现的。从欣赏的角度来看，首先是要欣赏艺术家的独创性，而不是欣赏美。这一原则同样适合于绘画、音乐、建筑和文学创作。形式不仅仅是文学艺术的手段，同时也是文学艺术的目标。并且，任何文学艺术作品都是通过其特有的形式与其他作品相区别并被鉴赏。因为，文学与艺术的形式蕴含着，或者更确切地说，传递着真理。希腊模式和意大利模式用传统和固有的美学标准将艺术与现实联系在一起。然而，风格则不受任何模式或既定规则的束缚，艺术家要从自己的视角并用自己的方式来表达自己的观点。因为，艺术家不是为美服务，而是服务于他的作品，使其作品能够通过他所阐发的思想和创造的形式所释放的内在力量去揭示真理，去展示现实和想象之间、经验和直觉之间所存在的关联和差距。创新，就是创造风格，而这种创造性主要是通过艺术家或作家的独具个性的形式创造加以体现的。所以，风格最终是由形式所创造的。作家或艺术家也正是借助他们所创造的形式来展现文学艺术作品的根本价值。因此，体现艺术天分的外在标记就是作品的新颖性。首先是形式的新颖，其次是内容的新颖，归根结底，是风格的新颖。具体来说，是个人看待世界的视角与众不同，通过创造出新颖独特的艺术形式来赋予我们所生活的世界一个完全崭新的意义。这些具有创新精神的形式使得天才艺术家们的作品百世流芳。正如安德烈·马尔罗（1901—1976）所说："作品的生命力不是动人心弦的内容所决定的，而是通过艺术家所创造的反映世界本质的形式决定的。这种形式，在艺术家身后，便开始了它无法预见的生命航程。"①

但是，我们必须指出，为形式而形式的艺术并没有延续的生命力。福楼拜认为，形式应该与思想相辅相成，它们是互为依存的关系。他从涉足文学直到谢世都不停地实践这一理念。"不存在没有漂亮形式的漂亮思想，反之亦然。"小说应该像其他艺术作品一样，既要通过其独特的形式，也应通过其新颖的内容来证明它的存在价值。事实上，现代社会，无论何种政治体制，都有一个信息传递的问题。因为，从书本到电视、从哲学沉思到数据库，现代社会传递给现代人的，是一些在内容上和形式上都非常新鲜而庞杂，包括那些尚未被认识的东西。我们的整个创造活动都建立在创新的可能性之上。因此，事物的形式及其承载的内容只是对同一事实或同一真理的相互关联的表现。它们有着共同的奋斗目标，都支持进步和创新，也都可能会遇到同样的风险，会发生偏差或背离，出现观念滞后或产生误解，但人们没有任何理由使两者相互对立。

当然，由于文学不同于哲学和其他社会科学，因此，不能单从思想内容方面给文学下定义。同时，为了不至于冒与绘画或是雕塑艺术相混淆的风险，也不能单从形式的角度给文学下定义，这就意味着作家不能光服从于某个恒定不变的艺术观念或创作形式，文学应该超越这些。作家通过把个人的思想和造型表达紧密地、和谐地联系在一起进行创作，以此来超越具体的表象而到达更高的境界。就像在生活中一样，那里充斥着各种各样的矛盾和冲突，需要你从某个角度去解读和诠释。

① 马尔罗（A.）：《脆弱的人类与文学》，巴黎：伽利玛出版社1977年版，第216页。

四、文学，对焦虑的探索和对人类命运的思考

文学和艺术的作用是什么？或者说，难道它们只有一种作用吗？它们的角色不是也因时代而异，在各个领域里与社会本身同步地发展变化吗？文学和艺术与人类之间到底又有什么样的关系呢？文艺作品对每个人又会产生什么样的吸引力呢？这些就是普鲁斯特、马尔罗、加缪（1913—1960）、萨特、罗伯－格里耶（1922—2008），以及我们这个时代众多的其他作家、思想家们所不断反思，不断从新的不同的视角提出的问题。

另外，人类的意识危机不断地缠绕着现代人。在使世界动荡不安的两次大战之后，人们如今认识或者说认为已经认识的一切都危机深重。谁能不忧心忡忡呢？危机就在那儿：阿富汗战争，美国入侵伊拉克，艾滋病业已成为第三个千年的瘟疫，经济增长难以再创造就业机会，臭氧层出现空洞，种族清洗没完没了，四季已经不再是过去的四季，政治观念、道德准则、艺术标准甚至人生价值观，在过去和现在都遭到了质疑。有些人任凭科学技术的突飞猛进把自己冲击得晕头转向；另一些人则自我封闭起来，徒劳地寻求没有争议的价值观，以此作为他们的生活信条，因为他们总是沉沦于一种厌倦、蔑视和绝望之中。生活是什么？人又是什么？它们的意义何在？马尔罗著作中的主人公瓦尔特和他的朋友们对此曾多次进行过讨论。这些问题至今仍具现实意义。阿尔贝·加缪断言："我仍然相信这个世界并没有什么至高无上的意义，但我知道这世界有一些东西富有意义，那就是人类。因为，唯有人类才渴求拥有这种意义。"这种对生活、对人类开展的探索与研究，我们时代的很多作家、思想家和艺术家，都已经在他们的文学、哲学和艺术创作中身体力行地做了。因为，事实上，在创作过程中，他们所展现出来的并非只是人类某些有悖常理的情感，并不只是直观地再现一幕幕悲喜剧般的生活情景和充斥着各种矛盾的现象世界，也不是在面对人类的命运时所产生的怀疑主义、悲观主义、神秘主义、虚无主义和虚假的乐观主义。他们更多地展现了人类对其自身崇高价值的再认识，以及对全面实现自我价值的无限憧憬。

意识到在人类生活的这个世界中所扮演的角色，存在主义伦理学家阿尔贝·加缪致力于寻求新的人文主义和世俗的圣洁。他认为，人类最大的悲剧和荒谬是人类自己能意识到的必死的命运。为了逃避死亡的陷阱，人

类只有义无反顾地接受人类自身的使命，将上帝的幻影从他们所生活的世界中驱逐出去，以便找到人类自身的伟大。所以，人类只有在从因受死亡命运困扰而产生的徒劳焦虑中摆脱出来，与人类自己相伴时才会感到幸福。萨特在《文学是什么?》一文中深入地探讨了作家对生活的介入问题，并竭力表明了唯有介入文学才是最重要的。在他看来，对一部作品而言，没有什么比能赋予生活一种意义更重要的了。介入文学指的是它与毫无意义的人类命运进行斗争，艺术世界必须表达对人类生存状况的超越，这是人类战胜虚无和无意义而取得的胜利。同样，对马尔罗来说，面对虚无，创造行为不应该只是简单地被视作天分的爆发或才华的表现，而更应该被看作对没有了上帝的世界所进行的深刻反思。这种反思催生了作者独特的质疑。在这个意义上，文学和艺术完全能够战胜恶魔般的虚无，因为它们创造出了一个全新的世界，一个历久弥新、证明人类有能力掌握战胜虚无之后的价值世界。这就是马尔罗认定的终将一死的人类的伟大之处。因为，人类总是坚持不懈地把艺术创作作为一种反抗命运的武器。文学艺术家表达自己的思想，一如他所生活的时代，但是他们的思想往往会超越那个时代，以至于他们谢世很久以后，其作品仍活在人们心中，让后人听到连他们自己都没有想到的声音。

若文学和艺术创作对于存在主义作家来说是从哲学的角度对生活进行的反思，那么对于弗朗索瓦·莫里亚克来讲，则是从宗教的角度去表明对世界的真实的和独特的看法。通过宽恕和赎罪这两大悲怆的主题，他几乎总是把他的作品与他那充满着内心矛盾的基督徒的忧虑联系在一起。贪欲像已经扩散的癌细胞到处肆虐，在强大的恶面前，只有两种可能的态度：或者放弃，就像《爱的荒漠》（1925）所描绘的那样；或者反抗，就像《黛莱丝·德克罗》（1927）所叙述的那样。很明显，莫里亚克所一直深深关注的是主宰着人类心灵活动的心理问题和精神问题。或者是选择欲望诸神，即财富和享受；或者是选择十字架上的上帝，即和平与宽恕。这就是基督徒的痛苦和幸福。基督教徒的使命是把他的行为和感情与超自然的仁慈美德相联系，这能行得通吗?“这就是令清醒的基督徒感到痛苦和心碎之所在，也是莫里亚克的悲怆主题的源泉，是这位心灵管风琴演奏者的秘密。他在两处音域上弹奏着，或者将尘世贪欲和性爱的曲调与神圣仁慈和博爱的旋律相对立；或者是让这些对立的主题和谐地共鸣”①。

现代作家与艺术家们一样，除了对从意识活动中获得的直接材料进行研究外，他们还致力于探索非理性、梦境，某种与理性共生的东西，某种理性以外的甚至是对抗理性的东西。为了阐释清楚意识活动的暗区，作家们更感兴趣的是自动写作。实际上，这正是文学和艺术创作灵感秘密滋生的策源地。也就是说，作者祈求于未经思维控制的意识流，读者从中解读作家自由的心灵，及其探索的主题、表现的形式、承载的思想。

这一从新的角度来探讨人类内心的做法，在普鲁斯特的鸿篇巨制《追忆似水年华》中表现得十分突出，这部庞大小说的主题思想是怎样让所有的人都来感受时间的破坏性并帮助人们超越时限。小说家借助回忆和艺术的魅力回收了过去，使得过去在一种平静的幻觉中与现在奇妙地吻合重叠在一起，让人们产生“时间是永恒的”感觉。这样，人类便从这个不断控制着我们每一个人的时限中被解救了出来，而不再受其支配。没有什么比普鲁斯特所做的这种努力更具有人道主义精神了。当然，还有很多其他作家和艺术家也做了同样的努力，他们竭尽全力地向人们证明：人类的创造性劳动，使得本来荒诞无望的生活具有意义。于是，人类就拥有了最强大、最有效的武器去战胜面对死亡威胁时产生的不可避免的焦虑情绪，这就是他们从形而上的思考中，从他们的个人经历中得出的坚定信念。

五、文学，对世界的再创造

在某种意义上，文学就其起源说来是一种中介，介于人类和诸神之间，介于世界和人类之间，介于过去和现在之间，介于不同的民族或宗教之间。在对世界产生疑问之前，文学起初只是表现世界，也就是将这一世界神化。所有的文学创作，都离不开上帝存在这个神秘核心，文学作品的使命似乎就在于证明这种存在。艺术家用其智慧、文化，尤其是狂热的信仰来写作。艺术家的天赋在于观察，一种狂热的观察，这种观察更多地展现了一个并非真实的世界。因为艺术家只记录其所见和他所认为的那个不可企及的世界里的东西。但是，他所观察到的，先前别人并无觉察，后人

① 西蒙（P. H.）：《诉讼中的人》，巴黎：帕约出版社 1968 年版，第 156 页。

也无从证明，这就是文学的初始阶段。

从远古到中世纪，文学走出了这段长长的时间隧道，就像绘画一样，经过很长的历史时期才成为一门专门的艺术。文学战胜上帝之时，便是它的独立之日。文学开始咏唱大自然的美丽、人类的力量和美德，而此时，宗教的神性开始让位于鲜活的人，让位于人类所过的日常生活和所进行的斗争。艺术家和作家因此不再力求展现非真实的世界和未知的世界；相反，他们试图用想象的和精神的世界去丰富现实世界。文学从讴歌上苍到赞美大自然，标志着一个世界的结束。就这样，文学从表现神性世界的层面转向了对世界进行再创造的世俗层面。

20 世纪是一个危机四伏的世纪：道德、家庭、社会，似乎一切都崩溃了。正如皮埃尔-亨利·西蒙指出的那样："建立在我们那充满着悲剧意识时代之上的文学是黑暗和肮脏的。在这样的文学作品中，心理的真实一直都在非理性的层面上找寻着。对混乱无序的清醒意识已转向对罪恶的享乐，从绝望转向狂热，从享受肉欲转向迷恋色情，而经常发生的事情是从对生活的厌倦转向了对自杀的迷恋。"① 以往的价值观念崩溃了，因为上帝已经死亡，或者说上帝根本就不存在！真可谓百无禁忌。假如这世上不再有"理想的人类"、半神半人、英雄、上帝之子或是诚实的人类，一切禁欲、苦行就毫无意义了。于是，祈求于无限变得可能，人们把这种祈求当成对人类生存的荒唐状况的一种抗议，一种反抗。也许这就是萨特为什么颂扬让-皮埃尔·热内，说他用自己的方式创造了一种新的道德观的原因，萨特甚至还专门写了一本评价他的书：《圣热内，喜剧演员和殉道者》(1952)。

对于这些进步主义作家而言，没有人类的本性，只有不同的人类状况：价值方面的状况、沉迷于肉欲的状况、犯罪方面的状况，它们和学者、英雄或圣人的状况一样富有尊严。在他们眼里，人类行为没有等级差别。这种越轨，这种由兰波鼓吹的"长久的、广阔的、合理的越轨在各个方面"建立了一种全新的尊严：亲身经历的真实的尊严和诚挚的尊严。

结果是西方当代文学发生了转向，其中最活跃的部分转向了批评：文学以各种各样的形式向我们赖以生活的社会秩序、现行制度和思想展开了广泛的质疑，并在最后谴责了人类，换句话说拒绝了人类自己。加缪的

---

① 西蒙（P. H.）:《诉讼中的人》，巴黎：帕约出版社 1968 年版，第 23 页。

《局外人》(1942)、萨特的《恶心》(1938) 和马尔罗的《人类的状况》(1933) 是其中几个很有说服力的例子。上帝已死，诸神的城邦崩塌了；科学并非只为人类谋取幸福；古老的宗教只能带给人类折磨和痛苦。人类之被创造居然毫无用处，人类过于渺小。因为，他知道自己迟早总是要死的，他是多余的。作家所能做的，就是与这种虚无的命运相抗争。文学变成了一项崇高的事业，它要否定一切虚无。

因此，文学的使命不仅仅是破坏，更有建设，至少应该拯救这种不可或缺的道德意识。萨特及其同代人给了西方世界的资产阶级文明慈悲的一击，但是这还不够，还应该创造一种新的不同的文明。马尔罗提出要找到“人类之所以成为人类，人类以何为生，以何创造、发明或自我塑造”的答案。他骄傲地向世人宣布：“我拒绝兽类在我身上找到它想要的东西，我也不是靠诸神的拯救才成为人的。”[①] 的确，“当人类最大限度地拥有了掌握自己命运的能力，而不是屈从于道德上的败坏时，人类才是伟大的”[②]。是的，人们不能丢掉衡量自身的尺度。那种认为人类能在失控和放纵中找回自身价值的观点是错误的。生活的意义、为人类所自豪的道德意识，只属于那些为公众利益、为人类的幸福而工作的人，不属于只关心个人荣誉或只知道抱怨的人，更不属于自甘堕落和道德败坏的人。人类，作为有意识的存在至高无上。多少仁人志士奉献其毕生精力去创造一个崭新的世界，尽管他们并不一定能见到这个新世界的模样，但是，他们意识到了自己的义务和责任，一心为建立美好的将来而进行不懈的斗争。现在是重建人类与自然之间、民族与民族之间的和睦与融洽关系的时候了。人类在创造中重获新生，他每天都在为明日的辉煌大厦添砖加瓦，他的这一举动将造福于千秋万代。

六、文学，对意义的多元诠释

欣赏一部文学作品有很多种方式，但有一种方式是绝对的，那就是能让读者领略到作品丰富的内涵、其形式与内容的震撼力，同时让读者最大

① 马尔罗：《轻蔑的时代》，巴黎：伽利玛出版社 1935 年版，前言。

② 布瓦岱弗尔 (P. de)：《文学的嬗变》(第 1、2 卷)，巴黎：阿尔萨斯亚出版社 1963 年版，第 339 页。

限度地感受语言的魅力。因为，在文学创作中，语言不只具有交流和表现的功能，作家在作品中已表达的总比他想要表达的更多，在“已表达”的内容中已包含或者囊括了“想要表达的”内容。既然作者的“已说”比其“想说”丰富得多，作品丰厚的内涵恰似一座宝藏等待人们从不同的角度去开发利用。

应该强调的是，文学语言的潜能比我们预想的语言实用性更为丰富。语言的造型特性、形式的组合、文字游戏和形象化的联想，在不同体裁的文学作品中，其变化是无穷的、多姿多彩的。罗兰·巴特（1915—1980）认为，文学作品是由无数个富有活力的代码组成的，将这些代码进行组合就能写出一部突出文本实践的语言大典。因此，将文学著作设计成一种封闭的结构是不对的。人们完全有理由把它看作“好些有意义的子集相互交织所构成的会合点，能够从中诠释出多层次的意义”①。无论是从创新的发展趋势来看，还是从最具美学意义的层面上来看，文学作品的故事性，其表达的新颖性和表现的手法，构成了今日大部分作品的基本形式、结构和意义。因为，任何创新作品都来自于对语言和作家所研究的现实的各种可能性的探索和经历，以便形成意义的多元开放体系。

那么，文学作品能给我们什么样的教益呢？可能在作品中发现与文学本质具有同样性质的意义吗？巴特力图阐明文学作品的非时间意义，他曾试着用结构的标准来评价一个文本的文学性程度。例如，巴特在《S/Z》中从结构的角度对巴尔扎克的小说《撒拉逊人》进行了分析，他认为其结构由五类基本代码组成：解释宗教经典代码（解释谜语及找出谜底的单位系统）、语义代码（引申义能够组成主题场的所有能指）、象征代码（那些富有象征意义的多价的和可转换的词目）、散文-修辞代码（对人物动作和行为进行有序组织的代码）、文化代码（建立在科学与道德权威基础上的不具名的集体判断的网状系统）。“这五类代码构成了一套网络，一套单元格，通过它们组成了各种不同的文章，或者应该这么说：文本就在穿梭于这些单元格的过程中产生了。”② 因而，我们就可以把《撒拉逊人》理解成由各种交织在一起的声音组成的一团模糊星云。③

---

① 儒弗（V.）：《巴特的文学观》，巴黎：午夜出版社1986年版，第37页。

② 巴特（R.）：《S/Z》，巴黎：门槛出版社1976年版，第27页。

③ 参见儒弗（V.）《巴特的文学观》，巴黎：午夜出版社1986年版，第37页。

所以，文学作品的产生基于这样的思想：它不应该建立在某一个具体的与时间无关的孤立的例子之上，而应该建立在代码的多义性之上。多义性是文本的构成性特点，作品的意义只能是意义的不确定特征的体现。具有意义不确定性特点的文本，可以有各种各样的理解。因为，它呈现出难解的谜一般的样子，其中所包含的问题可能永远也找不到答案，作品的意义千变万化，只有通过读者的个人理解才能成立。于是，文学作品便在理论上具有意义多元的特性。对文学作品的阅读不能被视作毫无价值的消遣，而应首先将其认定为一种创造性的实践活动。这就意味着将由读者自己去捕捉作品的深层含义。因此，不能只局限于在作品的情节展开中去理解它的意义价值，而应着眼于辨析反映在作品的不同层次之间的各种隐含关系。

至此，我们可以相信阅读本身便是一项创造性的工作，因为，要由读者自己从作品的形式和内容两个方面入手去了解作品的意义，这就是为什么现代文学作品比19世纪的纯文学作品更复杂、更晦涩。意识到这一点的读者几乎在阅读过程中投入了与作家在进行创作时同样多的创造性劳动。为了更加清楚地阐明我们的观点，我们在此仍然以巴特的《S/Z》为例，他在该书中是这样解释这个问题的："阅读，实际是一项语言方面的工作。阅读，就是要找出意义，而找出意义，就是要给这些意义命名。"在这同一本书中他还补充道："阅读，是为了命名而进行的努力，是让文本的句子接受语义的变化。"所以说，阅读并不仅仅是简单地接收一种语言，而是要构建这种语言。在现代的文本中，阅读行为将完全与写作行为融合在一起。"文本越是多义的，就越不是在我读它之前写就的。"①

巴特有理由强调文学作品的多元意义。一部作品当然可能有多种读法。但是，我们仍然需要指出的是，并不是所有的阅读都能得出同等的意义价值。对不同的阅读意义的全盘接纳或会造成过分宽容的后果并导致各种主观臆断。不同的作品要采取不同的阅读方式，同一部作品也可以有不同的阅读方法，但是并非所有的阅读都会让人感到兴趣盎然。重要的是，除了要从不同的角度来理解作者的创造性工作之外，还应在阅读中并通过阅读去感受作品的意义和体验文本的乐趣。

---

① 巴特（R.）：《S/Z》，巴黎：门槛出版社1976年版，第16页。

（选自《文学与哲学的双重品格——20 世纪法国文学回顾》，徐真华、黄建华编著，上海外语教育出版社，2008 年 4 月，第 1 ～ 14 页，题目为作者所加）

文学批评与文学创新

当个作家，就是相信在某种意义上，内容依赖于形式，并且通过对形式的结构进行加工和改造，使人们最终对事物产生一种特殊的理解，一种对真实的独创性的切分。简而言之，会产生一个全新的意义：语言本身是一种意识形态。

——罗兰·巴特

一、传统文学批评的演变

文学是文学批评存在的理由，文学批评在对其存在的理由——文学的定义进行了质疑之后，终于要给自己下个定义了。那么，我们首先要问批评精神意味着什么。这是一种需要对既有评介原则进行修正，需要对权威性的通用标准进行讨论、调整并加以确定的精神。这种典型的法国式精神在18世纪就已经大行其道了。狄德罗（1713—1784）在他的沙龙中，以他那最为热烈的方式，开辟了一条现代形式文学批评的道路。文学批评不仅被当作一个论战工具，而且还被设想为一种感性思考。由于任何思想都是在与其他思想发生碰撞或对抗的过程中成长壮大起来的，文学批评也不例外，它同样经历了口诛笔伐的阶段，而且在文学领域，首先开战的是关于教条主义和印象主义的批评。比如，布伦蒂埃（1849—1906）从不可触犯的价值角度进行评判，他认为文学作品体现了“真正”的法国精神，“真正”的道德标准和每一种文学体裁的“真正”本性。于勒·勒梅特尔（1853—1914）与印象主义作家提出了另外一套思想体系来反对这些观点，他们认为，艺术应该尽最大可能忠实地表现出作品给每个人的感受所留下的印象。传统的文学批评，从圣－勃夫（1804—1896）开始，声称不能将作者与他本人的个性分开，也不能把作品与其产生的时代背景分开。因此，为了理解作品，批评家主要关心两件事：探讨创作源泉和弄清楚作者的个性特征。“这正是圣－勃夫所做的工作，其论著《星期一》首先是历史研究和传记研究。作品按照一定的时间顺序发展变化，它的每个演变阶段都与现实生活中发生的重大事件一一对应。例如，19 世纪的小说，其主要特点就是故事情节是以时间为线索展开的，而且，作家与其作品的关系被处理成一种情节真实化了的小说，即作品写的是真人真事，其内容与作家的真实生活有一定的关联。”① 历史批评学尤以居斯塔夫·朗松（1857—1934）为代表，他的以纪事为特点的历史批评理论将渊博的学识和审美需求结合起来，严谨而广博。对于朗松而言，了解作者生平、社会环境和历史影响只是第一步，要想获得更深层次的审美乐趣必须经过这个最初的步骤。但是，这种以研究创作源泉和审查作者手稿为基础的方法仍然是学院派的批评方法。这种方法也受到了普鲁斯特的猛烈抨击。他在《驳圣-勃夫》中说道：“这种方法拒绝承认这样一个事实：（作品）与我们自己进行经常和深入的接触就会告诉我们，一本书是另一个‘我’的产物，不是我们平日习惯中、在社会里和我们的陋习中表现出来的我的产物。”② 对普鲁斯特来说，“生活不能分析作品，因为，恰恰是创造性的行为意味着作家要与日常生活的时间脱钩，进入到作品的时间里去。所以说批评应该探询的东西，是作品而不是生活。而且，普鲁斯特不仅仅抨击所有以研究作者生平为标准的批评，他还对系统地研究创作源泉的做法表示了怀疑：‘在艺术方面，不存在（至少从科学的意义上来讲）启蒙者和先驱者……’每个人都会从自己的角度出发重新进行艺术或文学尝试”③。

在第一次世界大战前夕，有一段时间，以夏尔·佩吉（1873—1914）为代表的唯灵论批评也加入到了论战的行列。唯灵论这个词的法语前缀“spirit-”的意思是“精神”。精神与物质相对，或者更应该说独立于物质而存在，唯灵论本身与唯物论相对。唯灵论批评强调的是精神，它认为精神是一种独立存在和最高层次的现实。然而，20 世纪初产生的规范批评，正如其领军人物夏尔·莫拉（1865—1952）在《文学批评论序》中所写的那样，旨在“识别论述精神的著作中好的一面和坏的一面”。显然，仅凭一家一派之言难以确立普遍的评判价值。

以上是对传统批评的发展历程所做的简单回顾，它一直延续到 1945

---

① 博纳富瓦（C.）：《现代文学批评概况》，巴黎：伽利玛出版社 1980 年版，第 92 页。
② 同上。
③ 同上，第 93 页。

年。此类批评方法一般是大学教授们的拿手戏，他们按照当时流行的圣-勃夫和朗松的方法行事，侧重于对文学史、作者生平、渊博的学识、创作源泉和历史影响等方面的研究。

文学批评首先是文学的，因此，它属于创作和艺术的范畴。“新批评力求勾勒创造条件的轮廓。它注意到创造包括三个变量：社会历史环境、个性化的创造以及语言。特别是从1955年开始，文学批评方兴未艾，对它的探索呈现出前所未有的活力，使得这种形式的创造活动在今天走上了前台。”① 我们将介绍现代文学批评自1945年以来所取得的新成就。

二、精神分析学批评

想象分析在遇到了弗洛伊德（1856—1939）之后，产生了分化，其中的一支在精神分析领域开花结果。我们之所以在此首先提及这门学科创始人的大名，旨在表明他对文学作品的分析如何属于批评的范畴。文学篇章对他而言是一些例证，是一些将一门学科应用于他所认为的外在物体的机会。在《我的生活与精神分析》中，弗洛伊德把作品等同于我们平日所做的各种梦，而且将它看作潜意识欲望在想象中的满足。这种潜意识的欲望能在其他人身上激起同样的感觉，也同样能让他们得到想象中的满足。作品的魅力所在，就是在追求形式美的过程中获得快乐。对于弗洛伊德来讲，释梦，就是在梦境中重新找出潜意识的活动规律，就是在幻觉中抓住冲动产生的特征性效果，因为，幻觉是揭示奥秘的符号。当然，对文本的研究会凸显更精确、更复杂和更微妙的元素。那么，弗洛伊德是怎么做的呢？他先区分出一类文章，即有描绘梦境情节的文章，然后再对小说家借他们塑造的人物之口所叙述的梦幻加以研究。通过分析主人公的幻觉和谵妄，弗洛伊德试图勾勒出他的潜意识动机。他还把主人公的各种梦呓通通描绘出来，将它们置于叙述的整个过程和整本书的框架结构中，使它们连贯起来，以此透过表面内容来诠释梦境里潜在的念头。通常，这样的念头不是孤立的，而是与其他的念头相互交错、编织在一起的。

为此，我们不禁会提出这样的问题：精神分析批评是否也能够阐释作

① 布律内尔（P.）、百朗热（Y.）、库蒂（D.）、塞利埃（PH.）、特吕（M.）等：《法国文学史》（第2卷），巴黎：博达斯出版社1977年版，第723页。

品的其他侧面？弗洛伊德给出的答案是肯定的。他认为，艺术创造是想象的一部分，诗歌描绘的是一个非真实的世界，是智力游戏的结果。但是，当这些对象是真实的客体时，便无法使人们产生同样的愉悦感觉。他宣称艺术技巧会使许多原本痛苦的情感也可能成为听众、观众或是读者的快乐源泉，因此，只需一段故事就够了。精神分析要做的就是进入到作品的结构中，深入到人物的生活中和满载着各种幻觉的被唤醒的梦境中去。

《歌德的儿时回忆》（1917）是这种系统和方法的一个范例。弗洛伊德在歌德的《虚构与真实》中仅仅截取了作者幼年时经历的一个生活片段。那时的歌德最多不过4岁，他在邻居小伙伴的怂恿下，摔碎餐具，从中取乐。发现精神分析法之前，人们在读到这个情节时将不会在此处做过多停留，也不会有什么新的发现。但是，批评家认为，儿童时代的任何记忆都是至关重要的。而且正是由于它看起来没有多大价值，所以才有必要进行阐释，也就是说，把它与其他重要成分联系起来，对这些重要成分的回忆只不过是一些“屏幕”罢了。弗洛伊德曾经遇到一位幼年患者，他对弟弟的出生很嫉妒，屡有过激行为，如把餐具从窗户扔出去。而歌德曾有个比他小3岁的弟弟，6岁时即夭折，因此，孩子完成了一个“神奇的行为”。弗洛伊德对那个病童举止的分析也能很好地解释歌德的行为。弟弟的夭折使未来的作家得到了解脱，起初他以摔餐具（餐具的重量象征怀孕的母亲）的方式表示自己的愤懑。“因此，就像歌德当时说的那样：我是个幸运的孩子，受到了命运的垂爱，运气使我活了下来，尽管我来到世上注定是要死掉的。可是，厄运夺去了我弟弟的生命，这样，我就不必与他一起分享母爱了。”成了母亲“至爱”的歌德因此终生都保持着“征服者的感情”和“成功的自信”的心态。他那获得胜利的故事就是从这细小的回忆中找到出处的。所以说，弗洛伊德的方法就在于，从看似微不足道却又谜一般的情节中找出隐含着的深义：精神分析批评是一种挖掘意义的批评。①

弗洛伊德艺术思想的核心当然是潜意识。他试图通过对意象、回忆、念头和梦幻的自由联想来探索人类内心深处的世界。这些意象、回忆、念头和梦幻能够破解不受意识逻辑控制的人类行为在潜意识状态下的含义，

---

① 参见塔迪埃（J.－Y.）《20世纪的文学批评》，巴黎：贝尔丰出版社1987年版，第134～135页。

能够在梦境中（这是通向潜意识的康庄大道）揭示失败的行为，能够发现在社会和道德规范约束的强大压力之下不得不压抑的欲望以及神经官能症状。

弗洛伊德笔下的潜意识内容就是性爱。在人的潜意识中，总是有一种自我保护机制，抵抗着力比多的撩拨，抵抗着以追求享乐为特征的性冲动，欲念的扩张必定受到现实的压抑，为现实所不容。

总之，精神分析批评采用的方法与医生诊病的方法有些类似。它力图识破小说家、小说主人公身上的潜意识秘密，通过对梦、谵语、证据、日记、散落的笔记进行系统的分析，希望以此来发现作者的潜意识，然后再解释作品。

在这门学科的研究领域里，我们注意到还出现了其他几种不同的研究方向，诸如以夏尔·莫隆（1899—1966）为代表的精神评论法和以萨特为代表的存在主义批评。

精神评论法声称从作品本身出发。“它在有意识安排的作品结构中研究那些不由自主的观念的联合。”为此，它借用了一种技巧：用“文本的重叠”来取代自由联想的临床方法，让那些“纠缠不休的隐喻”“多少有一点儿潜意识的未被觉察的联络”[①] 现出原形。很明显，莫隆试图阐释作者的顽念，诠释他个人深层的幻想，他按照弗洛伊德的模式，通过层层剖析各种动机而揭示出作品的真面目。因此，精神评论法也成为批评的一种工具。批评家建议通过阅读来达到与作者的意识完全等同的状态，这一探本溯源的方针旨在依靠某种直觉来找到出发的起点和发生嬗变的位置。对文学作品进行精神分析的阅读方法，在沉寂了几年之后，经过精神分析学家雅克·拉康的改造和发展而重获新生。他发现，性欲成功地逃避超我的查禁而得以表现出来的某些实现过程，与大家熟知的隐喻和借代等修辞法之间存在着类似之处。

存在主义批评，也就是我们通常所说的萨特式批评。“这种精神分析的原则是把人类看作一个整体，而非一个集合体。因此，最微不足道和最表面的举止都会使他的思想感情暴露无遗。换句话说，没有一种爱好、一

---

① 布律内尔（P.）、百朗热（Y.）、库蒂（D.）、塞利埃（PH.）、特吕（M.）等：《法国文学史》（第2卷），巴黎：博达斯出版社1977年版，第725页。

个怪癖、一个行为不具有揭示作用。"① 这一派与弗洛伊德理论的不同之处在于萨特拒绝承认潜意识的存在。萨特式批评尤其侧重解释一种命运的整体走向，它遵循精神分析和社会学的发展道路，但是似乎比它们二者更加严密和精确。

精神分析的起源和形式多种多样。以普鲁斯特为例，在这个研究领域，或许我们可以把他列在弗洛伊德之前。精神评论法关注的即便不是作者的潜意识，至少也是作品的潜意识。因此，每一次都要在一位作家的所有作品中找出那些多少显得神秘的常数，诸如图景、情景和背景。它们是构成该作家的作品形式并赋予其感情震撼力的主要成分。同时，还要确定作品的品质，普鲁斯特称之为"内在部分"的东西。

萨特在哲学著作中继续着自己的思考。他独辟蹊径，在方法论的层面上探讨批评问题，尽管作品的美学功能未在他的评论中得到解释。他的批评方向常常是通过寻求隐藏在小说技巧中的对形而上的研究和通过发现能够表现偶然性实际体验的新式写作来确定的，这与弗洛伊德的精神分析法相去甚远。

三、社会学批评

社会学批评重在关注文本。如果说，精神分析学说统领于精神分析领域，那么社会批评法则占据了文学的社会学领域。在社会学批评领域，作品不再被看作一种反映，不再被看作满是符号的某样东西，而被视作美学价值。在1985年出版的《社会学批评》教程中，皮埃尔·齐马为该学科下了一个明确的定义：社会学批评等同于文本的社会学。也就是说，它对作品的主题和思想不感兴趣。与文学社会学的其他分支一样，它倾向于了解某些社会问题和不同群体的利益是如何在语义、句法和叙事方面逐一展开并显现出来。

因此，根据这个定义，社会就是文本对吸收和改造集体语言的整合。齐马在他书中的第二部分提出了两个假说。首先，社会规范几乎不独立于语言而存在；其次，词汇单位、语义单位和句法单位陈述出一些集体利

① 布律内尔（P.）、百朗热（Y.）、库蒂（D.）、塞利埃（PH.）、特吕（M.）等：《法国文学史》（第2卷），巴黎：博达斯出版社1977年版，第726页。

益，并变成了社会、经济和政治斗争的赌注。所以，我们可以在语言层面上，在无论是否是基督教或马克思主义的词汇中，在表现各种意识形态、思想的语义对立中展现社会冲突。

还有一点值得注意，社会学批评的这种新方法，在法国和中国被认为是马克思主义批评。后者是沿着乔治·卢卡契开辟的道路向前发展，开始明晰起来，并在吕西安·戈德曼的大力推动下成长壮大的。但是，这种批评，实际上是一种介入批评，它长期受到艺术作品机械观念的束缚，被当作既定社会的简单产物和典型反映。这种批评法通行于20世纪80年代以前的中国和许多其他东欧国家。只是在粉碎“四人帮”之后，马克思主义批评在中国才开始逐步摆脱教条主义的框框，打破了后者一统天下、毫无生气的局面。

上文中我们所阐述的精神分析学批评，探讨的是个人意识，或是作家的潜意识。而社会学批评的创新之处，在于它确立和描述社会和文学作品之间的关系。社会存在于作品之前，因而，作家受社会的制约；于是，作家反映社会，表现它，并力图改造它。因此，社会存在于作品中，我们从中能寻觅到社会演变的踪迹和动因。

对社会和文学之间关系的分析并非始于20世纪。在19世纪，一些批评家，如泰纳和斯塔尔夫人，一些哲学家，诸如黑格尔和马克思就已经奠定了一些原则。以后出现的所有学说，无论是有意识地还是无意识地，都受到这些原则的影响。在20世纪，这门学科呈现出飞跃发展的趋势。因而，我们有必要在此介绍一些重要的代表人物，以便更好地认识它。

乔治·卢卡契（1885—1971），匈牙利哲学家、批评家和政治家。

卢卡契在社会学和批评方面颇有建树，提出了文学社会学的马克思主义美学的基本原则。卢卡契在其写于1914—1915年的第一部重要的批评论著《小说理论》（1920年在柏林出版，1963年被译成法文）中给精神科学的方式和方法下了这样一番定义：人们以一个时期通过直觉抓住的若干典型特征为出发点，创造性地提出一些具有普遍意义的概念；然后再以演绎的方式回到各个特殊的现象，试图以此达到宏观概括的目的。在这本书中，他肯定小说形式是破碎世界的反映。他把文学演变与社会演变，把一种文学结构和一种“历史—哲学的辩证法”联系起来。在小说历史的背后，总是存在着由历史的哲学表达出来的历史的意义。

确实，伟大的经典作品常常具有双重特性。它们一方面反映了人类进化过程中所有重大的特殊阶段，另一方面还指导人类进行社会实践，以使人类获得更全面、更充分的发展。人类的发展是一件要做的事情，一项有待完成的任务，人类与社会生活、历史演变及其文化有着密不可分的联系。而且，小说中的人物不是按照作者的意愿，而是按照“他们的社会存在和文化存在的内部辩证规律”来发展的。因此，文学著作不仅表现并叩问了过去社会的现象和问题，而且在当今人类社会的建设和发展中发挥着不可替代的作用，它为我们指出了存在的种种可能性。从某种意义上讲，这也是现代文学作品扮演的最重要的角色之一。经济社会的发展与世界观形成及艺术形式创造是作用与反作用的关系。因此，研究这三者之间的相互作用总是会给人类带来惊喜。

吕西安·戈德曼（1913—1970），法国哲学家和批评家。

从20世纪40年代起，戈德曼提出了一种设想，并以此建立了他的研究方法。他在《辩证唯物主义和文学的历史》一文中写道：“历史唯物主义认为，从文学创作研究中得出的最本质的东西存在于以下事实：文学和哲学是在多个不同层面上对世界观的不同表达，并且，世界观不是个人行为，而是社会行为。”宣称自己是卢卡契弟子的戈德曼确立了一种研究方法：生成结构主义。按照他的观点，社会集团才是文学创作的真正主体。“每一个集团都有一个世界观。它是团结在一个社会里的，通常是处于同一个社会阶层的所有成员，并与其他社会集团的成员区分开来的，反映了本集团社会成员的思想、感情和愿望的一整套体系。并非每个社会成员都对自己的世界观有着清醒的认识，只有作家或艺术家才能最清楚地意识到世界观的问题”[①]，也只有作家或艺术家才能深刻地揭示它或者对它进行质疑。在其出版于1955年的最著名的《隐身的上帝》这本书中，他竭力指出“拉辛和帕斯卡尔的‘悲剧思想’反映的就是逐步失去权利的穿袍贵族的意识形态”[②]。依据这种方法，人们从确定作品固有的意义结构，也就是说，从理解作品本身传递的意义入手，然后再去研究当时的知识、社会和经济结构中是否有对等现象，以此来揭示意义结构与上述各种结构之间是否存在着明显的相应性并阐明其关系，力求分析出艺术家或作家有

① 布律内尔（P.）、百朗热（Y.）、库蒂（D.）、塞利埃（PH.）、特吕（M.）等：《法国文学史》（第2卷），巴黎：博达斯出版社1977年版，第724页。

② 同上。

意识的创作意图和他们所创造的艺术形式。艺术家或作家的世界观及作品的主观意义正是体现在这些艺术形式之中，因为，艺术家或作家的直觉和感情必然会与他们所生活时代的各种思想一并被表达出来。

四、结构主义文学批评

早在20世纪初，费迪南·德·索绪尔（1857—1913）就在日内瓦教授有关普通语言学的课程。除了研究人们用学术语称之为历时性的语言的历史演变之外，他还阐明了语言的内部关系，即语言的结构，并明确指出，正是依据这些内部关系，语言才在历史时期的某一阶段发生作用。简而言之，他试图将语言的历时性和共时性加以区分。因此，随着语言学前所未有的空前发展，人们开始质疑历史因素在语言学研究中所占的优势地位。而且，从那时起，人们对作品的内部关系予以了特别的重视，这就使得批评家们得以超越作者及其创作背景来研究作品。这种基于结构主义的方法取代了传统批评界长期以来一直沿用的对作品的原始素材、作者所受的影响、作品产生的根源等方面进行探索的做法。

当我们谈到结构主义批评时，我们绝不可能不提罗兰·巴特的贡献。

这位作家是随着1964年出版的《批评论集》而一跃成为结构主义批评的领军人物。巴特因创作《写作零度》从1953年开始为人所知。在这本书中，他从一个全新的角度重新给语言/文体/写作下了定义。此后，他致力于创建一门在索绪尔的学说里已初见端倪的科学——符号学，即社会生活中有关符号的科学。

巴特在这一领域区分了四组成对的概念：第一组，语言和言语。这一部分是语言学分析中的重点。语言指的是世代相传的语言表达系统，包括语法、词汇学和形态句法学；而言语是指人们表达的或理解的东西。换句话说，两者的区别是语言被视作代码，言语则被看作传递的信息。另外，关于语言和言语的划分在美国语言学家罗曼·雅各布森的语言理论里也被称为代码和信息。第二组涉及所指和能指。索绪尔认为它们是符号的组成部分。巴特则向前推进了一步，他试图引入“双轴制”原则，将意义单位（词或词素）和区别单位（音或音素）分开。能指和所指分别被归入表达的形式和内容两个范畴。也就是说，前者是表示成分，是表达所用的材料；后者是被表示成分，指被表达的内容。例如，单词 star 是表示成分，而被表达的内容可以因不同的语境而变得丰富多样。第三组是系统和意群。这组概念对应着言语活动的两条轴线，语言本身被认为是一个符号系统，是一条和谐结合的词的轴线。意群是含有一定意义的前后相连的词素或词的聚集。例如，重新读，红色的铅笔，不要停止。最后是第四组：外延和内涵。外延，是指称的扩张①。例如，“年轻”一词可以让我们联想到除了年纪轻以外的其他很多东西，我们能够把这个词与朝气蓬勃和青春魅力联系起来，也可以和一个人，哪怕是老年人的健康状况或思想行为挂钩。内涵，是一个词的特殊意义，是根据情景或语境添加在其普通意义上的情感附加意义。因此，这个词表达的是人们思想中的情感内容。

如我们所见，巴特对这种结构主义批评法的发展做出了极大的贡献。从《写作零度》开始，他就通过语言、文体和写作确定了他以后的研究范围。受那些从根本上推翻了我们用以理解语言问题的老概念的语言学家的影响，他把文学语言作为一个意义结构的整体来研究。他力求揭示能够体现某一文学体裁运作规律的抽象的关系系统，并且把他的研究工作朝着符号学，朝着将文学作品作为意义系统并对其进行语言学研究的方向推进。随着《叙事的结构主义分析导论》于1966年在《通讯》杂志上发表，巴特形成了自己的思想理论体系。这一理论认为，不必遵循故事情节按照时间顺序来展开的模式进行创作。任何叙事因而都应从三大基本结构范畴的角度来阅读：“功能”（叙事单位的组织与发展）、“行动”（人物由他们的活动范围加以确定）、“叙述”（读者和叙述者进行双重编码的高级层次）②。

在巴特身上，追求一种与时间无关的形式的倾向非常明显，而这种形式的理想状态就是写作零度。“这是因为只有在写出一段不带感情色彩的、不受任何意识形态控制的话语时，作家才能创造出充盈着生命的文学本质。”③“写作零度”阐述的是与形式有关的思想，把写作这一概念诠释为一种崇尚形式的创作理念。它与文体对立，它被当作追求透明语言的一个概念性的工具。因为，它“自动放弃优雅的文笔或华丽的辞藻，理由

① 参见塔迪埃（J. –Y.）《20世纪的文学批评》，巴黎：贝尔丰出版社1987年版，第213页。

② 参见儒弗（V.）《巴特的文学观》，巴黎：午夜出版社1986年版，第22页。

③ 儒弗（V.）：《巴特的文学观》，巴黎：午夜出版社1986年版，第20页。

是这两者在写作中会再次引入时间这个带有历史烙印的、使作品失真的力量"[1]。无论从创作的形式，还是从创作的内容上看，意识形态都使作品打上了历史的印记。正如樊尚·儒弗所说，"能够最终从历史中抽身而撇开历史不谈的写作，自然会完完全全地从本体论的角度对文学进行定义。正是从这个意义上看，文学的理想状态只能是在写作的零度中才能实现，'零度'在语言中指的是不被特地标记的东西"[2]。

如果说，巴特的立场是如此鲜明的话，那是因为文学对他而言，不可避免地是一个语言的问题。这一态度必然将研究聚焦于能指，首先要做的就是对形式的诘问，正像在他自己的著作《批评论集》中所说的那样："文学的特征必然是形式。"但是，由此便会产生下列问题：文学和意义之间是什么样的关系？文学形式可能传递意义吗？巴特于 1963 年在为拉·布律耶尔的著作《特点》所撰写的序言中对上述问题做了肯定的回答："对于拉·布律耶尔来说，当个作家，就是相信在某种意义上，内容依赖于形式，并且通过对形式的结构进行加工和改造，使人们最终对事物产生一种特殊的理解，一种对真实的独创性的切分。简而言之，会产生一个全新的意义：语言本身是一种意识形态。"[3] 具有意义多样性特点的文学渗透着积极的思想，充满着新的观念，并能通过语言的游戏而再生。作家垂青的问题是如何写作，自然而然会对人类和事物的意义进行深思。

如果文学存在的理由主要是为了研究能指的话，那么就有可能对一部小说的文学质量进行评估。其基本的美学标准当然是语言的无限创造的能力，其目的是力求将读者从语言的消费者改造成语言的创造者。"我们的评价只与实践相联系，而这种实践就是写作的实践。一方面是能够写的东西，另一方面是不可能再写的东西。"[4] 巴特在《S/Z》中把作品划分为"难读作品"或曰"作者性作品"和"易读作品"或曰"读者性作品"两种类型。樊尚·儒弗用自己的话将它们作了如此概括：难读的作品，是新出现的、例外的和前瞻性的作品：它们不能被概括；相反，易读的作品，是已存在的、有章可循的、茶余饭后的闲谈，是通过分析能够找出其

① 儒弗（V.）：《巴特的文学观》，巴黎：午夜出版社 1986 年版，第 21 页。

② 同上。

③ 巴特（R.）：《批评随笔》，巴黎：门槛出版社 1981 年版，第 236 页。

④ 巴特（R.）：《S/Z》，巴黎：门槛出版社 1976 年版，第 10 页。

内在逻辑的作品。对于这种分类方法，不能钻牛角尖，不能死板地去理解。难读和易读，对一个特定文本来说，只是一些关于评价文学特性部分和陈词滥调部分的操作性概念[①]。

确实，好的文学作品能使人类的灵魂获得安宁。但是，从《叙述的结构主义分析》到《文本的快乐》，巴特对优秀的文学作品所设定的标准已经发生了变化。他认为任何作品都首先是结构，就如同他在《批评论集》中指出的那样："符号在产生功效时，就达到了成功的目的。"因此，他认为文学的价值应该取决于作品是否具有严谨和明快的特性，是否对它自身的存在进行质疑。

其次，多样性和不确定性这样的字眼儿也加入到巴特的词汇中，用来评价文学。这两个词变成了文学的构成特征。在巴特看来，当组成一个文本的代码数量越多，当很难从中分辨出是谁在说话的时候，作品的价值也会因此而越大。

最后，作为他对文学的伟大品质做出评价的主要观点，是从他的作品中得出来的：写作的价值应该与它所表达的和激起的快乐有关。对作家来说，重要的是要调动他的欲望，将故事梗概转变为有人物、有情节的画面。"萨德、傅立叶和卢亚拉，即使他们的意识形态完全不同，但有一个显著的共同特征，就是根据他们自己的欲望进行创作，根据他们自己的欲望来创造语言，创造欲望的语言。"[②]

通过分析上述评介文学价值的不同标准，我们不由得会这样认为："作品的价值标准大体上是遵循从常规到象征"[③] 这一潜规则。作为结束语，我们将探讨的另一个问题是有关"可接受性作品"的问题，巴特在《巴特谈巴特》一书中给这个范畴下了一个定义。按照他的观点，"可接受性作品会是那些令人感到困难的、没法读下去的作品，是脱离真实的难以理解的作品，而其作者明显的作用似乎是抗议创作中的商业行为"[④]。

因此，巴特具有非常清晰的不从时间角度来定义文学的倾向。我们在此将借花献佛，用儒弗在其著作《巴特的文学观》中所设计的两个表格

---

① 参见儒弗（V.）：《巴特的文学观》，巴黎：午夜出版社 1986 年版，第 50 页。
② 巴特（R.）：《批评随笔》，巴黎：门槛出版社 1981 年版，第 243 页。
③ 同上，第 131 页。
④ 巴特（R.）：《S/Z》，巴黎：门槛出版社 1976 年版，第 122 页。

（见表一、表二），对巴特的那些涉及文学评价的有关思想进行总结和概括。这两个表格强调了一部文学作品在语义代码和象征代码方面所表现出来的文学质量。作品的文学性不再意味着必定要遵循某种模式，它存在于作者对文本活力的创作之中，作品的活力源自于创作的活力。

表一　文本类型和文学价值

类型	特性	例子	文学价值
可接受性作品	难理解的	作者自知不能发表的作品	有较高价值
难读作品	获得巨大快乐的	马拉美、巴塔耶、索勒	
多种理解的易读作品	有趣的、逗笑的	拉辛、萨德、巴尔扎克	
单一理解的易读作品	粗俗的	大众读物	无价值

表二　代码的文学分布

类型	代码				
	文化的	散文—修辞的	解释宗教经典的、古文的	语义的	象征的
可接受性作品					+
难读作品				+	+
多种理解的易读作品	+	+	+	+	+
单一理解的易读作品	+	+	+	+	+

五、新批评的纷争

如果说新小说从20世纪50年代开始就让人们费了不少笔墨的话，那么，新批评则在60年代引起人们的关注。围绕着这个新的派系，集中了一批评论家，他们的观点和方法都大为迥异。

加斯东·巴什拉尔（1884—1962）对新批评的贡献是不可磨灭的。

在其作品《火的心理分析》（1937）和《水和梦》（1940）中，他试图解释诗意的想象与物体及物体揭示的能力之间的关系，并不遗余力地阐释心智活动与梦呓和词汇之间的联系。主题批评是从他艺术创作的哲学思考和他文学创作的实践中产生而来。他的文学精神分析表现为一种诗学。依据他的观点，批评家应该和创作者一道去幻想，找出创作者灵感涌现时的诗意想象以及文体的色彩，并理解它们的神秘结构。众多新批评家都受到巴什拉尔的影响：乔治·布莱（1902—1991）特别重视探索空间和时间领域，研究作者的创造性活动在有意识状态下的自身运动规律。他最重要的作品包括了评论集《人类时间之研究》《循环之嬗变》《普鲁斯特的空间》。让·鲁塞（1910—2002）重点研究了在文学结构中主题与形式之间的联系。在他看来，形式是活跃的且不可预料的启示和幻觉的催生原则。让－皮埃尔·里夏尔（1922—）则尤其注重于主题批评。他认为"所有的批评都是部分的、不肯定的和临时的"。在探索意识的"灌木丛"的过程中，他一心要澄清的问题是：为什么是这个作者选择了写作？让·斯塔罗宾斯基（1920—）致力于探讨精神分析法和现象学的根源。通过在"突出的目光"和"能够验明的直觉"之间进行反复的、不停顿的探询，努力揭示萦绕于作者脑际的困扰。尽管他们的研究在表面上看大相径庭，但是都表现出了深入挖掘作品所蕴含秘密的共同愿望。

在巴特发表其评论《论拉辛》（1963）之后，爆发了新批评的论争。这场论争是在观点对立的历史批评学派和结构批评学派之间进行的。依据雅克·布雷纳尔的观点，《论拉辛》并不是什么博学之作。这是一本批评狂想曲，由一位弗洛伊德的读者写就，而非出自马克思主义批评家之手。这本书具有双重娱乐性："因为巴特研究拉辛的剧作，就如精神分析学家分析患者的梦境一样，他一边阅读拉辛的作品，一边将纷呈于大脑中的各种念头记录下来。因而，毫无疑问，他的评论所揭示的是萦绕于他个人心胸的挥之不去的念头。"① 但是，巴特毫不犹豫地以高傲的姿态对编著七星诗社诗人全集的雷蒙·皮卡尔所写的一部出色的传记《拉辛的生涯》发表了尖锐的批评。他指责编著者所做的是"传记式的批评"。皮卡尔对这些责难做出了回应，写成了一本抨击性的小册子《新批评还是新欺骗》

---

① 布雷纳尔（J.）：《1940年至今的法国文学史》，巴黎：法雅出版社1978年版，第503页。

(1965)，对巴特在评论拉辛剧作时表现出来的前后不一致和互相矛盾的观点提出了质疑。

两种批评争论的焦点是如何诠释文学作品。巴特认为，批评完全是意义的创造。一部作品的意义与人们阅读时理解的意义有什么不同吗？皮卡尔认为，一部文学作品是为它自身而存在的，有属于其自己的确切含义。巴特告诉我们："任何作品都具有意义，而且有多种意义的自我生成能力，任何作品只有在象征性的开放体系中才能生存。"① 但若认为皮卡尔完全对多义性表现出无动于衷的态度则是不对的。就这个问题，他曾说道："一个作家的真理存在于他所做的选择中，而非独存于选择了他的东西中。因此，作品并不仅仅是它没说的那些东西，作品首先是它说了的那些东西。而它所没有讲述的部分有可能就是纯粹的批评创意。"②

新批评的这场争论无论哪个阵营都未取得胜利。传统的批评有它的优点和长处，对于传统的批评方法不应全盘否定。但是，作家所倡导的新的批评理论以及对作品的新的阐释方法总是会受到欢迎的。因为社会在不断地发展，没有新的发现就没有进步。

新批评的不同派别有一个共同点：与历史方法决裂，尽管后者必须以拥有对事实、作品和文献资料的深入研究为前提。新批评是一种思辨的、评注性的批评，直觉常常取代证据，分析实验往往取代示范讲解。无论采取什么方法，如今最引人注意的批评都是侧重于对意义形成过程的描述。某些公认的原则是：语言是以多义性为特征的符号系统。正如热尔梅纳·布雷指出的那样："它通过三大可分析的客观机制发生作用：它自身的生产和转化规律；那些用于组织讲某种语言的社会集团的社会现实的神话、意识形态和反映意识形态的词语，包括了宗教信仰和道德观念；弗洛伊德曾经深刻揭示其活动规律的，并引出了语言的表层句法与蕴含其内的语言的深层句法之间关系的全人类共有的性欲深层结构。"③ 实际上，在文学批评领域展开的这些论战与人们更深入和更为普遍关心的客观真理的概念有关。文学批评科学就是对人类的时间观念、对人类和他们的艺术创作之

---

① 布雷纳尔（J.）：《1940 年至今的法国文学史》，巴黎：法雅出版社 1978 年版，第 504 页。

② 同上，第 503 页。

③ 布雷（G.）：《20 世纪的法国文学》（第 2 卷），巴黎：阿尔托出版社 1978 年版，第 359 页。

间的关系，以及对人文科学（精神分析学、语言学和社会学）展示给我们的有关人类新形象所进行的一种长期不懈的研究。但我们还是不能沉湎于寻求悖论而以至于放弃对历史研究的兴趣。因为，毕竟在传统的批评和所谓的新批评之间，存在着一些趋向一致的观点。这些趋同点将有利于双方求同存异，并在共同关心的层面上结出硕果。因此，当人们听到皮卡尔1965年宣称应“对文学结构进行详细的研究”时大可不必感到吃惊，而巴特于1964年发表在《通讯》杂志上的《符号学成分》也正是为了建立文学结构研究理论。为了让我们更全面地领略到这门学科的丰富内涵和纷繁的形式，难道我们不应当“希望传记家不迷失在他们的数字中，精神分析学家不深陷于他们的情结中，哲学家不纠缠在他们的概念或新词新义中”[①]？难道我们也不应当希望批评本身是一种有意识的行为，帮助我们逾越那些把我们与文学作品相隔开的鸿沟？

（选自《文学与哲学的双重品格——20世纪法国文学回顾》，徐真华、黄建华编著，上海外语教育出版社，2008年4月，第15～32页，题目为作者所加）

① 布律内尔（P.）、百朗热（Y.）、库蒂（D.）、塞利埃（PH.）、特吕（M.）等：《法国文学史》（第2卷），巴黎：博达斯出版社1977年版，第723页。

20 世纪法国诗歌的启示

爱情像这泓流水一样逝去
爱情逝去
生命多么缓滞
而希望又多么强烈
夜来临吧听钟声响起
时光消逝了而我还在这里

——纪尧姆·阿波利奈尔：《米拉波桥》

一、引言

20 世纪的法国诗坛各种流派此起彼伏，涌现出一批杰出的现代派诗人。他们不仅在具体的创作实践中各领风骚，向读者奉献了许多不朽的传世佳作；而且在诗学理论上也颇有建树，成为各种艺术思想的领军人物。

象征主义诗歌希冀借助语言的暗示力量，通过梦境和神秘的玄想来破解人类灵魂深处的奥秘。波德莱尔创立了“通灵”理论，使自己成为象征主义的先驱者。魏尔伦诗歌中那忧伤的旋律以及兰波在《元音》一诗中的奇妙臆想，张扬了语言的神奇力量，描绘了一种如梦似真的朦胧境界。

作为先锋派文学运动的领路人，阿波利奈尔开辟了诗学的新路径，宣扬了一种新的艺术主张，并给超现实主义以极大的启发。他的名作《米拉波桥》写得如泣如诉，吟唱了逝去的爱情。瓦莱里则探索心智活动，他设计了一套严格服从古典诗歌规律的启示性语言，通过诗歌的形式将话语和精神活动紧密地结合在一起。与瓦莱里不同，克洛岱尔从基督教那里汲取灵感进行创作，在他笔下，诗与对上帝的信仰融为一体。他还成功地创造了一种新的诗体——克洛岱尔体，并以此创作了辉煌高昂的《五大颂歌》。圣－琼·佩斯的艺术风格不属于任何流派，他的诗气势宏大，且措辞真切，富有节奏感，具有庄严、神圣、肃穆的品性。科克托多才多艺，涉猎广泛。作为诗人的科克托追求不可知，他试图触及躲藏在日常生活表面下的神秘和无形世界，并勾勒出隐藏在人类内心深处的梦幻世界的轮廓。因此，他喜欢探讨的领域是睡眠和梦境。蓬热的作品极具鲜明的个性特征，他用精确而细致的语言来描写并分析客观物质世界，他独创的散文诗的写作手法是对诗歌的真正革新。普雷韦尔是大众诗人，他用朴实无华的语言直面生活与人生，把诗写得妙趣横生。他发明的幽默滑稽的笔调和清新流畅的表达方式改变了人们对诗歌的看法。以布勒东为首的超现实主义文学运动是对诗歌艺术形式及其创作实践的大胆创新，主张运用自动写作法来描绘直觉、梦境和幻想。阿拉贡的创作思想复杂多变，他为世人留下了众多脍炙人口的诗作，其作品最重要的特点是既保留了法兰西诗歌的传统诗韵，又紧跟时代的步伐。艾吕雅用简洁明快的语言歌颂爱情和自由，对传统诗学进行了扬弃和创新，并把想象的奥秘和质朴的语言完美地结合在一起。他们两个人所写的爱国主义诗歌，如《法兰西晨号》《诗歌与真理》等都是家喻户晓的篇章。他们的艺术成就对法国诗歌的蓬勃发展起了推波助澜的作用。

从象征主义到超现实主义，法兰西诗坛硕果累累。研究这一份丰富的文学遗产，或许我们还缺乏足够的时空，但是，这无法遏制我们回溯法兰西百年诗坛时无比快乐的心情。

二、象征主义断想

在法国，象征主义是19世纪下半叶的诗歌主流，也是现代文学运动的第一个流派。以“象征主义”自居的文学，尤其是诗歌，认为已经找到了文艺创作的最佳手法。象征主义诗歌追求的理想旨在通过隐喻等修辞手段和词语组合的音乐效果，通过梦境和神秘的玄想来破解人类灵魂深处的奥秘并展示诗歌语言所创造的联想意境。那么，1880年前后风行的象征主义诗歌在精神活动和审美情趣方面有什么特征呢？

墨守成规者把象征主义诗歌看作光怪陆离的拼凑物，因为，漂浮不定的画面、激荡跳跃的句符、跌宕起伏的抒情旋律，其唯一的作用就是强调言之无物并让人感到莫名其妙的神秘①；而锐意革新者试图融合有形和无

① 参见威茨扬斯基（P.）《诗歌与象征》，蒙特利尔：泰翁出版社1965年版，第22页。

形世界，超越词语和画面，最终抓住不可言喻的寓意，揭示至今未知的人类精神世界。继发现感觉和思想之间存在着“对应”关系的波德莱尔之后，象征主义流派的艺术理念似乎是热切研究隐藏在人类自身和整个世界中的真理。正如让·波耶尔给象征主义下的定义一样：“象征主义别无他求，唯一要满足的愿望就是深入了解诗歌的本质”①。与此相似，马塞尔·雷蒙则说：“象征主义反映精神世界深处的生活……是一种超越表象的神秘的直觉，是一种新的企图……即抓住诗歌的本质并使之与教化和情感分离的企图”②。而朗德里约大主教则给象征主义披上了宗教的外衣：“象征主义，在一定范围内，是把上帝和创造物，把自然世界和超自然世界进行融合并反映它们之间统一关系的科学；是研究世界各不相同的部分如何共生共存并且构成一个完美整体的和谐关系的科学……”③

寥寥数语，一下子就触及诗歌的精髓所在，其实质不外乎探索隐秘世界。而通过解读画面和字符，借助语言所辐射出的巨大力量，诗人最终能够透过表面现象，将我们灵魂深处的奥秘以象征手法表现出来。象征主义力图拉近符号和所指间的距离。象征派诗人为此试图建立一种“不可分离的联盟，将看得见的和看不见的、触摸得到的和触摸不到的、已知的和未知的、可领会的和不可领会的统统纳入其中，人类和世界的深刻含义就在那里”④。对这类关系的发现使我们能够把用感知来体会的事物转化成用符号来代表的真理。象征主义诗人尤其重视词语的选择和使用，即十分注意词语强大的联想威力。这就是为什么一个普通的单词，在象征主义诗人笔下，会有一个崭新的、不同的含义，适合于描述一种独特的心境和感受。这也就是为什么我们会情不自禁、自始至终地从美学角度和心理层面来思考象征问题。

我们把象征看作美学现象。小说理论更注重叙事，读者从形式到内容都可以有自己的诠释。而象征主义诗歌并不以表现语义差异的文本形式呈现在读者面前，读者尤其要领悟诗人个性化的感觉世界。“如果我们比较一下象征主义和浪漫派及巴那斯派所使用的词汇，就会发现一些令人好奇

---

① 威茨扬斯基（P.）：《诗歌与象征》，蒙特利尔：泰翁出版社1965年版，第20页。
② 同上。
③ 同上，第25页。
④ 同上，第24页。

的东西。浪漫派作家是依据绘画和唱歌的法则来选择词汇的：他们就好像在作画或唱歌。其中奈瓦尔表现得最为突出，拉马丁不完全这样，缪塞则不在此列。巴那斯派所使用的词汇表现出明显的雕琢痕迹：他们讲究精雕细刻。而象征主义诗人注重的是词语搭配所产生的音乐效果：他们'念咒'和浮想。通过象征主义诗歌的词汇所展现出来的音乐旋律，我们听到了弹奏在词语和诗人灵魂之间的和弦之声。这个现象的成功之处就在于将一个普通单词赋予一个又一个极富个性的意义，使之迸发出巨大的联想力量，从而揭示出人类内心的奥秘。"[①] 由此可见，对诗歌的理解绝不能囿于单词，乃至孤立的诗句。对一首诗来说，最重要的并不是某一诗节所表现的思想内容和情感抒发，而是发自诗人肺腑的新颖独特的想象力及其寄寓于诗思中的和谐旋律。因此，诗歌通过词语的音像结合，制造出一股情感冲击力，引导读者越过词符的表面意义，去发现诗歌透视世界的新视角，去自由地感受其中的意境。现在我们来体会一下魏尔伦的著名诗句：泪水流在我的心田。这是一幅具有强大感染力的画面，此刻词语只不过是简单的物质材料。交织的雨点声和哭泣声烘托出一种触景生情、悲从心来的忧伤场面，这情景虽说是通过语言描绘出来的，但是，我们已感受不到它的存在了。

泪水流在我的心田，
恰似那满城秋雨。
一股无名的思绪
浸透了我的心底。

嘈杂而柔和的雨
在地上、在瓦上絮语！
啊，为一颗惆怅的心
而轻轻吟唱的雨！

——保尔·魏尔伦：《无词的浪漫曲》(*Romance sans parole*)
（译诗见《世界诗库》第三卷，第 327 页，花城出版社，1994 年）

① 威茨扬斯基（P.）：《诗歌与象征》，蒙特利尔：泰翁出版社 1965 年版，第 52～53 页。

支配象征主义诗歌艺术追求的不单单是一种创新的美学感染力，因为，这只是象征主义流派艺术创作的外部表现形式。象征主义诗歌还进一步深入探索不可领会的和看不见的世界，这就是保尔·威茨扬斯基宣称的“精神象征”，在其深处“流淌着身心的活力”[①]。

象征主义大师们旨在表现心灵的奏鸣曲、深层自我的精神幻想、虚无缥缈的神秘世界和不可言喻的意义。其中波德莱尔、马拉美和魏尔伦都将图像和声音视作诗学的基本内核。这个核心可以扩大、重叠，衍生出新的图像，在层出不穷的画面叠印中常常出现那些千奇百怪的、反复无常的和不合情理的梦幻世界，而声音之间的不断续接则表现了情感起伏的节奏。读者只有透过隐晦和迷乱排列的词符才能体会到存在于人类和事物间的神秘的亲缘关系。这首出自于亚瑟·兰波笔下的著名的十四行诗《元音》，清楚地阐明了象征派的艺术主张。

元 音

A 黑，E 白，I 红，U 绿，O 蓝：元音，
有一天我要泄露你们隐秘的起源：
A，苍蝇身上的毛茸茸的黑背心，
围着恶臭嗡嗡旋转，阴暗的海湾；

E，雾气和帐幕的纯真，冰川的傲峰，
白的上帝，繁星似的小白花在微颤；
I，殷红的吐出的血，美丽的朱唇边
在怒火中或忏悔的醉态中的笑容；

U，碧海的周期和神奇的振幅，
布满牲畜的牧场的和平，那炼金术
刻在勤奋的额上皱纹中的和平；

O，至上的号角，充满奇异刺耳的音波，
天体和天使们穿越其间的静默：

① 威茨扬斯基（P.）：《诗歌与象征》，蒙特利尔：泰翁出版社 1965 年版，第 57 页。

哦，奥美加，她明亮的紫色的眼睛！

（译诗见《世界诗库》第三卷，第346页，花城出版社，1994年）

很显然，兰波把自己的亲身体验与创作冲动联系起来，这表明了他对并不存在的事物的看法，揭示了梦幻深处的景象。他在年轻时就饱尝了人间的孤独。“我正在死去，我正在庸俗乏味中、充满恶意中、平淡无奇中腐烂。有什么办法呢？我永远渴望真正的自由。”① 他就是这样向他的老师乔治·伊桑巴尔倾吐心声的。1870年，他来到巴黎，追寻一种“真正的自由”生活，并给自己的艺术态度下了一番定义：“我想成为诗人，我试图成为通灵者。也就是说，通过感觉上的错乱进入未知世界。”② 也就是在这一时期，他创作了《元音》，企图通过直觉而进入神秘世界。

对于如何理解这首晦涩难懂的诗篇，众人是仁者见仁、智者见智。我们不妨把莫衷一是的诠释暂放一边，先来听一听魏尔伦那最简单明了的解释：“我非常了解兰波，我知道他才不会在乎字母A代表的是红色还是绿色。他就是这样看的，就这么简单。”③ 诗人的工作就在于找到新的抽象联想，这样的联想往往是无意识的而且是不可言喻的。毋庸置疑，诗人感知的符号，象征着神秘莫测的景象，后者游荡在未知世界的边缘。诗人凭借通灵者的目光试图捕捉住它，以达到了解现实世界的目的。

保尔·威茨扬斯基完全有理由下这样的结论：“多亏了这些纷繁复杂的表现，象征意义最终得以完整地体现出来。主题源于生活，创作的冲动使它与词汇、结构和修辞融为一体，而这像谜一样令人困惑的冲动，往往又是作者抒情过程中的突发奇想。作为想象的产物，主题常常是从感性世界获得的。因为，诗歌，即使是最费解的诗歌，也绝不能完全无视现世。抒情诗，在语言层面上要求有一个展现其存在的感性证据。因此，任何诗人都要给自己寻找冲动的理由和依据……也就形成了他自己的象征主义，即一系列的联想手段，介于词语和画面之间，依靠的是对句法和诗体的革新和由此产生的强烈效果。”④

---

① 威茨扬斯基（P.）：《诗歌与象征》，蒙特利尔：泰翁出版社1965年版，第66页。

② 同上，第67页。

③ 同上。

④ 同上，第57页。

值得一提的是，象征主义尽管延续的时间并不长，其内部却是思潮迭起，派别林立。在第一次世界大战后不久，诗人和世界之间还未建立起新的关系，象征主义内部就已活跃着多种倾向，涌现出一批20世纪最伟大的诗人。

三、纪尧姆·阿波利奈尔（1880—1918）和新思想

纪尧姆·阿波利奈尔1880年生于罗马，是其母昂日莉卡·德·科斯特罗维茨基与一名意大利军官的私生子。由于其母亲年轻时喜欢过冒险的生活，经常干一些心血来潮的事情，因此他的童年基本上是在动荡不安中度过的。他先后在摩纳哥、尼斯和戛纳等地上过学。1899年，他来到巴黎，从事过不同的职业，但是每一次都干得不长，而且收入也不多。1901年，他去了德国，在德·米约子爵夫人那里谋到了一份差事，做她女儿的家庭教师。这次德国之行对于诗人来讲意义重大，他发现了中欧大陆，沿途所看见的景象和当地的传统文化开阔了诗人的视野，激发了他的灵感。在那里，他还爱上了安妮·普莱登小姐（英国人，德·米约夫人的家庭教师），但由于没有处理好感情而成了“失恋者”，这反而促使他写成了一部伟大的诗集《醇酒集》。

1902年9月，阿波利奈尔返回巴黎，他开始频繁出入一些文人雅士聚会的咖啡馆。他结识了安德烈·萨尔蒙，与一些有名望的画家，如毕加索、雅各布和德兰建立了友谊，还创办了自己的杂志《伊索的盛宴》。1907年，他加盟让·波耶尔主办的新象征主义杂志《法郎吉》，成为先锋派文学运动的领军人物。就在那个时候，他邂逅了年轻的女画家玛丽·洛朗辛，这段时好时坏的交往一直延续到1912年。这一年他发表了《米拉波桥》（后收录在《醇酒集》里），创作灵感来自他所爱的人离他而去。这首诗是如此出名，进入了大中学校的教材，以至于阿波利奈尔的其他著名诗篇似乎都被淡忘。

处于象征主义传统和现代主义的交汇处，阿波利奈尔无疑成了20世纪初（立体派时代）巴黎地区先锋派文学运动的领路人。1917年，勒韦迪在《北方—南方》杂志第一期撰文写道：“他开辟了诗学的新路径，拓宽了诗歌创作的视野，他必然获得我们的拥戴和欣赏，时至今日，尚无出

其右者。”

他因创作《米拉波桥》被称为“婉约派”诗人，又因《美好的文字》（一译《图画诗》，主要集中了他1913年以来的诗歌作品，1918年4月结集出版）而获得了“立体派”诗人的桂冠。实际上，他应被算在现代派诗人之列。他思想开放，追求真理，乐于尝试一切新的东西：他把现代世界的真实事物（电、飞行……）写进诗中。作诗时不受诗学格律和标点符号的约束，如同毕加索一样，他先分解世界，然后再重建世界。他宣称单纯模仿的时代已经结束，艺术应该具有创造性，创新就是创造一个新的现实存在，为此，他发明了“超现实主义”一词。因此，这样的艺术应创建属于自己的形式，摈弃浮夸华丽的辞藻，拒绝矫揉造作，以便纯真地表达自己。于是，诗歌便具有一种造型美，透射出令人陶醉的情调。就像他在诗集《醇酒集》里描写的一些画面，完全是无法预料的意象，很难进行理性的分析。

《米拉波桥》渲染了一种幸福的爱情氛围，略带一丝伤感，但这种幸福的感觉转瞬即逝，就像川流不息的河水一去不复返。诗写得非常含蓄，耐人寻味，向我们展示了自然界的运动和情感世界的波动，使诗人的感觉体验在动静结合中表现出感人的节奏。

米拉波桥

塞纳河在米拉波桥下流逝
我们的爱情
还要记起吗
往日欢乐总是在痛苦之后来临

夜来临吧听钟声响起
时光消逝了而我还在这里

我们就这样面对面
手握着手

在手臂搭起的桥下闪过

那无限倦慵的眼波

夜来临吧听钟声响起
时光消逝了而我还在这里

爱情像这泓流水一样逝去
爱情逝去
生命多么缓滞
而希望又多么强烈

夜来临吧听钟声响起
时光消逝了而我还在这里

消逝多少个日子多少个星期
过去了的日子
和爱情都已不复回来
塞纳河在米拉波桥下流逝

夜来临吧听钟声响起
时光消逝了而我还在这里

（译诗见《世界诗库》第三卷，第 442 页，花城出版社，1994 年）

1912 年发表的这首诗，其创作灵感源自一段破裂的感情：阿波利奈尔与他 5 年前相识的女友、年轻的女画家玛丽·洛朗辛由相爱到分离。诗人用感伤惆怅的语调，吟唱逝去的爱情。他以米拉波桥下的流水做比喻，来抒发他内心的惋惜之情。其时，诗人的家位于巴黎西侧的奥特伊，他回家时常走此桥，该诗因而得名。阿波利奈尔似乎对象征事物稍纵即逝的流水情有独钟：爱情消逝，昙花一现，而永恒只属于永不枯竭的江河。

《米拉波桥》就像一支歌：四个诗节，每节长度、节奏一样，末尾各有两行诗作为副歌。

第一节诗将我们引入了表现诗人忧伤情感的场景：诗人孑然一身，在默默的冥想中回放迁流的岁月。第二节诗是对短暂的幸福时光的回忆。但昔日的爱情已无可挽回，任何努力都无济于事。时光不能倒流，流水不会停止，情人的眼中再也见不到激情，往昔的山盟海誓也已烟消云散。第三节诗表现的是情人的分手不可避免，爱情已逝，宛若无情的流水。既然我们不能阻止河水的迁流，幸福的时光岂能永驻？这段恋情的终结是如此沉重，以至于过去的幸福时光也变成痛苦，只是心存美好未来的愿望依然强烈。最后一个诗节是对爱情和流水的反思，奔腾不息的江河就像迁流的时序，带走了旧日的柔情，但是河水流淌依旧，如同时光，如同爱情，永远向前。尽管光阴一去不复返，爱情也消逝得无影无踪，诗人身心依然。阿波利奈尔以此将持续和永恒与时光的流逝、与事物的短暂进行对比。

阿波利奈尔的诗未曾远离古典的主题，虽然时间在他的诗歌创作中占据了中心位置。时间存在于记忆中、存在于回忆中、存在于逝去的爱情中，时间浸润着诗人怀旧的伤感和个人的神话。阿波利奈尔作为“新思想”的倡导者，建立了自己的诗歌艺术形式和艺术风格。

1918 年 11 月 9 日，就在第一次世界大战停火的前两天，阿波利奈尔死于“西班牙流感”。他的过早谢世不单单意味着一个创作力旺盛的作家的消失，也意味着以他为中心建立起来的先锋派也就此销声匿迹，转移到其他的艺术运动（达达主义和超现实主义）中去了。

四、保尔·瓦莱里（1871—1945）：意识和话语的完美结合

保尔·瓦莱里 1871 年 10 月 30 日出生于塞特市。先在家乡，然后又到蒙彼利埃市读中学。高中毕业会考以后，进入蒙彼利埃市的法学院学习法律。他对兰波和马拉美的作品推崇备至，并深受他们两个人的影响，在象征主义流派的许多杂志上发表文章。由于与皮埃尔·鲁依斯、安德烈·纪德、马拉美和埃雷迪亚建立了友谊，他最终还是立志于诗歌创作，尽管曾经一度放弃过文学。

热衷于钻研智力机制的瓦莱里把诗歌创作视为意识活动，视为一种由理解力支配的纯粹的思维活动。在他看来，灵感只是创作的起点，理性思维应与创作灵感并驾齐驱。他指责大部分现代派作家和诗人创作的作品是各种空想，是被压抑的和无法解释的欲望的堆砌，只是他们不肯承认罢了。他建议诗人们关心艺术技巧的掌握，而不应完全乞求于灵感，即所谓

的某种说不清的力量。为此，他说道："我更愿意在真实的精神状态和十分清醒的意识状态下写作，哪怕写出来的东西并不好；也不愿意在忧虑的和超我的状态下创作，哪怕写出来的是杰作。"（《杂文集·致马拉美的信》）因为，诗人的工作恰似一个漫长的需要耐心等待的孕育过程，目的是让读者感受"诗情状态"，其特点是语言具有音乐的形式，而且与要表达的意义不能割裂。对于诗人来讲，最重要的是不能简单地将形式与内容对立，而要努力进入"诗情状态"。就如同他在《杂文集》第五卷中精心描绘的那样："这是我那受到震撼的生活本身，只要它能够，它应该给我提供答案，因为只有在生活的万象中才必然存在着真实自我的力量。"

瓦莱里的诗关注他那个时代的忧虑，他试图捕捉和揭示意识现象（尤其是新思想、醒悟、自我的发现）。他通过他所创造的诗歌艺术魅力让我们看到话语和精神活动之间的密切联系。他专心致志于设计一套严格服从古典诗歌规律的启示性语言，在诗人使用的语汇中，意义和美感是不可分割的，并且造型艺术备受恩宠。

瓦莱里的理智主义在《年轻的命运女神》，特别是在他的杰作《幻美集》中有充分的体现，其笔触涉及了"意识化的意识"等多方面的问题。在瓦莱里身上表现得比较明显的是，诗歌变成了探寻自我的工具，是对精神生活的整理：情欲、回忆、激动、现象、躯体的知觉、深层的记忆等等。

如果比较一下瓦莱里的诗和超现实主义诗人的诗，我们就会有趣地发现，二者在命题和手法上几乎都是背道而驰的。

1922年，瓦莱里发表了《幻美集》。诗集的标题有双重含义，因为，拉丁语"幻美"（charmes）指的是"诗"或"魔幻之歌"。这种意义上的双重特性会产生相异而又互为补充的解释。在《脚步》（该诗与其他20首诗共同组成一个诗集）一诗中，一些读者读到了一个男人在寂静的黑夜热切盼望着心爱的女人回到自己身边时那等待的激动；另外一些读者则被诗歌的象征意义所吸引，把女人视作诗人的缪斯，她的返回意味着诗人灵感的涌现。从这个意义上看，《脚步》代表灵感正一步步走来，就要充满诗人的整个身心。

脚 步

你的脚步圣洁、缓慢，
是我的寂静孕育而成，
一步步走向我警醒的床边，
脉脉含情，又冷凝如冰。

纯真的人啊，神圣的影，
你的脚步多么轻柔而拘束！
我能猜想的一切天福
向我走来时，都用这双赤足！

这样，你的芳唇步步移向
我这一腔思绪里的房客，
准备了一个吻作为食粮
以便平息他的饥渴。

不，不必加快这爱的行动——
这生的甜蜜和死的幸福，
因为我只生活在等待之中，
我的心啊，就是你的脚步。

《幻美集》（*Charmes*，1922）

（译诗见《世界诗库》第三卷，第 407～408 页，花城出版社，1994 年）

无论读者怎么读这首诗，都可以将它理解成对爱情和幸福的歌颂。该诗可分成两个部分，分别与两个先后发生的活动一一照应。诗歌的前两个小节用于叙述第一个活动，脚步声暗示着心爱的女友就要到来，然而女人的身形并未用词语描述出来。虽然还未见到人影，但那渐近的脚步声，已使诗人的身心充满了幸福。诗歌的后两个小节与第二个活动有关，其中的第三小节向我们展示了诗人渴望爱情的激动心情。他确信一旦所爱的人儿来到身边，她就会拥抱他、亲吻他，而她的吻又是多么温柔和缠绵。快乐的遐想过后，诗人又祈求他的恋人不要让这温馨浪漫的举动来得太快。因为，在这心醉神迷的等待中，诗人的心灵已经充盈着幸福和期盼。

在这首与个人情感联系紧密的象征主义诗歌里，瓦莱里在不同层面上充分发挥了他的想象力。

爱情想象：分析内心的、情感的和精神的活动。

听觉想象：诗人的激动情绪伴随着所爱的人（女人或缪斯）的“脚步”的临近而加剧。

感觉想象：在幸福的等待过程中男人感受到了逐渐高涨的热情缓缓涌入正在亢奋的躯体。

这三个阶段都涉及对纯净激情的描写。从第一行诗到最后一行，激动的情感慢慢膨胀，在快要喷发时被克制住了。这种热烈情绪的扩张，这种内心世界的坦白，这些心旌摇荡的瞬间，连同爱的节奏都蕴含了源头活水般的清新，让人感受到一种初始的幸福。

瓦莱里认为诗歌是最敏锐的思维活动，能够抓住“其自身的精神运行状态”。他自觉使用诗歌这种形式进入人的精神世界，而精神活动又往往能够凸显出人内心活动的节律，凸显出生命创造的冲动以及表现自身价值的象征意义。

五、保尔·克洛岱尔（1868—1955）的诗艺与宗教灵性

保尔·克洛岱尔1868年出生于外省的一个资产阶级家庭（在费阿河畔的维尔纳夫），1882年，他在巴黎完成了中学学业。兰波的作品对他的影响非常大，可以说是他进入超自然境界的启蒙读本，成为他思想上的分水岭。从此以后，他与过去的思想决裂。而1886年12月25日夜晚，对他来说又是一个决定性的时刻，他坚信在巴黎圣母院受到了上帝的启迪。“一瞬间，我感到我的身心受到了震撼，我感到我被强烈地吸引，内心升腾着一股力量，满怀信心，坚定不移，心中的疑虑荡然无存。从那一刻起，任何书本知识、任何大道理、生活中的任何波澜都不能动摇我的信仰，更不能损害它。”①

与上帝“一见钟情”对克洛岱尔后来的创作意义重大，因为，在他

① 卡斯泰（P.－G.）、苏瑞尔（P.）：《法国文学教程》，巴黎：阿歇特出版社1967年版，第50页。

成长的过程中，他对宗教一直抱着无所谓的态度。他所接受的都是实证主义、唯科学主义和唯物论的教育，后者对他那一代年轻人影响深远。自从接受了上帝的启示以后，克洛岱尔就以一颗基督教的心灵来看待世界了。可以这么说，他所有的作品都或多或少地浸透着基督教的思想。在他生命的最后几年，他又全身心地投入到一项更宏大的事业中：潜心钻研《圣经》。他致力于这项艰巨的任务一直到生命的最后一息。“最后一息”可谓名副其实：人们发现他在写字台上安然离去。人们在他的墓碑上读到了这样的墓志铭：“这里安息的是保尔·克洛岱尔和他的种子。”“种子”这个词非常平凡，然而又是多么意味深长。

他的文学创作生涯始于两个诗剧本：第一个是《金首级》，20 岁时写成，以象征手法描写了一种内心的激烈斗争；第二个是《城市》，阐述的是将他引向基督教殿堂的克洛岱尔式的无政府主义思想。

虽然在文学领域初露锋芒，克洛岱尔对外交工作却情有独钟。他以第一名的优异成绩考入法国外交部，成了职业外交官，并于 1893 年开始驻外生涯，先后被派往两个不同的大陆工作。从 1893 年到 1895 年，克洛岱尔被任命为驻纽约和波士顿副领事。在此期间，他创作了《交换》，这个剧作对研究他在新大陆的使命具有重要意义。1895—1909 年，作为外交官，他在中国和日本连续工作了 14 年，这段生活阅历大大丰富了诗人的艺术敏感性，并结出了丰硕的成果：《认识东方》（1895—1909）以诗歌形式报道了他在中国的所见所闻；《诗艺》（1904）是克洛岱尔的诗思结晶；《正午的分界》（1906）通过表现原罪反映了悲剧式的赎罪历程；《五大颂歌》（1908）在自由驰骋的想象中，热情讴歌大同生活的真谛。

在克洛岱尔的外交生涯中，我们更感兴趣的是他在中国的漫长经历。

1895 年他到达上海，1896 年寓居福州。在被任命为驻福州领事之前，他于 1897 年在汉口有过短暂逗留。在中国的各大城市中，福州无疑是他最了解和最喜欢的地方，而天津则是他在中国从事外交工作的最后一站。他在中国生活了差不多 13 年，学会了以新的眼光看世界，学会了辨认中国的表意文字，直到 1907 年他才最终离开中国。

他的文学创作和他长时间在遥远的东方大国生活之间有一种什么样的联系呢？这似乎很难说得清楚。此外，缺少相关资料也使我们不太容易进行更深入的研究。无论如何，在克洛岱尔的艺术成就当中，至少有两个作品受到中国的启发，这就是《安息日》和《认识东方》。前者是一部戏剧，后者是一本散文诗集。在第一个作品中，作者幻想出一个被基督教教化了的中国，这纯粹是一种想象或是异想天开；在第二个作品中，我们能够找到的中国的形象，已完全是克洛岱尔主观视野里的形象。其中的几首散文诗对于诗人来说，不仅是对不同文体的练笔，而且也是诗人尝试着从另外一个角度观察世界。如果克洛岱尔不曾在中国工作过，他能写出这两部作品吗？答案显然是否定的。

1909—1917 年的这段时间，克洛岱尔返回了欧洲，先后在布拉格、法兰克福和汉堡担任不同的外交职务，第一次世界大战的爆发迫使他离开了德国；1917—1935 年间，克洛岱尔曾先后在里约热内卢和哥本哈根就任全权公使；1921—1926 年，成为驻东京的法国大使；1927—1933 年出任驻华盛顿大使；1933—1935 年出使布鲁塞尔，这也是他最后的一个外交职位。

然而，他在出使欧美、周游列国的同时，从未停止过写诗和写戏。尤其是他创作了《人质》（1909），他还完成了《给玛丽报信》（1912）、《硬面包》（1914）、《蒙受屈辱的父亲》（1916）、《缎子鞋》（又译《金缎鞋》1924）等作品。1946 年，克洛岱尔当选为法兰西学院院士。在他生命的最后几年，他以饱满的热情，全身心地投入到对《圣经》经文的研究工作，并写了一些充满激情的评论。他于 1942 年和 1952 年分别发表了《现实和预言》和《启示录》。“抒情天才，善于表达自我；戏剧天才，能够创造一批独立于他自己之外的戏剧生灵。保尔·克洛岱尔是一个博古通今的天才，正因为他充分表现了人类和世界，他因而未辱基督教的宗教使命。”① 从克洛岱尔的作品中，我们发现，抒情在这里是一种存在和谈话的方式，它不仅保证了各种表现形式的均质性，还使结构、节奏、气韵达到了高度的和谐统一。作品的抒情性显然并不局限于个人情感的宣泄，实际上，诗与对基督的信仰已融为一体。在他的笔下，精神和文学之间已不再有任何距离，他的修辞结构与他内在自我的精神冲动准确地结合在一起。

对克洛岱尔的作品，只能通过体会他内心活跃着的宗教灵性才能读懂。克洛岱尔在他的抒情诗歌中展现了炽烈的宗教信仰热情，揭示了诗人

---

① 密特朗（H.）：《20 世纪的文学、文选和文献》，巴黎：纳唐出版社 1992 年版，第 144 页。

与超自然的交往。从这个意义上讲，诗歌不单单是一项语言的游戏或智力的产物，更是一种神圣的思维活动。

与浪漫主义诗人和现实主义诗人不同，克洛岱尔拒绝反抗思想，尽管他的作品被称为“19世纪最好的诗歌”。他认为，只有完全信仰上帝，人类才能最终战胜自身的最大悲剧——死亡，而诗歌就是战胜死亡的启动装置。因此，就其灵感、内容和音乐节奏而言，诗歌等于上帝的哲学。解读诗歌就变成了解读上帝、解读人类和世界。依照克洛岱尔的看法，只有诗歌才能够产生无穷无尽的力量，摆脱失败的危险：表现神秘热情的创作思想能把已知与未知紧密地结合在一起。克洛岱尔相信没有上帝的世界是不完整的世界，是个破碎的、虚无的世界。而诗歌的天赋使命就是在有形和无形之间建立一条纽带，使二者融为一体。最能勾画克洛岱尔这种雄心的莫过于他的这句名言：“信仰上帝，重铸永恒。”①

在下面一首诗中，克洛岱尔依靠其虔诚的宗教信仰而领悟了创世的神秘，为我们开列了一张有关宇宙天籁的清单。读者会被气势宏大的抒情场面所吸引，这种境界无疑表现了神秘莫测和诗情画意的双重体验。

致敬，眼前这崭新的世界

致敬，眼前这崭新的世界啊，
如今我完全理解了你！
显眼的和不显眼的事物的创造者啊，
我以一个基督教的心接受您！
极目远眺，
展现在我面前的是创造的辽阔的和谐！
世界张开臂膀仿佛近在咫尺，
我的目光把它一览无余。
我掂量过太阳的重量，
它就像两个壮汉抬着的一头肥羊。
我清点过星斗的数目，并把它们精心安排。……

---

① 拉加尔德（A.）、米夏（L.）：《20世纪法国的伟大作家》，巴黎：博达斯出版社1973年版，第181页。

您被捉住了，因为从世界这头到那头围着您
我张开了知识的巨网。
就像铜器发出的乐声，
渗入木质的乐器声中，
回荡在乐池的深处；
又像喷薄的太阳
在大地汹涌的水面和奔腾的海潮上反光。
这样，从看到您的最大的仙人，到路上的卵石，
从您创造的这端到另端，
从灵魂到肉体在不断地持续着，
赛拉芬们难以名状的运动
牵动着圣灵的九个唱诗班，
瞧，这回大地上风吹来了，
它是播种者，又是收割者！
水就是这样继续着精神，承载着精神，哺育着精神，
在您的全部创造，和您自身之间，仿佛有一条液体的纽带。

《五大颂歌》(*Cinq Grandes Odes*，Ⅱ，1906—1910)

（译诗见《世界名诗鉴赏词典》，第460页，北京大学出版社，1990年）

很明显，对于克洛岱尔来讲，诗人的任务不是探索有形世界，而是深入挖掘并发现“无形世界”。为此，他需要依靠宗教的灵光：“显现的和不显现的事物的创造者啊，我以一个基督教的心接受您！”上帝在这首诗中被当作有形之物——地球万物和无形之物——天际万物的创造者。对上帝的呼唤清楚地表明了诗人的宗教信仰。克洛岱尔在诗中是这样描写自己的：心灵的震撼使他成为一名虔诚的信徒。他面前的世界与他人的不同，这是一个崭新的世界、一个完整的世界。而且，“眼前”这个单词强调了作者所发现的世界对他本人来讲具有多么重要的意义。然而，什么东西能让他对浩瀚而深邃的宇宙浮想联翩？当然是水的象征：“水就是这样继续着精神、承载着精神、哺育着精神。”在基督教的教义中，水被当作圣物，用来给人洗礼，使接受圣水洗礼的人成为信仰基督的一员。在克洛岱尔的作品中，水还常常象征着生命，但它又不仅仅是宇宙苍穹中可触知宗教真谛的一个标记，它还是昭示躯体和灵魂间相互关系的物像。克洛岱尔

试图把我们带进神秘和抒情相结合的气氛中，让我们领悟宇宙的庄严和无限，让我们感知上帝的神秘和恩宠。在他眼中，上帝才是世界的真正缔造者。

克洛岱尔从基督教那里汲取灵感进行艺术创作，但他并不要求人人都信仰上帝。他的作品企图唤醒我们的意识、启迪我们的心智、激发我们的想象、涤荡我们的心灵。每个读者在读他的作品时都可以根据各自的生活体验来理解它。重要的是，他的作品能够让我们认识他对生命和世界的另一种诠释。

尽管克洛岱尔的诗让我们的心灵感受到震颤，但是对于他的诗作，读者还应该以一种批判的眼光去欣赏。因为他在变成了一名虔诚的基督教徒后，就一心向往上帝和歌颂上帝，通过写诗来宣传宗教信仰。他只用基督教的世界观去创作，将宗教的神秘渲染得淋漓尽致。无疑，他所坚持的信念是上帝创世，宗教高于一切。不过，这种创作思想决定了他的诗歌绝不可能成为社会的艺术主流，因为人类的无限创造才是我们应该讴歌的主要对象。

六、圣–琼·佩斯（1887—1975）：诗歌的庄严品性

圣–琼·佩斯是阿历克西·圣–莱热或阿历克西·莱热（Alexis Léger）的笔名。他于1887年5月31日生于法属瓜德鲁普的一个小岛，这个小岛叫圣–莱热·雷·费叶，是其祖上的私产。他在这个小岛上度过了天堂般美好的童年，在不同种族侍者的服侍下自由自在地成长。他十分怀念愉快的童年时光，这一时期的生活方式给他的想象力打上了很深的烙印。

1899年，圣–琼·佩斯与家人一起来到法国本土生活，曾在波城学习法律。1909年，他署上自己的姓名发表了处女作《克鲁索畅想》，这是他于1904年17岁时所写的作品。1914年，他参加了法国外交部组织的考试，并被录取。1916年他开始职业外交生涯，首先在中国供职，然后去了朝鲜和日本，大体上走的是塞加朗和克洛岱尔的道路。1921年返回法国，被任命为阿里斯蒂德·白里安的外交办公室主任，随后升至外交国务秘书。由于他极力反对当局对希特勒实行所谓的绥靖政策，于1940年开始被迫长期流亡美国。维希政府剥夺了他的法国国籍，他的财产被没

收，他在巴黎的寓所也一度被盖世太保霸占。

他的外交生涯就这样结束了，从此在美国过起了流亡生活。这也部分解释了为什么他的作品不为广大法国民众所了解，至少这种不为人所知的情况一直延续到1960年，那一年，他获得了诺贝尔文学奖。在美国，他长期担任美国国会图书馆的文学顾问，所以，尽管流亡异国，佩斯也从未中断过诗歌创作。只要把他的作品按年代顺序排列，就足以证明这一点：《赞歌》（1911），《流放》与《雨》《雪》和《写给外国女子的诗》一起结集出版（1944），《风》（1946），《海标》（1957），《纪事诗》（1960），《群鸟》（1962），《春分之歌》（1971）。

佩斯的诗庄严、神圣、肃穆，堪称那个时代最伟大的作品之一。1975年9月20日佩斯逝世，其时，他已享誉国内外。

如果仔细品味佩斯的诗歌，我们发现，他的艺术风格其实不属于任何流派。他的诗就其形式而言是一个矛盾体：时而似乎与传统诗歌为伍，时而又属最新潮的先锋派之列。圣－琼·佩斯与福楼拜一样，都是运用语言的大师。他按诗的格式创作散文。“表达手法独特，既灵活又不失严谨，宛如弹奏一件优美的乐器。其吹奏的音韵，慢慢扩散，回声缭绕，琴瑟和鸣。既不是格律诗，又不是押韵诗，而是一些节奏感很强的诗句，我们姑且称之为‘小节诗’，或许这是最合适不过的称呼了……佩斯的小节诗富有节奏感，声音由低向高逐渐增强，直至最高音；然后又缓慢减弱，直至无声无息。这样的音乐效果完全仰仗叠韵和头韵的微妙组合：时而是铿锵之声震撼心弦，时而是袅袅余音不绝于耳。”① 圣－琼·佩斯认为诗歌应该“用鲜活的语言描写鲜活的对象”，让读者分不出是诗歌还是所描绘的物体，并且诗歌的节律应与“物体自身的节拍和节奏”同步。

“如果描写海和风，就要突出表现它们宽广和悠长的特点；如果描写闪电，则要凸显其细窄而迅捷的气势”，② 因此要时时变幻节奏，正如在《海标》一诗中所描写的那样。

在你运动的身上，我们运动，在你活泼的身上，我们沉默，

---

① 鲁毕纳（J. －J.）：《法语文学词典》，巴黎：博达斯出版社1984年版，2082页。

② 亚伯拉罕（P.）、德斯纳（R.）：《法国文学史教程》（第6卷），巴黎：社会出版社1982年版，第633页。

我们终于感受了你，联合的海。
海呵，光明的机构，辉煌的物质，我们终于向你欢呼，
在你海的光辉和你固有的精华之中：
在所有被闪闪发光的桨拍击的港湾，在所有被蛮族的链条
抽打的海岸，
呵！在所有从正午的翅翼上撕下的锚地，在所有敞开在你
面前如在武装的城堡面前的圆石广场，
我们向你欢呼，宣叙调！——人群与咏唱者比肩并立，海
在各个城门荡漾，红彤彤的，顶着夕阳的金晖。
于是一股大风下到黄昏，与海的薄暮相遇，人群在竞技场外
行走，陆地的黄叶漫天飞卷，
于是整座城市向海走去，连同戴着铜饰的畜生，角上包金的
配角，所有兴奋如狂的女人，以及在城里第一批街灯上
点亮自身的星星——万物朝大海，朝远海的暮色，朝百川
汇聚的烟雾走去，
在神的混乱和人在众神之间的堕落中
……

巴力之海，马蒙之海；各种年纪的海，各种姓氏的海！
我们梦的子宫的海，为真正的梦幻所萦绕的海，
我们肋部洞开的伤口，我们门口的古代唱诗班，
呵，你是冒犯你是光荣！你十分荒唐十分自在，
你既是爱又是恨，既心慈手软又冷酷无情，
哦，你知道又不知道，哦，你说了又没有说……

《海标》（*Amers*，巴黎，伽利玛出版社，1967）
（管筱明译）

佩斯诗歌的另外一个新颖之处是用词斑斓多姿、独具特色，这使他的诗歌蕴含着神圣庄严、隆重肃穆而又气氛热烈的多重特征。初入行的读者会认为他使用的词汇令人费解，如果遇到罕见的词，读者就会怀疑这是佩斯自己的发明创造。“这些词汇就来自一些地名或者来自诗人经历过的一些生活常识，或者还有，尤其在他的前期作品中，来自安的列斯群岛的常

用词汇。”[①] 另外，圣－琼·佩斯在为使用罕见词汇的问题上替自己辩护时说：“我敢肯定我所使用的语言是确切的、清楚的……可是我们的生活变成了办公室的生活。人们与大自然的接触少了……有时我会很奇怪地看到人们太城市化了，以至于乡村使用的常用词汇，甚至还没有变成古语，在人们的眼里就已经是个罕用词了。”[②]

纳斯达评价说，佩斯的诗歌措辞贴切、恰如其分。无论是静态或是动态描写，诗歌都要展现事物本体的固有属性和特征，也就是说，诗歌要变成它的语词所指的对象[③]。《海标》这本描写海的丰满、海的肉感、海的诗意的集子，使人们得到的印象似乎是诗歌与诗人所描写的自然诸现象是姻亲，是它们的同类。经诗人之手描绘出来的自然界是一个永恒运动着的世界，在这个世界里，一切都活动着，一切都庄严地、义无反顾地向前奔涌。

> 正是大海在戏剧的石阶上向我们走来：
>
> 携同它的君王、摄政者、穿着夸张的金属服饰的使者、瞎眼演员、上了镣铐的先知、嘴里塞满黑石穿着木靴直跺脚的女魔法师，以及它献上的在颂歌耕地上行走的贞女；
>
> 携同它的牧人、海盗、幼王的乳母、流放中的老游民和悲歌的公主、著名尸骸下默然无声的高贵寡妇、伟大的王位篡夺者和远方殖民地的开辟者、受俸教士和商人、产锡省份享有特权的大亨、骑在犁田的水牛背上云游四方的伟大哲人；
>
> 携同它的全部妖怪和所有的人。啊！不朽神话的所有繁衍，把神的高贵私生子和种马的高贵女儿与一群群奴隶贱民结合——一群人在历史的跨度间匆匆站起，在散发着墨角藻香气的黄昏最初的战栗之中，结队朝竞技场涌去，朝作者和他面罩上着色的嘴巴走来的朗诵。

大海就这样在它的高龄，在它巨大的海的褶皱里朝我们走来——

---

① 亚伯拉罕（P.）、德斯纳（R.）：《法国文学史教程》（第6卷），巴黎：社会出版社1982年版，第632页。

② 同上。

③ 参见纳斯达（D.－I.）《圣－琼·佩斯和存在的发现》，巴黎：法国大学出版社1980年版，第151页。

整个海都在遭受海的屈辱，连成一体，处在一起！

如同一个延续至今、语言崭新的民族；如同一种使用至今、词句崭新的语言，大海把它至高无上的指挥领上它的青铜桌子。

《海标》（*Amers*，巴黎，伽利玛出版社，1967）

（管筱明译）

这首诗仍然由一系列的小节诗构成，让我们感受到宇宙的全景和世界的发展历史。每一小节描绘的是不同时代的特征，而这些不同的时代影射着昔日的不同文化。萨喀特写道："大海象征着永恒持续的运动，即使它在不发威的时候也还在运动着。同样，大海也有平静的时候，就如同朝圣的人群顶礼膜拜的一尊真神或是祭台那样端庄和安详。"① 诗的画卷一步步展开，就像大海的波涛一样此起彼伏。它让我们感到一个永恒运动着的世界、一个永恒变化着的世界。在这个世界里，诗人借助类比和图像，对现实世界——航海家、征服者、商人、普通老百姓进行了一番研究，他们那风云变幻的命运、他们那或光明或黑暗的前途深深地触动着我们的心弦。

七、让·科克托（1889—1963）："拓印无形世界"的诗歌

1889年，让·科克托生于法国梅松·拉费特，1963年，在米莉－拉－福雷逝世。他涉猎广泛，多才多艺，无论是俄罗斯的芭蕾舞还是法兰西的超现实主义，他都进行研究。"世纪宠儿"（皮埃尔·德·布瓦岱弗尔语）总是追逐现代的新玩意儿，无论它昙花一现，也无论它深邃莫测。科克托像玩游戏那样把玩生活。然而其态度又极为严肃认真，向人们奉献了众多不同凡响的艺术作品，在艺术创作领域享有盛誉。作为一名小说家，他留给世人许多文笔清晰、结构优美的叙事故事：《伪善者托马》（1922）、《大差距》（1923）、《白皮书》（1928）、《顽皮的孩子们》（1929）。作为剧作家，他重新挖掘有关希腊和它的悲剧题材：《昂蒂戈

① 亚伯拉罕（P.）、德斯纳（R.）：《法国文学史教程》（第6卷），巴黎：社会出版社1982年版，第636页。

娜》(1922)、《俄耳甫斯》(1925)、《爆炸装置》(1934)、《双头鹰》(1946)。作为电影艺术家，他也创作了一批别具一格的电影剧本：《永恒的轮转》，由让·德拉诺夫担任导演，在1943年拍成电影；《布洛涅森林里的女士》，1945年由罗伯特·布雷松执导；还有1947年的《双头鹰》和《人的声音》，由罗塞利尼和安娜·马涅尼担任导演。作为画家，他还创作了许多幅画，其中《古怪的夫妇》(1948)颇负盛名。作为评论家，他发表了《演员休息室》(1947)、《生存的困难》(1947)、《法兰西王后》(1952)、《纪德活着》(1952)、《无名氏的日记》(1953)等。

但是，从他艺术创作的整体看，他自始至终是诗人。在他的作品中，诗歌占的比重也最大，而且成绩斐然。撇开他20世纪二三十年代的诗不谈，我们仅在此列出其主要代表作：《钉在十字架上》(1946)、《诗歌》(1946)、《数字七》(1952)、《倚音》(1953)、《明与暗》(1954)、《安魂曲》(1961)、《脐带》(1962)。

科克托认为，不应该只把作诗看作智力游戏，更应该将之视为神圣的思维活动，因为，后者表现的是诗人与超自然现象之间的关系。事实上，科克托的所有诗歌作品都是对另一个世界的探索。作为“彼世诗人”(克雷芒·博尔加尔语)，科克托寻求的是未知世界，他试图触及躲藏在日常生活表面下的神秘和无形世界，并勾勒出隐藏在内心深处的梦幻世界的轮廓。“宛如将耳朵紧贴贝壳，想听到大海的声音那样，我把眼睛凑近贝壳，窥视其中，我相信会发现上帝。”① 诗人科克托尽力发挥语言的内在力量，强调有必要摆弄文字，以写出一些奇特的东西来。用那些经过提炼的文字来描述黑夜、不可知、无限和死亡：“这就是诗歌的作用。它调动词汇的神奇力量来揭示世界。它把那些新奇的事物裸露地显示出来，而这些事物就是我们身边司空见惯的东西，是我们的感官机械地收录之物。它选择在光线下描写，这样就能刺激我们那麻木已久的神经……找一个用俗了的词儿，洗它、擦它、磨亮它，最终使它焕然一新，尽显青春魅力，就如同它刚被使用时那样光彩夺目，诗就是这样写出来的。”②

睡眠和梦境都是诗人喜欢探讨的领域。通过诗歌的魅力，诗人相信可

① 博尔加尔(C.)：《彼世诗人科克托》，巴黎：泰奇出版社1977年版，第15页。

② 瓦莱特(B.)、博马舍等：《法国文学词典》，巴黎：博达斯出版社1984年版，第484页。

以透视人类的新的精神世界。在科克托看来，真理的启示存在于睡眠中，梦境又与死亡最为相像。梦境将我们引入一个冥冥的世界，让我们面对一个不可知的、无形的、隐秘的世界，睡眠也是如此。睡眠和梦境就像一种非理性的感知，能协助我们了解人类和世界，帮助我们找到人类的真正本质，是对我们那骄傲自大的智慧的补充，因为我们对人类和世界的理解多多少少已经变形。下面是让·科克托于1927年发表的一首诗，名为《入睡的少女》，选自《歌剧》（*Opéra*）。

入睡的少女

相约于梦幻树后
尚须了解人梦的路径，
常常有人扰乱天使
成为芒齐植树①的牺牲品。

我们知晓这一举动的意味：
离开舞厅和酒徒，
与集市靶场保持距离，
入睡后我们不会一无所获。

随便找个借口入寐
比如：在梦中腾飞
排成梅花形，
为了撞见睡眠与梦幻的幽会。

是睡眠酿造了你的诗，
慵懒独臂的少女，
梦已抓住你
其余一切激不起你的兴趣。

《歌剧》（*Opéra*，1925—1927）

① 美洲的一种毒树。

（译诗见《世界诗库》第三卷，第 497 页，花城出版社，1994 年）

这首诗叙述的是凝视一位年轻姑娘睡觉的情景，这一情景促使诗人对睡眠和梦境进行思考。因为，睡眠和梦境对诗人来讲蕴涵着追求自由和解放的强烈愿望，即使在这一非真世界的遨游让他冒有一定的风险。

科克托说他自己只是那个超越他的神秘世界的组织者，是冥冥力量栖息的工具。他自告奋勇，力图打开神秘之门，力图潜进“不可知的深处以便找到新知”①。这一使命促使他在黑夜和白昼、无形和有形、超自然和现实、死和生、无限和有限之间建立神秘莫测的联系，有赖这一联系，诗歌才能找到它存在的理由。因此，诗人的角色就是个通灵者。但是，诗人的发现又常常令人遗憾。在发表于 1949 年的《致美国人的一封信》和《马莱斯》这两首诗里，科克托刻意强调这么一个事实，那就是：人类的本质对其栖身于斯的世界来说是那么陌生。因而诗人的首要责任，就在于了解它、感觉它，并在一定程度上能够提醒他的同类去认识它。科克托认为，生仅是一枚硬币的正面，而死则是这枚硬币的反面，死亡体现了生/死现象的真正价值所在。“生向我们展现的只是一大片经过无数次折叠的树叶的一小部分……只有死才能使整片树叶全部舒展开去。”② 从这个意义上讲，诗歌替我们开辟了一条通道，指引我们梳理清楚生死的脉络。

诗人追求未知，他追求的未知既不显现于具体世界，又不存在于抽象世界，而是藏匿于他内心的最隐秘处。科克托一生执着的奋斗目标就是试图驱散黑暗，发挥语言的魔力叩开奥秘的大门。

在对奥秘的探索中，诗人表现了诗歌创作的一个最基本的能力，即诗歌可以展现事物和人类的嬗变，让我们在变化中看到人类与世界、与生命的意义之间的关系。我们或许能说，科克托就是这样给诗歌的内涵和诗作的品性定位的。

八、弗朗西斯·蓬热（1899—1988）：追求永恒的话语

弗朗西斯·蓬热 1899 年 3 月 27 日出生在蒙彼利埃市一个极有教养的

① 布雷纳尔（J.）：《1940 年至今的法国文学史》，巴黎：法雅出版社 1978 年版，第 116 页。

② 博尔加尔（C.）：《彼世诗人科克托》，巴黎：泰奇出版社 1977 年版，第 26 页。

资产阶级家庭，其父阿芒·蓬热是国立贴现银行巴黎分行的行长，其母朱丽埃特·索雷尔出身于工业界。弗朗西斯·蓬热在阿维尼翁市度过了快乐的童年。1909 年全家迁居冈市，他就读于马雷伯中学。蓬热曾在索邦大学攻读法律和哲学学士学位，并于 1917 年顺利通过了法律考试，但在哲学口试时因为回答不出问题而以失败告终。之后，蓬热应征入伍，先在法莱兹当步兵，后在位于梅斯的司令部待了一段时间。1919 年年初又在尚蒂耶驻防，他还以军校生的身份在斯特拉斯堡上过高等师范。1922 年，他认识了让·波朗，从此与《新法兰西》杂志建立了联系，渐渐喜欢上了语言和文学。也就是在这一时期，他发表了《十二篇短文集》和《对事物的成见》中的最初几篇文稿。

蓬热与路易·阿拉贡、保尔·艾吕雅和安德烈·布勒东是同时代人，但他似乎对超现实主义宣言不感兴趣，尽管他与他们一起共同经历了第一次世界大战，并且同样憎恶当时的社会现实："巴黎到处是可耻的事情，它们在你眼前晃荡，在你耳旁聒噪。"① 不言而喻，与超现实主义的大师们一样，他的文学作品透射出反抗精神："我们确信：要成为诗人或一直做个诗人。我们有迫切的理由，我们的第一个理由无疑就是讨厌别人强迫我们思想和强迫我们说话。"② 变成了诗人的蓬热更喜欢以一个真正艺术家的方式自由地发表个人主张，也就是说努力表达前人不曾说过的事情。1956 年，在斯图加特召开的一次会议上，以及后来在《方法》杂志上刊登的题为《文学的实践》的文章中，他把自己艺术思想的主旨公之于世："这首诗是什么？我把它称作优生学，眼下才完全提出来的一门学问。也就是说，这一次我的心情挺好，我要说一说，马让我联想起的最真实的、最恬不知耻的东西来。我总想着把我的这份感觉说出来，不管我的所言、所思会让人多么羞愧。因为这种感觉可能有时是很粗俗的，可能是充满着肉欲的和淫荡的，然而诗歌确确实实就是感觉的产物。"③

每个艺术家都有自己的精神世界，与此相联系，每个艺术家也都有各自独特的感觉世界。蓬热更愿意用言语而非诗歌来阐明艺术家的这种感觉

① 亚伯拉罕（P.）、德斯纳（R.）：《法国文学史教程》（第 6 卷），巴黎：社会出版社 1982 年版，第 659 页。

② 同上。

③ 科斯特尔（S.）：《弗朗西斯·蓬热，词汇和世界》，巴黎：亨利·韦尔叶出版社 1983 年版，第 13 页。

世界。这里指的不是散文，也不是诗歌，而是作家十分擅长的“散文诗”。这个新词对蓬热来讲，既是思考的艺术，同时又是写作的艺术。“从1919年开始创作，直到1948年才发表的那些散文诗，让我们充分领略了其中的时光价值：这是个实验室，在那里我们几乎从本初开始学习解读蓬热作品的方方面面；也就是说，正在构思的文本和有关人类的理论。艺术和存在被随心所欲地然而又是必然地设计成一个整体，就像能指和所指的统一关系一样。实践者挑剔的眼光和诗学方面的精神导师，即让‘波朗挑剔的眼光’……然而这些散文诗既对那些津津乐道的社会生活当中的堕落习俗说不，同样也不袒护那些充满哀怨的绝望或‘形形色色的腐败’……萦绕在散文诗中的狂喜是任何历史的变化所不能磨灭的。”①

蓬热对语言入迷。他认为，语言的诗学并不取决于抒情的表达方式或语言的形而上学，无论后者是波德莱尔式的，还是马拉美式的。恰恰相反，诗人的作用是由客观的诗意确定的。在蓬热的诗歌作品中，我们注意到：“诗歌绝对服从于客观事物，这是当代文学潮流的特点之一（这个重要说法的另一个来源是新小说）。诗歌就是用语言描写纯粹的存在，这与存在主义不无关联。”② 这就解释了为什么蓬热喜欢言语而非诗歌，而且他的一生都在追求这种独特的言语。因为，对于一名与这个世界毫无共同之处的诗人来讲，他拥有的唯一方法，就是表达。这就要求助于语言。因此，这就要“借助言语的无限丰富的资源去反映事物的无限丰富的资源”（蓬热语）。下面这一首诗选自《新文集》，这首诗能让我们隐隐约约地了解弗朗西斯·蓬热艺术世界中那深邃的诗学视野。

物，即诗学

人和物的关系不只是占有和利用的关系。不，这样看就太简单，太糟糕了。

当然，物，外在于灵魂，但它们又如铅块一样压在我们的头

① 科斯特尔（S.）：《弗朗西斯·蓬热，词汇和世界》，巴黎：亨利·韦尔叶出版社1983年版，第39页。

② 拉加尔德（A.）、米夏（L.）：《20世纪法国伟大的作家》，巴黎：博达斯出版社1973年版，第541页。

人，只是一条沉重的船，一只沉重的鸟，在深渊上浮着。

我们感受到了这一点。

每一个"扇动"保持着这种状态，我们眨动眼睛，就像鸟儿扇动翅膀一样，来掌握自己。

[illegible]

的群列和它们的联合都存在着，固然是以不显明和模糊的状态。

[illegible]

只要它成为一种重量就行了。

因此，用手比用眼更为可靠，因为手会使我们的航行稳稳地前进。

*　　　　　　　　*　　　　　　　　*

我说只要它成为一种重量就行了。

大多数的东西不能成为一种重量。

人，常常压抑着感情的流露和灵魂的显现，就像那些主观的事物一样。

它只是和主观的事物一起舞蹈，一起歌唱，一起飞腾，一起坠落。

*　　　　　　　　*　　　　　　　　*

我们需要选择真正的物，按照我们的欲望无休止地提出异议。我们每日所重新选择的事物，不应是我们的陪衬和我们的框子，而应是我们的观众，我们的法官。当然，我们又不应是它们眼中的舞蹈演员和小丑。

最终它们应该是我们秘密的顾问。

[illegible]

就这样构造为我们服务的殿堂：

我这样设想，只要我们存在，每个人都懂得他自己的美。

在我们的心中，永远不会被触及。

[illegible]

它，是完美无损的。

它是我们内心的清[illegible]

《新文集》(*Nouveau recueil*，巴黎，伽利玛出版社，1967)

普通人的热爱，源自对受到社会不公正者的发自内心的同情。”①

普雷韦尔的主要艺术活动是诗歌和电影创作。

除了《话语集》之外，他的其他诗歌作品，像《故事集》（1946）、《景象》（1951）、《雨天和晴天》（1955）、《人类之光》（1955）、《杂务堆》（1966），都一直吸引着大批读者，尤其是年青一代。他的作品具有批判精神，那些守旧的权贵、资产阶级社会的价值观和习俗一直都是他嘲笑和鞭挞的对象。他的诗作又相当有人情味，他对花朵、树木、鸟儿以及对儿童、工人、农民和情侣充满了爱怜。他摒弃传统的抒情方式，他对黑色幽默情有独钟。他崇尚民众主义哲学，对因循守旧深恶痛绝，他的人品和诗学使他赢得了全国上下一致的喜爱。

在电影方面，普雷韦尔或者单独或者与兄弟皮埃尔合作，写了大量的电影剧本和对白。他的作品由当时最伟大的导演搬上银幕。例如，马塞尔·卡尔内担当了下列多部影片的导演：《古怪的女士》（1937）、《轻雾笼罩的堤岸》（1938）、《夜晚来客》（1942）、《天堂的孩子们》（1945）、《夜之门》（1946）等。

普雷韦尔的作品是对诗歌的真正革新。诗人独具匠心，崇尚自然与非神秘。他的诗作朗朗上口，散文与诗歌交融、卓越与平凡共存、温情与傲慢相携。他专门选择大众熟悉的俚语、俗语直抒胸臆，因此，他的诗歌是对现实生活的真实表现。诗人忧国忧民，谴责社会的不公正，并通过自由搭配的词语、和谐共鸣的音色、环环相扣的叠韵来歌唱自然生活，歌唱诗的纯真。他的诗自然流畅、清新具体，非常适合表达人们身边那朴实无华的生活。下面我们就介绍一首他极负盛名的诗作，其特点是叙事、直观、感染力强。

画　鸟

先画个鸟笼
笼门儿打开
再给鸟儿画上
又干净

---

① 亚伯拉罕（P.）、德斯纳（R.）：《法国文学史教程》（第6卷），巴黎：社会出版社1982年版，第656～657页。

又利落
又美丽
又恰到好处的那么几笔
然后在花园里
树丛中
或许在林间深处
把画布靠着树
你便躲在树后
别吭声
也别动……
鸟儿来
倘真来
静心屏气瞧仔细
等鸟儿进笼
而鸟儿进了笼
便悄悄一笔把门关拢
随后
把笼上的柱子一根根抹去
鸟儿的羽毛可半根也别碰
再画树
选一枝最美的枝丫
给鸟儿留下
也画上绿叶和清风
阳光中的尘埃
以及昆虫嘶鸣在暑热中
这就等着鸟儿唱歌啦
倘鸟儿不唱
可不妙
表明画得并不好
鸟儿要是唱
好征兆
表明你尽可放心签个名

我的妻子

我的妻子有炭火般的头发
有热得闪光的思想
有漏沙计一样的身材
我的妻子有叼在虎口中的水獭般的身材
我的妻子有徽章和一束小星般的嘴
有洁白大地上小白鼠般的牙齿
讲着琥珀和揩拭过的玻璃般的语言
我的妻子讲着餐刀上的圣餐饼般的语言
有着睁眼和闭眼的布娃娃的语言
有难以置信的石头般的语言
我的妻子有儿童习字时所画的杠杠般的睫毛
有燕窝边缘一样的眉毛
我的妻子有暖房顶上石板一样的额角
玻璃上的水汽般的太阳穴
我的妻子有香槟酒一样
镜子下海豚头的水龙头一样的肩膀
我的妻子有火柴般的手腕
……
我的妻子有垂直逃跑的鸟的脊背
光亮的脊背
琼石和湿粉笔样的脖颈
和人们喝一口酒杯里液面就下降一点似的脖颈
我的妻子有小舟般的腰肢
有着光洁和尖羽般的腰肢
白孔雀羽枝般
微微晃动的腰肢
……

我的妻子有泪水盈盈的眼睛
有染色甲胄和磁针般的眼睛

我的妻子有沼泽般的眼睛
我的妻子有着狱中解渴的水汪汪的眼睛
我的妻子有着总是处在斧头下木头般的眼睛
有着水一般、天一般、地一般的眼睛

《我的妻子》(*L'Union libre*，巴黎，伽利玛出版社，1931)
(译诗见《世界诗库》第三卷，第 514～515 页，花城出版社，1994 年)

(二) 路易·阿拉贡：未完成的小说

路易·阿拉贡是超现实主义文艺运动的另外一位主将。他生于 1897 年，卒于 1982 年，从事文艺创作 60 余载，为世人留下了丰富的文学作品。他的文学生涯极具鲜明的特色，一生变换过多种角色。他同时是诗人、小说家、评论家、翻译家和记者。阿拉贡年轻时在巴黎上中学，成绩优异，尔后又学了 5 年医学。其间，第一次世界大战爆发，学业被迫中断。1917 年，与布勒东的相遇是他人生中的一个重要事件。由于两人对战争的野蛮行径极为厌恶，因此，在残酷的战争过后，他们都采取了强烈的无政府主义态度，对阿波利奈尔的“新思想”和“立体派文学”推崇备至，这为他后来与苏波一起创办《文学》杂志奠定了基础。从此以后，阿拉贡将兴趣转向了文学活动。他在 20 世纪 20 年代发表的作品，即《欢乐之火》(1920) 和《永动集》(1925) 兼有超现实主义及其前身达达主义的诗歌特点。他在超现实主义阶段创作的诗歌显露出年轻诗人卓越的语言天赋，这在向阿波利奈尔表达敬意的这首诗中可见一斑。

果实味道像沙
小鸟没有名字
马儿画得像旗
爱情朴实牢固

只服从这多变的思想
唯一的规则，这思想
在可恨的时间之眼中
喝着加农炮晶亮的香槟

为这盗密的好汉
唱它两句颂词
四周响起抒情的回声

在这遗憾之极的墓地
我悲惨的俄耳甫斯阿波利奈尔
躺在一个庸俗的石棺里

《永动集》（*Le Mouvement perpétuel*，巴黎，伽利玛出版社，1920—1924）

（胡小跃译）

20 世纪 30 年代，阿拉贡接受了共产主义思想，并对“社会主义的现实主义”倾注了满腔热情。在抵抗运动时期，他在知识分子中组织秘密斗争，反抗法西斯的统治，并负责与法国北方区的联络工作。这一时期，面对纳粹的占领和法西斯的野蛮行径，他发表了不少鼓舞人民斗志的诗歌（大多是秘密出版），激发了豪迈的英雄主义气概，歌颂了人类的尊严。这些在战火纷飞的年代里写成的富有感召力的诗篇在全国上下引起了巨大的反响。政治和社会的巨变给了他创作的灵感，爱情成了他创作的主题：对妻子艾尔莎的爱、对祖国法兰西的爱。他笔下的抒情韵律秉承了 19 世纪传统诗学的丰富遗产，这一切使他赢得了民族诗人的桂冠。我们仅在此列举当时十分畅销的几本集子：《断肠集》（1941）、《献给艾尔莎的歌》（1941）、《艾尔莎的眼睛》（1942）、《布列塔尼大森林》（1942）、《蜡像馆》（1943）、《向您致敬，我的法兰西》（1944）、《法兰西晨号》（1945）。

战后，社会主义阵营在 20 世纪 50 年代发生了严重的政治变故。那些反映抵抗运动的文学作品遭到了抨击，他的某些诗作亦未被信仰共产主义思想的读者所理解，他倡导的著名理论“社会主义的现实主义”受到了质疑，这一切使他痛苦万分。也就在这一时期，他创作了两部重要的作品。第一部是发表于 1956 年的《未完成的小说》，这部诗集“既是对过去的总结，又昭示了他日后创作计划中的全部主题”[①]；第二部是1958年发表的小说《受难周》，该作品“围绕发生于1815年的一场民族危机，对历史事实的复杂多变进行了反思。……阿拉贡从此宣告自己向‘无边的’现实主义靠拢，并要为以想象为中心的‘实验的现实主义’谋得‘一席之地’”[②]。

阿拉贡以十分悲痛的心情回顾了他昔日的岁月，那是一部真正的“未完成的小说”。当他回首往事，重新审视他本人过去的形象、一个40年前的反叛者的形象时，他感到一股痛楚撕裂心肺。一想到自己的天真幼稚和所犯的错误，他自责不已。

……

在新桥上我见到了
一艘没停好的驳船
或是撒马利号地铁
就在那儿遥遥歌唱

在新桥上我见到了
没有狗没有芦苇没有招贴
那些失望者真是可怜
人们见到他们纷纷躲避

在新桥上我见到了
我自身古老的形象
只有用来哭泣的眼
只有用来诅咒的嘴

在新桥上我见到了

① 亚伯拉罕（P.）、德斯纳（R.）：《法国文学史教程》（第6卷），巴黎：社会出版社1982年版，第388～389页。

② 亚伯拉罕（P.）、德斯纳（R.）：《法国文学史教程》（第6卷），巴黎：社会出版社1982年版，第388～389页。

这悲惨的情景
这可怜的乞丐
内心唯有痛苦
……

在新桥上我见到了
远处的另一个我，蒙面的我
在那个暗淡的日子
他低声称我为同志

在新桥上我见到了
我无知而轻信的替身
我久久地沉浸在
自己后退的影中

在新桥上我见到了
我坐在破烂的石头上
见到了我的梦，我的光芒
听到了我轻轻吟唱的歌

盲目而盲目地见到
哦，我不知所措的过去
抬起你鳏夫般的目光
好好看一看新桥

《未完成的小说》(*Le Roman inachevé*，巴黎，伽利玛出版社，1956)
(胡小跃译)

确实，我们注意到因创作年代不同，阿拉贡作品的艺术风格前后明显不一致。“好像我一直都是为了推翻我以前创作的东西才进行写作的，以至于人们只有不断地在我的作品当中找到我是自己的反证时，我那当作家的历史才能被理解。”① 这一辩证运动隐含着内在的合理的逻辑，如同拉维评价雨果时所说的那样：“他的伟大之处……就在于他异乎寻常地秉承历史的发展而不断地改变自我。”顺着拉维的思路，我们还应该加上一句：依照我们对阿拉贡的创作实践的再分析，我们认为他的作品当中还渗透着笛卡尔式的“方法的变化”②。

（三）保尔·艾吕雅：醇厚的诗情

超现实主义文学运动的第三个重要人物是保尔·艾吕雅，他从事文学创作的起点也是超现实主义。

艾吕雅（本名欧仁·爱弥尔·保尔·格兰代尔）1895 年 12 月 14 日在圣－德尼出生，是家里的独子，父亲是会计，母亲是裁缝。他在郊区长大，家境不太富裕，但是倚仗会理财的父亲，他依然能够先在圣－德尼，然后在奥勒奈－苏－布瓦，最后又在巴黎上学。1912 年夏季，由于突然患上咯血的毛病，他不得不中断中学最后一年的学业前往瑞士，在达沃斯的结核病疗养院进行长达数月的疗养。在那里，他认识了也在疗养院休养的俄罗斯女大学生嘉拉，此人后来成为他的妻子，并且成为他诗歌作品中第一个耀眼的形象。在他的孩提时代，郊区普通百姓居住的街区留在他脑海里的是那抹不去的忧伤印记：随处可见的灰色的房屋、工厂里冒着黑烟的烟囱以及成群结队的工人。1912 年 12 月，艾吕雅应召入伍，在部队里担任护士，然后自愿上了前线。这使他有机会每天都能看到战壕里士兵们遭受的痛苦和所处的悲惨境地，能够发现战争那互相残杀的荒谬本性。

疾病、爱情和战争是诗人青少年时期经历的三大人生体验。从此以后，他再也不能掩饰他那反对现有秩序和传统习惯的叛逆精神。战后不久，他与让·波朗、布勒东、阿拉贡、邦雅曼·佩雷和德国画家马克斯·埃内斯特等人过往甚密，这些人都是巴黎地区文艺先锋派的成员。艾吕雅与他们一起发起了超现实主义运动并成为其中最积极的干将。在这一阶

① 亚伯拉罕（P.）、德斯纳（R.）：《法国文学史教程》（第 6 卷），巴黎：社会出版社 1982 年版，第 390 页。

② 亚伯拉罕（P.）、德斯纳（R.）：《法国文学史教程》（第 6 卷），巴黎：社会出版社 1982 年版，第 390 页。

段，他对诗歌语言进行大胆创新。他的诗充盈着鲜明的个人特色，成为诗学界的新声。他写的抒情诗在表达上不仅借用了超现实主义的创作技巧，而且还“从中掌握了词汇技巧，后来还通过对潜意识诗歌创作或谚语和常用俗语的语义研究扩大了其使用范围”①。《为了不死而死》（1924）、《痛苦的首都》（1926）、《爱情与诗歌》（1929）、《直接的生活》（1932）、《公众的玫瑰》（1934），这些作品显示了语言的神奇力量与超现实主义运动强调的内心冲动的完美结合。诗人与梦境、黑夜以及潜意识的力量融为一体，通过感性世界中亲历的爱情生活，“用最纯真、最审慎的声音歌颂了人类与现实生活所保持的基本关系”②。

我们以选自《直接的生活》中的一首诗为例，这是献给与他在1934年结婚的第二任妻子努什的一首诗。1929年与嘉拉分手的艾吕雅在《超现实主义革命》杂志的第12期写道：“我曾长时间地相信我是以牺牲自由的痛苦代价来换取爱情的，但是现在一切都改变了：我所爱的女人不再担心了，也不再嫉妒了，她让我自由了，而且我有勇气成为自由之身。”

你站起来……

你站起来，水跟着荡漾
你躺下去，水随之消失

你是从它深渊中流出来的水
你是坚固的大地
一切都建在上面
你在嘈杂的沙漠上制造寂静的水泡
你弹着彩虹的琴弦唱着夜之赞歌
你无处不在，你消灭了所有的路

你把时间献给

---

① 拉加尔德（A.）、米夏（L.）：《20世纪法国伟大的作家》，巴黎：博达斯出版社1973年版，第351页。

② 布律内尔（P.）、百朗热（Y.）、库蒂（D.）、塞利埃（PH.）、特吕（M.）等：《法国文学史》（第2卷），巴黎：博达斯出版社1977年版，第618页。

炽热而永恒的青春
它重现自然，又遮掩自然

女人啊，你诞生的躯体总是一样
你的躯体

你就是那具相像的身躯
《直接的生活》（*La Vie immédiate*，巴黎，伽利玛出版社，1932）
（胡小跃译）

艾吕雅用简明具体的语言来歌颂爱情和自由。对他而言，诗歌不是对个人经验的变形，而是要在自然的景象和真实的日常生活中老老实实地将其描绘。诗人喜欢说的一句话便是："我们只需要较少的词汇就可表达主旨，可是我们却需要所有的词语把它表达得真实。"

除了超现实主义，艾吕雅还参加了几乎所有的政治运动。与明确表态拒绝任何意识形态制约的布勒东不同，他与阿拉贡一起，通过参加法国共产党回答了文学介入政治的问题。那一时期所有重大的政治活动都能见到他的身影：在阿姆斯特丹大会、在反对法西斯战争威胁的斗争中、在知识分子警醒委员会召开的会议上。积极投身于反法西斯抵抗运动的保尔·艾吕雅坚持不懈地思考着如何在斗争中发挥语言的魅力和力量。他似乎重新发现了口语体诗歌的呐喊特点，发现了它的自然的表现力和简洁明快的节奏。他将想象的奥秘和从旧形式的束缚中解放出来的朴实无华的语言完美地结合在一起，使他的诗句变成了极富鼓动性的战斗口号。下面这首收在《诗歌与真理》（1942）当中的著名诗篇《自由》便是一例。

……

在我家门前的踏板上
在熟悉亲昵的物件上
在受祝福的火之波浪上
我写着你的名字

在一切和谐相配的肉体上

在我朋友们的额头上
在互相伸出的每只手上
我写着你的名字

在透进惊奇的玻璃窗上
在聚精会神的嘴唇上
在一片寂静之上
我写着你的名字
……

凭着一个词儿的力量
我重新开始我的生活
我生到世上就为了认识你
为了呼唤你的名字

自由

《诗歌与真理》(*Poésie et Vérité*, 巴黎, 伽利玛出版社, 1942)

(译诗见《世界诗库》第三卷, 第506页, 花城出版社, 1994年)

法国解放后, 艾吕雅继续跻身于法国诗坛的杰出诗人之列并表现出旺盛的创作力:《什么全能说》(1951)、《凤凰集》(1951)、《旧诗新选集》(1951)、《艺术评论文选》(1952)、《没有间断的诗》(1953)。他的后期作品反映出来的现代性中还能寻觅到法国长期以来的诗歌传统的影子, 透过他那醇厚的诗歌语言, 我们读到了诗人对传统诗学的扬弃和创新。1952年, 他在多尔多涅省的贝那克住了一段时间, 12月18日因心绞痛发作而逝世。当时陪伴其左右的是1951年与他结婚的多米尼克·洛尔, 是她让诗人的最后岁月过得温馨而安逸。

布勒东的创作特点是永远捍卫和阐释超现实主义这个20世纪最富有革新精神和最具有颠覆性的思想运动的社会准则, 而且他那不同寻常的文学生涯孕育了先锋派文学运动的众多思潮。与他相反, 阿拉贡和艾吕雅在他们的作品当中所表达的是"一种双重的愿望": 首先, 在青年时代积极参加超现实主义运动, 然后投身于具体的政治活动。在他们看来, 介入政治是为人类崇高事业而实实在在进行斗争的必要条件。如果回顾一下超现实主义运动所走过的道路，我们就会不无惊讶地发现这一运动蕴含着矛盾与聚合的多样性的发展特点。这也就解释了为什么传统主义和现代主义、理性主义和非理性主义能够在超现实主义运动之中共存，尽管这种共存现象并不稳定，但毕竟富有成果。

十一、结语

应该说，诗歌本身总是要比对它的诠释丰富得多。试图从诗人，尤其是从一个现代诗人的诗句当中解读诗人所要表达的真理，这是一件十分困难的事情。因为，真理不是一件物品，也不是一种教条，而是对现实的探索。诗人用一种语言和一种文化将富有个性特色的艺术形式和艺术主题奉献给读者。读者的任务就是自己去感受诗歌的优美、清新、奇特和蕴含的深刻含义。因此，当我们面对的是阿波利奈尔或艾吕雅的诗集时，我们渴望尽享阅读的快乐。

实际上，诗歌在我们的生活当中所起的作用远比我们想象的大得多。诗歌不只是一门运用语言的艺术。诗人从想象出发，凭借着生动的形象、真实的情感、有力度的思想、丰富的意境和充盈的诗意将读者的感官调动起来，让他们自己产生新的感受。诗歌的作用就是要唤醒读者的感觉细胞，以有利于读者从一个全新的角度领会诗歌传递的意义，诗歌将我们的激动、我们的梦境加以艺术升华，将我们的烦恼、我们的苦难表现得淋漓尽致。因此，当我们通过诗的语言与艺术，触及物质世界和精神世界的陌生的真理时，我们也可能触及促使我们行动、引起我们震撼的心灵。因为，受自由纷飞的灵感启迪的诗歌创作是对想象、对世界和对它自己的全新的认识。

对风格的追求、对理性和非理性的探索、对存在的拷问，是文学作品的主旨，它们的作用就在于给读者脑海里的抽象的东西赋予形象与生命，以达到刺激读者思维中的对诗的主观意识。这就是为什么诗歌首先是一种自省活动。而想象和灵感似乎是诗人必备的至高无上的禀赋，引导诗人建立自己别具一格的视野和表达形式，大千世界中的个人境遇或许能在诗思的感召下发生嬗变。无论是表现诗人与众不同的个人看法，还是深入到给人以灵感的存在，或者纯粹以个人的方式透视现实；也无论是有意识地采用字词、韵律、节奏和图像等手段，还是借助纯粹自然的不经思维加工写作方法，或者乞求于独思默想，最根本的需要就是诗人的诗性之思，而诗思往往产生于诗人那强烈的主观意识。因此，从一开始，诗歌同样要唤起读者身上的艺术敏感性，诗人要做的就是创造性地和有效地参加到人类现实的变革活动中去。

（选自《文学与哲学的双重品格——20 世纪法国文学回顾》，徐真华、黄建华编著，上海外语教育出版社，2008 年 4 月，第 180～226 页，题目为作者所加）

20世纪法国戏剧

所有这些戏剧中，我们都在大笑，只是这笑声却总是伴随着一种不舒服的感觉。因为，我们很快便发现，这些讲话荒唐的人物很像我们自己。他们窃取了我们的言语，窃取了我们的内在思想。他们就是你和我。

——乔治·内弗

一、难于介绍的介绍

“在剧院里，我听到许多作品招来一片嘘声，如果由一个聪明人来处理同样的题材，这些作品本应该博得喝彩的掌声。”这就是乔治·桑借她在小说《独舍地古堡》中所塑造的人物布卡费里之口说出来的话。我们似乎可以这么说，乔治·桑很好地注意到了这样一个事实：阅读剧本和观看戏剧表演极有可能获得完全不同的感受。一部原本伟大的作品，如果没有遇到好的导演和演员，就只能落得个平淡无奇的下场，这是常有的事儿。还有可能发生的情况是，剧本被重新创作，进行改写，甚至被大加增删，以适应表演的要求。因此，人们有时会提出这样的问题：到底是作品本身的胜利还是导演使之获得成功？维拉尔在1955年甚至这样宣称：“这30年以来，真正的戏剧创造者与其说是剧作家，不如说是导演。[①]”而德·乌里耶尔则更加明确地表明了自己的观点：“20世纪的戏剧是导演的天下。”[②]

如果说人们能够描述小说的演变历程而无须将其创作技术因素考虑在内的话（在写小说时，不用羽毛笔或钢笔而改用电脑，这台电脑将起什么样的作用呢?），那么在介绍戏剧创作的发展过程中则完全不能这样做。

① 亚伯拉罕（P.）、德斯纳（R.）：《法国文学史教程》（第6卷），巴黎：社会出版社1982年版，第682页。

② 乌里耶尔（C. de）：《20世纪法国戏剧集》，巴黎：博达斯出版社1989年版，第3页。

技术进步从根本上改变了表演的模式，它也同样带来了戏剧创作理念上的巨大变化。一直到20世纪初期，观众还只是满足于用纸板做的动物和画在抖动的布上的道具。但是，艺术家和技师已迫不及待地开始利用新的技术手段：电子照明、彩色光线投影、快速更换布景装置等等。因此，人们很快就在舞台上看到了长满绿色树叶的真树、流动的河水、撕破夜空的闪电。戏剧试图奉献给观众一个真实的“生活侧面”，有时甚至逼真得痛快淋漓。然而，随着电影的出现，这种戏剧艺术的制作手法随即面临严峻的挑战和质疑。因为，电影有更好的装备来再现现实。那么，还有没有适合发挥戏剧艺术才能的领域和阵地呢?

由此可见，分析戏剧文学作品是多么不易，而且空间和文化上的距离使我们这些外国人很难得心应手地对作品做出非常准确的把握。由于不能亲临现场感受艺术氛围，我们通常所能做的，便是收集相关的文字资料来阅读和诠释这些作品。这种情况自然会导致文本选择的随意性和介绍的不均匀性。所以，我们会竭尽所能来弥补这一缺憾。

二、“一战”前的法国戏剧

（一）安托万和自由剧团

鉴于戏剧作品不只是让人们坐在书房的藤椅上或作为床头的书来欣赏的，我们最好还是首先来认识一下那些对戏剧艺术的革新做出过巨大贡献的导演。这一时期有两个如雷贯耳的名字：安德烈·安托万和吕涅-波。“人们习惯上将安托万称为戏剧历史上的第一位导演。”① 他创建了自由剧团，然后又领导了安托万剧团。他将剧团命名为“自由”，意在标榜自己能接受各种流派的剧作，而且甚至敢于上演那些在别处遭到了拒绝的作品。他介绍了同时代许多有才华的人，令他们留下了美名。他还成功地唤醒了法国观众对当时欧洲伟大作品的好奇心。安托万的名字常常和舞台上

① 乌里耶尔（C. de）：《20世纪法国戏剧集》，巴黎：博达斯出版社1989年版，第18页。

一些真实的细节联系在一起，例如“挂肉的街区”或是“觅食的活鸡”①。在那个时代这无疑是戏剧界的首创，不过，这终究只是一些雕虫小技而已。由安托万领导的对法国戏剧的真正改革表现在以下几个方面。

（1）优先考虑布景或舞台气氛，使之与每一个剧本的实际情况相匹配，这是他开创的先河。他解释道：“……因为是由场景来决定人物的活动，而不是由人物的活动来决定场景。”② 他是这样表述他那套著名的“第四堵墙理论”的：拉起来的帷幕应该能够让人们看到一个真实场所的存在，就好像人们有刚刚去掉客厅的一面墙那样的感受。简言之，在安托万的眼里，布景所制造出来的环境氛围如果算不上是最重要的，起码也要与剧本本身平起平坐。

（2）他在舞台上进行技术革新。巧妙地使用灯光、搭建具有立体感的精工制作的天花板、设置综合配套的布景等等。最新发明指的是“舞台空间由不同的背景组成，依靠帷幕的开启和闭合来操作这些背景，或者将其分开或者将其拼在一起，这样就能保证演出连续进行”③。

（3）他竭力主张表演的协调一致。他认为，所有的演员都只是团队的一个组成部分，任何人都没有权利让自己大出风头而不考虑其他人的存在。跟安托万一起工作，即使是一个大牌明星，也不能炫耀自己的才华，以个人的小成功影响全局，从而损害整体的利益。为了保证这个“整体”的运作，安托万强行规定了适用于所有演员的纪律，做到一视同仁。他还宣称：“一个绝对理想的演员应该能够变成让演奏者得心应手，弹奏出完美和声的一个键盘或是乐器。”④ 而这个“演奏者”就是安托万本人，即导演。

安托万对法国戏剧的贡献，具有划时代的意义。人们可以毫不夸张地说他发动了戏剧技术的革命。

（二）吕涅－波和事业剧团

一个过于强大的潮流有时会促使另外一个与之对立的潮流产生。新旧

① 亚伯拉罕（P.）、德斯纳（R.）：《法国文学史教程》（第6卷），巴黎：社会出版社1982年版，第616页。

② 同上。

③ 同上，第617页。

④ 巴尔戎（L.）：《保尔·克洛岱尔》，巴黎：法国大学出版社1958年版。

潮流之间的碰撞通常能引起人们的兴趣。

吕涅－波刚出道时只是安托万麾下的一名演员，他后来将他为之效力的艺术剧团改组为事业剧团。后者成了另一个实行舞台创新的场所。

吕涅－波没有局限于对小小舞台的革新，而是致力于向观众提供一个在连续性和流动性中观察生活的视角。细节对于吕涅－波来讲并不那么非常重要，因为精确的表演几乎是不可能的，而且，即便可能，也不能达到完美无瑕的境地。随着照相术的出现，绘画艺术还能保持原样吗？在准确性方面，哪一个精细的画家能随便与一名照相师相提并论而与之抗衡呢？所以说，戏剧艺术必须寻找另外的出路以摆脱困境。

吕涅－波与安托万的不同之处在于，后者的戏剧，走的是现实主义或自然主义绘画的道路；而前者的戏剧宛如印象派或更像象征派的绘画。吕涅－波的贡献在于他把戏剧从服务于布景的模式中，即从自然主义的围栅中解救了出来，而把梦、诗意甚至是幻想引上舞台。从此，在思想剧、社会或道德剧、真实和固定布景剧之外，出现了纯粹是想象的戏剧、充满了神秘感的仙境般的戏剧。

（三）群星辉映的战前剧坛

"一战"前的那段时期为法国戏剧留下了许多闪光的姓名和赏心悦目的作品。我们从中可以找到作为自然主义衣钵传人的于勒·勒那尔及其作品《胡萝卜须》（1900）、奥克塔夫·米尔博及其作品《公事公办》（1903）、爱弥尔·法布尔及其作品《金肚子》（1905）和《公众生活》（1901）。在爱情剧方面，有3个人的名字值得一提：乔治·德·波托－里什及其三部表现爱情的作品《情人》（1891）、《过去》（1897）和《老人》（1911），亨利·巴塔耶及其作品《疯了的处女》（1910），亨利·伯恩斯坦及其作品《参孙》（1907）和《秘密》（1913）。至于思想剧，我们不能忘却的有弗朗索瓦·德·居雷尔、保尔·埃尔维厄和欧仁妮·布里厄。

艾德蒙·罗斯唐是新罗曼蒂克派戏剧的代表人物。这类诗情画意的戏剧长于抒情色彩的烘托而非剧情的展开。乔治·费多凭借其滑稽可笑的剧作赢得了歌舞剧之王的桂冠。特里斯唐·贝尔纳以生动的文笔在他的喜剧中细腻地描绘了某些极具人情味的典型人物。在通俗喜剧方面，阿尔弗雷德·卡皮和阿尔芒·德·卡亚伟统领了从1900年开始到第一次世界大战前夕这段时间的戏剧舞台。还有一些著名的名字和好的剧本，限于篇幅，我们在此不能一一枚举。我们只能极为简单地罗列了上述剧作家和他们的部分作品。我们将因此而腾出的一部分篇幅留给一个伟大的、不能回避的名字：保尔·克洛岱尔。我们在上一章中已谈及了他的诗歌禀赋。

三、保尔·克洛岱尔和《缎子鞋》

（一）基督教的主题

保尔·克洛岱尔自认为是“当今世界唯一一位真正走戏剧大众化道路，即面向所有的生灵和进入所有的内心的剧作家”①。事实上，正是由于他在戏剧创作中的成就才使他在生命的最后时刻获得了巨大的荣耀。

克洛岱尔的作品种类多、数量大。仅就戏剧而言，他的创作达 20 部之多。这使我们挑选他的部分作品予以介绍时感到非常棘手。有些人把《正午的分界》（1905）看作他的杰作，另外一些人则倾向于《人质》（1909）或《给玛丽报信》（1912）。不过，专家们一致认同的艺术珍品是《缎子鞋》（1924），这部不朽的作品标志着他达到了戏剧创作的巅峰。

《缎子鞋》的内容是如此丰富，如果我们对这部作品进行概述，便不可避免地要略去很多令人感兴趣的细节。整个故事的情节发生在 16 世纪末或 17 世纪初的几天内，地点是西班牙，或者可以说是整个世界。这是一部波澜壮阔的史诗，展现了西班牙征服新大陆的场面。故事的焦点是唐·罗多尔格与唐娜·普鲁埃兹之间不可能的爱情。

唐·罗多尔格是一位伟大的“征服者”，其雄心壮志是征服世界。但是，神圣的上帝改变了他，引导他远离了这一狂热的奢望：上帝用对人类的爱取代了其心中征服世界的激情。从遇见唐娜·普鲁埃兹的第一刻起，唐·罗多尔格就坠入情网，爱上了这位有夫之妇，即法官唐·佩拉热的妻子。年轻的夫人也感到自己与唐·罗多尔格有着难舍难分的感情。但是，她还是拒绝投入他的怀抱，因为她要信守她在上帝面前发过的誓言。甚至就在她恨不得与唐·罗多尔格一起私奔时，她还在向圣母玛丽亚祈祷，手

---

① 卡斯泰（P.－G.）、苏瑞尔（P.）：《法国文学教程》，巴黎：阿歇特出版社 1967 年版，第 50 页。

中拿着她自己的一只鞋，一只缎子鞋。

“圣母玛丽亚，您是这住所的主人和主母

……

您把守着这住所的大门，尊严的修女，请不要让我成为堕落的诱因！

……

那么，趁着还有时间，请把我的心握在您的一只手里，把我的缎子鞋攥在另一只手里。

我把自己交付与您！圣母玛丽亚，我把我的缎子鞋献给您！圣母玛丽亚，请把我那倒霉的小脚护在您的手心里吧！

我想告诉您，过一会儿我再也见不着您了，而且我就要想尽办法对付您！而当我试图冲向罪恶时，我顾不了是否跛着一只脚……

当我想跨越您所设的障碍时，我管不了翅膀是否将被折断！我做完了我能做之事，而您呢，请保管好我那可怜的小缎子鞋，把它珍藏在您的怀里吧，噢，令人惶恐的伟大的圣母！”①

最后，唐娜·普鲁埃兹决定尊重合法的婚姻，放弃追求爱情的幸福。不久，她失去了丈夫，但是后来又与另外一个人唐·卡米耶、西班牙军队的一名指挥官结了婚。这位军官，从前是身份可疑的冒险家，很早就爱上了她，只不过她不爱他罢了。

唐·罗多尔格自己也在尽力抵挡爱情的诱惑。他遵从国王的命令出发去西印度建立西班牙帝国并在美洲进行征服活动。在这段时间内，唐娜·普鲁埃兹接受了唐·卡米耶的求婚，尽管她对唐·罗多尔格仍然一往情深。

婚后，唐·卡米耶背叛了自己的基督教信仰，改宗信奉了伊斯兰教，同时也改了名字。唐娜·普鲁埃兹不得不给唐·罗多尔格捎信，向他求救。但是这封急件被送错了地方，在路上一再耽搁，经过10年才辗转送到收信人的手里。当时的罗多尔格已成为权势极大的总督。读罢求救信后，他立即启程前往营救他的爱人。他最终到达了敌人所驻的城池，而且准备率领自己的军队予以进攻。就在此刻，来了一位谈判代表，她不是别人，正是唐娜·普鲁埃兹本人。她成功地劝说唐·罗多尔格撤走了部队，但是却拒绝跟他走，拒绝离开她生活的城市。相反，她把自己与唐·卡米

① 克洛岱尔（P.）：《缎子鞋》，巴黎：伽利玛出版社1953年版，第48页。

耶的女儿塞泰帕托付给他，并且告诉他她要回去炸毁城堡，与它同归于尽。就这样，我们的女主人公在被炸的城堡中身亡。

对于唐·罗多尔格而言，他最终失去了他在人世间的爱人。他只剩下唯一的爱，就是对上帝的爱。当他在10年后再露面时，已成为一个残废之人，完全丧失了权力。他甚至被贩卖为奴。尽管经历了这种极端的苦难，他依然始终如一地保持着坚定的信念和清醒的头脑，他执着地追求一种真正的生活，也就是永恒的生活。

这部不朽的戏剧作品所表现的中心思想是什么呢？让我们来读一下作者本人所做的诠释吧："本剧的整体思想奠基于牺牲的精神，这种精神，在我看来胜过在享受的深渊中不能自拔的思想。而且，牺牲之举所带来的良好效果不仅局限于其源头，还不断地扩展，扩大到了整个世界。享受不到人类幸福的唐·罗多尔格成了戒欲修行者。至于唐娜·普鲁埃兹，她得到了更高的奖赏，因为一个人的灵魂比一个世界的分量要大。而她就拯救了一个灵魂，背教者唐·卡米耶的灵魂。"①

更有甚者，该剧的主题很像一个中国的传说。这一点也为作者本人所确认："《缎子鞋》的主题，总之与中国的'牛郎织女'的故事相近，这一对相爱的人每年都要经过长途跋涉前去会面，但总是被隔在银河两边不能相见。唐·罗多尔格和唐娜·普鲁埃兹也是如此，他们被一种崇高的意志分开了，古人称之为命运……"②

总之，两位主人公之间无法实现的爱情故事在这部戏剧中具有一种象征意义，即对人类命运的质疑。

（二）有尊严的配角

在《缎子鞋》中，人们可以看到有许多次要人物或陪衬人物出场，这些角色极大地丰富了剧情的发展。他们所起的作用主要是缓解矛盾，将过于绷紧的感情之弦松弛下来，免得崩断。然而，这并不意味着他们的心灵或性格平庸无奇。我们在这里以"中国人"为例，他是唐·罗多尔格的侍从，从小就离开了中国。耶稣会的会士们买下了他，从而救了他的命。千万不要以为这只是一个普通的、无知的、奴颜婢膝的、盲从于主人

① 克洛岱尔（P.）：《缎子鞋》，巴黎：伽利玛出版社1953年版，扉页。

② 同上。

的奴仆，恰恰相反，读者们会在剧中看到一个性格鲜明的仆人。

“唐·罗多尔格：我想帮助你，你会埋怨我吗?”

“中国人：我的主人，我谦卑地向您老爷请求，但愿您能接受我的观点，即我对您还没有信心。是的，我宁愿在他人手下而不在您手下，为什么我落到了您的手下呢?”

不言而喻，中国人很感激他的主人。但是他敢于反驳他。他自认为，在智力上，即使算不上比他的主人水平高，至少也与他处于同一水平：

“被惹恼的中国人：可是我读了您给我的所有的书，我能够把它们从头到尾地背下来。莱昂兄弟认为我懂得跟他一样多。”

在信仰方面，中国人宁愿保持自己的独立性：

“您谈到精神方面的变化，您认为这会让人感到愉快吗？谁会喜欢别人把自己的肾脏换个位置呢？我的灵魂就是那样，我很不喜欢别人插手，不喜欢别人按自己的想法摆弄我。”

当唐·罗多尔格对他进行威胁说：“我要给你洗礼，我要离你而去。你可以回中国了。”中国人一点也不退让，断然回答道：“这是我最珍贵的心愿。”此外，他还把自己看成是上帝安排在唐·罗多尔格身边的人，“为的是给唐·罗多尔格一个机会来拯救自身的灵魂”。

四、两次世界大战期间的法国戏剧

（一）推动者的贡献

戏剧在两次大战期间表现出来的鲜明特点是反映基督教主题的剧作较多，其中的代表作品是我们在上文介绍过的《缎子鞋》。然而，当我们阅读原作时，我们的第一印象是这部名作不能搬上舞台。事实上，正是由于让-路易·巴罗（演员和导演）按照舞台艺术的要求对其所做的适当删节和改编（1943），才使表演获得了空前的成功，激发了观众的巨大热情。

这一时期，戏剧的繁荣发展不仅仅得益于作家们的丰富创作，而且主要归功于像让-路易·巴罗这样的推动者们。另外一个推动者雅克·高波，又名“老板”，对戏剧的兴旺发达起了非常重要的作用。可以这么说，他在戏剧界享有盛誉，领导了两次世界大战期间的所有戏剧活动。作为《新法兰西》杂志社的社长，他在这本杂志上发表了题为《论戏剧改革》的文章，表达了他关于在戏剧界进行广泛改革的最初想法。不久，他创建“老鸽棚剧团”，培养了一支活跃、热情、训练有素的演员队伍。由于缺少文字资料，我们很难对其推行的改革内容进行系统的总结，我们只能特别指出：他捍卫“真诚的戏剧”，鄙视虚浮的光彩。他认为，演出的成功只能凭借演员的演技，即使演出全无布景又有什么关系！雅克·高波的事业由他的所谓“高波”弟子们继续下去。当他在巴黎终止了戏剧活动，与他的几位忠诚的追随者一起将舞台搬到勃艮第地区时，“四人联盟”接过了接力棒。这是一个由四位伟大的私人剧团的经理组成的团体。

乔治·皮托埃夫。他在俄国开始演员生涯，后来定居巴黎。他让巴黎的观众了解到许多外国戏剧，其中有奥斯卡·威尔德、沙弗、艾伯森、托尔斯泰、高尔基等人的作品。他还将法国的戏剧引向了世界。他的妻子鲁德米拉被认为是这一时期最伟大的戏剧演员之一。在她同时代人的眼里，几乎没有她不能扮演的角色。

夏尔·迪兰。他先是“老鸽棚剧团”的成员，然后又组建了自己的剧团，取名“车间”。他不仅扮演了众多伟大的角色，而且还创办了一所戏剧艺术职业学校。这位伟大的剧团团长不仅培养出了掌握戏剧演出技巧的演员、哑剧演员、舞蹈和杂技演员，而且，他还是个伯乐，发现了一批优秀的新人。

加斯东·巴蒂。他创办了一个名为“异想天开的同伴”实验剧团。作为导演和戏剧理论家，他从未在他执导的剧作中担任过角色。他大概受表现主义的影响，认为应该肯定布景和照明的至高无上的地位，摈弃强调文本优先和夸大演员作用的观点。他尤其致力于制造“戏剧气氛”，因其导演风格的大胆超前而常常成为批评的靶子。

路易·儒韦。在投身于戏剧的头几年，他也在“老鸽棚剧团”工作。人们说他是一个无所不能的人：舞台装置员、舞台监督、布景师、细木工匠、电工、服装管理员、置景工、提台词的人、秘书、教师，首屈一指的自然是演员。他首次获得的巨大成功源自导演于勒·罗曼的作品《江湖医生》(1923)。“路易·儒韦是一位热爱明晰和朴素的戏剧技师。他的导演以细腻见长，既尊重传统又符合现代人的口味，将二者结合得和谐一致。他极为重视文本，并且像吉罗杜那样，认为一部伟大的戏剧，首先是用漂亮的语言表现出来的。”①

（二）三个叫“让”的戏剧作家

从某种范围讲，这一时期在戏剧界占主导地位的是三位叫“让”的剧作家：让·科克托，诗人、小说家、评论家、电影艺术家、画家和剧作家，他所有不同种类的作品都反映出他是一个与现代性紧密相连的人；让·吉罗杜，小说家、剧作家，他在这两方面创作的所有作品几乎都获得了成功；让·阿努伊，小说家、剧作家，偏爱典型和纯正，毫不留情地揭露生活中的丑陋。

让·科克托几乎参与了他那个时代所有的先锋派运动：未来主义、达达主义、立体主义等等。尽管超现实主义者把他排斥在他们的运动之外，他还是在一段时间内追随了这个伟大的文学流派。他在戏剧方面的巨大成功主要体现如下：通过《俄耳浦斯》（1925），他将希腊神话搬到现代；通过《圆桌骑士》（1937），他唤醒了我们对中世纪的好奇心。《打字机》（1941）是一部揭示内心灵魂秘密的心理剧作。《可怕的父母》（1938）反映的是资产阶级的生活，通过该剧，他成功地对通俗戏剧进行了革新。我们将在后文把这一部作品作为范例来详加阐述。

科克托竭尽所能在其作品中进行创新。但他有时目标过高，反而破坏了其创作的协调性。另外，某些大胆的场面也让那些守旧的观众感到不快。

让·吉罗杜很晚才投身于戏剧创作，但是他在这一领域所取得的一系列的辉煌成就使他的小说黯然失色。在路易·儒韦导演的帮助下，他通过《西格弗里德》（1928）这部戏的上演确立了自己剧作家的地位。该剧从其小说《西格弗里德和利穆赞》（1922）改编而来。这部作品的巨大成功标志着戏剧凭着诗情脱离了自然主义和心理主义的框框。吉罗杜把儒韦看作他的第二个缪斯。这两个人的名字在戏剧界家喻户晓。可见，剧作家和导演之间的联手合作结出了多么丰硕的成果！

吉罗杜创作的剧本主题主要是围绕着人与世界的和谐关系展开的。作为拉辛古典主义原则的忠诚追随者，我们的剧作家在主题的选择上没有太

① 卡斯泰（P. -G.）、苏瑞尔（P.）：《法国文学教程》，巴黎：阿歇特出版社 1967 年版，第 121 页。

多的新意。例如，他创作的喜剧《第38位晚宴东道主》(1929)，作者自认是第38位处理同一神话题材的人。《朱迪特》(1931) 的故事改变了传统的写作手法，但是这种变化主要反映在情节的发展上，而没有体现出形式的创新。《间奏曲》(1933) 和《埃莱克特》(1937) 也都不能算有什么崭新的主题。反之，他努力关注重大的社会问题，并致力于唤醒观众追求永恒真理的兴趣。因此，在《特洛伊战争将不会爆发》(1935) 这部剧作中，他描绘的完全不是一场历史上曾经发生过的战争，而是他对当代人剧烈的内心冲突所进行的深刻反思。观众们在这部戏里能够觉察出作者影射的是即将爆发的威胁欧洲甚至可能威胁全人类的残酷战争。

吉罗杜不仅仅对道德教育极为重视，而且还非常看重所谓的"戏剧"风格。"吉罗杜的句子源源不断地自然产生，调动的是一种微妙的和不引人注意的带点儿情欲的激情，这归功于词语的谐音效果和节奏灵活的韵律。"① 简言之，吉罗杜的戏剧因其高雅的构思和别致、有力的文笔而变成了"经典之作"，与那些伟大的剧作家的作品齐名。

让·阿努伊在年少时就对戏剧表现出了强烈的兴趣。他最初的作品如《黄鼠狼》(1932) 和《橘子》(1933) 并没有获得成功。但是作者没有因此而气馁，相反，他倒下定决心，全身心地献身于戏剧，只以戏剧为生，最终获得了一系列成功：《没有行李的旅客》(1937)、《野女人》(1938)、《昂蒂戈纳》(1944)。这最后一部作品不仅让他跻身于抵抗派剧作家之列，而且使他名扬剧坛。《昂蒂戈纳》取材于古希腊。作家给古代的悲剧题材注入了现代元素，鞭挞政治秽行，歌颂独立、纯洁的人格。

阿努伊的作品数量大、种类多。我们能从中找到幻想（《窃贼的舞会》，1938)、幽默（《云雀》，1953；《排练或受惩罚之爱》，1950)、讽刺（《可怜的比托或人头晚餐》，1956) 和反抗（《昂蒂戈纳》，1944) 的成分。从整体上看，作者的创作风格介于通俗戏剧和先锋派戏剧之间。他塑造的那些人物每日生活在失败的痛苦状态里，时时刻刻与社会规范发生着冲撞，这是他戏剧创作的基本主题。他的风格随意，有时还故意表现得粗俗不堪。从这个意义上说，他所使用的语言与自然主义的风格如出一辙。

---

① 卡斯泰 (P. -G.)、苏瑞尔 (P.)：《法国文学教程》，巴黎：阿歇特出版社1967年版，第134页。

阿努伊从事戏剧活动一直持续到战后，甚至延续到了 20 世纪 80 年代。他一生写了大约 35 部剧本，而编导的数量比这还多。

（三）让·科克托和《可怕的父母》

如果人们把超现实主义当作一场艺术冒险活动，而不把它看成一类文学思潮的话，人们或许能把让·科克托划入超现实主义作家的行列，尽管据我们所知，他从未成为安德烈·布勒东集团的一员，而且他的大名也没有被列入显赫的超现实主义者的名单之上。然而，在习惯了当代现实主义作品的中国人眼里，让·科克托的某些作品简直是太具有超现实主义特性了。我们以《可怕的父母》为例，从中国人的视角对其进行分析。

安德烈·布勒东认为，对潜意识的探索是评价人类活动动机唯一有效可行的基础。长久以来，中国人对潜意识的存在知之甚少。我们的当代文学常常只反映意识存在方面的内容。一切都应该符合逻辑，一切都由理性来执掌。在读完一部作品的最初几章之后，我们有时便知晓了故事的结局是什么。英雄总是英雄，从来都没有一点儿缺点。一个傻瓜，只能是无可救药的傻瓜，所做的只能是蠢事。一个坏人，必然是彻头彻尾的坏人……我们太习惯于这类描写了，以至于我们初次阅读科克托这部作品时，便有一种别开生面的感觉，会被它那对潜意识的探索所感染。

伊冯娜非常爱他的儿子，但不是出自母亲的那种纯粹的爱，一种多少有些乱伦的情结混杂其中，可她自己却浑然不知。这是她的潜意识在作怪，潜意识支配了她的行为。受强烈的嫉妒所驱使，儿子米歇尔在外过一夜都会使她感到十分痛苦，极度的焦虑常常折磨着她。

在常人看来，儿子离开母亲的爱巢是非常自然的事情，就像小鸟长大要自由飞翔一样。一位正常的母亲会对这种变化感到欣喜。但是伊冯娜却相反，她无法面对儿子要长大、独立的现实。她总是要掌控儿子的一切，绝不撒手。

“你答应考虑他的婚事了吗?”她妹妹莱奥尼问道。

“米克还是个孩子”。伊冯娜回答说①。

在她眼里，米歇尔虽然已 22 岁了，还算不上是个年轻人，仍然只是一个不能离开母亲怀抱的孩子。

---

① 科克托（R.）:《可怕的父母》，巴黎：伽利玛出版社 1955 年版，第 33～34 页。

“自从米歇尔一降生，你就欺骗了乔治，你开始冷落乔治，只管照料米歇尔……”莱奥尼对伊冯娜说道①。

事实上，她发疯似的迷恋着儿子，对自己的丈夫不理不睬，但是根本就没有意识到自己的内心是如何想的。

伊冯娜：“可能米歇尔也在欺骗我……我是说……跟我说谎。”

莱奥尼：“这个词用对了，改口也没用……”②

这就是她不假思索便脱口而出的一个动词“欺骗”，明白无误地表明了她对儿子所付出的爱的性质。

米歇尔：“索菲！你怎么了？”

乔治：“首先，我觉得像你这样年纪的孩子一直对你妈妈直呼索菲是失礼的行为。”③

伊冯娜回答说这不是什么严重的问题，因为这是一个出自儿童文库的旧的逗笑话。这一回答也显示出了她未言明的情感。

因此，当儿子向她宣布他的确跟一个年轻姑娘马德莱娜来往时，她勃然大怒，并威胁说要采取措施把他关起来，不让他再见那女人。当她得知米歇尔最终属于另外一个女人时，她简直不能活了，感到自己在这个世界上是个孤苦伶仃的人。最后，她服毒自尽。作者成功地展现了这种为摧毁性的激情所驱使的潜意识之爱。面对这种艰难的心理探索，观众或读者怎能不为之动容？唯物主义认为存在决定意识。因此，一个人的推理能力，以及他的行为模式往往取决于他生活的环境。即使这一学说从总体上看是成立的，但却不能让我们忘却重要的一点，即促使一个人采取行动的个人动机。

换句话说，人们如何对出自同一环境的每个个体在行为上表现出来的差异进行解释呢？在《可怕的父母》中，人们几乎看不出各个人物的社会环境。作者描述了最简单的背景。他想“写一部现代的、不加装饰的剧作”。他在序言中写道：“我取消了电话、信件、仆人、香烟、逼真的窗户布景，甚至还取消了那限定人物身份而且总是令人深感疑惑的家族姓氏。”

---

① 科克托（R.）：《可怕的父母》，巴黎：伽利玛出版社 1955 年版，第 28 页。

② 同上，第 31 页。

③ 同上，第 36 页。

就这样，科克托的主人公们都按照自己的本能和动机来行动。我们在上文中提到的伊冯娜就是一个典型的例子。她的妹妹则成为另一种典型。如果说剧本里所有其他角色的行为都或多或少地带有盲目性的话，妹妹莱奥尼却相反，总是很好地筹划自己的行为。在整个故事情节的展开过程中，什么也逃不过她的眼睛。她预料到伊冯娜对米歇尔初恋的反应。她让米歇尔的父母同意去拜访马德莱娜。在拜访之后，她也注意到了两个年轻人的失望情绪。随后，她想办法扭转局面，领马德莱娜到米歇尔家里。总之，她是一个头脑清醒的人，善于推理和谋划一切。然而，人们还是看不出她的性格如何，什么样的外部因素推动着她这样行事。剧作家没有把她置于具体的社会环境中来描写。可以这么说，她的所有行为都出自“她对井然有序的癖好”。

有时作者也借助人物的话语来描写环境：“像小山一样的脏床单堆放在漂亮的房间里”“乔治会在布满了灰尘的设计桌上写他的打算”“已堵塞了一周的浴缸还未被疏通”① 等。但是，这种乱七八糟的环境更多地反映了人物的内心，而非影响他们行为的根源。

简略地说，作者几乎没有依靠外部因素来支配其人物的行动。他只是局限于记录他们的行为，这些行为有其自身的动机，而动机可能是最强大的推动力。所以他描写的少，表述的多。

《可怕的父母》就是这样由“一系列场景构成。在这些场景里，心灵和情节的突变，在每一分钟，都推到自身的极限”②。它以其急促奔放的节奏紧紧地抓住了我们的心，让我们屏息到最后一刻。

毛泽东曾说过：“在现在世界上，一切文化或文学艺术都是属于一定的阶级、属于一定的政治路线的。”③ 根据这一观点，艺术或文学应该给公众带来道德上的教益。我们可以看到中国的剧作家们常常对某一个人物表现出敌视或同情的态度。他们有时甚至竭力主张某一种主义。然而，在《可怕的父母》中，一切都完全不同。我们看到的是另一种艺术理念、另一种表现形态。该剧只叙述了一个行为，没有好或坏的界定。作者没有表态，没有捍卫任何一种事业，也没有对任何一个人物进行评判。观众也不

① 科克托（R.）：《可怕的父母》，巴黎：伽利玛出版社 1955 年版，第 27 页。

② 同上，序言。

③ 毛泽东：《毛主席语录》，北京：外语出版社 1966 年版，第 331 页。

能在他塑造的人物中简单地确定谁好谁坏。

伊冯娜百般阻挠儿子的幸福。可是她并非恶人，她没有意识到自己做了坏事。最后，她宁肯自杀，也不愿去伤害自己的儿子。

乔治与一个年轻女子相好，欺骗了自己的妻子，但他并不是坏人。

家里已经没有夫妇间的幸福生活，他在外边寻找婚外情也就不会令人憎恶。莱奥尼对马德莱娜说："他不是恶魔，乔治还是个孩子，他没有意识到罢了。"① 莱奥尼对乔治的判断是准确的。

至于莱奥尼自己，她在行动时总是预先筹谋。可以这么说，她引导着剧中所有其他人的行为。她也不是坏人。在她身上也是"潜意识"在起着作用。跟所有人一样，她既不心地善良，也非铁石心肠。她为姐姐的事鞠躬尽瘁，尽力帮她摆脱困境。最终，她挽救了两个年轻人的幸福。她所有行为的目的只有一个，就是要在绝境中找到出路。最后的结局应该说不算太惨。

关于马德莱娜和米歇尔这两个年轻人，他们宛如山上的泉水一般清澈，但是，他们也有做错事的时候。

另外，这5个人物的行为都不是一成不变的。有许多的"突变""拐弯""冲动"和"反复"，这些行为俨然构成了一个整体。推动情节向前发展的，不再是好与坏的冲突，而是人物之间，甚至是一个人物内心的不同倾向的矛盾。

在中国，很少能找到如此抹去作者印记的作品，剧作家扮演的不再是道学家的角色。而中国的某些作家的情况却仍然如此。关于道德的这种思维方式着实吸引了我们，并督促我们进行思考。

（四）讽刺喜剧

一些作家走的是遵循通俗喜剧的传统之路，萨沙·吉特和马塞尔·阿夏尔便是两个有名的例子；另外一些作家选取的是令人发笑的抒情闹剧的创作道路，费尔南·克摩兰克则是其中的代表；还有一些人献身于讽刺喜剧，于勒·罗曼和马塞尔·帕尼奥尔将他们两个人的名字永远地刻在了法兰西戏剧史上，前者创作了《江湖医生》（又名《医学的胜利》，1923），后者写就了《窦巴兹》（1928）。我们在此将简单地介绍一下第一位剧

① 科克托（R.）：《可怕的父母》，巴黎：伽利玛出版社1955年版，第132页。

作家。

于勒·罗曼。人们倾向于把于勒·罗曼的作品当作阐明一致主义理论的简单例证。如果单词“一致主义”取的是“在法国传统的文学流派中对个人主义的反拨，是观察世界的唯一态度和唯一视角”之意的话，那么他就是十足的一致主义者①。因为，他的一致主义理论尤其在其系列小说《善良的人》(27卷，1932—1947)中得到了充分反映。在戏剧方面，剧作家在讽刺喜剧的创作中表现出了无与伦比的才华。凭借着《江湖医生》，他成功地使自己的描写取得了漫画般的夸张效果。不过，这类本质属一致主义的诙谐喜剧与他的系列小说相比，又有许多不同之处；《江湖医生》的巨大成功使人们接受了罗曼这位讽刺喜剧作家。在这部三幕剧的闹剧中，我们的剧作家刻画了一个主人公克洛克医生，这个角色成为法兰西戏剧最著名的人物之一。

克洛克医生在买下帕尔帕莱医生无人光顾的诊所时，向他的这位同行说，他曾经“在方圆几千里的范围内，而不是只在外省的一个角落里”无照行医，而且他还打算在村子里实行一种奇特的疗法。他宣称自己已经掌握了“医业的真正的精神和真正的目的”，因为从孩提时代起，他就总是满怀热情地浏览“报纸上刊登的医疗和药品广告”(第一幕)。

克洛克在帕尔帕莱的旧诊所刚安顿下来，便马上让人击鼓在全村发出通告说，克洛克医生“每星期一上午，从9点半到11点半，对本镇居民实行完全免费的诊治”。然后，他又与药剂师和小学教员接触，他们很快就成了他的宣传工具。凭着他的诡计多端，他吸引了越来越多的病人，并且在诊病的过程中巧妙地询问他们的收入有多少。他说服病人相信自己得了严重的疾病，因为他认为，“那些身体好的人只是根本不知道自己的病情罢了”(第二幕)。

克洛克不久便发了大财。镇政府的大酒店已改建成医疗大厦。人们从四面八方涌来请他治病。3个月后，帕尔帕莱回来看他的这位同行。他对这天翻地覆的变化感到震惊。而克洛克则向他显示了其“治疗方法”的原则：先从持中立态度的、将信将疑的那些人中筛选，“让他们按照治疗病人的方式生活”。他说道：“我让他们卧床，同时观察他们的反应……”帕尔帕莱也被他说得以为自己生了病，并且最后也请克洛克医生诊治

① 参见马里翁(J.)《法国作家词典》，巴黎：门槛出版社1971年版，第431页。

（第三幕）。

我们从中可以看出该剧已经超出了对医疗行业这个许多剧作家都曾经探讨过的一般主题的单纯讽刺。克洛克的胜利与其说是对业界，还不如说是对人类的质疑。我们的主人公很有可能也是其他职业或行当的骗子。就像他对帕尔帕莱夫人所说的那样："在医疗界，情况的确如此。也许政界、财界和圣职等领域也是这样，不过我还没有试过。"[①] 因此，人们透过这出喜剧的荒谬，能够从中察觉到更具普遍性的苦涩剧寓意。

五、"二战"后的法国戏剧

（一）莫里亚克和孟泰朗

在"二战"后初期，有四位伟大的小说家在戏剧界留下了他们的印记：弗朗索瓦·莫里亚克及其作品《阿斯莫德》（1937）和《失恋的人们》（1945）、亨利·德·孟泰朗及其作品《死去的王后》（1942）和《圣地亚哥的主人》（1947）、让－保尔·萨特及其作品《禁闭》（1944）和《肮脏的手》（1947）、阿尔贝·加缪及其作品《误会》（1945）和《加利居拉》（1945）。我们在此介绍莫里亚克和孟泰朗。我们捎带着讲一讲另外两位作家，因为萨特的剧作似乎或多或少是对其哲学思想的阐释。加缪的剧作虽然不如他的小说重要，但对我们理解这位大师的"荒诞"学说不无裨益。

莫里亚克从写诗开始了他的文艺创作。随后他成为大众认可的小说家，我们在本书的其他篇章里已对他进行了评析。但他同时也是一名伟大的剧作家，尽管他很晚才受到舞台艺术的吸引。他的剧本（尤其是《阿斯莫德》和《失恋的人们》）所获得的成功，以及他在随笔和评论方面取得的成就，都为他的荣誉抹上了一笔重彩。

莫里亚克的小说和他的戏剧作品极为相似。可以这么说，他的许多小说是戏剧形式的小说，因为，几乎小说中的所有人物都围绕着一个主要人物来活动，就像戏剧情节也是围绕着一个主要的人物展开一样。无论是在

① 罗曼（J.）：《江湖医生》（又名《医学的胜利》），巴黎：伽利玛出版社1924年版，第13页。

小说中，还是在剧本里，莫里亚克都常常把他的主人公塑造成危象四伏的人物。在莫里亚克作品中我们看不到时间的延缓性，它已被时间的强度所代替。至于故事展开的背景，主要是他的家乡波尔多地区，他在那里度过了自己的童年。

莫里亚克把《阿斯莫德》看成是他的第一个剧本。阿斯莫德是谁或者说是什么？其实，这不是一个真实存在的人物。在《旧约》里，《多比传》把它描绘成一个追求下流享乐的恶魔。这个恶魔以瘸腿魔鬼的形式出现，他掀翻人家的屋顶进入室内，窥视人类内心深处最隐匿的秘密。在这部戏中，谁是“阿斯莫德”的化身？似乎是阿里·法宁，因为这个年轻人成功地抓住了女房东的心，他是一个有诱惑力的英国小伙，来到波尔多乡下度假，住在马塞尔·德·巴尔塔这位38岁的寡妇家里，借以提高一下他的法语水平；或许是巴莱兹·库蒂尔，这位家庭教师，这位因思想不良而被革除圣职的前修道院院士，这个专横的“现代伪君子”在引诱一名小学女教员后又把她甩了，转而追求一个更加诱人的猎物巴尔塔夫；再或者是扰乱感官的孤独，是强者支配弱者心灵的权柄……但无论如何，阿斯莫德确确实实地存在着。莫里亚克笔下的人物无一能避开它。

在《失恋的人们》中，德·威尔拉德这个人物，这名前军官很容易让人们联想起巴莱兹·库蒂尔这个角色。因为，他们都属于同一种类型：苛刻且有极强的统治欲。德·威尔拉德住在朗德的另一处宅邸，他的妻子背叛了他，他与两个女儿生活在一起：长女伊丽莎白和幼女玛里娅娜。父亲以多少有些乱伦的感情爱着大女儿，尽管这是一种柏拉图式的爱。他对她的管治是对其精神的专制。相反，他对小女儿却满不在乎，因为她太像她的母亲了。还有一个叫阿兰的年轻人后来闯入了这个不稳定的家庭。这个小伙子爱上了伊丽莎白，她也决定嫁给他。但是父亲不愿意和钟爱的女儿分开，不择手段地阻止这段和谐美好的婚姻。他试图激起伊丽莎白对这个年轻人的反感，声称玛里娅娜和阿兰已经相爱很久了。照他说来，如果玛里娅娜失去了阿兰的爱，就会自杀。伊丽莎白听了这话，情绪激动，决定牺牲自己，成全妹妹的幸福，挽救妹妹的生命。阿兰将和玛里娅娜结婚，但是他不能忘掉对伊丽莎白的爱。在一次会面时，这两个相爱的年轻人彼此拥抱在了一起。阿兰想携伊丽莎白一起私奔，她开始时同意了。

尔后，在意识上已成为父亲囚徒的她，又回到受控制的状态中，继续受父亲的摆布。相爱即意味着饱受痛苦的折磨，这几个人物便成了失爱者。

难道读者们没有在《失恋的人们》中看到另一个越扭越紧的“蝮蛇结”吗？事实上，莫里亚克戏剧的主题常常是对其小说主题的拓展，只是在那些没有添加叙事佐料的剧本中，对话更加直白，更加无情。

（二）孟泰朗的悲剧世界

亨利·孟泰朗出身于贵族家庭，其伦理道德观带有明显的贵族烙印，年轻的亨利是在纳伊的私立学校上的学。他喜爱体育和动感的生活：他在14岁去西班牙度假时学会了斗牛，并在1926年的一次表演中身受重伤；1915年，母亲去世后他应征入伍，先后在东线和西班牙打仗，并于1918年身负重伤；他踢足球，而且还在1924年举办的奥运会上夺取过百米赛跑的名次。作为杰出的抒情作家，他讴歌男性的雄健和勇敢的力量。“你是法国文学界最强大的力量。”罗曼·罗兰在给他的信中幽默地说。

但是，他更醉心于艰难的文学事业。最初的荣誉来自两部小说：《古罗马的斗兽者》（1926）和四卷本的《少女们》，包括《少女们》（1936）、《对女人的怜悯》（1936）、《善良的魔鬼》（1937）、《麻风女》（1939）。这些小说分析细致深刻，语言准确鲜明，显示出了他在心理观察方面的才能，同时也反映出他对女性道德的蔑视。

从20世纪40年代开始，他的戏剧创作进入高峰期。他先后写出了许多优秀的剧目：《死去的王后》（1942）、《无父无母的儿子》（1943）、《马拉特斯达》（1946）、《圣地亚哥的主人》（1947）、《别急，等一等再说》（1949）、《别人怀里的女人》（1950）、《王子是儿童的城市》（1952）和《波尔－鲁瓦雅尔修道院》（1954），正是这些作品的演出，使他几乎成为法兰西民族最伟大的剧作家。尔后，《唐璜》（1959）、《西班牙红衣大主教》（1960）、《内战》（1965）等三部剧作又陆续上演。“对我而言，只有一种形式的戏剧配得上戏剧的称号，那就是心理剧。”[①] 孟泰朗寻求的不是机械地安排一个情节，他选择反映内心生活的戏剧，一种能成为“探索人类题材”[②] 的戏剧。他因此明确地宣称自己走的是传统的古典之

---

① 博马舍（J.－P. de）、库蒂（D.）、雷（A.）：《法语文学词典》，巴黎：博达斯出版社1984年版，第1565页。

② 同上。

路，试图“凭借最大限度的真实、强度和深度来表达人类心灵一定数量的活动”[1]。从他的戏剧创作中偶尔能寻觅到高乃依、莫里哀对他的影响。但是只有拉辛才是他的宗师。他从拉辛身上借鉴了许多主题和结构。比如在《巴西法埃》中重现《费德尔》（1677）的主题，在《别人怀里的女人》中重铸了一条地狱般的爱情锁链，等等。由此可窥见孟泰朗对戏剧的追求：情节的一致和简约、结构的严谨以及在人物对白中对语言创造的偏爱。我们可以毫不夸张地断言，“孟泰朗从博大精深的法国戏剧艺术中吸收了广泛的营养”[2]。

从表面上看，孟泰朗的戏剧阐释了崇高伟大的伦理学。主人公竭尽全力拒绝卑劣和妥协的行为。但实际上，他所塑造的那些前后言行不一、变化不定、追求虚无的人物反而常常能够战胜胸怀理想的人物。孟泰朗建筑了一座崇高的大厦，然后又把它瓦解和摧毁了。另外，他展示了“只为张扬个性而构建的道德的虚妄，这种道德观缺乏对人类的关爱和形而上的视角。那些不爱人类、蔑视人类的人在这个世界上没有立足之地。应该爱自己的同类，唯有如此，人们才有权告诉他们，如果有必要，还可以以严厉的方式告诉他们，能够拯救他们的真理是什么”[3]。

《死去的王后》是一部三幕散文剧，凭借此部力作，当时已是著名小说家和随笔作家的孟泰朗成为观众注意的剧作家。作品的素材取自17世纪一部西班牙作品，故事情节则在14世纪的葡萄牙展开。让我们重点介绍作品的主要思想。老国王费朗特对儿子佩特罗的平庸无能颇为担心，出于国家安全的考虑想让他与傲慢的纳瓦尔公主结婚。但是，只想着个人幸福的佩特罗却爱上了一位宫廷贵妇，温柔的伊涅斯·德·凯斯陶。费朗特发现儿子已经和伊涅斯秘密结婚，便把他关进了大牢，并想方设法取消婚约。最后他听从大臣埃加斯·科劳的建议，准备处死伊涅斯。

该剧展示了这个聪明而又冷酷无情的老人如何走向以极端结局收场的全过程。尽管他对伊涅斯表示同情，甚至还向她袒露了自己对权力的厌倦之情，但他最终还是屈从于对生活的憎恶心态，而且他也不愿意表现得软

---

① 博马舍（J. -P. de）、库蒂（D.）、雷（A.）：《法语文学词典》，巴黎：博达斯出版社1984年版，第1565页。

② 同上。

③ 布瓦岱弗尔（P. de）：《文学的嬗变》（第1、2卷），巴黎：阿尔萨斯亚出版社1963年版，第339页。

弱无能。伊涅斯是个单纯和宽厚的人，她不想反抗老国王，她认为自己能够感动他，因而向他言明自己与王子已经有了身孕（第三幕第六场）。然而，这一秘密非但没有博得国王的同情，反而促使他痛下杀手："无用的行为，致命的行为。但我的愿望激励着我这样做，我犯了个错误……"（第三幕第七场）当他在众人面前以国家利益的名义为其做出的杀害决定进行辩护时，死亡的脚步也在向他逼近。他在临终前明白无误地供认道："我不用再撒谎了。"（第三幕第八场）所有人都离他而去，围在伊涅斯的尸体旁。佩特罗追封她为王后。

这是一个道貌岸然而内心虚弱的人，人的本性已被权力、专横和孤独所腐蚀败坏。毫无疑问，孟泰朗想创作一部充满悖论和反命题的剧作。

他有意识地停留在主人公内心深处最晦暗的层面上，那里是骄傲、软弱、干涸的心灵和摧毁的力量。我们首先看一下悖论方面的内容。国王费朗特是矛盾的焦点，"他每时每刻都在演戏，按照政治准则与他人保持着骄傲的距离，以此来掩饰自己的软弱"①。孟泰朗描绘了这位暴君矛盾的生活信念：一方面，他渴望集权统治以满足自己的欲望；另一方面，他又需要保持自己内心的平静与和谐。这是一个被自己打垮的人物。在第一幕中，支撑他的是"国家利益"（"我，作为国君"），第二幕中他开始动摇（"我花时间重做我曾经做过的事情，但结果却大不如从前"），在结尾时他看到的是自己意志的瓦解（"我为什么要杀她？"）②。他的恶毒源自内心的空虚、孤独和蔑视人类的情感。他听任情绪的摆布，落入了罪孽的圈套，只有死亡才能挽救他，这似乎就是该剧的主题。我们再来分析一下反命题的内容。"通过他塑造的人物表现出相互对立的两种命题原则：做作的崇高和自然的傲慢、公众人物的义务和个体追求的幸福、狂妄自大和奴颜婢膝、故意的天真和不肯定的伪善。……王子体现男性的原则，而伊涅斯则完全代表了女性的尊严。"③ 唯有伊涅斯表现出天真和纯洁，但是这种天真和纯洁遭到了断然拒绝。与她的愿望相反，她怀着的孩子反而成了谋杀的主要动机。

---

① 博马舍（J. –P. de）、库蒂（D.）、雷（A.）：《法语文学词典》，巴黎：博达斯出版社1984年版，第1565页。

② 同上，第1567页。

③ 同上。

作为剧作家，孟泰朗受到古典模式的深刻影响：情节是朝着既定的方向逐步展开的，剧情达到高潮即意味着悲剧的收场。他还注意在人物的独白和对话中渲染抒情的气氛和巧妙地使用比喻，创造出优美轻柔的风格，从而突出了画面的美感和力度。

六、新戏剧

（一）概况

在20世纪50年代，与新小说同时出现的是“新戏剧”。这不是一个文学流派，甚至也算不上一个稳定的艺术团体，而是批评界使用的一个词语，指称这一时期出现的先锋派戏剧的所有表现形式。人们也称之为“先锋派戏剧”“反戏剧”或者“荒诞戏剧”。卡斯泰和苏瑞认为，“新戏剧是与荒诞世界做斗争的人类状况的一幅写照”[①]。但是，从更具体的角度看，这种有着不同名称的戏剧新在哪里呢？下面是梅托·多米尼克和拉布·伊莎贝尔对新戏剧所具有的特点进行的简短介绍[②]。

（1）取消情节和打破时空观念。舞台上要么充斥的是一系列不连贯的故事，如尤内斯库的《秃头歌女》（1949），剧中始终未见歌女出场，人物只有史密斯夫妇、马丁夫妇、一名女佣、一位消防队长，他们漫无目的，甚至语无伦次地闲谈，凸显了小资产阶级百无聊赖的生活；要么是空荡荡的场景，如贝克特的《啊，美好的日子》（1961），表现的是一个女人被沙土掩埋到脖颈，在那里独白，只为寻找生存的理由，没有确定的地点，连时间也似乎停滞不前。

（2）摒弃心理分析。人物被没有社会和道德特征的丑角所替代，他们在舞台上表达自己的烦恼与孤独。如尤内斯库所著《椅子》（1951）中的两个老人，他们居住在荒岛上，终日无所事事。为了排解心中的烦恼和悲哀，他们组织了一次招待会。剧终时空椅子塞满舞台，每一把空椅代表

① 卡斯泰（P. - G.）、苏瑞尔（P.）：《法国文学教程》，巴黎：阿歇特出版社1967年版，第173页。

② 参见梅托（D.）、拉布（I.）《法国文明史和文学史》，北京：国际文化出版社1986年版，第287～288页。

一位无聊的客人。剧中的人物有时近乎木偶和小丑。

（3）使用可笑的语言。日常语言的僵化和空洞，突出表现在剧中人谈吐时借用大量现成的句子（它们被并列使用，制造出了喜剧效果），满嘴陈词滥调、口误和滑稽的模仿。如果说语言中缺少生动鲜活的思想的话，它却暗含着暴烈的成分：《秃头歌女》终场时，人物之间竟打起了口水仗！

（4）轻话语，重场面。在舞台上增加了道具的摆放量，它们没有实用功能，但蕴含着象征意义。还借用了马戏团、哑剧和歌舞表演的手段。

（5）混合各种色调。在“反戏剧”中，悲剧和喜剧紧密地联系在一起，因为，如尤内斯库所说的那样，它们是“荒诞的两面”①。

换句话说，剧本的结构没有遵循“古典”或是“传统”的戏路。情节发展不再出现骤变，而从前这一类突变必须等到结局时才见分晓。严格意义上的情节已不复存在或者说几乎不存在了。观众主要通过人物在舞台上所讲的一系列可笑和荒诞的话语来推测它们的影射意义。

至于人物，他们大同小异，看不出所属的社会等级和内心活动，他们没有明显的性格特征。因此，很难发现能够将他们彼此区分开来的东西是什么。他们所说的话常常可以互换。

在文本方面，使用日常的大众语言已成通例，剧中到处泛滥着平淡无奇的套话。不过，语言常常不是被当作交际工具来使用的。语言显得支离破碎，不具有人们平时赋予它的含义。此外，手势和肢体语的使用也极受重视。

从演出的听觉和视觉效果看，人们大量借助了声音、光线，尤其是各种器具。人们充分调动这些视觉和听觉因素的作用，在于强调它们的象征意义，而非体现它们的实际功用。

最后，喜剧元素和悲剧元素在这些剧作中混合在一起，这种情况在先前时期的作品中比较罕见。

（二）贝克特及其作品《等待戈多》

萨米埃尔·贝克特1906年出生于都柏林，是先用英语而后改用法语

---

① 梅托（D.）、拉布（I.）：《法国文明史和文学史》，北京：国际文化出版社1986年版，第287～288页。

写作的爱尔兰作家。22岁时，他去了巴黎，在巴黎高等师范学校担任英语辅导教师。他最先写小说，身后给我们留下了众多不同体裁的作品：诗歌、随笔、短篇小说、戏剧、电影、翻译……甚至还有录音文字。1953年之前，他还不为公众所熟知。他的好几部作品都遭到了出版商的拒绝，就连《等待戈多》在巴比伦剧院上演前也不止被一位导演否定过。然而，正是这部剧作令贝克特一举成名。如今，批评界把它看成是20世纪法兰西文学创作活动中最富有创新意义的作品之一。1969年他获得诺贝尔文学奖，这是对他的所有文学成就的最高奖励。

《等待戈多》是一出没有真实故事的两幕剧。我们首先看一看第一幕发生的事情。

一天晚上，乡村路边一棵干瘦的树旁，有两个流浪汉维拉迪米尔和埃斯塔贡正等着一个叫戈多的人的到来。他们除了知道与此人有约之外，对其他一切不甚了了。为了打发时间，这两个人什么都谈，从表面上看，他们乱七八糟地说了许多事情。戈多一直未露面，但是却出现了另外两个人：普泽和吕基，他们可能是主人与奴仆的关系。吕基的脖子上拴着条绳子，普泽牵着他走，对他又打又骂，不时地用鞭子威逼他干这干那。这4个人开始互相说话，彼此交换的是一些不连贯的信息。过了一会儿，普泽拽起绳子，鞭打着他的下人吕基，拉着他走了。维拉迪米尔和埃斯塔贡最终没有等到戈多的到来，但是他派了一个小伙子通知这两个同伴："戈多先生派我来告诉你们说他今天晚上不来了，明天肯定来。"两个流浪汉打算上吊，但是连一个绳子头儿都找不到。一会儿，天黑了，月亮升了起来。第一天完了。第一幕就这样结束了。

第二天，一切照旧。两个流浪汉边等戈多边漫无边际地聊着天。第二对人物也像昨天一样突然出现了。只是普泽变成了瞎子，吕基变成了哑巴。主人总是用绳子牵着他的仆从。他们在舞台上站了一会儿，然后像上次那样走了。戈多来了吗？没有。那个小伙子又被戈多派来通知他们说，他的东家今天晚上不来了，明天肯定来。两个流浪汉再一次想上吊，但是这次绳子不够结实，他们每人抓起绳子的一端拽了一下，绳子竟然断了。

埃斯塔贡：让我们分别吧，这可能会好一些。

维拉迪米尔：要是戈多还不来，我们明天就上吊。

埃斯塔贡：如果他来了呢？

维拉迪米尔：我们就得救了。

第二天过去了。这两个主人公互相说着“再见”，却未挪动半步。帷幕落下了。第二幕就这样结束了。

我们可以毫不费力地看出，情节会像这样第三天、第四天、第五天……一天天地继续下去，没完没了。戈多将永远不会出现，绳子总会扯断，两个流浪汉一直上吊不成。简言之，这是一种让人不能活也不能死的生活。这种半死不活、没有出路的生活是多么荒诞，多么悲惨！

那么谁是这个让人久盼不至的戈多呢？有人认为它是上帝的象征，但是贝克特本人反对这种说法。无论如何，戈多代表一种这两个主人公所抱有的希望。如果他不在，一切都将完蛋。

至于普泽和吕基，他们组成了不可分离的一对儿：剥削者和被剥削者。主人并不比他的仆人更幸福。普泽说道：“一流的美丽、优雅和真理，我知道自己不能拥有这些。而我可以手拿鞭子。”（第一幕）时间对他们而言被加速了而且具有摧毁性：时隔一天，主人再也不见光明，仆人也成了哑巴。

维拉迪米尔：哑了，从什么时候开始的？

普泽（突然发怒）：你还有完没完？别老拿有关时间的事来烦我！简直是发疯了！什么时候，什么时候！一天，你还嫌不够吗？可同样的一天对其他人而言已够多了，他变成了哑巴，我变成了瞎子。一天的时间可以让我们变聋，让我们出生，让我们死亡。同样的一天，同样的时刻，这还不够吗？……（第二幕快结束时）。

因为时间无动于衷，它不会照顾任何人。你瞧，巨大的不幸降临在主人头上，也同样降临到仆人头上。没有人能逃避这种悲惨的存在。

那么，这部先锋派剧作的主导思想又是什么呢？对这个问题，很难给出甚至不可能给出一个明确的答案。但是在我们看来，有一个意义是得到了众人认可的：人们从中感觉到被上帝抛弃的人类所处的极为悲惨的境地和所承受的可怕的孤独。

（三）尤内斯库和《秃头歌女》

欧仁妮·尤内斯库 1912 年出生在罗马尼亚，父亲是罗马尼亚人，母亲是法国人。他在法国度过了童年之后回到布加勒斯特生活，并于 1938 年重返法国，后在巴黎定居。他的戏剧生涯从写短剧开始，这些剧目都只是在巴黎的一些小剧院上演。在创作的起始阶段（1949—1951 年），他为世人奉献了几部令人赞美的作品：《秃头歌女》（1949）、《上课》（1950）、《雅克或百依百顺》（1950）、《椅子》（1951）和《未来在蛋中》（1951）。在创作的第二阶段（1952—1954 年），他写了《以身殉职》（1952）和《阿梅黛或脱身术》（1953）。卡斯泰和苏瑞尔认为："这一阶段剧本的内容更加丰富，背景更加重要，人物性格更加复杂，对话不再那么难懂。"① 从 1957 年开始，他进入创作的第三阶段。他撰写的剧本比以前的长了：《犀牛》（1958）、《空中行人》（1962）、《国王正在死去》（1963）、《饥与渴》（1964）等等。这些构思缜密的剧作蕴含着鲜明的哲学思辨。尤内斯库借助他的主人公贝朗热让自己走到了前台。这是一个纯洁、勇敢，但总是战败的人。通过对这个人物的塑造，尤内斯库向我们揭示了存在的困难和生活的荒谬。

剧作家那天才的创造，在经历了让公众困惑不解的初始阶段后，赢得了越来越多的观众。他的一些作品被翻译成 20 多种文字，并在许多国家公演。如今，这位戏剧大师不仅在法国是个家喻户晓的人物，而且在全世界都享有盛誉。

《秃头歌女》是作者的第一部戏剧作品。根据他的《注释和反注释》，这部反传统的剧作是由给初学者使用的英语会话教材中的句子组成的。尤内斯库当时正在运用阿西米勒方法学习英语。当他一遍又一遍地重复和背诵教材中的对话时，创作灵感油然而生。

> "一个奇怪的现象发生了，我不知道是怎么发生的：文本在我的眼皮底下不知不觉地变成了违背我意愿的东西。我专心地写在作业本上的那些非常简单和清楚的句子，过了一会儿便自己动了起来，清晰可见，改变了性质，歪曲了原意……荒诞的、空洞无物的话语在无法了解其动机的争吵中结束，因为我书中的主人公之间不是用句子、短语、单词，而是使用音节、辅音、元音来交谈的！……对我而言，这意味着现实世界的一种倒塌，词语变成了声音的外壳，没有了意义；人物也一样，无法分析他们的心理，而且在我看来，世界出现在奇特

① 卡斯泰（P. -G.）、苏瑞尔（P.）：《法国文学教程》，巴黎：阿歇特出版社 1967 年版，第 176 页。

的可能是真实的光线中，超出了人们的理解和某种任意的因果关系。”①

尤内斯库对其反传统的戏剧解释得如此明白，以至于人们不必再作其他的阐释。因为，“说了等于没说”。这正是作者想借他的作品来表达的思想。他把作品变成了对当时具有讽刺意味的漫画式的通俗戏剧的模仿。在阅读其剧作的头几行时，人们就对其描绘的滑稽场景忍俊不禁：“英国资产阶级家庭，室内摆放着英式藤椅。英国人的傍晚。史密斯先生，英国人，坐在藤椅里，脚上穿英式拖鞋，抽英式烟斗，读英国报纸，离英式的壁炉不远。他戴着英式眼镜，灰白的小胡子也是英式的。在他旁边，在另一张英式藤椅里，坐着同为英国人的史密斯夫人，她在缝补英式袜子。长长的英式沉默。英式的时钟敲响了英式的17下。”

从上面小小的一段布景描绘中，读者可以看到“英国”“英式”这两个词语重复了16次之多。我们认为，重复的唯一功能是强调索然无味的可笑生活。同样，人物之间的谈话，从表面上看毫无意义，但它负载的矛盾却常常能引起我们的深思。下面是一些具体的例子。

“这是没有用的预防，但是绝对必要。”

“人们总是在神甫的爪子中脱不了身。”

“取一个圆圈，抚摩它，它就变成了恶性循环！”

“我更喜欢田里的鸟儿，而不是两轮车里的袜子。”

“纸张是用来写东西的；猫是用来捉耗子的；奶酪是用来给人抓的。”

“人们能够证明社会进步和糖在一起更好。”“小鼠有眉毛，眉毛没有小鼠。”

……（第11场）②

很明显，这样的文本不能按照传统的方式进行解读。最好的办法可能是慢慢地感觉它、细细地咀嚼它，而且每个人只能用自己的审美观来诠释

① 博那罗（S.）：《当代戏剧的面貌》，巴黎：马松埃歇出版社1971年版，第54页。

② 尤内斯库（E.）：《秃头歌女》，巴黎：博达斯出版社1954年版，第63～67页。

和鉴赏它。《秃头歌女》刚上演时观众寥寥无几，而且招来一片嘘声。但如今，它被公众接受了，数十年来几乎没有中断过演出。正是作者独树一帜的风格确立了他在法国文坛的声誉和地位。

当然，还有许许多多的作品值得我们介绍，还有许许多多的作家令我们不能忘怀。鉴于篇幅有限，我们不能一一提及。我们在此只举对荒诞派戏剧做出了重大贡献的另外 3 个人的名字：阿尔蒂尔·亚当莫夫、让·热内和乔治·施艾德。至于他们的作品，读者可以去图书馆查阅这些响当当的名字。

七、结语

尽管社会的变迁给法兰西戏剧带来的革新晚于小说与诗歌，也晚于造型艺术，但是 20 世纪 30 年代以来，法国剧坛呈现出一派欣欣向荣的景象。新的主题思想、新的表演形式、新的舞台技术层出不穷。这其中有对外国戏剧艺术的借鉴，但更多的是法国剧作家和导演们的探索与创新。

在传统戏剧的沃土中茁壮成长起来的法国现代戏剧对形式的研究极为关注。作为作家、编剧、演员和节目主持人，雅克·科波身体力行。通过组建剧社、创办戏剧学校等实践活动对僵化的戏剧理论进行了大刀阔斧的革新。他的《民众戏剧》（1942）被视为留给后世的精神遗言，对法国乃至欧洲现代戏剧的改革与发展产生了巨大的影响。夏尔·迪兰则是那一时期最有影响的演员、导演和戏剧教育家。他一手创办了“演员新学校”（1921），并创建了自己的剧团“车间”（1922）。事实上，法国剧坛从理念到实践的很多新举措都负载着迪兰思想的烙印，尤其是 1940 年他亲自领导闻名欧洲的“莎拉－贝尔纳”剧团达 7 年之久，影响了法兰西戏剧、影视界的几代演员和导演。安托南·阿尔托则从另一个角度启动了戏剧革命。他把关注的重点锁定在剧作的意义、结构和语言三要素上。20 世纪 30 年代后，阿尔托和罗歇·维塔克一起创建了“阿尔弗雷德·雅里”剧团（1930）。他的两部理论著作《严酷戏剧》（1932）和《戏剧和它的复制品》（1938）颠覆了戏剧、影视界的艺术教条。阿尔托认为，戏剧不属于心理范畴，它是有形的，属于造型艺术的领域。恶普遍存在，生活从本质上讲是残酷的。真正的作品应该推翻僵化的教条、解放受压抑的潜意识、催生可能的反抗。因此，他主张现代戏剧必须遵循三大原则：形式与造型优先、戏剧效果与“严酷”的同一性、嘲讽的语言。这些特征与以“荒诞文学”为标记的现代“新戏剧”有异曲同工之妙①。

戏剧理论与舞台艺术的改革也给观众的视觉心理和思维习惯带来巨大的冲击。一种新的欣赏意识开始得到观众的认可，即戏剧舞台的表演艺术并不乞求观众与剧中的人物或故事一起喜怒哀乐。相反，观众应尽可能地与不同形态的剧情保持一定的距离，以思考的目光分析解读剧中的人物与事件。现代戏剧正是通过这种方式使观众参与到导演和演员的创作中去。

作为门外汉，我们很难客观地评说现代戏剧理论与实践的孰是孰非。但是有一点似乎可以肯定，即现代戏剧将肉体与精神、真实与想象、现实与梦幻、意识与潜意识、理性与非理性集合在一起，有时甚至不惜借用一种不规则、非逻辑、反传统的语言和意象，力图展示现代人的精神生活和内心活动，折射出对人类存在的形而上思考与关怀。

（选自《文学与哲学的双重品格——20世纪法国文学回顾》，徐真华、黄建华编著，上海外语教育出版社，2008年4月，第227～256页，题目为作者所加）

① 参见拉加尔德（A.）、米夏（L.）《20世纪法国的伟大作家》，巴黎：博达斯出版社1973年版，第561页。

语言与文化

——从诗与歌看法国的俚语俗语

雷蒙·格诺[①]擅长以真实的民间语言描写那些生活在社会下层的芸芸众生。郊区火车的寂寥、都市社会的冷漠、感情的物化与无奈，格诺的视线总是离不开那些被文明社会所遗忘的小人物及其生活的角落和背景，他总是选择那些有点儿脱离社会的、古怪的、引人注目的市井小民作为自己艺术创作的人物原型。那些不被社会重视的面容往往富于传奇色彩，他们的语言朴素、诙谐、亲切、自然，充满反对因循守旧的幻想和富于表达的活力，这与格诺艺术气质中的求异精神一脉相承。这位创新者决心首先改造小说与诗歌赖以存身的物质基础与表现形式，其武器就是他所倡导的新法语 le néofrançais。他断言，这将是法兰西语言发展的第三个阶段。第一阶段的法语不过是人们讲得并不好的拉丁语，第二阶段的法语是被卖弄学问的语法学家改造过并规范化了的文艺复兴时期的法语，这就是我们至今仍然沿用的书面语言，它和今日法国社会中通用的口语体法语迥然不同。于是，格诺决定以他自己对法兰西文化与语言的领悟去革新作家和诗人的语言，用真正的实际存在的口语体法语进行艺术创作。这一革新涉及词汇、句法和拼写三个方面。格诺认为，不懂得口语便不懂得生活，民间的俚语俗语鲜明、生动，充盈着丰富的感情和智慧；在句法方面，诗人试图摈弃过于拘谨的语法教条，恢复口语体的灵活性、多样性和习惯性；至于拼写，格诺异想天开，企图创造一种尽可能与语音一致的拼写方式。他身体力行，用让正统的词汇学家们读了会浑身战栗的“新法语”表达自己的艺术主张：

格诺式的拼写方法：[②]

Epuis si sa ferir, tan mye, j'écripa pour ennuié lmond.

---

① 雷蒙·格诺（Raymond Queneau，1903—1976）：法国作家、诗人。

② Marie-Louise Astre，Françoise Colmez：*Poésie francaise*，*anthologie critique*. Bordas，1982.

通用法语的拼写方法：

Et puis si ça fait rire，tant mieux，je n'écris pas pour ennuyer le monde.

这句话的意思是：此外，如果能使人发笑，那就更好，我写作可不是为了让人厌烦。

格诺认为没有必要给予一种符号以绝对的价值，文字不也就是一种符号吗？那么为什么要浪费时间对某个中世纪的并不可靠的书写方式亦步亦趋呢？死抱着伏尔泰时代的法语不思变革，岂不与写拉丁诗一样荒谬？也许正是出于这种思考，格诺创作的诗歌充满了口语体的变形词，显得机智、滑稽、平易近人，受到了群众，特别是劳动大众与青年学生的欢迎，也受到了评论界的广泛好评。下面，我们从格诺在1952年出版的诗集《如果你以为》中采撷一节，管中窥豹，可见一斑。

Si tu t'imagines	如果你以为
si tu t'imagines	如果你以为
fillette fillette	小姑娘小姑娘
si tu t'imagines	如果你以为
xa va xa va xa	这会这会这
va durer toujours	会永远继续
la saison des za	这个季节
la saison des za	这个季节
saison des amours	爱情的季节
ce que tu tegoures	你错了
fillette fillette	小姑娘小姑娘
ce que tu tegoures	你错了
…	……

这些平时见惯了和听惯了的家常话一到格诺笔下便熠熠生辉，甚至连口语中的重复啰嗦也平添了几分别致的韵味。不是吗，格诺用根据法语拼音创造的变体词 xa［ksa］代替了 que ça［ksa］，而 la saison des amours 则调皮地成了 la saison des za...des za...［des amours］。寥寥数笔不仅烘托出情窦初开的少女求新、求异、求爱情的情怀，更勾勒出现实与幻想之间难

以逾越的距离。格诺不喜欢一本正经的严肃，他似乎开了一个小小的玩笑，让民间语言的随意性与正统语言的规范性按照格诺式的非理性的逻辑结合在一起，超越传统的常规，使这种形式的荒谬产生了喜剧性的表现效果。他还以北美印第安人为榜样，用另一种书写形式创作了图画文字。下面这幅图即是格诺创作的一篇题为《记一次从巴黎到塞尔贝尔的汽车旅行》的散文①。

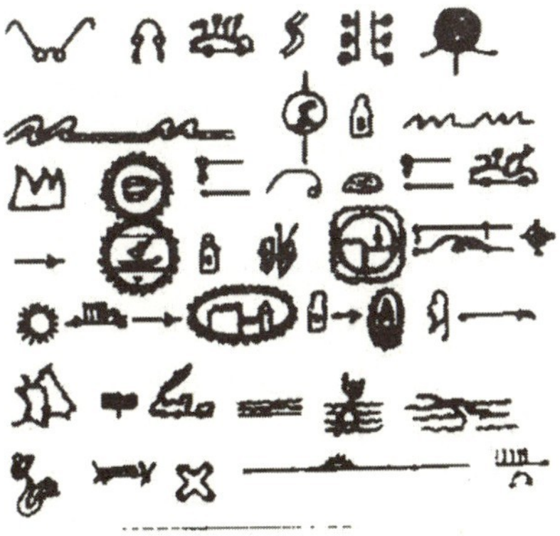

其实，格诺倡导的所谓新的拼写方法或书写形式都不是他追求的目的，而仅仅是一种解析、一种尝试，他的目的无非是想提醒人们从那些被调皮的人称之为辞典，抑郁的思想家称之为按字母排列的“尸体”的“巨大坟墓”中救出词语。格诺的这种艺术追求，不仅来自于超现实主义在他身上播下的叛逆思想，而且源于诗人富于创新精神的艺术思辨。否则，如何解释“这位隐藏在冷笑、文字游戏、异想天开的拼写法以及俚语黑话背后的作家究竟是一个单纯的逗乐者，还是一位悲观绝望的哲学家呢？如何解释他既会愚弄一切，又能在龚古尔文学奖评选委员会占有一席之地，并指导《新法兰西》杂志的大百科全书呢”？②

至于歌曲，它是与音乐和歌唱结合在一起的诗，特别是那些飞扬在大街小巷里的通俗歌曲。优秀的通俗歌曲不仅是音乐化了的诗的载体，还是都市社会的真实写照，它以都市人特有的言语特点，记录了他们关注社会、关注生活和人生的思想与心态。法国的通俗歌曲颇具批判精神，20

---

① J. Bersani, M. Autrand, J. Lelarme, B. Vercier: *La Littérature en France, de* 1945 *à* 1968, Bordas, 1982.

② 冯汉津等：《当代法国文学词典》，南京：江苏人民出版社 1983 年版。

世纪80 年代以来一直活跃在法国歌坛的红歌星兼歌词作者雷诺（Renaud），越过爱情这一通俗歌曲的永恒主题，怀着对社会现实和世俗偏见的强烈不满，用打着市井小民烙印的一套俚语俗语词汇，去表现小人物的尴尬心态，从嬉笑怒骂中抒发对人生的忧虑和对社会的愤懑，在《我把枪搁哪儿啦》这首歌里，雷诺唱道：

Où c'est que j'ai mis mon flingue?
Je veux que mes chansons soient des caresses
Ou bien des poings dans la gueule.
A qui que ce soit que je m'adresse,
Je veux vous remuer dans vos fauteuils.
Alors écoutez-moi un peu,
Les pousse-mégots et les nez-de-boeufs,
Les ringards, les folkleux, les journaleux,
Depuis qu'y a mon nom dans vos journaux
Qu'on voit ma tronche à la télé
Où je vois ma soupe empoisonnée
Vous m'avez un peu trop gonflé.
Je suis pas chanteur pour mes copains
Et je peux être teigneux comme un chien.
[...]
"Renaud, c'est mort, il est récupéré."
Tous ces petits bourgeois incurables,
Qui parlent pas, qui écrivent pas, qui bavent,
Qui vivront vieux leur vie de minables,
Ont tous dans la bouche un cadavre.
De toute façon, je chante pas pour les blaireaux,
Et j'ai pas dit mon dernier mot.
C'est sûrement pas un Disque d'Or,
ou un Olympia pour moi tout seul
Qui me feront virer de bord,
Qui me feront fermer ma gueule.

Tant qu'il y aura de la haine dans mes seringues,
Je ne chanterai que pour les dingues.
[...]

我把枪搁哪儿啦?

我愿我的歌变成爱抚,
或者拳头贴在你的脸上。
我无论向谁演唱,
都要打动他的心灵。
听我唱一会儿吧,
烟鬼,粗鲁汉,
还有倒霉蛋、江湖艺人和末流记者,
自从我的姓名上了报纸,
自从我在电视上亮相,
我发现我的浓汤里居然有毒,
你们真太抬举我了。
我不是为朋友而演唱的歌手,
因为我可能凶恶如狗。
……
“雷诺,他死了,他被收买了。”
这些不可救药的小资产者,
他们不说,也不写,就知道喷唾沫,
他们串通一气,
庸庸碌碌,活得倒挺长命。
不管怎么说,我不会为一身獾气的人歌唱,
我不会就此罢休。
当然,这肯定不是一张金唱片,
肯定不是一幅《奥林匹亚》①,
这些玩意不是给我的,

① 法国画家马奈的一幅画名。

因为它们想让我改变主意，
它们想让我闭上嘴巴。
只要我的血管里还流动着仇恨，
我就只为疯子①歌唱。
……

一方面，这首歌把“我”描写成一个孤独的叛逆者，而歌声仿佛就是作者向社会和资产者宣告的独立声明或战争宣言；另一方面，作者对他所歌唱的那些实际上缺乏独立的人格、生活在软弱的自我里的社会边缘人物倒是很宽容的。雷诺与他们是同代人，雷诺的批判与同情不乏自我解剖的成分。他们对自身的需求只有模糊的感知，但是，上一代人留下的种种社会问题与困扰却使他们一筹莫展。暴力、吸毒、失业、忧郁、同性恋、艾滋病、无家可归、子宫出租、中学分发避孕套，诸如此类，使他们与主流社会格格不入。失望、疲惫和孤独包围着他们。他们被忽视了，没有人理解他们，没有人关心他们。于是，雷诺的平民意识，雷诺的纯粹口语体的放荡不羁的歌突然显示出巨大的吸引力，les pousse-mégots（整天抽烟者）、les nez-de-boeufs（粗野之辈）、les ringards（背时者）、les journaleux（蹩脚的记者）、les teigneux（凶恶之徒）、les ivrognes（醉鬼）、les dingues［疯子（指脱离社会者）］以及 les jeunots（后生仔）、les prolos（无产者），甚至连 les flics［差佬（指警察）］都从他的歌声里找到了自己那辛酸而不幸的影子，他的歌成了人们竞相品尝的一颗“艺术药丸”。且不论这颗“艺术药丸”是否真能启开人们理性的心智，并进而唤起人们积极投身于社会，改变现状的热情和责任。从艺术的角度看，雷诺对平民化的语言层次的追求和口语体的言语形式的运用具有较高的审美价值。语言本身并没有贵贱之分，朴素的民众语言所反映的思想感情往往比充满学究气的迂腐之作更深刻、更透彻。人类的语言多姿多彩，我们没有理由把俚语俗语排斥在语言与文化的艺术殿堂之外，就像我们没有理由把生活在社会边缘者排斥在社会的大门之外一样。关于语言和人类，《圣经》里有这么一则故事：人类依靠语言统一心志，协力建造通天塔，上帝混淆了人类的语言，使他们从此有了隔膜，无法交流，通天塔遂半途而废。建造

① 指生活在社会边缘的人。

"通天塔"只是一个美丽的传说，但是，增进人与人之间的交流与理解，消除人与人之间的隔膜与代沟，却是一个不容忽视的实际问题。雷诺有意摈弃上等人的"体面的语言"，用登不了大雅之堂的俚语俗语谱写"下里巴人"爱听的歌，其用心大概就在于此吧。

任何一个语言层次都有自己独特的社会功能。文学作品中，作家借用俚语俗语丰富某些角色的形象，刻画他们的个性，这已不只是个人的写作技巧问题了。不同的社会阶层和行业集团都有各自惯用的不尽相同的俚语俗语，他们往往乐意使用一些极富个性色彩的语汇和表达方式来体现或强调自己的身份和习惯，表明个人的好与恶，群体的爱与恨，乃至自觉不自觉地反映某种文化特征、政治倾向、道德观念。因此，就个人而言，什么时候使用俚语俗语，如何使用俚语俗语也已不再是一个简单的表达习惯，而是一种具有丰富所指的意识行为。比如，1992 年春法国举行市镇议会选举时，Bonnieux 镇的农民 André Devaux 对前来拉选票、表示亲善的社会党省议员 André Borel 先生发的一通牢骚就颇能说明问题：

Moi, je suis un petit, un obscur, un sans grade, et j'entends aujourd'hui, avec mon bulletin de vote, moi, Dédé Devaux, pauvre paysan à Bonnieux, j'entends faire entendre ma voix. Et je prétends que ce bulletin de vote, il m'est très précieux, et je vais m'en servir. Et je m'en servirai contre un parti qui m'a déçu de par son comportement. Il n'a plus d'éthique politique. Tu sais, pourquoi je suis entré au Parti Socialiste? Parce que philosophiquement, ils étaient très près dans ce parti. J'ai dit: "là-dedans, il y a une éthique, il y a une histoire, il peut se faire des choses." On assiste à une véritable catastrophe. Il est entré des margoulins. Enfin, je les connais, moi, les gens de la gauche-caviar. Bon sang de bois! Il y en a, tout autour ici. Ça, je ne peux plus le supporter. ①

尽管这是一个比较正式的场合，两人之间的身份、地位也截然不同，但是 André Devaux 与省议员交谈时却满口俗语，这一言语形式清楚地告诉议员，农民心中的不满是何等强烈，对他本人所采取的态度是多么不信任，多么不友好。这种言语上的"距离"与"错位"尖锐地说明民与官

① France-TV Magazine, mai 1992.

之间的感情太疏远了，他们的价值观无法趋于同一，于是农民用自己的语言把愤怒写在了选票上。

可见，语言不仅能在不同的社会阶层间建立联系，而且也能在不同的社会阶层间拉开距离。工人、农民、牛仔、流浪汉、吸毒者、嬉皮士、朋克、同性恋者创造了大量的俚语俗语，他们在同行、同类、同好之间使用俚语俗语，把它看成一种共同的联系纽带，并以此来表达自己的喜怒哀乐，保护自己观念领地。这种不规范、非正统的语言从形式至结构无不带有一种有别于主流语言的鲜明的个性色彩和深深的时代烙印，而通俗歌曲、影视文化、新闻传媒又把它们推向了社会的正面舞台，加快了它们流行或不流行的速度，使它们在与规范的、正统语言的碰撞交融中接受实践的裁判与选择。生活形式与语言的使用有着密切的联系，这已是不容争辩的事实。从某种意义上说，词语的含义不是由工具书的解释所决定的，更不是由个人的意志所决定的。决定词语意义、层次、使用范围的是社会群体的共同行为或生活方式，是人们倾向于使用某种符号或对其做出反应的一定的方式。因此，无论是雷蒙·格诺的“新法语”，还是红歌星雷诺发自肺腑的演唱，抑或外省老农的牢骚抱怨，都证明了一个真理，即词语的意义是由在不断运动中、变化中、消长中的语言活动本身所决定的。分析哲学认为，掌握一个规律的方式就是获得以一定方式行动的能力或倾向，如果你能以某种方式妥帖地使用一个词语，那么你就知道了它的意义，掌握了它的用法。这种观念告诉我们，词语的意义不应该在语言结构中，而要到语言的外部空间，即语言的交际情景和人们的生活方式中去寻找。在上述例子中，艺术家和平头百姓都自觉或不自觉地把语言看作生活形式的一部分，他们用各自独特的表现方式，把深藏于生活形式中的言语游戏凸显得淋漓尽致，于是，我们几乎直接触摸到了那些生活在社会边缘的“自我流亡者”的生存处境和情绪倾向，直接感觉到了言语游戏中的交流方式和行为模式。

在世界进入信息文明时代的今天，语言学已不再是一门封闭的学科，乔姆斯基的革命性的语言学理论影响了整个语言学界，使语言研究由语言的系统向着语言的应用迅猛发展。事实上，语言学研究的终极目的就是应用，就是通过揭示语言发展的历史规律、社会规律、心理规律和应用规律，教会人们怎样更合理、更有效、更得体地使用各种文化背景中的各种层次上的语言，在逐渐被信息高速公路连成一体的现代文明社会里，协力建造和平、发展、繁荣的通天塔。

格诺的结论是：词汇表示的不是事物，而是思想和概念，思维空间由此引出，语用功能建立在思维空间中。因此，我们才能把客观世界中不存在的东西表达出来。

（原载《现代外语》1996 年第 3 期，第 1 ～5 页）

法国文学他化的启示*

100 多年来，法国文学在剧烈地变化。探索其大势所趋，是一个颇费踌躇的课题。近几年栾栋教授组织了一个创新团队，集中探讨这个问题。他们新近完稿的《法国文学他化启示录》（以下简称《启示录》），就是课题组成员对法国现当代文学他化趋势的多方位把握。其中涉及了 30 多位代表性作家，20 多位文学思想家，10 多种影响深远的文学思潮和重大流派。无论从选题的重要，还是从发掘的深切，抑或过程的严谨来看，都对法国现当代文学演变中的这一重大现象作了思想独到的立意命篇，其中有笔触深切的传神写照，也有化感通变的发覆履新，在法国文学研究方面创辟了一条新的理路。

该书给人的启示是多方面的，其中文学非文学的论述尤其发人深思。这个提法集中体现了法国现当代文学他化趋势的本质所在。文学成为文学，是人类数千年在文化方面惨淡经营之一种。这个过程可以概括为文学的化他生成。迄今各类文学史、文学原理、文学概论以及形形色色的文学论著，努力树立的就是这样一种文学如此这般的理念，修筑的不啻一座文学是文学的金城汤池，最终分封的无非文学能够养生糊口的壁垒性学科，峰回路转的现象千载难逢地出现了。法国现当代文学展示的就是这样一个让世人瞠目结舌的变局：文学非文学。

用文学非文学概括法国的文学他化现象，并非为求新图变而别出心裁。这个命题实在是法国现当代文学演变之真实状况使然。从现代主义到后现代主义，法国文学经历着是己非己的嬗变。本质上属于哲学的存在主义，将文学推演为反思“我思故我在”的营构。出发点是心理救治的精神分析思潮，使文学成为想入非非的病理学医案。叔本华的大意志哲学和尼采的非文明强力思想，给广义的法国文学带来了灵肉皆转的退蜕。处处与文学作对的“新小说”，把小说置换为面目全非的异类。人类学思想作

---

* 本文系广东外语外贸大学创新团队“文学通化论”的组成部分，广东省“211 工程”第三期重点学科建设项目“全球化背景下的外国文学研究”首批成果之一。

为预全球化的学术脉动，催生出大人文乃至超人文的泛化诗学。马利坦的新宗教救赎一反神学故态，赋予文学以出神入化的色彩。语言学转向在法国文学的几乎所有方面都产生了影响，以至于人们试图从语言的渠道重建巴别塔式的兼通文论。乌埃尔贝克的小说为法国文学拓展着新科技神话的蓝图。所有坚称非政治甚至憎恶政治的作家，到头来竟然渗透了政治寓意。结构与解构思潮本意是想给文学开辟纯审美的艺术气脉，终了却成为“零度写作”“谋杀作者”“绑架作品”的非文学态势。悖论推理原本是逻辑哲学的理路，在安妮·埃尔诺的笔下却表现为“回归”兼“游离”的矛盾书写。德勒兹的文本给了人们既史且哲又诗的创造，让人想起“天倪”人物庄子，尽管德勒兹更像一个“地窍”式的鬼才。德里达的解构开发了延异、裂变的分延智慧，他把任何一个事物（当然包括文学）的非己化和他向化，抽绎出了层出不穷的变数……

诸如此类的现象带来了惊心动魄的后果。有人发现文学日益远遁，有人感慨文学逐渐式微，有人窥见文学潜移默化，有人哀叹文学行将就木，有人对文学边缘化颇有兴趣，有人对自己的文学研究前矛后盾，有人在人文学科之间解疆化域，有人索性一举多能地书写融通人文群科的文本。这些现象都说明文学在剧烈而深刻地变化中。捕捉其中的深层意蕴不易，把握总体的发展趋向更难，这就是为什么马尔罗、杜拉斯、特洛亚等大作家让人难以归类，萨特、德勒兹、德里达等大手笔几乎跨越了我们能涉及的所有学科；这就是为什么副文学及其研究流派看到了“文学日副”而不知其可，抓住了文学自性而无所适从，其结果无不是在文学性与非文学性问题上犹豫不决；这就是为什么茨维坦·托多洛夫前几十年竭尽全力以形式性的文本论抢占风头，而近年来突然180度大转弯，一头倒向了欧洲的古典诗学；这就是为什么法国高等学府的文学教授们类型学讲述多、描述性罗列多、二级三级学科梳理多，但是在文学原理问题上却裹足不前的主要原因。

文学不会暴富，也不会死亡，但是的确在嬗变。这种嬗变还不是一般性的小有变迁，而是超越了我们过去耳熟能详的所谓原理之类的变化。用栾栋教授的话来说，是人文根本意义上的归藏、归潜、归化，是对有史以来文学化他性趋势的矫枉纠偏。[1] 从根本处看，法国文学的他化是文学归藏、归潜、归化的必然，“三归”所体现的是自然演化和人文文化原始要终性演变的非己有己之本然。从矫枉纠偏的文史长河转渡而言，法国文学他化披露了文学卅年西东、百年浮沉、千年往返、万年沧桑的一种运程。从学科化裁的去留成全而论，法国文学他化揭示的是门类拆迁、方法变通、学术和合的大人文景观。这样的现象是千年难遇的契机，正是在现代性与后现代性激烈冲击的特殊阶段，才让人类文教经历到如此变化；也正是在全球化风起云涌的人文聚合之际，才能使有幸者赶上了这样一个在跨文化风浪中大起大落的文学非文学的诺亚方舟。

如果说过去所有文学理论教给我们的东西可以概括为一句话，即文学是文学，那么今天我们从法国文学中领悟到的理念却是文学非文学。前一个命题提挈的是文学生成与自足的所有内涵，后一个命题把握的则是文学的他化和通变的开放格局。前一个命题在肯定文学的同时，潜在地暗示了文学的排他气质；后一个命题明显地昭示出文学是己而又非己的大气风范。从表面上看，这两个命题整合才能构成合而为一的完满。然而，在兼容并包的命题心态上透视，文学非文学已经包含了文学的是非、人己、去留、发覆、成否等一系列相反相成的通和致化的范畴。而这些可被文学非文学命题统合的众多范畴，都是我们从法国文学他化现象的研究中可以提取和发现的有关思想。

课题组的研究没有停留于只对某个把握新趋势命题的精心提炼，也没有局限于仅仅对一系列突破性范畴的爬梳剔抉，拾级而上的探索要求他们对新命题和新范畴融会贯通，即对新命题和新范畴所体现的诸多问题做理论上和方法上的解决。这是难度很高的学术设计，也是自我否定的思想挑战。他们在《启示录》的“文学他化疏”“辟文学通解”等章节中，对这个难题作了全方位的观照和“毋意毋必毋固毋我”的钻研。辟文学的提出就是他们所提交的一份答卷。在这里引述几个要点很有必要。

文学是多面神，古来很难解说明白。文学是九头怪，今天依然变化多端。文学是星云曲，比兴风雅与天地参。不论是关于文学的巨型叙述，还是分解文学的单体论文，一旦对它们进行牵枝带蔓地追究，立刻就会看到

---

① 参见栾栋《文学归藏论》（《文学评论》2004 年第 1 期），《文学归潜论》（《文学评论》2005 年第 5 期），《文学归化论》（《文学评论》2006 年第 4 期）。

不同观点之间的对垒，领悟到对立各方不无根据的分歧。复杂的争议固然原因繁多，然而一个根本的问题却来自文学本身，那就是文学非文学。这个命题之所指，在于文学的是己非己，通俗地讲，即文学既是文学，而又另有所是。①

上述这段话，实际上悬置了人们习以为常的文学原理，提出了适应全球化以及文学他化的新思路，即前面所说的新命题。对这个新命题的深层解析，是课题组全力以赴的学术钻仰。

有没有一个思想要领将文学非文学的命题剖开？换言之，有没有一个切实可行的方法把文学非文学的悖论化解？笔者尝试过辟文学的纲目。辟文学的提纲挈领，有望统合多面神的复杂情态；辟文学之纲举目张，兴许揭示九头怪的浑身解数；辟文学的钟鼓和鸣，或可促成大千世界的律吕和畅。辟文学何指？辟文学为什么一定适合文学非文学的症候群现象？下面我们从辟文学的内在精神及其与文学非文学的深层联系方面解析诸多难题。②

关于辟文学思想，《启示录》的最后一章还有详细的论述。此处我们仅作一个要略性的引述。

辟文学是文学非文学的理论纲领，文学非文学是辟文学的逻辑命题。辟文学是文学非文学的思想方法，文学非文学是辟文学的文史根据。辟文学是文学非文学的理论诉求，文学非文学是辟文学的真实体现。辟文学是文学非文学的诗学导向，文学非文学是辟文学的生态涵养。文学非文学和辟文学是一种新文学原理的两个侧面。前者是文学走向辟文学时代的全新视点，后者是文学实现自我改造的思想脉络；前者是文学脱胎换骨的理论前提，后者是实现理论转化的运作技艺。作为一种对文学亘古难题的圆通解读，辟文学之擘画也是华夏文明因应文学全球化大潮的一个理论方略。③

文学他化何由他化，因为文学非文学。文学非文学又该如何是好，辟文学就是一个有所裨益的解答。如果说文学非文学已经对文学特别是自负

---

① 参见《法国文学他化启示录》第二十二章、第二十三章；亦见该课题的阶段性成果，栾栋《辟文学通解》（《文学评论》2008 年第 3 期）。

② 同上。

③ 同上。

自扬的排他文学作了扬弃，那么辟问辟学辟思则是对文学非文学以及文学他化的通化救赎和起死回生。关于文学他化、文学非文学和辟文学的思想，课题组已经有一些文章在《哲学研究》《学术研究》和《文学评论》等刊物发表，[①] 并且还有一系列文章整装待发。广东外语外贸大学外国文学文化研究中心编辑的《文心》集刊第 3 辑，其中也发表了课题组成员的 8 篇相关研究文章。[②]

从法国文学他化现象入手，我们看到了人类文学的一个有趣的变化。文学自无处走来，文学从本身否起，文学因他化而在，文学由辟思常青。也许读者朋友在初读课题组的《法国文学他化启示录》之时，有几分诧异，几分不屑，"文学他化"？这是个什么怪东西？看完《法国文学他化启示录》掩卷思之，或会有白居易大林寺观桃花的感觉：人间四月芳菲尽，山寺桃花始盛开。长恨春归无觅处，不知转入此中来。

（原载《学术研究》2010 年第 2 期，第 1～3 页）

① 这些均属该课题的阶段性成果。参阅课题主持人栾栋教授的论文《文心雕龙辟文学之美学思想刍议》（《哲学研究》2004 年第 12 期），《文学他化论》（《学术研究》2008 年第 6 期），《文学他话说》（《文学评论》2009 年第 4 期）；课题组成员马利红副教授的论文《回归"游离"的矛盾书写》（《当代外国文学》2007 年第 3 期）。

② 参见《文心》第 3 辑，暨南大学出版社 2009 年版。

跨越时空的人性光芒
——莫里亚克对现代女性意识的重构

一、导语

20 世纪已经退进了历史的帷幕，然而，迁流的岁月并没有遗忘法兰西的伟大作家。今天，当我们重读莫里亚克（1885—1970），这位法国文坛最后的经典作家，我们依然为其笔下的人物命运所牵挂，依然为他们的感情波折所动容。首先吸引读者的是他在第一次世界大战后发表的小说：《给麻风病人的吻》（1922）、《母亲大人》（1923）、《爱的荒漠》（1925）、《黛莱丝·德克罗》（1927）等等。莫里亚克以清丽优雅且富于形象的感性文字解析了他对肉体与心灵、婚姻与自由、存在与幸福、罪恶与救赎的思考，尤其是他对现代女性独立人格、自由、平等等觉醒意识的构建历久而弥新。

我常常想起莫里亚克的身世。莫里亚克的童年生活是忧伤而孤独的，充满着诗意和幻想。他幼年丧父，由信奉天主教的母亲在浓厚的宗教道德氛围下抚养成人，波尔多的荒原、大自然的淳朴、家世和宗教给小说家的审美情趣、价值判断以及道德追求留下了深深的痕迹，以至于他的作品蕴含着如此丰富复杂的人性书写。尽管如此，“莫里亚克拒绝成为一名天主教的小说家，而自称是写小说的天主教徒。也就是说，他不像布罗依或者波尔那诺那样研究天主教的意识形态，而是在天主教的背景下展示情欲和罪恶的世界”①。小说家的笔触所及当然是人类的情欲，因而也就命中注定地要描写罪恶对灵魂的支配。莫里亚克看到，在每个人身上，每时每刻都存在着两种情结：一种心系上帝，一种情归撒旦。于是，小说家在存在之可能性的维度，叩问人性及人性的意识。因为，恰如评论家所言：“没

---

① 布律内尔（P.）、白朗热（Y.）、库蒂（D.）、塞利埃（PH.）、特吕（M.）：《法国文学史》（第 2 卷），巴黎：博达斯出版社 1977 年版，第 641 页。

有比解决‘由肉欲、由在上帝的圣明与兽性的本能之间挣扎的灵魂所面临的问题更困难的事了’，莫里亚克小说的主人公们，他们的心灵历经天使与魔鬼的较量，历经神性与卑劣的纠结而难以自拔。”① 在莫里亚克的小说世界里，家庭宛若一个不可调和的矛盾世界，它就像一面镜子，映射的是善与恶的较量，观照的是追求自由的抗争与听凭命运摆弄的放弃。在这场永不结束的争执中，恶常占上风，因为神所创造的良善受到败坏，唯有上帝才是全知、全能、全善的终极存在。他描绘丑恶的灵魂，展现对世道人心、社会规约、利益婚姻、道德礼教的痛恨和反抗，揭露了大地主家族体面面纱下的虚伪、冷酷和自私。那些热情的人、焦虑的人，那些受压抑的人不愿再过从前牢笼般的禁闭生活，转而乞求一直缠绕着他们、折磨着他们的情欲、罪恶和撒旦，他们再不可能像过去那样生活了。小说显露了家庭危机以及社会机制的失衡，折射出精神诉求或道德重构在社会层面上的冲突，这些矛盾促使悲剧甚至罪行在看似最平静和最受尊敬的家庭内爆发。

二、莫里亚克的玄音：为人间悲剧高歌

在20世纪20年代的法国文学作品中，莫里亚克描绘的人间悲剧无疑是独一无二的，尤其是作品对人性的深刻剖析。

走进莫里亚克，小说家到底有哪些人性的书写吸引着我们？在他的感性世界里到底记录了怎样的不堪与腐朽？我们不妨以《母亲大人》和《黛莱丝·德克罗》为例，探索莫里亚克对那个时代女性悲剧性命运的解码。

年迈的母亲费利西黛深爱自己的儿子费尔南，她容不得任何其他人分享她对费尔南的爱。莫里亚克在小说的第二章一针见血地道出了母亲贪婪而凶残的畸爱本质：“如果有一天费尔南结婚，我的儿媳就得死。”

这种独占的爱表现为一种难以满足的统治欲和精神压迫式的排他需要。面对婆婆费利西黛，玛蒂尔德冒险与之抗争，最终陷于受厌恶、受歧视和绝望的境地。费利西黛不能容忍玛蒂尔德这个儿媳，甚至在她流产而

① 博马舍（J.－P.）、库蒂（D.）、雷伊（A.）：《法语文学词典》（第2卷），巴黎：博达斯出版社1984年版，第1450页。

性命不保时也置之不理。玛蒂尔德被遗弃在一间小屋里孤独地死去，而她那位受到母亲严格管控的丈夫费尔南只能听任这一“谋杀”进行到最后一刻。且让我们注视玛蒂尔德临终前那短暂的平静：“……她顿时觉得有一股力量把她冲上了生命的沙滩，她又听见了人间的小夜曲。夜在叶丛中尽情呼吸，树在月光下窃窃私语，可是没有一只鸟儿惊醒。海面吹来一阵清新夜风，它掠过无数高耸的松树和匍匐的葡萄藤，接着又带着花园里椴树的沁人芳香飘进病房，最后消失在这张疲乏不堪的脸上。”① “她像所有失爱的人那样平静地离开了人世。”②

儿媳死了。这位冷酷无情、沉溺于嫉妒和贪婪的畸恋之中的母亲又能与刚刚被她夺回的儿子单独相处了。但是，她恐惧地发现自己失去了往昔的权威，因为难以得到安慰的费尔南只想着以前一直被他忽视的亡妻，他觉得母亲应对妻子的死承担责任。他不能原谅母亲那犯罪的快感。费利西黛从此陷于绝望，但是她宁愿永远消失也不甘承认失败。③

费利西黛是专横的，这种专横来自其自私的本性。强烈的占有欲和统治欲以及对失去占有物后的恐惧，这使她闭锁于一个完全自我的世界。因此，伴随母亲一生的不是自由——她毫无自由可言——而是忧伤、嫉妒、愤怒、恐惧和痛苦。

费尔南是懦弱的，他是两个女人之间的玩偶，先是母亲的，然后是妻子的玩偶。在母与子、夫与妻的交往中，他也曾企图在彼此身上寻找另一种生活的可能，但终究无法摆脱命运的捉弄。他必须唯命是从，他不是为自己活着，他在与母亲权势的对峙中显得不堪一击：面对妻子痛苦的挣扎，他仍然不敢越雷池半步。

玛蒂尔德是悲苦的，她没有自由，没有依靠，更没有未来。她的世界始终笼罩着猜忌和仇恨的阴影。她开始变得迷茫，几乎所有的事物都以痛苦的方式裹挟着她，她的生活变得像她的死亡那样可怕。渐渐地，她被一种自己完全不知的罪恶吞噬，甚至来不及，甚至不知道怎么反抗。宿命遮蔽着，她面对的婆媳世界和夫妻世界是完全断裂的世界。《母亲大人》中

---

① 莫里亚克（F.）：《母亲大人》，巴黎：格拉塞出版社 1988 年版，第 31 页。

② 同上，第 62 页。

③ 参见布瓦岱弗尔（P. de）《文学的嬗变》（第 1 卷），巴黎：阿尔萨斯亚出版社 1963 年版，第 229～230 页。

的主要人物就这样徘徊在不能认识自己的迷途中，终究无法找到心灵的归属。

人为何总是感到内心的困苦不安呢？或是为感情所困，或是为欲念所累，再或者是人类对自身的把握失去了尺度与方向？或许这正是90年前莫里亚克在他这部小说中提出的问题。《母亲大人》并没有给我们提供明确的答案。我们看到的是一群被原罪误导了人性，像蝼蚁一样生活的丑陋的闲人和官僚，人性的分裂和精神世界的贫乏使他们心灵扭曲，受尽失爱、虚无与孤寂的煎熬。而作者对人性异化，对生与死，对爱与恨，对尊严、自由和人生意义的思考及追问，使得这部篇幅不长的小说蕴含了丰富的现实生活内容和深刻的思想内涵，充分体现出莫里亚克对存在的诗性之思。

家庭的解体是莫里亚克小说中极其重要的主题。他笔下的人物往往令人憎恶，放任自流于罪恶之乡，并且大多生活在不能自拔的囧途。于是，罪与罚、宽恕与救赎或许可以成为我们解读1927年出版的《黛莱丝·德克罗》的另一把钥匙。

波德莱尔悲天悯人的诗句被置于小说的开头："主啊，可怜可怜吧，可怜可怜那些疯男疯女吧！"小说家忧伤的笔调展现出一种特别的美。作者补充道：

"黛莱丝，许多人将会说你没有在世上活过，然而我常年来细心观察你，常常在路上拦住你，揭开你的假面，我知道有你这样一个人。"①

"曾记得，还在少年时期，在刑事法庭沉闷的大厅里我就见到过你。你的脸庞白皙娇小，嘴上未涂唇膏。大厅里坐满律师，他们虽冷酷无情，却还比不上那些满身珠光宝气的太太们凶狠。"②

他还自我调侃道：

"我居然能臆想出一个比我其他作品中的主人公还更丑恶的人物。许多人都会对此感到惊讶，难道我就不能说一说那些德行昭著、善良高尚的人的事儿？那些'善良高尚'的人，他们的故事并不生动，而我对那些感情深蕴并糅合在污秽的躯壳里的人的故事，却是异常熟悉。"③

---

① 莫里亚克（F.）：《黛莱丝·德克罗》，巴黎：格拉塞出版社1988年版，第6页。

② 同上。

③ 同上。

作品的开头部分给人以沉重的美感，瞬间便把我们带进黛莱丝那令人窒息的存在境遇。在艰难地获得免予起诉之后，她并没有像玛蒂尔德那样选择屈从，她对传统制度和生活本身的价值提出了质疑，从此被视为异类，不再享有精神和道德上的安宁。我们开始随着黛莱丝一起走进她的噩梦……

20 世纪初的外省妇女仍和她们前一世纪的姐妹们一样，受到宗教道德和旧的传统价值观念的束缚。对于她们来说，一生中唯一重要的事就是结婚和生儿育女。而门当户对的婚姻只是长辈和家庭之间的安排，当事人的意志和内心感受被置之不理。建立在利益基础之上的家庭，饱受不幸和苦难折磨的首先是女人。被剥夺了生活自主权的女人们，她们的角色只能是妻子和母亲，她们只能从丈夫那儿取得合法的存在与身份的认可。对于她们而言，生活即意味着失去自我，承受苦难。

黛莱丝是一位受过良好教育、当地最聪明而且极为富有的年轻女子，但她最终也逃脱不了这个早已注定了的悲惨而痛苦的命运。

与贝尔纳结婚后，她很快失望了。失望于丈夫的粗俗，失望于家族的保守与封闭，更失望于双方家庭利益至上的蝇营狗苟。这样的联姻当然不会接受她自由张扬的个性，也绝不会创造出和谐而又充满激情的夫妻生活。

这个所谓的家，从此如同监狱，剥夺了她的自由。

“婚礼那一天令人窒息，在狭窄的圣－克莱尔教堂里，太太们的絮叨声盖过了大风琴起劲的鸣奏，她们身上的气息比薰香的气味更浓重。就在这一天，黛莱丝觉得自己若有所失。她像梦游者一般走进樊笼，沉重的大门砰的一声关上了，这个可怜的孩子才蓦地清醒过来。”①

“家庭！黛莱丝把香烟熄了。她两眼直愣愣地凝视着周围布满耳目的樊笼，这个由无数活人造成的樊笼。而她则一动不动地蹲在笼子里，双手抱着腿，下巴搁在膝盖上，等待着死亡的到来。”②

而乡间的寂寥、阴暗，还有黑森森的松林也映衬着这种几乎令她窒息的无边的孤寂，就连绵绵的淫雨也在她的住房四周投下了亿万道令人眩目的栅栏。

---

① 莫里亚克（F.）：《黛莱丝 · 德克罗》，巴黎：格拉塞出版社 1988 年版，第 43 页。
② 同上，第 58～59 页。

"没到过这穷乡僻壤的人不会知道沉寂是怎么一回事儿。它包围着房子，仿佛在这没有生命的密密层层的森林里凝成了固体……

……自己钻进了一条没有尽头的隧道，越走越黑暗。有时我还自问：在窒息之前能不能呼吸到自由的空气。"①

她多么渴望能把脑袋倚在一个男人的胸前，能靠着一个有血有肉的躯体哭泣！她总是试图去敲开通向幸福、通向理解、通向宽容、通向人间热情的那一扇门。但她从未成功过，这扇门对她似乎总是紧闭着。在她的周围是无法抵御的孤独，是无法排解的虚无！

"可能产生的最最糟糕的事莫过于满不在乎，莫过于对世界甚至对她本身的存在都漠不关心了。是的，虽生犹死：她尝到了一个活着的女子所能尝到的死亡的滋味。"②

"'我的生命是无用的——我的生活是空虚的——无边的寂寥——没有出路的命运。'啊！这个唯一可能做的动作，贝尔纳是不会去做的。但愿他什么也不问我，向我张开他的双臂。"③

但是，这种精神和心理上的躁动，这种对此时此地的厌倦，这种对传统价值观的断然否定，在家庭伦理和社会习俗眼里无疑是不可饶恕的。

"让我销声匿迹吧，贝尔纳。"

听到这个话音，贝尔纳转过身来。他从房间尽头处猛冲上来，脸上青筋暴突，结结巴巴地说：

"什么？你竟敢有想法？竟敢表示心愿？够了。没有你说话的余地。你只有听话的份儿，只能接受我的命令——我要你怎么样你就怎么样。"④

"……她服从的是一条深奥的法律，一条无情的法律。她没有摧毁这个家庭，她自己倒是被摧毁了。"⑤

"这部强大的家庭机器从今以后将装配起来对付我——只因为我没能刹住它或及时从齿轮中逃生。"⑥

黛莱丝的内心独白不是按时间顺序或因果关系，或是围绕一条线索以

---

① 莫里亚克（F.）：《黛莱丝·德克罗》，巴黎：格拉塞出版社 1988 年版，第 96～97 页。
② 同上，第 119～120 页。
③ 同上。
④ 同上，第 124 页。
⑤ 同上，第 135 页。
⑥ 同上。

平铺直叙的方式来进行的。招供、忏悔和思考交叉进行，与之相伴的是反省和对良心的诘问。她一方面重温着往日祥和的美好时光，诅咒苦难深重的此时此地；另一方面，她企图冲破关押她的囚笼，回到从前，找回失去的真实的自我。我们可以读到黛莱丝头脑里交织的思绪，一切都是为了重新抓住纯洁的过去和摒弃令人窒息的现实。

"在我的记忆中，婚前生活确是白璧无瑕。它与婚姻留下的洗不净的污垢，形成鲜明的对照……"①

在昏暗的车厢角落里，黛莱丝回想着她美丽年华中这些纯净的日子——纯净的却又被微弱而模糊的幸福之光照耀着的日子。岂知这种模糊的欢乐之光竟是她从这个世界上所能得到的唯一恩泽。

莫里亚克在这部小说中向我们讲述的就是这些，一种不受束缚的精神和一个被颠倒的世界的故事。在这个世界里，传统价值和世俗思想正在崩溃。黛莱丝也许是他塑造的所有人物中最深刻的一位。她徒劳地追求某种不可争议的东西——自由，这是她活下去的理由。莫里亚克在小说的第6页写道：

"黛莱丝，我本想你伴着痛苦去见上帝。我也曾久久地希望你配得上圣女洛居斯特的芳名。可是有些人会叫嚷，说这是亵渎神明，虽然他们也相信我们受折磨的灵魂可以得到救赎。我至少希望，在我把你抛弃的街头，你不是孑然一身。"

9年后，莫里亚克重新审视黛莱丝，于是有了《黑夜的终结》。在这本书中，黛莱丝最终将得到解脱，但是这一解脱的代价是她的生命，黑夜的尽头居然就是生命的尽头！

三、莫里亚克的哲思：宽容与救赎

莫里亚克形而上的思考，围绕宽恕和救赎这一感人的主题展开。在恶面前，他为我们提供了两种选择：放弃（一如《爱的荒漠》中所描写的那些萎靡而空虚的面孔）或者反抗（恰如《黛莱丝·德克罗》所呈现的坎坷与不幸）。

因为，贪欲如同已全身扩散的癌症，蔓延到每一处。莫里亚克力图揭

① 莫里亚克（F.）：《黛莱丝·德克罗》，巴黎：格拉塞出版社1988年版，第26页。

露一切妥协的企图，抨击一切谎言与宗教的联合，表达他在世界与人类的堕落面前对纯洁的怀念。这样，他以悲剧的方式深入探讨罪与恶的主题就有了根据。在《黛莱丝·德克罗》中，莫里亚克向我们叙述了这个受到恶与高尚情怀折磨的女人的忏悔秘密，带我们进入她的内心世界，去了解她的情感冲突、家庭悲剧、无尽的孤独以及她对自由和幸福的渴望。是的，在恶面前，黛莱丝进退维谷：或者接受命运，听任自己在日益习惯的“恶”中沉迷下去；或者拒绝现实，选择抗争。她崇高的意愿与大地主家庭的要求又无法调和。于是，在众多因素作用下，她终于向死求生，篡改丈夫治疗心脏病的药方，企图让贝尔纳死于慢性中毒，因为只有通过这一行动她才有可能证明自己的存在，实现自我并赋予自己的生命一个真实的意义。

如果我们研究女主人公的内心，便会发现她犯下这一罪行的决定是十分痛苦的。显而易见，黛莱丝受到双重欺骗。首先，她之所以急于成亲，并不是因为她谋求婚姻中的统治或占有，而是寻求精神的释放，构筑起一个自主的家园。但是，这个家园很快就被证明是虚幻的。丈夫一家人的态度，丈夫的行为和家庭的气氛，这一切都与她的期望相反，激起了她的反抗意识。其次，她向家庭要求爱和幸福，而家庭法规视她为异类而排斥她。她因此被迫与一个守护传统价值观念的平庸之徒共同生活，他贪婪的肉欲令她作呕。

为了更进一步了解黛莱丝·德克罗的行为，我们将对黛莱丝和早她一个世纪的另外两个姐妹进行心理特征方面的比较。与《红与黑》中的德瑞纳夫人和福楼拜笔下的包法利夫人相比，虽然她们都同样渴望自由，追求自我，但黛莱丝·德克罗的思维方式和行为方式迥然不同。

就德瑞纳夫人而言，她在修道院接受的教育使她变得蒙昧无知。从修道院到丈夫家，她认为那些偏见虚假的情感、占主导地位的思想、严格的习俗和价值观是真实的、正确的，一开始她并未能对女性的从属地位和社会结构提出质疑。于连使她发现了爱情，她这才对自己的命运和外部世界有了一种不同的认识。她对自由、幸福的渴望，对炽烈的情感的愿望是如此强烈，竟致对于连的爱慕一发不可收拾。一旦选择了爱情和幸福而不是麻木和盲从，她终于有了自己的主张，敢想敢做。

至于爱玛这个小村姑，这个后来的包法利夫人，她为了离开乡下，离开那些和她过着同样生活的人们，嫁给了一个平庸的乡村医生。在她眼里，至少查尔斯的手是白净的，是个绅士。但是很快，丈夫的粗鲁和庸俗令她失望。为了过上真正幸福、充实的生活，她全然不顾社会和宗教禁忌，不顾强加于妇女身上的沉重的偏见和束缚，频繁来往于鲁昂市与她生活的村庄，周旋于一个又一个情人之间。最后，终因债务问题而自杀。爱玛无疑是那个时代的另类，她的选择，如同她充满野性力量的丰满的身躯，同样彻底打破了传统女性的习惯思维方式和生存模式。[①]

很显然，德瑞纳夫人和包法利夫人对异性有着充分的诱惑力，但同时对社会秩序、对道德礼教蕴含着巨大的破坏力，她们的形象丰满而可爱，一扫旧时女性的卑微和屈辱。

而黛莱丝走的是与她的前朝姐妹们完全不同的反抗之路，如果她被她所属的社会阶层判为异类，为亲友们所不容，这不是因为她红杏出墙，频频与情人们幽会，不是因为那种挑衅的、原始的情欲把她抛向犯罪的深渊。真正的原因是她只想找回自我，她“不想演戏，不愿意弄姿作态，不愿意说客套话。总之，不愿每时每刻去否定一个真正的黛莱丝……”[②]。诚然，她企图毒害丈夫，但她的决心艰难而痛苦。心脏不好的贝尔纳不留神服下了双倍剂量的含有砒霜的药水。开始她只是被动地，听任他这样做，后来，接下去发生的事情就像一场梦一般，她居然改动了贝尔纳的药方。“黛莱丝一生中从未有过任何预谋和不轨，也无急骤的转折，她在一条察觉不到的下坡路上滑下去。先是慢慢地，后来越滑越快。”[③] 我们甚至可以认为是周围的一切促成了罪行的发生，从某种意义上说是命运的错，一如福楼拜在《包法利夫人》中给爱玛下的定语。

这些反映百多年前女性生活的小说，如今让我们感到不安的，是那种只剩下日常家居的绝望、令人窒息的精神压迫和焦躁而空乏的期盼等异乎寻常的生存状况。与德瑞纳夫人相比，黛莱丝追求的似乎更是精神上的快乐，而不是肉欲。此外，她清楚地宣称，她对让·阿泽维多，那个偶然来村里度假的年轻人并没有产生如德瑞纳夫人曾经感受过的那种肉欲的快感，让她战栗的是一种惺惺相惜的幸福激情：“难道我受到了他身体的诱

---

① 参见徐真华、黄建华《理性与非理性——20世纪法国文学主流》，北京：外语教学与研究出版社2000年版，第69～70页。

② 莫里亚克（F.）：《黛莱丝·德克罗》，巴黎：格拉塞出版社1988年版，第178页。

③ 同上，第27～28页。

惑了么？不，老天爷，没有！可他是我遇到的第一个男子汉，对他来说，精神生活比什么东西都重要。”①

同样，她不像爱玛那样不断地受到金钱的诱惑和困扰，总是梦想着巴黎或是渴望过上层人士的生活。黛莱丝是富有的，她丈夫也拥有庞大的产业，因此，她不用操心吃穿，过着安逸的生活。她也不像爱玛那样梦想着与一个心仪的男人私奔，能够依偎在他的怀抱中得到慰藉。黛莱丝的性格似乎更加复杂、更加神秘同时又更具现代性。而她对自我、自由和幸福的渴望以及与统治阶层牢固的习俗做斗争的决心则也以更加明确而高尚的方式表现出来。“让·阿泽维多给我描述巴黎以及他的同窗情谊，而我则想象着一个王国，这个王国的法则是‘成全自我’。”② 她的身躯和心灵都“向着另一个世界，那儿生活着渴望学习的人们，他们热望着认识和理解世界。还有，正如让·阿泽维多带着心满意足的神情反复提到过的，‘成为本来的自我’”③。

黛莱丝把追求自我、实现自我当作一种急切而日益增长的需要，并且坚持不懈，其程度远甚于她上一个世纪的姐妹们。也许这正是三位女性的区别所在，而她们的思想和行为见证了在妇女解放的道路上女性境遇与追求的演变。

莫里亚克发现了他周遭的人在精神方面的贫乏和丑陋，但是他对人类怀有深厚的感情。“我爱你胜过你珍爱自己的污点”，作者借基督之口对黛莱丝说道。因为“世间芸芸众生并不都有着美好的心灵。如果没有罪恶，将不会有小说家来描绘它，人类也将不会有自己的历史，他的意识和自由将纯净如初：这是上帝的意识和自由的纯粹反映”④。人不管被引向善还是恶，总有他的伟大之处，因为，莫里亚克一直相信基督精神的希望，相信赎罪的可能性以及宽容的德性。“人类即使被原罪误导了人性，他仍然有被拯救的可能。莫里亚克知道这一点，但是他只是假设这种拯救，而没有真正安排到他的人物身上。”⑤ 正因为这样，我们在他的作品

① 莫里亚克（F.）：《黛莱丝·德克罗》，巴黎：格拉塞出版社 1988 年版，第 89 页。

② 同上，第 93 页。

③ 同上，第 91 页。

④ 布瓦岱弗尔（P. de）：《文学的嬗变》（第 1、2 卷），巴黎：阿尔萨斯亚出版社 1963 年版，第 280 页。

⑤ 同上，第 281 页。

中找到的不是英雄、圣人或是真正的基督徒，而是罪人。因此，在这幅描绘卑劣与罪恶行径的图画中，我们看到的只是一些扭曲的心灵。上帝，甚至连上帝的影子都未曾出现。

莫里亚克用人类的脸孔代替上帝的形象。他在《小说家与他的人物》中写道："《蝮蛇结》的主人公亦即下毒的黛莱丝·德克罗所没有的东西，正是我在这个世界里唯一厌恶，或我难以忍受的东西，那就是自得和自足。他们不会自我满足，他们了解自己的苦难！"而在《黛莱丝·德克罗》中，他更明确地表达了他对存在的思考，即反对唯命是从，用反抗去救赎自己的灵魂。对于这一点，他在《黑夜的终结》的前言中向我们说得非常清楚。

"尽管我写这些章节除了想揭示黛莱丝的痛苦面貌外别无他意，我今天都晓得这些书页对我来说意味着什么，以及从中我首先发觉的是什么。那就是给予受厄运压迫最深重的人们一股力量——一股对压得他们喘不过气的法则说'不'的力量……"

这样，我们在莫里亚克的作品中便找到了关于存在的哲思。他将人置于至高无上的位置，对上帝的爱被虚化，甚至不复存在。他把本该只能献给上帝的爱赋予了所有的人，包括那些被世俗所不容、罪孽深重的人。

于是，对生命的尊重，对存在的诘问，对爱情的向往，对自由的憧憬，使黛莱丝们鼓足勇气游走于这个充满丑恶也充满圣洁的世界，但她们在心灵深处几乎一直保持着清澈的活水。请听黛莱丝在书中的告白："我，黛莱丝，愿以生命作代价，只为求得一刻钟不带私心的爱情，今生就别无他求了。"爱与被爱显然是她主体感知的源头，而独立的人格则是她生命中一抹亮丽的底色，她的血液里奔涌着的正是这生生不息的力量。黛莱丝的魅力或许就来自女性内心深处的自我觉醒。

是的，黛莱丝对存在的看法是一种觉醒。由此，她意识到在家庭和社会中应该寻找属于自身的真正位置，她拒绝男人强迫她接受"异类"的地位，她拒绝社会规约为她设定的"边缘"的位置。把自己当人看待，而不是作为被人遗忘的摆设。她试图摆脱女人的宿命：女人被缩减为"妻子"，应该忠诚并懂得谦卑，习惯于黯然的墨守成规的生活。她感到焦虑不安，不愿置身于这种沉重如磐石的荒诞现实中，不甘心受它的控制、摆布。黛莱丝的焦虑无疑具有普遍的意义，揭示了妇女在生活中所遭受的巨大压迫：她们的存在境遇被逼进了生命的极端。在那里，一切都已为她们准备好，从来没有人问她们想要什么，而她们不仅不能表达对生而为女人的质疑，还得痛苦地掩藏对另一种存在的渴望。因为没有爱也得不到尊重，她们的生活如同荒漠，像一场噩梦，这就是妇女追求自由的缘由。而要获得自由就预示着某种决裂——远离上帝，远离世俗。恰如弗洛姆所言："自由代表着一种切割和断裂，与母体的切割，与外在世界的断裂。"①

这真是一个让人绝望的世界，两个年轻人截然不同的生活取向和价值追求，在爱情与婚姻的闸口急速碰撞：贝尔纳的浅薄、粗鲁与自私和黛莱丝的知性、孤傲与执着恰成水火。黛莱丝放任自己被引向撒旦而不是走向上帝，她发现自己是孤独的，自身的生活与信仰都黯然无光。她感到自己是与贝尔纳结合的受害者，这种结合毫无精神生活可言。她相信自己，相信自己珍视的德行建立在自由与尊严的基础之上，建立在对旧传统、旧势力、旧规矩的鄙视之上。她渴望找回自我，重新掌握自己的命运。这就是她内心的上帝，她存在的最重要的保证。这种寻求自我的觉悟不仅牵涉对环境、对世俗偏见的抗争，而且也意味着向敌对的外部世界展示自己，意味着对此时此地规约的反叛与超越。毒死贝尔纳是引导她到达最后要跨越的门槛的唯一手段，她无法避免的冲动与行为正是在这种现实情况下发展起来。在这个她被迫日复一日过下去的残酷而自私的环境里，她看不到未来。但是，让·阿泽维多向她描述的另外一种不同的、还十分模糊的生活令她着迷，使她鼓起勇气去摆脱没有感情的甚至会令她窒息的黑暗世界。

"外来者"的视角和现实生活的不堪，不仅使她产生了对新生活的憧憬，更激发了她对自我、对自己的快乐和悲伤所产生的根源，对自己到底需要什么样的生活的探求和诘问。很显然，作为知识女性，黛莱丝不愿意让外省的旧俗把自己异化成没有人性、没有情感的"非人"，不愿意逆来顺受地让自己的个性被土财主们所把持的社会习俗所同化，更不愿意充当粗鲁低俗的贝尔纳的"性奴"。她开始学习用坚定的意志来对抗命运的不公，追求某种她渴望已久但始终无法企及的心灵的释放，给自己寻找一个安然的空间，去探索不受束缚的、属于她自己的生命的意义。

如果说德瑞纳夫人和包法利夫人的一生饱受欲望与禁锢两种力量互相撕扯之苦之累，她们被裹挟着走上了分裂与反抗的道路，黛莱丝对抗传

① 弗洛姆（E.）：《逃避自由》，陈明学译，哈尔滨：北方文艺出版社 1987 年版，第 7 页。

统、对抗偶然、对抗世俗、对抗异化、对抗边缘，其底色则是对没有遮蔽的真实自我的珍爱，显露出女性之于自由之于存在特有的温柔。

四、结语

莫里亚克的小说创作并没有刻意为女权主义张目，但是小说家已经说的往往包含并超越着他想说的东西，这使文学阐释学具有了多维度的阅读空间。或许我们可以做出这样的解读，莫里亚克的小说创作对于传统女性地位和使命的批判，对于现代女性意识的建构功不可没。作为一种存在，女性必须给自己的生命创造某种意义，从《黛莱丝·德克罗》中，我们读到了“走出传统、摆脱束缚、重获自由”的身份重构，读到了不甘心生为女人的使命重构，读到了一个“坏女人”与众不同的气质：冷傲孤寂而不失高雅，神态自若却隐含忧伤，生为女性而心向自由。她与命运抗争，不逃避，不妥协。她执着地寻求通往自由与幸福的大门，她努力战胜自身的懦弱，在爱的荒漠中艰难跋涉，她的生存之旅遍布痛苦与不幸。

如果说《母亲大人》透视了人性的异化以及社会偏见挤压下女性的无知无奈无力，那么《黛莱丝·德克罗》所折射的则是女性的觉醒与自觉。毫无疑问，黛莱丝的抗争之举浸透着女性的敏感与细腻，毒杀贝尔纳而未遂，让我们感觉到了主人公的悲凉与无奈，而获取自由的代价竟是生命的消散，更让我们感知了一个叛逆而忧伤的灵魂在与恶与丑的交锋较量中所表现出来的孤傲和尊严，这或许正是黛莱丝的不同凡响。

（原载台湾辅仁大学《哲学与文化》2013 年第 5 期，第 25 ~ 38 页）

米兰·昆德拉：小说是关于存在的诗性之思

昆德拉有一个十分重要的论断，从一个新的视角阐述了人与世界的关系："世界是人的一部分，世界是人的状态。随着世界的变化，存在也在变化。"① 昆德拉以小说入思，通过小说创作的艺术形式与人物形象，诉说了自己对人类存在状况的见解。哲学和科学对人的存在正日趋淡忘，现代社会对存在的遮蔽正日益严重，那么，小说理应张扬其自身关于认识与发现的审美价值，担当起探索存在、敞亮存在的职责。事实上，从"人是世界的一部分"到"世界是人的一部分，世界是人的状态"的跨越，正是小说，当然也包括其他艺术形式，从膜拜神到敬畏自然，再到发现存在、探讨存在的合理嬗变。昆德拉的存在之思，从怀疑和反叛出发，展示人类生活的悲苦与荒谬，更多地体现了一种小说家式的相对性：崇尚怀疑、追求多元、认同模糊。

一、小说的哲学思考

昆德拉的存在之思首先来自他对欧洲文化境况的忧惧不安，他意识到，欧洲的危机，即现代人的深刻的精神危机正在蔓延，他忧虑地指出："科学的发展很快将人类推入专业领域的条条隧道之中。人们掌握的知识越深，就变得越盲目，变得既无法看清世界的整体，又无法弄清自身，就这样掉进了胡塞尔的弟子海德格尔用一个漂亮的、几乎神奇的叫法所称的'对存在的遗忘'那样一种状态中。"② 昆德拉认为，困扰现代人精神生活的最致命的东西就是"遗忘"，即"对存在的遗忘"。

那么，存在是什么呢？自古希腊以来，人类对"存在"的探索从来就没有终止过。先哲的诘问构成了千百年以来哲学与文学艺术对生命的关注，也是对"我是谁？""我为什么生？""我为什么死？"这一系列疑问

① 昆德拉：《小说的艺术》，董强译，上海：上海译文出版社2004年版，第45页。
② 同上，第4页。

的本体性探索。文艺复兴时期，上帝从神坛跌落，人取代神，成了世界的中心。17 世纪的法国哲学家笛卡尔宣称："我思故我在。"[①] 这振聋发聩的宣言似乎是对古希腊哲人巴门尼德提出的"思维和存在是同一的"[②] 著名论断的阐释。于是，人的理性思维和意志成为人区别于任何其他动物的不可替代的本质特征。德国哲学家尼采是彻底的偶像破坏者，他警告说："上帝已死。"他拒绝承认现有的善恶标准，主张"重新评价一切价值"，重新探讨存在的意义。他的"超人"哲学和"意志"论固然是对宗教和虚伪的传统道德的反驳，但是他蔑视群众、否定理性、攻击民主主义和马克思主义的极端思想也使他背上了唯心主义的恶名。在海德格尔的意识里，人和存在相依，人要解决科学工具主义带来的种种问题，单从价值层面去疏导并不能奏效，必须返回人的存在层次以及存在方式层次去寻找根本的解决之道。但是，海德格尔对存在的洞见带有浓厚的悲剧色彩。他认为，人生活在一个"虚无"的世界，哲学就是对死亡的研究，人在选择其自身存在的可能性时，孤独无依，唯有烦恼与恐惧相伴，于是死亡成了存在的唯一归宿，因为人变成"不真实的存在"这一可能性是内在于人的。

人存在着，存在是第一位的，正如法国哲学家萨特所言："存在先于本质。"显然，人的存在过程即人的生死过程。那么，人应该怎样了生死，怎样超存亡呢？怎样对付海德格尔所说的"对存在的遗忘"呢？

生命自身毫无意义，因为死亡窥视着它，生命的不朽似乎没有可能。然而，哲学家们却不这样想，小说家们也不这样想。昆德拉以其长篇小说《不朽》追问生命的本真，展开了他对存在的深思。

1807 年，22 岁的贝蒂娜有缘面晤歌德，贝蒂娜是个工于心计的女孩，善于用自己的美貌和温柔取悦歌德。不仅如此，她还煞费苦心结识了歌德的母亲，从老人那里了解到歌德青少年时代许多鲜为人知的故事。贝蒂娜对歌德说，她将根据他母亲的回忆写一本关于他的书，并对歌德表白：

---

① 青年学者张弛博士指出，"我思故我在"这一译法未能准确表达笛卡尔的本意。"我思故我是"才能完整无误地反映笛卡尔想要述说的理念和意境。参见张弛《穷究词义为了跨文化的沟通——论西方哲学核心词汇'όν（on）'的中译问题》，《中国翻译》2005 年第 6 期，第 68～75 页。

② 巴门尼德：《论自然》，转引自北京大学外国哲学史教研室编译《古希腊罗马哲学》，北京：商务印书馆 1982 年版，第 51 页。

“我有一种永远爱你的强烈愿望。”面对贝蒂娜的殷勤与感情投入，歌德起初采取了比较克制的态度，只是在贝蒂娜嫁给了德国浪漫派诗人阿尔尼姆后，他们的感情才得到发展。不过，歌德对这段忘年恋仍然保持着警惕，他不仅反对贝蒂娜为自己作传，而且当贝蒂娜与自己吃醋的妻子发生冲突时，他果断地站在了妻子一边，向客居的贝蒂娜夫妇下了逐客令。

歌德于1832年谢世，贝蒂娜把她与诗人的交往写成书，并以《歌德与一个孩子的通信》为书名于1835年正式出版。歌德死了，但是歌德永恒。他的作品穿越时空，铸就了作者不朽的形象。歌德的不朽显然与贝蒂娜无关。

那么贝蒂娜呢？她的著作也随同大师的英名进入了“名人殿堂”，但是她是否因此而不朽呢？昆德拉对贝蒂娜追求“不朽”的心理动机作了细致的刻画。“不朽”大致可以分为三个层次。第一个层次是世俗意义上的不朽，其核心是功名利禄，世人企图用外在之物，比如权力与金钱，留下生命的痕迹；第二个层次是宗教意义上的不朽，其核心是灵魂永驻，善信寄望于天堂，希冀在生命的彼岸受到上帝的眷顾；第三个层次是形而上意义上的不朽，其核心是精神生命的延续。而艺术创造、对形式世界的创新则是肉体生命超越时空，通往绝对的一枚硬币。昆德拉关注精神不朽，称它是“伟大的不朽”。思想家不朽，因为他们创造了认识世界、改善自身的方法；艺术家不朽，因为形式世界给后来者提供了阐释与对话的无限可能性；科学家不朽，因为只要给他们一个支点，他们就可以撬动整个地球。贝蒂娜渴望“不朽”，但是，她将自身的情感对象化并将其作为目的去追求，她爱的理由并非歌德之伟大，她爱的对象也非歌德本人，而只是充盈在她体内的激情，因此她关注的只是这种情感状态所可能产生的预期影响和效益，于是当她觉得歌德的情感投入未如她所期待时，她甚至不惜篡改、杜撰自己与歌德的通信，以图使两人的交往更符合世俗对不朽的企盼。其实，贝蒂娜真正关注的是她自身的姿态，她把自己的感情取向和感情强度对象化，变成一种刻意追求的目标，从而达到强化自我、标志自我的目的。涂险峰批评说：“情感若以自身状态为目的，成为有意识的价值追求，并不断地自我强化其热度，就变成了一种理智或意志，从而违背了我们将它视为自然而发的期待，因而让人感到虚假、造作。感情不能以自身为目的，不能为感情而感情，否则就是矫情。”[1] 当然，《不朽》讲述的并不仅仅是一个爱情故事，昆德拉通过对“不朽”的质疑，反思历史，对沉积在人们意识中的历史的真实性进行了深刻的剖析。

二、存在的陷阱

昆德拉在《不能承受的生命之轻》中写道：“小说不是作者的忏悔，而是对于陷入尘世陷阱的人生的探索。”[2] 他还在《小说的艺术》中作了这样的解释：

> 生活是一个陷阱……人生下来，没有人问他愿不愿意；他被关进一个并非自己选择的身体之中，而且注定要死亡。相反，在以前，世界的空间总是提供着逃遁的可能性……将世界转变为陷阱的决定性事件大概是一九一四年的战争，被称为世界大战……从此之后，地球上发生的任何一件事都不再是区域性的了，所有的灾难都会涉及全世界，而作为结果，我们越来越受到外界的制约，受到任何人都无法逃避的处境的制约，而且这些处境使我们越来越变得人人相似。[3]

因此，小说注定要思考存在，这是昆德拉所张扬的小说的使命，也是昆德拉小说观念中的核心思想。现代小说不应该是对某个业已确定了的世界的说明或论证，它应该是作家对一个多元的、不确定的世界的探索，它应该提出问题。在现代社会所呈现的一堆复杂的、互为交叉有时甚至是对立的矛盾面前，人们发现，一方面是事物的模糊性和不确定性，另一方面是存在的多种可能性。因此，存在的意义将取决于人自身的选择。是选择循规蹈矩，按社会传统和既定的世俗准则去完成人由生到死的必然旅程，还是从生命的多种“可能性”做出自主的选择去对抗命运不合理的确定性？答案将一直被寻找着。这一寻找的过程有助于打破大众传媒的舆论垄

① 涂险峰：《从昆德拉的“第二滴眼泪”到现代人的信仰姿态》，载《外国文学评论》2004 年第 4 期，第 6 页。

② 昆德拉：《不能承受的生命之轻》，许钧译，上海：上海译文出版社 2003 年版，第 263 页。

③ 昆德拉：《小说的艺术》，董强译，上海：上海译文出版社 2004 年版，第 34 页。

断，决定论的宗教诠释、科学工具的话语霸权以及泛政治化的社会导向，使人找到属于他自己的存在的归宿。也许正是出于这样的思考，昆德拉在《小说的艺术》中曾以卡夫卡为例，这样评价小说的价值：

> 事实上，必须理解什么是小说……小说审视的不是现实，而是存在。而存在并非已经发生，存在属于人类可能性的领域，所有人类可能成为的，所有人类做得出来的。小说家画出存在地图，从而发现这样或那样一种人类的可能性。但还是要强调一遍：存在，意味着“世界中的存在”。所以，必须把人物与他所处的世界都看作可能性。在卡夫卡那里，这一切都很清楚：卡夫卡的世界跟任何一个已知的显示都不相似，它是人类世界一种极限的、未实现的可能性。当然，这一可能性在我们的真实世界之后半隐半现，好像预示着我们的未来。所以，有人说卡夫卡有预言家的一面。但即使他的小说没有任何预言性质，也不会失去价值，因为它们抓住了一种存在的可能性（人以及他的世界的可能性），从而让我们看到我们是什么，我们可能做出什么来。①

“小说思考存在”，这是20世纪欧美小说家如萨特、加缪、卡夫卡、昆德拉等文学大师们对人类的杰出贡献，他们透过现实的表象，发现了存在，并进而探索存在的种种可能性，把日渐泯灭在历史和陈规旧矩中的存在的可能性从遗忘和遮蔽中钩沉出来。他们提出的思想从本体上改变了人类对自己和世界的认识，或许这就是现代小说在当代社会中所承担的思想使命，这就是现代小说所承载的价值。

小说关注并拷问人类具体的存在境况，从作者自我对存在的沉思出发，思考存在的意义，于是小说家成了思想者，写作在哲学思考的维度上展开，揭示那些尚不为大众认识的存在之实，存在之虚，存在之重，存在之轻，存在之真理与谬误。

当然，小说的认识价值不同于科学或哲学的理性主义。小说的认识价值首先表现在审美的层面上，具有审美意识形态的美学特征。纵观20世纪西方小说的发展轨迹，我们发现欧美现代小说已经历了一次革命性的嬗

---

① 昆德拉：《小说的艺术》，董强译，上海：上海译文出版社2004年版，第54～55页。

变，即它不再致力于反映现实世界，而是力图通过作家的内省和沉思去创造一个形式的世界；它不再企求提供拯救世界于苦难的答案，而是竭力提出问题，用怀疑和质询，探讨人类自身面临的精神危机和思想危机。于是，西方现代小说开创了一条寻求真理的新路径，一条与哲学所追求的真理不同的路径。按照昆德拉的观点，“哲学在一个抽象的空间发展自己的思想，没有人物，也没有处境”①。而小说恰恰相反，它在一个具象的世界中关注有血有肉的人，关注人的存在状况，关注他们的孤独、忧虑，他们的爱与恨，他们的生与死，这一点正是作为小说家的伟大思想家们区别于那些沉湎于理论概念不能自拔的哲学家的地方，因为在小说家的哲学思考中，思想从根本上说是质疑、是询问、是寻找，而在哲学家的哲学思考中，思想往往定格为既定的概念，它们毋庸置疑。正是有了小说家在哲学维度上的沉思、怀疑与所关注的人文精神，才使我们深切地感受到小说的美学向度及其寻找真理的崇高职责。

昆德拉的小说或许不能同存在主义文学相提并论，但是，他研究的起点与归宿都指向存在，这是毫无疑义的。他给小说家下的定义是：“小说家既非历史学家，又非预言家：他是存在的探究者。”② 昆德拉的不同凡响之处在于他创造了一种与多元的，而且模糊不清、捉摸不定的世界本身相一致的小说精神，这种小说精神的基本特征就是复杂性、延续性和不确定性。所以，他一再告诫人们，应该把人物与他所处的世界都看作可能性。他在《不能承受的生命之轻》中这样论述他所创造的人物形象：“我小说中的主人公是我自己未曾实现的可能性。我爱所有的主人公，并且所有主人公都令我同样地恐惧，原因就在于此。他们，这些人物或那些人物，跨越了界限，而我只是绕了过去。这条被跨越的界限（我的“我”终结于界限的那一边）吸引着我。小说要探寻的奥秘仅在另外一边开始。”③

在《不能承受的生命之轻》中，昆德拉对生活在那个特定年代里的捷克知识分子的命运作了深刻的描写和剖析，轻重对立的永恒两难几乎成

① 昆德拉：《小说的艺术》，董强译，上海：上海译文出版社2004年版，第37页。

② 同上，第56页。

③ 昆德拉：《不能承受的生命之轻》，许钧译，上海：上海译文出版社2003年版，第263页。

了人类存在境遇的必然写照。托马斯是一名外科大夫，10年前与妻子离异，他生性喜爱女人，却从没有想过要与一位女性厮守一辈子。“朋友问他有过多少女人，他闪烁其词，如果他们追问，他就说：‘该有200个左右吧。’几个心怀嫉妒的家伙断定他在吹嘘，他辩释道：‘这不算多。’‘我和女人大概打了25年的交道。用200除以25，你们瞧瞧，每年差不多才8个新的女人。这不算多’。”[1] 那一天，女招待特蕾莎闯进了他的生活，两人很快同居。然而，托马斯积习不改，一如既往地周旋于众多情妇之间。寻花问柳的轻薄行径使他蒙受恶名，托马斯终于决定娶特蕾莎为妻。这时，“布拉格之春”爆发，苏联坦克入侵。托马斯和特蕾莎双双移居苏黎世。在瑞士，托马斯依然沉湎女色，特蕾莎忍无可忍，回到捷克定居。托马斯考虑再三，决定重返故土。两人的命运从此无可挽回地朝着生命之重逆转。

占领期间，特蕾莎曾经把亲自拍下的苏联士兵入侵暴行的照片寄给西方媒体。殊不知，这些照片竟成为秘密警察日后搜捕抵抗力量的有效线索。无奈与无助令特蕾莎不知所措。托马斯则因为拒绝在一份声明效忠当局的文件上签名而失去了医生的从业资格。为了生存，他当了一名玻璃擦洗工。尽管命运多舛，托马斯仍在情场上乐不思归。特蕾莎在痛苦之余决定亲身检验丈夫一再标榜的灵与肉可以分离的理论，她试着与一名素不相识的工程师做爱。高潮袭来时她兴奋不已，同时又令她恐惧万分：没有爱情，同样可以做爱，灵与肉居然可以分离！

他们在当局的监视下度过了5年庸庸碌碌的生活，末了决定迁到乡下定居。托马斯在集体农庄开车谋生。几年后，托马斯远在巴黎的旧情人萨比娜收到了托马斯儿子的一封信。信中写道，父母开车外出，去山外的一家小旅馆投宿，途中出了车祸，父母双双被压死在一辆卡车下。人生于偶然，死于必然，人生价值的失落使得一切真正的选择几乎不可能。个人的生命一如尘埃，轻得让人不能承受。它是明天不复存在的任何东西。

这是托马斯生命的写照吗？我们无法肯定。昆德拉在《不能承受的生命之轻》中对轻与重倒有一段精妙的论述：

---

① 昆德拉：《不能承受的生命之轻》，许钧译，上海：上海译文出版社2003年版，第237页。

> 如果我们生命的每一秒钟可以无限重复，我们就会像耶稣被钉死在十字架上一样被钉死在永恒上。这一想法是残酷的。在永恒轮回的世界里，一举一动都承受着不能承受的责任重负。这就是尼采说永恒轮回的想法是最沉重的负担（das schwerste Gewicht）的缘故吧。
>
> 如果永恒轮回是最沉重的负担，那么我们的生活，在这一背景下，却可在其整个的灿烂轻盈之中得以展现。
>
> 但是，重真的残酷，而轻便真的美丽？
>
> 最沉重的负担压迫着我们，让我们屈服于它，把我们压倒地上。但在历代的爱情诗中，女人总渴望承受一个男性身体的重量。于是最沉重的负担同时也变成了最强盛的生命力的影像。负担越重，我们的生命越贴近大地，它就越真切实在。
>
> 相反，当负担完全缺失，人就会变得比空气还轻，就会飘起来，就会远离大地和地上的生命，人也就只是一个半真的存在，其运动也会变得自由而没有意义。①

可是，托马斯穷其一生，到底选择了生命之重还是生命之轻呢？昆德拉解释道："既然上帝走了，既然人也不再是主人，那么谁是主人？地球在没有任何主人的情况下在虚空中前进，这就是不能承受的生命之轻。"②

早在公元前6世纪，古希腊埃利亚学派杰出的哲学家巴门尼德就曾提出过生命的孰重孰轻问题。他把宇宙中对立的一极视为正极，包括明、热、薄、在，另一极视为负极，包括暗、冷、厚、非在等等。但是，何为正，是重还是轻？"巴门尼德答道：轻者为正，重者为负。"③

生与死构成了存在的两极，重与轻谱写了存在的两种形态。当个体的存在面临冲突与责任的拷问，遭遇良知与选择的判断时，分裂与异化窥视着，存在被笼罩在一片模糊之中。不过，我们看到，托马斯的身上仍然冲动着人的意识和人的价值观念，他逃避，但他选择了背负生命之重。或许这正是托马斯的悲剧所在。在一个没有永恒轮回的世界中，唯有对自我的准确把握，才能赋予个体存在某种积极的意义，才能在轻与重的正负两极

---

① 昆德拉：《不能承受的生命之轻》，许钧译，上海：上海译文出版社2003年版，第5页。

② 昆德拉：《小说的艺术》，董强译，上海：上海译文出版社2004年版，第52页。

③ 同上，第6页。

间找到支撑前进的平衡点。

三、小说与自我

如果说海德格尔试图超越对人类始初有与无的关切，从而牢牢把握存在自身，萨特则力图呼唤个体生命的存在意识，使其进入实存状态。昆德拉与存在主义文学家不同，他不研究现实，他思考的是现实中的存在，是人的存在的可能性。于是，他把悲天悯人的目光投向了分裂的现代境遇中人类的具体存在。他主张，小说创造的人物与他的世界都应该被作为可能来解读，因此，小说创作的主要目的，就是凸显自我对存在的思考。他写道："任何时代的所有小说都关注自我之谜。您一旦创造出一个想象的人，一个小说人物，您就自然而然地要面对这样一个问题：自我是什么？通过什么才能把握自我？这是小说建立其上的基本问题之一。"① 换言之，小说家对存在的探索，即是认识现象世界中的人的可能的自我。

昆德拉把小说分为三种，他在《小说的艺术》中写道："小说家有三种基本可能性：讲述一个故事（菲尔丁），描写一个故事（福楼拜），思考一个故事（穆齐尔）。19 世纪小说描写的跟那个时代精神（实证的、科学的）是和谐一致的。将一部小说建立在不间断的沉思之上，这在 20 世纪是跟这个根本不再喜欢思考的时代的精神相违背的。"② 显然，昆德拉十分推崇建立在怀疑、诘问、思考基础上的小说形态，他甚至认为小说对人的状况展开的思考和探究较之于哲学更丰富更深刻。他进而论证道："如果说欧洲哲学没有善于思索人的生活，思索它的'具体的形而上学'，那么，命中注定最终要去占领这块空旷土地的便是小说，在那里，它是不可替代的（它已被有关存在的哲学以一个相反的证明所确认）。因为对存在的分析不能成为体系，存在是不能被体系化的。而海德格尔，诗的爱好者，犯了对小说历史无动于衷的错误，正是在小说的历史中有着关于存在的智慧的最大宝藏。"③ 小说家拒绝对客观事物作简单的模仿和描述，小

① 昆德拉：《小说的艺术》，董强译，上海：上海译文出版社 2004 年版，第 29 页。
② 同上，第 155 页。
③ 昆德拉：《被背叛的遗嘱》，孟湄译，上海：上海人民出版社 1995 年版，第 153～154 页。

说家拒绝媚俗，他力图深入到事物之内或立足于事物之上，勘探人存在其中时遭遇的种种困惑和矛盾，思考存在的意义和各种不同的可能性，这种以小说家特有的方式进行哲学思考的文学创作实践，代表了20世纪现代主义小说最基本的价值取向。

昆德拉从不讳言小说中的人物都是作者想象的产物，而不是生活中的具象："作者要想让读者相信他笔下的人物确实存在，无疑是愚蠢的。这些人物并非脱胎于母体，而是源于一些让人浮想联翩的句子或者某个关键情景。托马斯就产生于 einmal ist keinmal[①] 这句话，特蕾莎则产生于'肚子咕噜咕噜叫的那一刻'。"[②] 于是，小说的人物便成了一个个"实验性的自我"，对存在的忧虑和质疑，对存在的可能性的追寻，对自我的把握更被赋予了一种奇妙的思考形式。作者进而解释道：

> 把握自我，在我的小说中，就是意味着抓住自我存在问题的本质，把握自我的存在密码。在创作《不能承受的生命之轻》时，我意识到，这个或那个人物的密码是由几个关键词组成的。对特蕾莎来说，这些关键词分别是身体、灵魂、眩晕、软弱、田园牧歌、天堂。对托马斯来说则是轻、重。在题为《不解之词》一章中，我探讨了费兰茨和萨比娜的存在密码，分析了好几个词：女人、忠诚、背叛、音乐、黑暗、光明、游行、美丽、祖国、基地、力量。每一个词在每一个人的存在密码中都有不同的意义。当然，这一密码不是抽象地研究的，而是在行为中、在处境中渐渐显示出来的。[③]

昆德拉把他创作的小说人物称作"实验性的自我"，既展现了附着于存在的一些根本性的困惑，又叩问并敞亮了过去的文学、哲学或诗歌所未曾发现的一部分存在。"在《不能承受的生命之轻》中，特蕾莎在照镜子，她寻思假如她的鼻子每天伸长一毫米会发生什么样的事情。直到多长时间以后，她的脸会变得根本无法辨认？而假如她的脸不再像特蕾莎，那

① 德文，意为"偶然一次不算"。

② 昆德拉：《不能承受的生命之轻》，许钧译，上海：上海译文出版社2003年版，第47页。

③ 昆德拉：《小说的艺术》，董强译，上海：上海译文出版社2004年版，第37～38页。

特蕾莎是否还成其为特蕾莎？自我从何处始，到何处止？您看：在灵魂不可预知的无穷面前，没有些许惊奇；在自我与自我身份的不确定面前，倒有这般惊讶。”[①] 这一发现之于托马斯就是在一个没有永恒轮回的世界中的存在之轻，之于特蕾莎就是肉体与精神的分离与统一，就是眩晕，就是沉醉于自身的软弱之中。这些存在密码构成每个人物的生存境况，从一个新的视角揭示了各不相同的存在的可能性，既是作者对自我的疑问，也给每一个自我对每一个具体的存在所可能具有的困惑提供了一个思考的平台。从小说理论的层面上看，昆德拉不仅为他的写作理念和形式注入了新的元素，也使其作品的主题具有了一种超越的意义。

这种超越首先表现在对现代人失落的精神的召唤。现代人的精神危机可以用海德格尔的这句名言来概括：“存在的被遗忘。”那么，存在是如何被遗忘的呢？昆德拉尖锐地指出：

> 伴随着地球历史上的一体化过程的——上帝不怀好意地让人实现了这一人文主义梦想——是一种令人眩晕的简化过程。应当承认，简化的蛀虫一直以来就在啃噬着人类的生活，即使是最伟大的爱情，最后也会被简化为一个由淡淡的回忆组成的骨架。但现代社会的特点可怕地强化了这一不幸的过程：人的生活被简化为他的社会职责，一个民族的历史被简化为几个事件……社会生活被简化为政治斗争……人类处于一个真正的简化的旋涡之中，其中胡塞尔所说的“生活世界”彻底地黯淡了，存在最终落入遗忘之中。[②]

危机来自何方？昆德拉分析说：“危机的根源在他（胡塞尔）看来处于现代的初期，在伽利略和笛卡尔那里。当时，欧洲的科学将世界缩减成一个简单的、科技与数学探索的对象，具有单边性，将具体的生活世界，即胡塞尔所称的 die lebenswelt，排除在视线之外了。……人原先被笛卡尔上升到了‘大自然的主人和所有者’的地位，结果却成了一些超越他的、赛过他的、占有他的力量（科技力量、政治力量、历史力量）的掌中物。对于这些力量来说，人具体的存在，他的‘生活世界’，没有任何价值，

① 昆德拉：《小说的艺术》，董强译，上海：上海译文出版社2004年版，第36页。

② 同上，第22～23页。

没有任何意义：人被隐去了，早被遗忘了”[1]。

直至今天，这种简化和缩减仍以空前的能量和速度继续着。周国平撰文说：“缩减仿佛是一种宿命，我们刚刚告别生活的一切领域缩减为政治的时代，一个新的缩减旋涡又更加有力地罩住了我们，在这个旋涡中，爱情缩减为性，友谊缩减为交际和公共关系，读书和思考缩减为看电视，大自然缩减为豪华宾馆里的室内风景，对土地的依恋缩减为旅游业，真正的精神冒险缩减为假冒险的游乐设施。要之，一切精神价值都缩减成了实用价值，永恒的怀念和追求缩减成了当下的官能享受。当我看到孩子们不再玩沙和泥土，而是玩电子游戏机，不再知道白雪公主，而是津津乐道卡通片里的机器人的时候，我心中明白一个真正可怕的过程正在地球上悄悄进行。我也懂得了昆德拉说这话的沉痛：‘明天当自然从地球消失的时候，谁会发现呢？……末日并不是世界末日的爆炸，也许没有比末日更为平静的了。’我知道他绝非危言耸听，因为和自然一起消失的还有我们的灵魂，我们的整个心灵生活。上帝之死不足以造成末日，真正的世界末日是在人不图自救、不复寻求生命意义的那一天到来的时候。”[2]

昆德拉的小说植根于对现代社会人文精神状态的忧虑与思考，他的小说批评理论倾注了对人性的关怀与对存在的思辨，昆德拉构建的小说世界，以其对存在的具体而感性的阐释，开拓了现代人对存在认识的深度，小说家通过文学创作的内部形式和外部世界的双重对话，通过复调性的多元叙述，通过指向存在的诗性沉思，敞亮被遮蔽的存在，使作品负载了更多的哲学与文化内涵。

（原载《外国文学研究》2008 年第 4 期，第 6～14 页）

① 昆德拉：《小说的艺术》，董强译，上海：上海译文出版社 2004 年版，第 3～4 页。

② 周国平：《被误读的“昆德拉”》，《羊城晚报》2004 年 9 月 18 日 B6 版。

叩问杜拉斯：孤独美学的另一种绝唱*

“我已经老了，有一天，在一处公共场所的大厅里，有一个男人向我走来。他主动介绍自己，他对我说：‘我认识你，永远记得你。那时候，你还很年轻，人人都说你美，现在，我是特地来告诉你，对我来说，我觉得现在你比年轻的时候更美，那时，你是年轻女人，与你那时的面貌相比，我更爱您现在备受摧残的面容。’”①

这段话来自法国现代女作家玛格丽特·杜拉斯的系列长篇小说《情人》。玛格丽特·杜拉斯 1914 年生于法属殖民地越南，法国现代著名作家、剧作家、电影编导。杜拉斯因其独特的写作风格及内容曾获龚古尔文学奖、法兰西学院戏剧大奖等奖项，并因其对情与欲的描写而一度成为当时许多女作家模仿的对象。作为一位与众不同的文学家，杜拉斯及其文学作品充满神奇的魅力。

杜拉斯创作旺盛的年代恰值法国新小说派风靡一时，因她那种含混的风格，使得人们误以为她是新小说派，但杜拉斯与新小说派又有所不同。新小说派由重视历史和社会现实转而重视意识，它突出事物的客观性与复杂性，追求形式创造，从而诘问人自身在社会和世界中的位置。但是，新小说难免有一味钻入“形式”寻求真实而远离现实和读者之嫌。杜拉斯不同，她始终坚持现实主义幻觉风格，以作者的视角来支配作品中各个人物纵向和横向的聚合关系，来渗透她对人性的俯瞰与反思。杜拉斯喜欢用话语张力和欲念的投影将文本中主人公的内心奥秘置于超越客观世界的境地，从而使得读者在阅读其文本、窥视人物心灵最深处的同时，也仿佛在探索杜拉斯隐秘的内心世界。写作中的杜拉斯是回归自我的，杜拉斯不屑于外部世界的纷扰，杜拉斯将写作视作孤独的实践活动，承认她与文学具有命中注定的“缘分”。因此，杜拉斯始终保持着自我的姿态，在展示爱

* 本文系广东省哲学社会科学“十二五”规划项目“比较视阈下的女性文学审美研究”（项目号：GD14CWW08）的阶段性成果。

① 玛格丽特·杜拉斯：《情人》，王道乾译，上海：上海译文出版社 1997 年版，第 5 页。

情遭遇的天真与无奈、崇高与卑劣，在剖析情感旋涡中肉体与灵魂所经历的种种可能性，包括偏见、束缚、失爱、压抑、困惑与羞辱，同时表现出一个作家对人性的疼爱与关怀，在文学园地中顽强地构建出杜拉斯式的文学意义——“孤独”的审美意境。

一、爱情至上：杜拉斯“孤独”的源泉

杜拉斯钟情于对爱情的描写，尤其喜欢追求绝对爱情，她将爱情视为生命之必需。杜拉斯的爱情观与传统背道而驰她认为对爱的体验就是对人性的回归。杜拉斯期望通过性的宣泄，剥开爱的真谛，并将爱情中的原始欢愉还给人类。她的名作《情人》其实就是自己对爱情的真实态度——孤独意识。

人们在杜拉斯那些大多以自传或半自传体风格完成的作品中，对她本人与自传的关系已经形成了一种共识——她就是在写自己，是在向读者喋喋不休地倾诉自己的爱情体验。读者在阅读作品的同时也是在阅读杜拉斯，阅读她对爱情与性爱的唯美追求。杜拉斯将自己的孤独本质深深烙印在她所塑造的爱情故事中，这些故事的主人公在杜拉斯笔下时常表现出异于常人的行为：放荡不羁、嗜酒、固执、与日常生活背道而驰等等。无论是《副领事》里疯女人的匪夷所思，《抵挡太平洋的堤坝》中支离破碎、凌乱的生活，还是《夏日夜晚十点半》中彻底的阴森，这都是被杜拉斯认为的来自人类无法回避的孤独。但杜拉斯积极勇敢地面对它，描述它，将它的种种异端转变为积极主动的生命体验，让生命在孤独中获得成长力和战斗力。在《情人》的描述中，女主人公对生命、爱情、性的体验充满了未知的好奇与彻底的迷乱，但这也正是杜拉斯写作的迷人之处，她将现实世界与精神世界搅和在一起，看似毫无道理的自我张扬，却饱含作者对所生活世界的疼惜。法国评论家阿兰·维尔贡德莱曾这样评价杜拉斯：“对一切都无动于衷，被自己的故事和传奇迷得神魂颠倒。”[①] 这就是杜拉斯本人，这就是她不顾一切所进行的生命实践，她的孤独莫不如说是孤傲。在她的实践中到处都伴随着孤傲的影子，她拒绝规矩与俗套，对媚俗

---

① 阿兰·维尔贡德莱：《玛格丽特·杜拉斯：真相与传奇》，胡小跃译，北京：作家出版社2007年版，第143页。

更是嗤之以鼻，除了与爱情共舞，她不知道自己的生命还有什么意义。杜拉斯写作时拒绝外部喧嚣，追求特立独行的爱情和不顾一切的自我迷恋，甚至以小说中主人公的滥情来对抗传统意义的爱情规则。《情人》中那个“我”的替身，白人女孩与亚裔男子摈弃种族隔阂而情欲迸发的时刻；《直布罗陀水手》中急于逃避世俗的法国男人在路途中偶遇一位寻找旧爱的美国女人，他与她在踏上“寻找”的旅程中所产生的诡异爱情，给这段不确定的旅行增添了神秘的气息。杜拉斯在情感、幻想与避世等文学维度上表现出一种神秘的孤独魅力。

二、让孤独说话：杜拉斯的美学实践

人生是圆的回环，起点就是终点。杜拉斯在这个过程中不断重复着爱情、情欲与孤独。她钟情于自己对爱情的理解，留恋着情欲带给她的体贴和光华，即使星移斗转，她仍能轻松自如地把握旷世罕有的激情。时至今日，人们依然津津乐道于她对性与欲的描写，唯独忽略了她那孤独傲然、不与凡俗陈陈相因的美学风格。

身体语言虽然是杜拉斯文学的第一叙述者，而性别关系中的孤独是她永恒的话题。《无耻之徒》中女儿、儿子、母亲之间复杂的关系，以及因隔阂而产生的彼此陌生氛围；《乌发碧眼》中性爱之后的厌世情绪；甚至还有杜拉斯在老年写出的《情人》，充满对旧爱眷恋的落寞诗意。杜拉斯的小说是这样，她所创作剧本或担任编剧及导演的作品更是如此，《广岛之恋》《来自中国北方的情人》《印度之歌》《萨瓦纳海湾》《英国情人》《诺曼底海岸的妓女》《树上的岁月》《大西洋人》等作品中的主人公，在孤独中抛出了人物形象的完美弧线。这些千姿百态却又众相归一的人物，其实是千百个杜拉斯在说话、在表达，他们的存在为读者呈现了多面而立体的杜拉斯：一位散发着凝重而高贵气质的女作家。

杜拉斯的美学实践并不是简单的泛性直白，而是起步于爱欲、驻足于书写、游走于孤独之间的知性清晰和内心隐秘。的确，《情人》中的白人女孩与中国男人因欲望走到一起，他们的关系却在漂浮不定中倍加孤独。“他说他是孤独一个人，就孤零零一个人，……她对他说：‘我也是孤独一个人。'"[1] 杜拉斯借女孩之口说出了爱情的本质，爱情原本是为了摆脱孤独，却最终还是回归到孤独世界，忐忑与无奈贯穿始终。在这一点上，杜拉斯是清晰的，她坚持认为：孤独是爱欲的舞台，唯有在这个舞台上，情感与爱才显得"安舒自在"[2]。

我们不妨假设一下，如果没有了对爱悦的专注，没有对孤独的大胆体验，就没有那个细腻、感性而富有诗情的杜拉斯，也没有了当下汹涌不绝的"杜拉斯现象"研究。的确，杜拉斯及其文学已经成为一个人类文学的里程碑，她象征着性别世界中不那么浪漫却又无法回避的真实，预示着延续人类生命的巨大能量，也暗示着现实的循规蹈矩与幻想中的我行我素有某种转换的可能。所以，杜拉斯文学是在众人的尖叫声中迈向人们视野的。甚至，当初她刚刚进入人们视线的时候，并没有获得大家的共同认可，人们对她那用独特的视角所展现的"爱情"与"性"的生命底色，还保持着谨慎的接受态度。因此，那时的杜拉斯只是小众精英们的艺术追求，只是一部分人的文艺欣赏对象。但是，当杜拉斯埋头躲在文学生活中使用第一人称来构建"自我世界"时，当她俨然已经成为旁观者，跳出自我，用文学来玩味自己、欣赏自己时，人们突然发现，她与传统文学的格格不入，恰如镜子的两面，相融共生，不可阻隔。杜拉斯大胆突破文学中"性"的禁区，实际上是一种放弃的姿态，她力图放弃那些与人性相悖的道德美学。杜拉斯本人在自己的作品《写作》中就曾宣告，写作既是一种孤独，更是"自我放弃"，也就是"放弃"对现实世界的盲从和追求，而是回归对内心世界的追问，这是孤独的世界，却也是丰富的。当然，也许我们还一时不能理解她的这种"放弃"欲意为何，但是细细品味过她作品中男男女女对"性"的姿态，我们相信杜拉斯的"放弃"充满了自信，她完全有能力通过激情的文学驾驭这种放弃，任由生命的乐章谱写她骨子里的孤高傲然。

虽然写"性"的作家不在少数，但大多缺乏杜拉斯那种通过"性"对外部世界的批判，对人性的探索和关爱。人类之所以能迸发出勃勃生机，离不开男性与女性之间所产生的能量裂变，这也是人类得以延续的唯一途径。然而，这种释放来自于本能的快乐是需要呵护的，需要人类自身

---

① 玛格丽特·杜拉斯：《情人》，王道乾译，上海：上海译文出版社 1997 年版，第 33 页。

② 同上，第 39 页。

力量和勇气的支持，这样才能显示出人类社会繁衍的绚丽多姿。如果任由传统道德力量无节制地压制欲望的迸发，那只会使生命的传递枯萎并终将逝去。显然，杜拉斯看到了这一点，她摈弃传统而挖掘那些敢于担当人类原始能量的文字，让读者感同身受地体会到生存之外人类多姿多彩的情感和欲望世界，并且在写作中构建出既可容纳现实中的喜怒哀乐、又可让幻觉意识参与其中的文学空间。因此，对于杜拉斯激情勃发的“身体与性的美学”写作，我们更应该抱之以平常心态。是的，传统文学与杜拉斯文学的美学原则从某种程度上来说，相融的东西少，并行的东西多，虽然二者在理念和表达方式上差异明显，但它们犹如平行线一样并肩延展，共同构筑了推动法国现代文学艺术前进的铁轨，完全没有必要把它们硬扭在一起。

杜拉斯的孤独美学在“性”和“放弃”之下，还有一种晦暗不明却又坚定笃实的信念。她的很多作品每每让人捉摸不定，仿佛不愿让人轻易进入她的故事。但拨开这层模糊的面纱后，读者看到的却是真实的生活和复杂的人性，虽然真实得可怕、复杂得难以捉摸，但却透着简单至极的乐观。杜拉斯在《乌发碧眼》中通过一对男女的偶遇，抛开羞涩，直面欲望，“继这黄昏之后的黑夜，美丽的白昼便如大难临头，顿然消殒。这时候他俩相遇了”①。黑夜，是杜拉斯对人生中灰色孤独写照的惯用词语。然而，即便是黑夜，男女之间迸发的激情火花也足以让黑色的恐惧消逝，而是洋溢着人类固有的温情，好像一切罪恶都胆怯地退去，这是信念坚定的杜拉斯。《无耻之徒》中的慕与乔治，杜拉斯只让他们用眼神的无声交流来表达这种彼此的仰慕。“慕明白此时他强加于己的堤坝已被淹没，他突然失去了不真实的东西，全身投入欲望的那个深深的、苦涩的浪潮之中。他们相互对视，在一秒钟内，这一切猛然间发生和消失。乔治又回到他的位置上。这一刻在慕的身上留下了明亮与温暖的光。她感觉到幸福，相信幸福是这些魔幻时刻的属性，在这些时刻一切困难迎刃而解，哪怕身处灾难带来的混乱中心。”② 这是笃实乐观的杜拉斯。是的，虽然杜拉斯分

① 玛格丽特·杜拉斯：《乌发碧眼》，南山译，上海：上海译文出版社 1997 年版，第 104 页。

② 玛格丽特·杜拉斯：《无耻之徒》，桂裕芳译，上海：上海译文出版社 2006 年版，第 93 页。

明是在文学园地中培育一朵朵火烈的孤独之花，虽然她力图营造一个出离传统的爱情世界，然而，她却用一种不确定的甚至混乱的叙事方式来传递内心的欲望之火。其实，这也是杜拉斯的高明之处，她希望读者与自己的心灵一同热情洋溢地成长，为文学的审美历程增添活泼生动的此消彼长。

然而，杜拉斯的孤独美学有时又是疯狂决绝的，她发现现实只提供不确定性、焦虑和失望。在《副领事》中，人们会问在拉合尔，为什么副领事半夜总站在官邸的阳台上喊叫。杜拉斯也许特别关注充满痛苦、疯狂和哀号的生活。《副领事》中，“杜拉斯用近景和特写表现了失败、绝境、犹疑、焦虑、期望和各种毁灭。简言之，那是一种颠三倒四、乱七八糟的生活。由此产生了令人不安的奇怪行为”①。而其中那个疯女人，“她面色暗淡，如皮革一般，两只眼睛深陷，眼角布满鱼尾纹。脑袋上面积了一层土棕色的垢，像是戴了一顶头盔。湿漉漉的衣裙勾出她瘦瘦的躯体。那种笑，始终不停息”②。透过对疯女人的叙述，杜拉斯试图跨越外部世界与内在自我的障碍，袒露人类真实的情感，当然，这更是天下大部分女性内心的愿望。只是世俗的清规戒律阻断了人类情感与精神的自由交流，客观上成为阻碍人与人之间进行交流的荆棘，于是就有了难以断绝的分别心，这分别心是所有人类不和谐、不愉快的根源。所以，不能逃脱至物我两忘境地的杜拉斯式孤独就成为“疯狂”的主题。然而，杜拉斯的疯狂绝不是恍惚不清的，而是有着彻底的感性美及无瑕境界，她借情欲的直觉以重建女性异常健全而透彻的人格。从杜拉斯身上，我们才意识到了我们所存在的精神家园不过是浅尝辄止的迷惘世界，我们缺乏杜拉斯那种总是处于不断倾诉和无畏探索的心理态势。对于人类，尤其是女性来说，拓展自己的心灵空间，深入到广袤无垠的思想世界，才是获得永恒追求的唯一保障。显然，对于循规蹈矩惯了的我们来说，杜拉斯的探索具有重大意义，她是我们最好的学习典范。然而，遵循一个人的美学思想确实太难了，犹如走钢丝，一不小心就会陷入形而上的囹途。所以，从历史观角度来看，杜拉斯式的疯狂又是独特的、不可复制的。她那来源于自身永不消逝的傲

① 徐真华、黄建华：《20世纪法国文学回顾》，上海：上海外语教育出版社2008年版，第97页。

② 玛格丽特·杜拉斯：《副领事》，宋学智、王殿忠译，沈阳：春风文艺出版社2000年版，第168页。

世孤寂让她拒绝与世人对话，她沉浸在自说自话或者与小说人物对话的欢愉和喜悦中，在爱与欲的碰撞中不断寻找自我突破，从而更加特立独行，思想纯粹。

三、文化错位：杜拉斯孤独美学的另一种出路

从表面看，杜拉斯的孤独美学来自于她对人性的深度透视，但当我们细细研究杜拉斯的生活经历后会发现，杜拉斯式的孤独美学或许还因为她早年在两种文化浸染下所产生的身份认同障碍。人离不开社会，更离不开文化，尤其是人在儿童及少年时期接触到的文化对其一生都影响甚远。“只有在文化中，只有把整个文化世界都视为人类的存在，才能解释人的主观创造性和客观决定性，人才是一个完整的人。”①

杜拉斯首先带我们去认识人与世界、与文化的关系。无论这种关系什么时候出现或什么时候发生碰撞，都能成为指引生命存在与发展的关键因素。4 岁丧父的杜拉斯，自幼与两个哥哥在印度支那（指现时的越南）过着与当地老百姓一样贫穷而自由的生活。当小学教师的母亲除了每周固定的课时，还要兼很多别的课才能维持一家人的生活。不久，她用 20 年的积蓄在柬埔寨买了一小块地，这其实是一块不能种植的地，但她并不知情。她找人建了座小屋，种了谷物，但是 3 个月后，海水涨上来，堤坝被冲垮，一切都被毁了。这是一场使女小说家刻骨铭心的灾难，她从中受到启发，创作了《抵挡太平洋的堤坝》。这本书寓意深刻。水看似柔和却又凶猛异常，它创造生命同时又摧毁生命。而母亲的努力是一种顽强的全力以赴的抗争，对抗看似无法过下去的日常生活，对抗一天天生活的绝望。

杜拉斯虽然是西方人，但生长在越南的缘故，她对东方文化的偏爱已经深入到血脉中。越南与法国这两个文化世界的种子同时在杜拉斯身上生根发芽，并导致了她对文化边界的模糊意识，因而两种文化在她身上的冲突也让她深刻感受到了文化焦虑，这也成为她作品中孤独意识的根本因素。文化冲突成就了杜拉斯对世界认知的独特品格——享受内心世界的无边界状态。《情人》中杜拉斯叙述了家庭生活在东西方文化碰撞后所呈现

① 丁立群：《发展：在哲学人类学的视野内》，哈尔滨：黑龙江教育出版社 1995 年版，第 71 页。

的不伦不类，因为是白人家的孩子，女主人公骨子里有一种高贵感，即使生活窘迫也要维持雇佣仆役的排场，但也为不得不靠变卖家具维持生计而感到羞耻，但为了生存，别无他法。而且，每当吃食短缺时，也只好放下矜持而效仿当地人抓一些水禽、小鳄鱼等乌七八糟的东西吃。在与中国情人的情感纠葛中，因种族隔阂而掺杂的世俗偏见让白人女孩左右为难，欲望与困窘驱使她与这个亚裔大富翁的儿子发生关系，然而，白种人的高傲又让女孩不能撕下高傲的面纱去面对心爱的情人。所有这些文学情节，其实都是在表达杜拉斯本人在面对两种文化时的不适应症，这既让她在身处西方社会时产生文化失落感，又为怀念昨日的情欲而桀骜不驯。杜拉斯在成名之后声称自己："与其说是法国人，不如说是越南人。"[①] 至此，我们不禁唏嘘，在杜拉斯的血液中，也许一直残存着"守墓人"的意识，这是对东方文化的怀念和沉耽。不管是迷恋也好，守墓也好，这都是她内心深处剪不断理还乱的对文化历程的生死守望。虽然清寂，恰也荡气回肠。但是，我们不能由此得出杜拉斯的孤独美学是一种文化边界模糊所导致的结论。因为，在杜拉斯的思想历程中，文化错杂已升华为一道风景，成为她文学创作取之不竭的营养，而与孤独相悦更是她信手拈来的美学实践。

四、结语

在重重叠叠的世相纷纭中，杜拉斯文学与传统的普世审美价值观渐行渐远。杜拉斯始终拒绝外界打扰，竭尽全力构筑着自己的文学"桃花源"，并津津乐道于自在、简单而又特立独行的文学品格。但杜拉斯有时也会收起矜持，走进大众的视线，甚至去刻意讨好读者。例如，她的《情人》《无耻之徒》《抵挡太平洋的堤坝》《印度之歌》等对在越南苦难经历的夸大过饰；《街心花园》《广场》中对日常生活的精心塑造；《琴声如诉》《昂斯玛代的午后》《塔基尼亚的小马群》对内心独白的细致刻画等，都成功博得了读者的共鸣。的确，杜拉斯做到了，在她逝世后，其作品始终畅销不衰。"《费加罗报》2014 年 4 月对杜拉斯作品在法国的发行做过统计：自从《平静的生活》（1944）出版以来，杜拉斯的作品总共已

---

① 户思社：《东西文化视觉中的杜拉斯》，载《外国文学研究》2007 年第 6 期，第 62～69 页。

经卖掉了400多万册。”① 光是《广岛之恋》《抵挡太平洋的堤坝》的销售就超过100万册。杜拉斯已经将现今各路所谓的“畅销书作家”远远甩在身后，甚至出现了专门的“杜拉斯研究”。她的作品已经在欧美国家的哲学、文学、心理学等学科都被竞相奉为解读的经典文本。

杜拉斯的一生因为沉浸于对在越南的儿时岁月的回忆而与想象的文学世界混淆在一起，她的创作灵感充分体现了从生存向文学的过渡。杜拉斯敢于表达爱欲情仇，敢于袒露心灵的奥秘，她用文学回应了那个时代，用作品维护了人类之于爱情所拥有的至高无上的权利。杜拉斯在终其一生的创作历程中，将传统道德美学用水滴石穿的精神进行着杜拉斯式的改造，不虚美，不隐恶，让读者分享她孤独美学的反抗与欢乐，感受她心灵的热度。这既是杜拉斯对文学的殷切守望，也是她对孤独美学的辛勤实践。斯人已逝，岁月迁流，杜拉斯不朽，她文学状态中对孤独的孜孜以求至今仍让后人费思量，自难忘。

（原载《广东社会科学》2016年第4期，第159～164页，本文与张向荣教授合作）

① 阿列特·阿梅尔：《我眼中的杜拉斯》，黄荭、袁筱一译，载《文艺争鸣》2006年第5期，第124页。

传统精神与现代视野*

——女性文学之辨正

打开卷帙浩瀚的文学史，我们不难发现，人类的思想史其实就是文学史。远古的中国、希腊、埃及、印度四大文明古国为人类贡献了优秀的文学史篇：《易经》《论语》《史记》《荷马史诗》《尼罗河颂》《吠陀》，如果篇幅足够，这个名单还可以开列很长。这些文学作品的精神风貌、学理概说、思想内涵很清晰地展现了思想巨擘们睿智的思维、广阔的视野、厚重的精神气质，他们是构成人类思想和世界观体系的核心力量。

但在这些思想精髓中却鲜有女性的声音。虽然人类的文学史记录了人类发源于女性的腹腔，但是，在强大的父权面前，文学史对女性文学的记忆几乎呈现失忆态势。尤其是在人类的文字表述中，人类（human being）、人（human）、历史（history）等词语都不包括女性，她们在人和历史的范畴中是不在场的缺席者。欧洲的文艺复兴、法国的启蒙理性、中国清末维新变法的人文主义思想都是抽象的人，如果具体化则仅指男人，甚至要求自由、平等、博爱的法国大革命的人权宣言也没有给予女性同男子一样的权利。

其实，女性一直在构建着属于自己的私人话语空间，但往往被主流话语所湮没。比如，在文学领域，女性通过写作阐释人、人的价值及关于女性的叙事，于是产生了“女性文学”。

女性文学大致有两种分类：狭义的女性文学一定要体现三个方面：“女性作者”“女性意识”和“女性特征”，即一定要在作品中呈现出女权色彩的女性写作的作品；广义上，女性文学首先就是女性作家写就的作品，具有鲜明的女性风格，其次才是希望通过文学的力量来体现出女性主体意识。就第一种观点来说，它着重于女性主义，出发点突出作品的意识

* 教育部人文社会科学研究青年基金项目“波伏瓦与张爱玲的比较研究——基于女性观的视角”（11YJC752039）；广东省“211 工程”三期重点学科“全球化背景下的外国语言文学”子课题“法国文学的人文精神传统研究”（GDUFS211－2－011）。

形态色彩；而第二种则突出作者的性别是女性，而非作品本身的女权意识，它更多地强调了作家的生理机制，即性别意识中的自然属性范畴。本文的“女性文学”主要是第二种，即作者为女性的文学作品范畴，并从传统与现代的角度阐释女性文学特征及其发展趋势。

一、传统女性文学——顺从与叛逆并存

在传统的意识形态下，女作家的写作表现出了顺从时代、臣服于男权的特征。在此意义上，女性文学首先鲜少叛逆与反抗，即使有叛逆，也是在社会规则许可范围内的小阐释小呓语，她们甚至更愿意担当起社会道德的布道者角色。在作品风格上，多体现细腻纤巧、悠长绵密的韵味。在内容上，女性文学具有鲜明的性别色彩，为了表示对男性话语的疏离和变异，她们规避主流话语，而选择爱情、婚姻、家庭为主题，因为这三个主题涉及女性形象最为活跃的生活空间，也是女性感受父权制的主要场所。

由于女性被边缘化的社会境遇，钟情于情感的记录对女人来说已经是实现自我超越的重要精神寄托了。中国自古代传说中的大禹夫人涂山氏流泪吟唱《候人歌》始，中经徐淑、蔡琰（文姬）、左芬、鲍令晖、李治、鱼玄机、薛涛、李清照、朱淑真，到清乾嘉诗坛的随园女弟子，及后来“五四”以来的诸多女性作家；而欧洲则从古希腊柏拉图时代的萨福到英国的勃朗特姐妹、简·奥斯丁、伍尔芙，法国的斯达尔夫人、乔治·桑，美国的奥康纳、阿奈丝·宁，等等。在女性文学的字里行间，我们既能聆听小溪淙淙奏鸣，也能触摸如梦如幻的闲愁别绪，同时，我们亦可意会到女性柔顺背后的女性坚持。难怪《红楼梦》中贾宝玉感慨女人是水做的。

对“爱情”主题的偏爱是女性文学的核心机制，这是在传统模式下女性文学温婉含蓄的重要特质。两宋之交的著名女词人李清照，其少女时代的词句“和羞走，倚门回首，却把青梅嗅”笔调传神而有致，让人眼前呈现一幅情窦初开少女娇羞扭捏却又弃之不舍的神态。中年的李清照经历了战事离乱之苦后，思念丈夫赵明诚，百感交集：“醉里插花花莫笑，可怜春似人将老。”（《蝶恋花·上巳召亲族》）王朝将倾、南渡偏安一隅之时，李清照与故国南北相隔，与夫君阴阳两界，那份对爱情的依恋与孤独跃然纸上。对于女性而言，爱情使她们文采飞扬，但也容易让她们迷失自我，以至于一旦触及“情”，就会失去常人的判断能力。在传统道德框

架下，女作家们甚至自愿承担起宣扬女性美德模式的义务。英国女作家夏洛蒂·勃朗特的《简·爱》中端庄的简·爱是男人心中贤淑温顺的典范；艾米莉·勃朗特《呼啸山庄》中的凯瑟琳是那样柔弱地承受着希斯克利夫的疯狂折磨；即使很“理智”的小说家简·奥斯丁，尽管在《傲慢与偏见》中塑造了叛逆的伊丽莎白，但她面对婚姻依然陷入被动的抉择，甚至跌入了主动接受被男性意识主宰的无意识状态。19世纪前叶，在法国掀起的欧洲浪漫主义文学运动中，女性作家的浪漫及爱情主题甚至成为此项运动的锦上添花之作。斯达尔夫人的《德尔芬》以作者本人与拿破仑的感情生活为基础，描写了郎才女貌、耳鬓厮磨的温柔时光。乔治·桑的小说以发人深省的内容和细腻温婉、亲切流畅的笔触将爱的火力燃至最旺。她早期的小说《安蒂亚娜》《华伦蒂娜》《莱莉亚》中那些追求真爱的女子充满了青春的热情与爱欲的光芒。这两位法国早期浪漫主义作家通过田园风光、大自然的绮丽、农村的静谧等闲适的乡间风格来寄托女性的婉约美。在她们看来，浪漫、温情是受男性欢迎的女性品格，因此不惜笔墨渲染这种被动审美效应。从表面看，这是屈从于社会的女性特质，但究其本质，却是女性文学渴望在男权社会发出自己的声音。

婚姻是爱情的续曲，家庭是婚姻的舞台。对这个舞台的解读，女性文学出现了两种完全不同的表达倾向：一种是宣扬女性在家庭中的美德。美国作家路易莎·梅·艾可特的小说《小妇人》就是一部教导年轻女孩子如何当好贤妻良母的经典，还有中国东汉时期的班昭写有《女诫》七篇，包括卑弱、夫妇、敬慎、妇行、专心、曲从和叔妹七章，其实就是训诫班家女子的规则手册。在“夫妇”篇中，班昭认为丈夫与天高，须敬谨服侍，“妇不贤，则无以事夫；妇不事夫，则义理堕阙”。女性把自我身份定位在家庭中的服从、服侍与服务的角色，甚至以此作为女性的道德戒律。而第二种女性作品则描写了在家庭管束下的“疯女”形象。苏珊·古芭《阁楼上的疯女人》总结了西方女性文学独特的传统——对疯狂的表现。许多女性作家以疯狂为主题，大量描写女性面对现实痛苦的内心体验。比较典型的是《简·爱》中对罗切斯特的疯老婆的描写，以及《呼啸山庄》中凯瑟琳面对疯狂的种种不适和挣扎。

正是由于男权思维禁锢了女性独立意识的发展，使女性文学普遍缺乏多向度思维的能力，虽偶尔有女性自主意识出现，但如沧海一粟，难成颠倒乾坤之势。经济地位低下是主因；其次，在女性意志缺场的情况下，女性的生存境遇一直被主流话语所弱化。因此，女性为了争取生存空间，她们半是自愿半是无奈地成为为社会主流话语辩护的工具，这是传统女性文学之所以具有隐忍、温婉、替男权社会辩护等特性的重要因素，也是女性文学在男权叙事模式下退而求其次的弱势选择。它的优点是抒发了文学的浪漫主义情怀，发扬了人类追求和谐的积极力量，为朝代更迭、争权夺利的刚性人类史增添了柔软的因子。问题则在于，上述特性也注定使女人成为“第二性”，女人注定成为男权意志的装饰物。

二、现代女性文学——非女性化与“身体写作”并举

进入现代社会，女性文学对于自身的关注远远超过历朝历代。既有女性意识的独立崛起，也有女权话语的向主流社会趋近；既有合理的发轫，也有非理性的滥觞。

首先，现代女性文学中出现了非女性化倾向。20世纪著名的法国女性主义者兼作家西蒙娜·德·波伏娃在她的著作《第二性》中指出，女性要想不仰赖男性的恩赐，要改变自己的命运，就必须依靠自己的斗争。波伏娃主张女性要像男人那样“介入”社会话语阶层，“介入”最有效的手段就是写作。唯有女性独立的话语才能敞开女性被禁锢封闭的心灵，为她们打开一扇新世界的门扉。波伏娃本人也是写作的忠实践行者，在自己的一系列小说中塑造了一批具有独立意识的女性形象，如《女宾》中的弗朗索瓦茨、《名士风流》中的安娜。拥有女性独立的话语还可以使女性的欲望合法化，这是法国女学者埃莱娜·西苏在其长篇论文《美杜莎的笑声》中得出的结论。她认为女性表达的最佳途径就是写作，女性通过写作，能够获得一定的话语空间，更重要的是获得表达自我的权利，拿起笔书写是女性“逾越”障碍的一种社会表现。尤其是到了现当代，受到现代派文学不羁风格的影响，很多女作家以追求与男性平等的地位、同样的生活方式、对感情的主动占有为女性形象的最高准则。她们彻底颠覆了传统女性的被动角色，不但改写了女性温柔贤淑、善解人意的形象，而且在男女感情中渴望把握主动。但是，当这些写作倾向过度膨胀时，却出现了女性文学的异化现象。首先是非女性化倾向，此类作品不但抛弃了传统女性的叙事特质，也否定了性别差异带来的社会分工；其次是“性”的泛滥，一些作品高举“性”旗帜而旁若无人。此时的女性文学已经唱走

了板。我们不禁怀疑：现代女性文学的崛起是否就要以女性意识的自我消费为代价？

其实，回答上述问题，首先要厘清何为现代派文学这个问题。现代派文学是20世纪初产生于西方的文艺思潮在文学上的体现。从文学视野来看，现代意识是20世纪初西方精神危机的产物，作家对社会前途感到渺茫，认为人类文明的发展不可思议而产生荒诞意识。反映在作品中，就有诸如意识流小说、荒诞派戏剧、超现实主义等文学流派活跃于文坛。文学现代意识的出现，是作家茫然于“思维向何处去”而产生的精神危机和发展焦虑。就现当代女性文学而言，虽然从表现形式看不出现代派文学对其风格的甚大影响，但是从主题、内容来考察，女性文学似乎已触摸到面对“女性向何处去”的忧虑。这种忧虑最重要的特征就是面对性别交往时，角色定位不清，试图掌握主动，期望控制情感世界，但实际情况却走向反面。

就中国而言，中国现代女性文学的发展与反封建反专制密切相关，往往带有政治意识和社会形态色彩。20世纪的五四运动，揭开了女性独立运动的序幕。严格讲，中国现代意义上的女性文学作者群体就是在“五四”前后形成并逐渐成熟的。这个群体的创作倾向大致分为两类：第一类如冰心、苏雪林、陈衡哲、凌叔华等闺秀派，她们歌颂女性饱满的母爱以及细腻的感情世界，帮助女性挣脱传统的重负，回归到对自身、对人类本体的重新关注上，她们期望建立一个温情的、保持女性传统美德的世界；第二类则是英勇扛起反封建大旗的巾帼英雄，如萧红、杨沫、庐隐、丁玲、白薇等新女性派作家，这类女作家笔下的女性不是“叛女”就是“魔女”，她们通过创造出位的女性角色来呼唤自由，反对家庭专制和封建势力。第二类女作家成为“五四”女作家群的主力军。这一方面是时代变革的需要，另一方面也是女性从沉睡中醒来，企图效仿“娜拉出走”的反抗模式来获得与男性比肩的社会地位。实际上，“五四”女作家群“越位”风格的出现，只是社会转型时期的必然现象，是政治需要获得民间支持的文学现象。因此在写作上，此类女作家往往陷入一个误区：文字愈硬朗愈能代表与旧时代的决裂，愈表达“自主”愈是思想进步。在某种程度上，她们认为女性文学的重要特征就是反对“女人要有女人样子”的传统模式。丁玲的《梦珂》、冯沅君的《隔绝》《隔绝之后》等作品虽然张扬了反封建的革命情绪，但倾向于“无性化”的政治观点，把女性置于性别差异的盲点。于是，当女性离开了滋养性别差异的土壤、主动抛弃女性特征带来的社会权利和义务时，其“抗争”和“彰显”也就缺乏说服力了。新中国成立后，女性文学发展停滞不前，究其原因，一方面是反帝反封建任务已经完成，社会权力主体已不再需要利用女性进行反封建斗争；另一方面，由于受到对“男女平等”的错误认识的影响，女性文学一味向男性特质靠拢，以为这就是男女平等的终极品质，实际上却是对女性文学拔苗助长式的戕害。因此，一段时间内中国女性文学被湮没在所谓“男女都一样”的文海中。直到20世纪80年代，借思想解放之东风，女性文学趁势崛起，进入发展的黄金季，残雪、张洁、叶梦、王安忆、张抗抗、张烨、铁凝、蒋子丹、方方、徐坤、池莉、林白、陈染等女作家通过女性文学对“女性向何处去”进行了探索。这些新生代女作家不同于五四时期女作家群体特征的是，她们在时代纷纭复杂的历史潮流里洗礼历练，变得干练而坦率，纯洁而真诚。而且，宽容的时代赋予了女性作家选择的权利，这在一定程度上拓展了女作家的创作视野，使女作家们能高屋建瓴地审视女性社会地位的整体格局。张抗抗的自述传心态小说《隐形伴侣》中年轻女主角肖潇对构建理想社会、寻找真实人性的哲学思考；铁凝《麦秸垛》中通过大芝娘、沈小凤的命运传达出对自然母性的崇敬，呼唤女性生命的重生，并要求以超越的姿态凌驾于男性社会之上。此时期的女性文学敢于直面问题，并试图探索答案。

20世纪的西方女性文学并没有经历如中国五四时期那样的反帝反封建运动，但西方女性文学也在悄然渐变，其重点是写作技巧的多样化和对人性的挖掘。在写作技巧上，出现了对意识流、心理分析等的追捧。著名女作家如英国的多萝西·理查森的《人生历程》系列心理小说融入了意识流的写法；女作家弗吉尼亚·伍尔芙的“意识流小说”《达洛威夫人》《海浪》为女性作家创作意识流小说打开了广阔的空间；旅居法国的美国女作家特鲁德·斯泰因则创立了一种孩子气似的“先锋写作意识”。写作技巧上的变化，其实质也是内容的革新。她们从传统的爱情、家庭走向对女人内心世界的开拓。女作家普遍希望通过塑造具有独立人格的女性，让女性叙事与男性话语并驾齐驱。奥地利女历史学家安娜·玛丽亚·西格蒙德的《纳粹女人》抨击了被纳粹意志俘虏的女人们的命运；美国女作家伊迪丝·华顿则在自己的作品中呼唤争取女性权益，并以叛逆的姿态与男权中心话语分庭抗礼。这时的西方女性文学已经超越了纯文学的抒情与叙事，呼唤自立。但其过激的风格也备受诟病。这里不能不提三位女性主义者及其作品：法国的西蒙娜·德·波伏娃的《第二性》，英国的弗吉尼亚·伍尔芙的《一间自己的屋子》，美国的贝蒂·弗里丹的《女性的奥秘》。她们的贡献在于唤起人类必须进入重视女性存在的时代。但她们都有一个共同点：一方面反对将女性抑为男性的附属品，另一方面又矫枉过正，以男性标准来衡量女性文学。波伏娃甚至在《第二性》中把那些传统女性文学气质贬低为缺乏社会责任感的产品，并希望女作家要向男作家学习；而弗里丹则在《女性的奥秘》中号召女人要摈弃婚姻的束缚，女性应该与男人一样，学习科技，参与社会管理。她们已经先入为主地认为男性叙事模式是性别评价的标准体系。她们抹杀了"性别差异"这一自然规律，而一厢情愿地主张让女性文学追赶甚至超越男性叙事，从而误入了过犹不及的境地，使女性在拔苗助长似的"平等论"中失去了应得的权益。

看得出，在多元文化语境下女性文学虽然呈现出不同的审美态势，但在要求平等这方面却出奇一致，更一致的是，她们对"平等"的认识居然都以男性评价标准为指标，并以此依据来关怀女性平等。其实，忽视"性别差异"的所谓男女平等只是相对的平等，这样做的实际效果则是将女性推入了事实上绝对不平等的深渊。

其次，现代女性文学中出现了被曲解的女性"身体写作"。法国女作家埃莱娜·西苏在《美杜莎的笑声》中提出了"身体写作"的女性文学准则，"通过写她自己，妇女将返回到自己的身体"①。在西苏看来，女性的身体在传统（男性）文学史中遭到了各种各样的曲解。实际上，女性的"身体经验"是女性文学的思想精髓。这种"女性身体经验"不单纯是肉体的行动，也包括思想轨迹的变化。西苏提出"身体写作"旨在呼吁女性打破沉默，勇敢地拿起笔来书写自己、书写自己的身体和欲望，从而回归到女性的本体特质，并用此特质来争取女性写作的合法性。但是，在当下社会，人们往往从猎艳的视角审视"女性身体写作"，因此出现了一味夸大身体中的"肉体"，而忽略了"身体"所蕴含的思想特征，放弃了女性自我反省的权利。因此，女性文学的文本呈现出两个极端，一是在政治经济方面被严重忽视，二是谈及生理性别感受时却大肆渲染"女性"

① Cixous（H.）. *Le Rire de la Méduse*. Paris：Gallimard，1975，p. 18.

“诱惑”等字眼。所以，当西苏的“身体写作”概念放在当代商业和消费主义语境中，它被彻底解构为高扬肉体欲望和强烈性意识的写作。不可思议的是，女性竟甘愿充当推波助澜的角色。

“身体写作”概念面世后，经过商业包装，女性文学作品私人化的“肉欲”“自恋”“赤裸”等渐渐成了抢眼的版面字眼。她们中很多人摈弃了传统女性清新、纯粹、优柔、知性的书写风格，而高调亮出大胆泼辣的性欲望、畸形恋情结的招牌，把本该禁忌的女性私密话题亮相于公众视野。在她们看来，过激的语言、出位的身体和性才能引起社会关注。“情”“色”“性”抢尽人们眼球，“美女作家”成为商业噱头，本该成为推动纯文学进步的女性文学甚至沦落到性文学的尴尬境地。

这些女性文学创作在“性”的方面经历了“欲说还羞”“解禁”和“覆灭”的阶段，每个阶段都有“性”在做推手。在前期“欲说还羞”的第一阶段，女作家还比较婉约地叙述了女性的性启蒙体验。比如，国内女作家陈染的《私人生活》、林白的《一个人的战争》等。法国女作家杜拉斯的《情人》是一个16岁少女的身体在殖民地上被侵略的描述，是作者用性的方式进行微观的自我惩罚。第二阶段的“解禁”中，国内女作家棉棉的《糖》《盐酸情人》，英国女作家艾瑞卡·琼的《伊莎性爱告白》等对性的描写，已经让人失去了探寻作品内涵的动力，女作家们甩掉遮羞衣，直接“裸体”表演。第三阶段则是性混乱。国内女作家九丹的《乌鸦》一出版随即引出一片尖叫，作者已经把频繁更换性伴侣当成日常状态，甚至所有人都可以充当性表演者。当代美国畅销书女作家艾丽丝·沃克2004年的作品《敞开你的心灵》，把老年女子也描述成性游戏的主角。尤其让人慨叹的是，前几年风靡国内网络的木子美性爱日记《遗情书》已经完全出离文学本色，彻底沦为性事流水账。

从表面看，这是一场世界范围内的女性文学堕落的闹剧，但追本溯源的话，其实质则在于：一是在全球商业化冲击下，文学为了谄媚市场，有意挑选那些迎合男性社会感官刺激的创作以吸引读者；二是女性自身存在多元意识的碰撞，既有被边缘化的极端失落，又有追逐权力的欲望暴涨，当它们不期而遇时，首当其冲的就是对“性”的误读。因此，我们在批判女性文学“性的堕落”的同时，也应意识到，女性之所以要不顾一切地把“性”赤裸到底，就是女性在以一种阴柔的方式消解男性话语霸权，她们要以肉体赤裸的姿态嘲笑社会赤裸裸的歧视。这种旁若无人的语言倾诉，在一定程度上保持了对主流话语的对抗姿态，但这种行为也存在着饮鸩止渴的危险。女作家们哪里知道，由于女性意识本身缺少社会主流价值的支撑，当女性将身体写作发挥到一丝不挂的程度时，女性在追求解放的道路上也毁了自身，其实质则潜藏着更危险的未来：蔑视与被蔑视交织，玩弄与被玩弄相替，以致人们惊呼“女人堕落了”。

三、女性文学应具有的现代视野

我们可以看到多元文化背景下的女性文学呈现出“时空想象共生”状态，存在着合理的发轫，也萌生着非理性的建构幻想，因此让女性文学叙事模式走向正轨已成为世界文坛的共同话题。这种模式既不是以男性为标准或超越男性标准的非女性化道路，也不是将“性”发挥到极致的“身体写作”，它应具有以下特质。

首先，从时代角度看，女性文学凭借商业和科技文化已呈现快速发展的态势，并在客观上形成了妖娆多姿的风头，女性文学正以一种昂扬的姿态宣告了属于女性写作时代的到来。因此，女性文学应从对男性叙事的过度依赖和无节制反叛中走出来，从对主流意识的皈依与颠覆中突起，应努力从边缘文化向社会主流渗透，以便女性文学能站在时代高度参与社会文化格局的建设。

其次，从性别差异角度研究，现代意义上的女性文学，应始终关注男性文化背景下的女性生存环境和思维发展。这种关注从本质上呈现的应是对女性群体的普遍认知，表现形式则应以不否认性别差异的批判面貌出现。女性应通过文学阐释，摈弃非女性化及“性”泛滥的发展误区，在达成性别差异互补的前提下，让两性相互理解与和谐共存。

最后，从发展趋势出发，全球化背景下的女性文学共同努力的方向不应只是种族内部的各自抗争和自我表述，而应加强沟通与融合，关注不同种族、民族之间的女性多元存在模式，并进行文学实践。由此，人类主流话语才能走出男权意志的单边误区，给予女性普遍意义上的性别尊重，把女性纳入到世界范围内的公平体系，实现真正意义上的男女平等。

综上所述，在全球化的大背景下，女作家应对“时代”“性别”“种族”等复杂问题进行深入的探索，并将女性在这些领域中所获得的权益及在整个社会文化中的“混沌性”用文学形式加以凸显。这是新时代女性作家应具有的文学激情的原动力。在这样的动力支撑下，女性文学必将在不懈的坚持和守望中成就一番美好的未来。

但是，面对女性文学的强劲扬帆，有一点需要强调：女性文学对女性的关注不能替代女性发展本身，女性发展最终将依赖于女性的自觉、自立、自省及社会对性别差异的担当，而这正是女性文学发展的终极含义。

（原载《外国文学》2012 年第 6 期，第 115～121 页，本文与张向荣教授合作）

让－保罗·萨特：存在文学与自由追寻

让－保罗·萨特（Jean-Paul Sartre，1905—1980），是法国著名思想家，20世纪西方存在哲学的主要代表人物，也是著名的存在主义文学家、剧作家、评论家和社会活动家。他把自己的存在哲学思想注入其文学创作之中，为20世纪西方文学注入了存在的生机与活力。在他所有的作品中，使他享誉全球的无疑是他的小说和剧本。正是这两种文学形式形象地阐述了他的存在哲学思想，并借助“介入”把这一思想贯彻到实践中。

一、介入文学与作家的使命

在萨特的文学创作中，介入文学突出地表现了其文学创作的时代特征。所谓“介入文学”，是指文学应该面对社会现实。他明确反对为艺术而艺术（art for art's sake）、为文学而文学的脱离社会现实的文学创作，而主张文学应揭露社会现实的矛盾。在1945年《现代》杂志的创刊词中，他明确提出了“介入文学”的观点：“在‘介入文学’中，介入在任何情况下都不应该忘记文学。……我们关注的应是通过给文学输入新鲜血液为文学服务，犹如试图给集体奉献适合于它的文学为机体服务一样。”①

早在《存在与虚无》这部哲学著作中，萨特就谈到过“介入”这个概念。他说：身体“不是别的，就是自为”。一方面，“身体是自为的必然特性：……身体必然来自作为身体的自为的本性”；另一方面，“身体正好表露了我的偶然性……身体表现了我对世界的介入的个体化”②。这种“介入”表现了萨特对个体存在价值的哲学思考，个体只有介入到社会生活中，其存在的价值才能得到真实的显现。后来，萨特又发表了一系列作品，发展了他的介入文学思想，例如，《什么是文学?》（1947）、《文

① 何林：《萨特：存在给自由戴上镣铐》，沈阳：辽海出版社1999年版，第196页。

② 萨特：《存在与虚无》，陈宣良译，北京：生活·读书·新知三联书店2007年版，第405页。

学能做什么?》(1964) 等。作为哲学家和文学家的萨特对当代意识的悲剧性、存在的理由以及知识分子的责任十分关心，他提出了写作的一些根本性问题：写什么？为什么写？为谁写？对于这些问题，萨特以一种完全介入的态度做了解答："文学不是消遣，也不是免费的游戏，对于选择了写作的人来说，同自己所面对的世界和现实做斗争，而且他有责任为所处的时代作见证，将内容和形式转化成物质和精神需求。"①

第二次世界大战的亲身经历使萨特懂得了必须介入，使他从追求个人的孤独的自由发展到把他人的自由视为个人自由的条件，使他认识到为一切人的自由而奔走呼号是一个哲学家的责任和历史使命。在萨特看来，言语即行动，这不是因为它准备了行动，而是因为它总是与某个计划同时产生，萨特借助"介入"的使命表明了自己在这个哲学经典问题上的立场。作为文学家，萨特深切地感受到，为艺术而艺术的教条是毫无道理的。一个好的作家必须热情地介入到火热的社会生活中去，他的真正工作就是"揭示、论证、暴露真相，把神话和偶像统统溶解于批判的酸性溶液中"②。在这种介入文学思想的指导下，萨特尖锐地批判精神分析的文学观是畸形的"自恋"，批判结构主义的文学观把作品解释为遵循作品内部规律的词汇系统是脱离社会现实的纯理论研究。

基于这种认识，萨特相信，作家的立场从来都不是中立的，它总是伴随着个人的选择和个人的喜好。因此，作家必须清醒地意识到自己的选择，他要通过自己的作品向读者宣扬的世界观负责。这一文学思想旨在将人的绝对性融于存在的具体性之中，从而使萨特的文学理论和他的哲学思想一样达到一个新的高度和深度。

面对残酷的社会生活现实，萨特痛切地感受到一个作家应该肩负的时代和历史使命。他说："对知识分子来说，介入就是表达他自己的感受，并且是从唯一可能的人的观点来表达；这就是说，他必须为他本人，也为所有的人要求一种具体的自由，这种自由并不仅仅是资产者所理解的那种自由，但它并不取消后者。这就是赋予自由一种具体的内容，使之成为既是质料又是形式的自由。因而，今天比任何时候都更必须介入。作家与小

① Pierre Brunel et al. *Histoire de la littératyre française* (t. 2). Paris: Bordas, 1977, p. 674.

② 徐真华、黄建华：《20 世纪法国文学回顾》，上海：上海外语教育出版社 2008 年版，第 294 页。

说家所能做的唯一事情就是从这个观点来表现为人的解放而进行的斗争，揭示人所处的环境、人所面临的危险以及改变的可能性。”[①] 当然，并非每一个作家和知识分子都会选择介入，萨特认为，这取决于个人从自身的立场出发所采取的态度和形成的意识。正如萨特所说，“介入”像一个“有的放矢”的人，而“不是一个闭上眼睛、盲目射击的小孩，仅仅为倾听爆炸声的快乐毫无意义”[②]。

介入文学的提出在当时的文艺界引起强烈的反响，这是因为当时“为艺术而艺术”的文艺思潮占有很大势力。对此，萨特曾明确指出：真正的作家不应回避社会问题，而应该勇敢地面对现实，积极地投身于解决社会矛盾冲突的火热生活中去。“对我们作家来说，必须避免让我们的责任变成犯罪，也就是使后代在五十年之后不能说：他们眼睁睁地看着一场世界性灾难的来临，可他们却沉默不语。”[③]

二、先于人类本质的存在与意识虚无的自由

（一）存在哲学的理性反思

萨特的哲学著作《存在与虚无》（1943）系统地展示了他的存在哲学思想。他说：“我为写《存在与虚无》做了很多笔记。其思想都是建立在我在奇怪的战争期间写的一本笔记的基础上，这些思想直接来源于我在柏林的那些年。”[④]

与胡塞尔和海德格尔相比，萨特的存在哲学的基本主题不是关注一般本体论和世界的一般结构，而是试图从存在问题入手找到生存的结构。他的存在哲学首肯“存在先于本质”的至上原则，认同通过对事物本身的描述去发现意识和本质的超验性结构的理论。在萨特看来，“存在与本质相对，后者是虚幻的、有争议的，或者说它只是一个哲学思辨的结果而不是出发点。在焦虑中所感知的最直接的问题就是存在。如果说‘绝对’

① 何林：《萨特：存在给自由戴上镣铐》，沈阳：辽海出版社 1999 年版，第 198 页。

② 徐真华、黄建华：《20 世纪法国文学回顾》，上海：上海外语教育出版社 2008 年版，第 155 页。

③ 何林：《萨特：存在给自由戴上镣铐》，沈阳：辽海出版社 1999 年版，第 199～200 页。

④ 同上，第 49 页。

不是不可逆转的话，那么它需要永久地被创建和征服”①。为了更好地理解萨特的作品及其哲学立场，我们有必要对其存在哲学思想做如下简要归纳。

（1）人是存在物，在他身上存在先于本质。萨特认为，存在首先就是自我的存在，没有自我的存在和在场，就不会有我的本质。如果没有当下的自我存在，任何自我理想都不可能实现。因此，人不是上帝创造的，人是自己的创造物。人创造自我，并在生活中创造未来的本质。

（2）世界本身没有意义，其意义是人赋予的。在萨特看来，世界是“自在”的，世界上的事物是那些被意识到的外界事物，只有通过“自为”的意识，才能对世界存在的意义进行解读。自在和自为是统一的，但这种统一必须建立在存在的基础上，只有通过行动才能创造世界永恒的价值。

（3）在存在的荒谬中寻求自由的解脱。萨特认为，当事物的存在不可为意识所把握和解读时，便表现为一种偶然性，从而使意识产生“荒谬感”。在《恶心》这部小说中，主人公罗康丹突然发现自己过去的生活没有太多意义，因此，他想通过“用事物来思想事物”的方法使自己脱离“言辞”叙述所赋予的意义。但是，存在的偶然性及其多余的特征却使想要发现生活意义的罗康丹失去了给予生活意义的基础，他感到“恶心”，因而感到存在是荒谬的。

（4）人是绝对自由的存在。萨特存在哲学所提倡的自由是“由自己决定自己去要求”的自由，即选择的自主。从这个意义上说，人的自由主要是意识领域的自由。例如，一个人虽然身陷囹圄，但他仍有谋划越狱和采取行动的自由。这种自由是绝对的，但其错误在于忽视了自由的现实性。因此，萨特在后来的《辩证理性批判》中对这种自由观又做了修正。

（5）为存在负责。一个人要想摆脱自己的宿命，成为自己的创造物，就必须对自己的存在负责。这是因为，一个人的存在，其存在的价值和尊严，都来源于自我的完全独立性和有意识的责任感。既然这样，人就必须做出选择，通过行动的介入为自己的选择负责。对于那些以外部的限制为由而拒绝承担自由选择的责任的人，萨特称之为懦夫。

（6）自由与善恶道德观。萨特把道德视为“集善与恶于一身的具体

① A. Lagarde et al. *Les Grands auteurs français du XXe siècle*. Paris：Bordas，1973，p. 601.

总体。因为没有恶的善是巴门尼德的存在，也就是死亡；而没有善的恶则是纯粹的非存在”[①]。萨特把善视为有利于人的自由的东西，而恶是有害于自由的东西。因此，确定善恶的标准是人的自由选择。故唯一可以对人的行为做出判断的不是行为的价值，而是其真实性，因为真实性会对我们的处境和行为负责。

（7）我与他人的关系。萨特把人的存在视为自为的存在与为他的存在的统一。虽然萨特在《禁闭》这个独幕剧中提出了“他人就是地狱”这个著名的台词，但实际上，萨特既承认我与他人的关系存在着冲突，又强调他人的存在对自我认识的重要性。因此，如果忽视人类的团结一致，那么每个人都可能被孤立。为了不使人陷入虚无，就必须通过“介入”选择一种“我们”的世界。

（8）“混蛋”逻辑。萨特认为，那些把自己的存在视为不可或缺的人，那些认为上帝的意志能够拯救世界的人，那些屈从于虚情假意的社会习俗、承认现有处境并接受上苍安排和现存道德的人都是“混蛋”。在很多文学作品中，萨特以某些主人公为范本，揭示了“混蛋们”的所作所为。其诙谐而又不失严肃的哲学推理是对当时社会世俗风貌的辛辣嘲讽。

（9）“恶心”与意识的觉醒。社会生活的重重压力使人感受到生活的沉重、世事的艰难，由此而使人产生心理上的厌恶感，使人恶心得想要呕吐。这虽然是一种不好的心理感受，却是意识清醒之人感受到的厌恶所带来的危机感。《恶心》中的主人公罗康丹说：“物体是没有生命的，因此人不该去碰它们。人生活在它们当中，使用着它们，用了之后又把它们放回原处。它们确实有用，仅此而已。但是不可忍受的是它们却碰了我。它们似乎是有生命的动物，我害怕和它们打交道。”[②] 显然，生活在这个既没有理性也没有目的的世界上，人们常常会自感多余。不是人要去触碰这些物体，而是这些物体强加于人。只有当人意识到这种不得已的时候，他的意识才开始觉醒，由此而通过自由选择来直面人生。正如美国存在心理学家罗洛·梅所说：“生活在未来就意味着跳进一个未知的世界，这就要

---

① 何林：《萨特：存在给自由戴上镣铐》，沈阳：辽海出版社 1999 年版，第 183 页。

② 徐真华、黄建华：《20 世纪法国文学回顾》，上海：上海外语教育出版社 2008 年版，第 159 页。

求有一定程度的勇气，这种勇气是没有直接先例的，也几乎没有人认识到它。”① 但是，萨特却是一个认识到它的人，一个通过恶心而产生清醒意识的人，一个有勇气面对生活挑战、开辟人生新航路的挑战者。

（二）自由之路的哲学通达

1945 年 9 月至 1949 年，萨特的长篇小说《自由之路》（三卷本）开始陆续出版。第一卷《理性的年代》讲述了中学教员马蒂厄为女友玛赛尔筹钱打胎的曲折经历。小说生动地刻画了不同人物的内心世界。拒绝与被拒绝、自由与决定、行动与懂事，所有这一切都表明，每个人都在进行自由之路的自我选择，但最后又发现自己并不比以前更自由。第二卷《延缓》以慕尼黑会议之后欧洲各国对战争的态度为背景，讲述了由此而发生的社会事件对马蒂厄及其朋友们的影响。萨特在介绍其写作意图时曾明确指出：“我的意图是写一部关于自由的小说，我想回忆 1938 年至 1944 年之间一些个人和社会集团所走过的道路。这条道路引导他们一直到了巴黎的解放，也许并没有达到他们自身的解放。但我至少希望在我只得打住的这个时期之前就让他们预感到什么是彻底解放的条件。”② 第三卷《心灵之死》以 1940 年 6 月法国战败为背景，描述了一些法国人所做的选择及其命运，主人公马蒂厄选择了奉献和抵抗。他通过开枪射击，冲破了过去世俗社会的种种羁绊，从优柔寡断和无所作为中脱身出来，以英雄主义的壮举实现了存在主义的自由选择。

在萨特的存在哲学中，自由是一个非常重要的主题。在萨特看来，每个人都拥有绝对的自由，因为自由是人拥有的战胜虚无的力量，因为萨特式的自由是以人为本而非建立在虚无的基础上。这种绝对自由主要包括以下内涵。

（1）自由的前提。人有一种能够超越其当下境遇的新的存在的可能性。正是由于人具有这种潜能，人才能通过自己的选择，通过对人生意义的探索和未来计划的设计来创造自身。人通过选择做出行动的决定，同时也就创造了判断这种行动的社会准则。由此可见，人对自己行为的选择就是对自己命运的选择，人追求完全自由的强烈愿望以及获得自由的感觉能

① 罗洛·梅：《创造的勇气》，杨韶刚译，北京：中国人民大学出版社 2008 年版，第 2 页。
② 萨特：《词语》，潘培庆译，北京：生活·读书·新知三联书店 1988 年版，第 211 页。

够帮助他们摆脱虚无的烦恼，从此他们便具备了取之不竭的创造力。从这个意义上说，萨特的存在哲学认为每个人都具有自我设计、自我选择、自由发展的创造潜能，而这种潜能的存在决定了人是绝对自由的。

（2）自由取决于责任。在萨特看来，自由就是人的基本活动能力，就是创造自己的存在和拒绝一切规定性。但是，这样的存在已经成为自为的存在，成为自己未来发展的存在。当个体做出自由的选择之后，他同时也就承担起为这种选择负责的重任。因此，一个人是否自由，并非取决于客观环境，而是取决于自己，取决于自己是否有责任感。这种责任感是通过自己的真实行为表现出来的。这是因为，真实的行为“能使人对其当前的处境负责，并通过行动来超越它”①。

（3）自由靠行动来实现。当一个人经历了自我意识中自由自在的想象，变成“自为的存在”之后，就会对现实的存在产生厌恶感，就会在这种内心体验的驱使下，运用惊人的创造力和主动性去创造自己的未来。从这个意义上说，实现自由选择的目标就一点也离不开行动。在萨特《自由之路》的前两卷中，主人公马蒂厄既是清醒的又是软弱的。一方面，他意识到自己是自由的，另一方面他又没有采取行动。因此，这两部书问世不久便遭到人们的指责。萨特在为此做辩解时明确指出：“我请求读者不要根据这前两部小说就匆忙对我的人物做出评价。……虽然我笔下的许多人物现在都显得极其怯懦，但他们将来会表现出英雄主义的行为的，而我想写的正是一部英雄的小说。只是与那些思想正统人士的观点相反，我认为英雄主义并不是一件轻而易举的事情。”② 所以，在《自由之路》的第三卷中，马蒂厄的英雄主义精神终于得以体现。马蒂厄经过激烈的思想斗争，终于决定加入到法国抵抗运动中。法国政府的投降更加激励马蒂厄所在的小队拒绝执行政府的命令，从而采取了奋力抵抗的行动。最后，同志们都牺牲了，只有他幸存下来。在只剩他一个人的情况下，他仍然在钟楼上顽强地开枪射击。“这是一次重要的复仇……他向人类开枪，向道德开枪，向世界开枪……向地球上一切美好的和他曾挚爱的东西开枪……他是纯化了的、全能的、自由的。”③

---

① A. Lagarde et al. *Les Grands auteurs français du XXe siècle*. Paris：Bordas，1973，p. 602.

② 何林：《萨特：存在给自由戴上镣铐》，沈阳：辽海出版社 1999 年版，第 87 页。

③ Jean-Paul Sartre. *La Mort dans l'âme*［M］. Paris：Galimard，1986，p. 193.

（4）绝对自由与完美自由。人生活在这个由类主体组成的世界上，他不应该是孤立的，而应该与客体在一起，与其他主体在一起。这种主体间性的相互作用构成个体自由的大背景。萨特认为，人的存在就是在这个世界上的存在，这种“在世”使人不可能脱离现实的世界而存在，人必定“在世”。但是，萨特又强调人的存在是“自为的存在”，在这个世界中，人是绝对自由的。这就使萨特的自由观不可避免地带上了矛盾色彩。一方面，他强调人的立足点是孤独、与世隔绝的；另一方面，这种与世隔绝的“虚无”又使人不得不与其他对象发生关系。在萨特看来，人就是在这样一种“内在性”与“外在性”的抗争中不断妥协。我们认为，个体的自由只有在人的自我实现的过程中才有意义，而且只有在自由的不断实现中才能赋予历史以意义。个人的绝对自由在某种意义上和人类的完美自由是密不可分的。但是，萨特的道德哲学却由于他对资产阶级社会、对人与人之间以及人的行为之间的等级差别的拒绝，以及对所有现存价值的拒绝，把完美的自由引向了否定和无为，自由也因此在改变命运的历程中显得那样力不从心。

总之，萨特以其存在的勇气向世人展现了当时社会的虚假、丑恶和人们的烦恼，号召人们通过行动介入到社会生活中，以为自己的命运负责的勇气昭示了一种积极向上的人生态度，至今仍有普遍的现实意义。

（原载《文心》2009 年 8 月第三辑，暨南大学出版社，第 1～7 页，本文与杨韵刚教授合作）

试论安德烈·布鲁希的文学批评观

假如用一句话来概括安德烈·布鲁希（André Brochu）的文学批评观念，那就是富于当代意识的批评态度和充满独立精神的艺术思辨。

文学批评的生命力在于它的当代意识，这种意识首先表现在批评家从什么角度去回答文学创作与现实生活的审美关系问题。安德烈·布鲁希认为：批评即探究作品的意义。① 他说道："如果现代文学，从内瓦尔、波德莱尔开始，重视的是深度，即人生经验的深度，海德格尔式的存在的体验的深度，那么，文学批评，从巴歇拉尔、普莱、鲁塞、巴尔特开始，也在探索作品的深层意义，它所关注的是主题和结构的辩证统一。"② 从广义上说，批评家必须通过对文学作品或者文学现象的阐释，关心和探讨时代与生活的潮流，研究和解释人与社会的演变；从狭义上说，批评家应该发现作家意欲传递的信息和已经传递的信息，因为"作家已经说的东西总是超出他想说的东西，而在每一个新的时代，这一超出部分总会在现代知识的启示下重新得到阐释。举一个简单的例子，索福克勒斯在创作《俄狄浦斯》时，给人们叙述了今天被我们称之为'恋母情结'的故事（当然还有其他的故事），但是，当时他对后人的这一理解一无所知。因此，我们可以这样认为，作家具有一种说其所想说的模糊的非自省意识，而想说则属于认识的范畴，属于明白的意识。另一方面，人们可以在'想说'的认识范围内，以对'想说'起包蕴、贯穿、超越作用的'已说'为出发点，对'想说进行阐述'"③。或许，在一些喜欢标新立异的批评家看来，安德烈·布鲁希的这一理论已经显得有些陈旧，但是，笔者认为布鲁希对阐释价值的理解仍然具有深刻的现实意义。

文学意味着人类对现实世界的反映与再创造。批评家在剖析各种作品和文学现象时，总要审视作家凸显生活和创造生活的广度和深度，总要借

① André Brochu. *L'instance critique*. Ottawa：Editions Lemeac，1974. p. 121.

② 同上，第84页。

③ 同上。

助自己的情感经验和理性思索，对建立于这些作品和文学现象之上的美学观念进行归纳和阐释，使之上升为一种思想，一种理论，从而确定它们的艺术价值。但是，文学批评中的美学观念不是一成不变的教条，文学作品，无论是古代的还是现代的，必然会在时代的发展趋势、社会的文化氛围、读者的审美意识和心理机制的作用下发生价值意义的嬗变，把文学作品在新的历史条件下，在新的视角中"正在说"的东西剥离出来，使它所包含的美学意义和社会意义从一个已经确定的符号系统上不断地向新的层次过渡，使它的外延不断地向新的层次过渡，使它的外延不断地成为新的内涵，从而成为新的能指。今天，被中外商业界、企业界的有识之士视为"圣典"的《三国演义》《孙子兵法》，不正在经商之道、用人之道、成功之道上给人以新的启迪和教益吗？

文学创作并非对社会生活的直观反映，并非对世态人心的机械重复，阐释也不应该仅仅是批评家的主体对于文学作品或文学现象这一客体的情绪激动的体验。爱克曼在《歌德谈话录》里引述歌德的话，说："艺术家对于自然有着双重关系：他既是自然的主宰，又是自然的奴隶。他是自然的奴隶，因为他必须用人世间的材料来进行工作，才能使人理解；同时他又是自然的主宰，因为他使这种人世间的材料服从他的较高的意旨，并且为这较高的意旨服务。"要认识歌德所说的"较高意旨"，光靠主观意识在情感活动中对客体的把握是远远不够的，批评家的阐释应该把情感经验置于理性思索的框架中，才能客观地分析作家的审美态度，理解作品在哲学、社会学、伦理学、心理学或者语言学等方面所呈现的意蕴，从而揭示作家所推崇的思想境界或艺术境界。因此，阐释并不是传统的文学批评的代名词，作为一种认识方法和研究手段，它涵盖了各种不同的批评方法。符号学派试图通过阅读和语言的中介，让读者领悟作品所具有的自身的意义；结构语言学派相信艺术品中的一切，包括它和外部世界的关系，都可以按符号和意义的概念进行讨论；精神分析学派则力图解释作家与读者的审美心理，他们的推论有时近乎荒唐，但是不乏新意。试问有哪一家新批评学派能舍弃"阐释意义"而对作品评头论足呢？可见文学批评的当代意识并不在于方法本身，更不在于使用几个新术语、新名词，而在于思维方式的根本革新。

审美价值系统的二元对立是安德烈·布鲁希文学批评观念中的另一个显著特点。

布鲁希对作品的处理往往涉及认识论中的二元对立现象，无论是评论作家所运用的创作技巧和小说的内在结构，还是分析人物塑造的性格特征和心理意识，或者在他的论著《雨果：爱情——罪行——革命》中，他都着眼于超越文学本身提供的价值标准，通过审美比较，显示事件、人物的对立形态，使人们对于文学的认识进入一个新的范畴。布鲁希的这一观察方法与魁北克的社会发展与公民意识的觉醒有一定的联系。20 世纪 60 年代是加拿大的文化“复兴”时期，文化的进步推动了魁北克社会的急剧变革。人们在思想上崇尚自由，力图挣脱天主教教会对社会生活的控制和束缚；在政治上，争取独立自治的呼声日益高涨，人们决心同统治百年的“殖民情绪”彻底决裂；在文化领域，文学家、艺术家、批评家们竭力创造一种独立的、具有北美风格与特色的加拿大法语文学，以便让魁北克的文学、艺术作品从法兰西文学的灿烂华盖下脱颖而出。这是一种历经数十年蕴蓄而一朝爆发的革新运动，人们的不满与希望，彷徨与呐喊，随着形形色色的思潮和色彩纷呈的艺术形式一齐涌现。

意识的觉醒动摇了旧的思维观念和伦理基础，但是社会的演变却并没有为人类提供现成的新的价值观念和内容，于是在传统的道德精神和当代的行为方式之间便产生了冲突，于是价值观念的二律背反便成了一个显著的社会现象，无论在现实生活中还是在文学创作中，这一形象俯拾即是。比如，当不发达国家的贫困群众赞叹科学技术给社会的发展带来的巨大进步而企盼工业化时，发达国家的环境保护主义者却在诅咒现代文明给生态环境造成的破坏；当存在主义文学大师萨特在他的哲学著作中宣扬“他人即地狱”，要求人们按照个人的意志，通过绝对的自由与选择责任塑造自我时，他在文学理论方面又主张摈弃自我，为我们的时代写作、为社会全体写作。可见，不论是生活还是自我，都包含着多种属性的矛盾，接受或拒绝，容纳或排斥，肯定或否定，人类对于大千世界的判断和自身命运的思考往往表现出一种模糊的踌躇心理，一种价值的肯定常常会引起某种相反价值或某几种不同价值的共鸣。这种二元对立命题足以使读者在决定价值取向时发生困难。安德烈·布鲁希正是抓住了这种困惑，人的困惑（因为人的性格本身就是矛盾的组合），时代的困惑（对立因素无处不在），力图通过主题、结构、人物、环境所传递的怀疑与思考，去揭示事物的对立统一法则及其变化、发展的历史趋势。

价值的权衡不定，逻辑的二律背反，无疑为探讨文学自身的经验世界和价值含义提供了一把更宽广的尺度。布鲁希认为，批评家不能让一种固定的观念限制自己的文学作品，批评家没有权利发表总结性的意见，更不可能用自己的价值观去解释一切。事实上，并非一切事物都有一个明确的答案，更何况真、善、美的现实含义和价值内容必然随着时代的发展和社会的进步而发生变化。二元对立、比较的批评方法为文学研究开创了一个广阔的思维空间，为文学审美价值设计了一个新的认识范畴，情感与理性终于有可能在艺术传达的过程中归于统一。这一批评方法虽然不是布鲁希首创，但是他在这方面所从事的理论与实践无疑为魁北克新批评运动的发展做出了积极的贡献。

“现实化”是布鲁希文学批评观中的第三个特点。20 世纪 60 年代以前的批评界似乎一直有一种倾向，即历史与现实泾渭分明。一方面是高等学府的学者、教授，他们把目光更多地投向过去，投向历史的文化遗产；另一方面是记者和专栏编辑，他们关注的焦点则是社会现实，是社会现实中的人和事。布鲁希超越了时间对作品造成的阻隔，对他来说，作品的现实意义并不取决于它的成书日期，而在于它能否激发读者的艺术思考和审美联想。批评只有不断地“发现”作品——无论是过去的还是现在的作品所蕴含的价值内涵，才能将文学自身不朽的丰富内容，将它跨越时空的、尚未被人们认识的秘密展现在读者面前。文学是联结人与社会、人与生活的一条特殊的纽带，当批评家把作品充满现实意义的价值观念和美学观念从凝聚着社会历史、心理文化、哲学思想和文体风格等多种因素的文学作品中蒸发出来时，读者的精神也就可能在阅读与思考中得到升华。

在布鲁希的思维意识里始终存在着两股激流。一股代表清晰，即意识的清晰，另一股代表质疑，即思维的质疑。意识的清晰首先反映在批评家对时代脉搏和社会变迁的把握上。20 世纪 60 年代初期，布鲁希便积极投身于魁北克要求变革、要求创新的新文学、新批评运动，他的这种追求改造现实的激情很快转化成一股十分强烈的创作冲动，他鄙视平庸，鄙视文学领域的因循守旧。1963 年，正是他走进文学创作殿堂的最初岁月，他宣称：“从今以后，文学批评要么是智慧的，要么相反。”我们看到，在批评家的主体意识里已经具有一种超越的冲动，即走在新批评运动前列的冲动。布鲁希正是用这种积极的态度，去发现、感悟时代与生活中那些尚未被其他各阶层人士所发现、所感悟的东西，用一种脱胎于旧传统的新理论与新观念去滋养那蓬勃发展的新文学和新批评运动。这种清晰的超越意识表现在批评家对创作的态度上，便是积极的思考和质疑，对旧的、传统的文学观与批评观进行思考和质疑，以便使自己和读者从几十年文化积淀的束缚、限制中解放出来，从根深蒂固的“殖民情绪”中摆脱开来。当批评家一旦突破了文化的封闭性，一旦突破了文学批评中无所作为的思维惯性，他对人类、对社会、对艺术创作也就产生了一种新的、更深刻的理解，批评家的主体意识里由此而升腾起一种崇高的使命感，或曰忧患感，他就不再满足于继承，总是努力朝前突进。这样，他的艺术创作同社会现实、同人类的境况也就更贴近了。

一部有价值的文学作品，由于用不同的意识去观照，会产生各不相同的艺术效应。在布鲁希的评论世界里，我们看到的不是某些早已熟悉的观念的重复组合，而是一种不无新意的艺术思辨，它熔铸在批评家所构造的艺术境界里，把人们对历史、对现实的认识推向一个新的阶段，或许这正是安德烈·布鲁希的不同凡响之处。

（原载《加拿大文学论文集》第2卷，陈宝宗主编，译林出版社，1993年3月，第204～210页）

城市感悟派诗人皮埃尔·内佛和他的诗

皮埃尔·内佛（Pierre Nepveu）1946年生于魁北克的蒙特利尔市。加拿大当代著名诗人、小说家、评论家和随笔作者。内佛曾于20世纪60年代末赴法国蒙彼利埃市研修法国文学，70年代初回国，先后在舍布鲁克、温哥华、渥太华等地的高等学府任教。1972—1975年间，他是魁北克诗歌杂志《省略》（*Ellipse*，主要介绍、评析外国诗歌）的主要组织者之一；从1976年起，他先后为《魁北克文学》和《螺旋》（*Spirale*）主持诗歌专栏，并与罗兰·马伊奥合作，出版了《魁北克古今诗选》；从1978年起，他在蒙特利尔大学任法语教授，并于近年出任蒙特利尔大学魁北克文献中心主任。

皮埃尔·内佛首先是一位城市感悟派诗人，诗人凭借其对都市社会——那些像触角般向四面八方延伸、充满动感而又不乏令人沮丧的社会新闻的北美都市所特有的体验，同现代文明中迅速蔓延的真实匮乏症进行不懈的斗争。真实淡化了。这是一种什么样的真实呢？它不仅蕴含着丰富的信息和分散的经验，还包括那冲淡人的生存本质和生命意义的荒诞的富有。内佛的诗没有回避这一新的事物形态，不过，他拒绝通过传统的抒情性的表达方式使其理想化，更不主张借助任何形式的非结构，使这个难以辨认的世界感到荣耀。相反，诗人主张置身于现代社会的事物形态中，观察它们的发展与消亡，从而认识捕捉萦回于心胸的激动、灵感和思考，记录并诗化浮现于脑海的语汇、符号和节奏。

内佛的诗并不十分拘泥格律，恪守章句，因此，他的诗往往带有散文的韵味。而他的散文又每每散发出诗的芬芳。也许这是诗人的艺术气质使然吧，这也正好反映了他对诗化的艺术思辨的癖好！

内佛善于把诗人敏感的人文热情与现代文明的文化意蕴、工业化社会的价值判断有机地结合起来，在对时间、生命、理性与非理性的审视中，探究人类的状况，表现人类的真实存在。内佛对“诗与真”的追寻不仅仅是艺术家内心观照的个人经验，从某种意义上来说，也正是西方现代诗学自身变化、发展所面临的问题。内佛反对诗逃避社会现实，反对诗沉溺于纯艺术而孤芳自赏。他主张，诗人的艺术思辨应该直面人生，直面社会，直面现实，通过荒谬的非理性的艺术逻辑，去表现一种积极的审美价值。

下面这两首诗颇能反映内佛的这一艺术见解。第一首《时间》（标题为笔者所加）译自诗集《肉色》，1980 年由六边形出版社出版；第二首《周末》译自《快速路》，选自《魁北克诗人》，1982 年 3—4 月号。

时　间

时间不认识自己的猎物
它们在一次糟糕的旅行中跌倒
岁月碾碎了骨头还有忧伤
鸟儿悬挂在时光的风中
悬挂在光亮的大厦
非物质的
时间不喜欢自己的受害者
把他们抛入深沉的黑暗
幻想中的生存
时间审视着他们的气流翻腾
用那乏味而没有密度的永恒
神经在乱纷纷地诉说
命运辗转反侧
露出脆弱
显现色情的或博学的优雅
猎物逃脱了回到树林
回到变幻无常的激情
回到被匆匆岁月化作虚无的居所
（禁锢的阳光鸽子飞出牢笼
它们的洁白得到满足）
身体或许知道自己的能力
时间不会把

他的行为举动
那充满美感的成熟
带进天堂

(*Couleur chair*, *Ed. De l'Hexagone*, 1980)

周末

路树继续迎接着疯狂的汽车
水沟里死者屈指可数
面对一摊摊新鲜的血迹
幸存者悚然不动
庄严的屠杀
撕裂的尸首摆成星形
砾石上布满汽油燃烧的痕迹
受难者的血染红了青草
有人经过脸上堆着苦涩的笑
有人经过想给垂死者慈悲的一击
有人玩味着这幅画
有人害怕了一小时后也猛撞在树上
有人不在现场他停息凝视步履沉重
向他的小女儿提出问题并予以解答
他浑身燥热神经有点儿紧张
他想血总能找到出路
会让你在遇上第一好运时便猝然倒地
拿着进入泥土的钥匙
卑怯地倒下血溅污了墙
不惜一切代价寻找自由
他步履沉重
他想我一定得在
孩子们累了热纳埃夫不喜欢凝固的血
难忍的眩晕难忍的炎热

“野马”的残骸拥抱树干
脸破了流着血还有发烫的水
身裂了钢板在痉挛
美丽而悲哀的碎片——驾驶错误的德行
创造了瞬间的艺术
我浑身燥热可是我不想进去
在我明白怎么回事以前
有人经过并做了记录：
一辆小车在圣－让撞树——
4 人死亡

(*Voies rapides. Poètes de l'Identité québécoise. Mars-avril*, 1982)

内佛的这两首诗写出了现代人对时间和生命的关注与忧虑。

时间和生命是对立的统一体。

生命为时间提供了存在的价值，而时间又使生命的延续和终结成为可能。人们常说时间是宝贵的，生命是美丽的，但同时时间又极端苛刻和残忍，尤其对生命。造成生命终结的因素很多很多，但是，从终极的角度看，有一点却是共同的，那就是：时间。时间是什么？它飘渺无形，可言传意会但无法触摸；它转瞬即逝，永不重复；它不就是我们正在丢失的分分秒秒、岁岁月月？时间像肿瘤在每个人的体内缓缓扩散，面对时间你别无选择。因为时间不能回避，无法摆脱，因为它属于永恒。而生命则脆弱、短暂，因为它属于死亡。所以，从这个意义上说，生命的悲剧源于时间与生命的不等式。于是，哲学家们讨论人与物的异化，文学家们诉说世界的荒诞。可是，人毕竟是有别于其他任何动物的，富有理性的意志的族类。人类必须做点什么！必须征服荒诞，把握命运，让时间记载人类文明的辉煌而不只是演示死亡。

早期的马尔罗主张用革命和行动赋予生活某种意义，到了晚年，他崇尚艺术，写下了“小说就是反命运”的醒世名言；尤奈斯库、贝克特针锋相对，用文学的荒诞来揭露现实的荒诞，催人深思，从而认识周围世界的真面目；加谬、萨特用存在主义与命运抗衡，生命的过程不应该是虚无，对“命运决定”论的反抗将使生命摆脱时间的桎梏而走向永恒，荒诞也将因此而显得无可奈何；普鲁斯特则干脆用时间作为他所创作的七卷巨帙的主角，对流逝如川的冥冥时序进行了一次破天荒的征服；内佛的诗情中显然渗透着欧美文学、哲学大师们的笔意。他的诗表现了当代西方社会中人与现实两者关系的严重失调及由此而产生的沉重的危机感。无论是《时间》还是《周末》，诗人运用象征、夸张、怪诞的手法，描绘了人类在荒诞的现实世界中的尴尬处境。时间的主宰，敌对的环境，似乎逼得人无路可走，且不说"岁月碾碎了骨头"，就连物体也对人毫不留情，"风""树""汽车""速度"不仅没有为人类服务，反而成为威胁人类、剥夺生命的工具。这种人与物的尖锐对立，人与物隶属关系的错误颠倒，突出地反映了人类在工业化社会中的受制感和无能感。而对被压迫、受威胁、遭灾难的命运，现代人承受着一种难以名状的精神重负。

内佛的诗有一种明显的都市情绪，它表现了现代文明都市人较为普遍的心理状态：忧虑、苦闷和彷徨。这无疑是当代西方文明中社会危机和精神危机的折射。笔者选择的这两首诗虽然都属于直接描写现实或社会题材一类的作品，但是，由于诗人通过现实阐释了他的哲学思想，因此，作品中充满了象征和寓意：时间的过去归为历史，现在正在消逝，未来捉摸不定，死亡随时降临。或许这就是当代西方人在工业化和物质文明与传统的价值标准、道德观念分道扬镳后无所适从的心态。

读内佛的诗仿佛一下离开了嘈杂的市声，从污染中解脱出来，进入了一个发人深省的静寂的世界。内佛的诗提出了问题，把答案留给读者去寻觅，让读者在追求与思考中受到启迪，这大概就是作为艺术的美学形式的不朽之处。

（原载《加拿大透视》1994 年第 8 期，第 57～60 页）

雨果、缪塞、乔治·桑

——浪漫主义文学大师的感情世界

诗人重情，且多为女性咏唱。

诗人的笔犹如感情的闸门，宣泄着爱的追求、爱的欢乐、爱的痛苦。雨果的《沉思集》便是一部内容丰富、色彩浓郁的抒情诗集，它包含了1830—1856年间诗人的身世际遇和悲愁感兴。诗人把26年的梦想和希望、26年的感情和思考统统浓缩进了这一部诗集的《昔日篇》与《今日篇》中。诗人的目光凝视着无限，那是没有边际的时间和空间；诗人的思维停留在永恒，那是无以衡量的人间真情。《昔日篇》中的一首小诗《丽斯》是写给诗人青梅竹马的儿时女友的，表现了一种寻找理解、友谊和爱情的热望。那通俗流畅的语言，像民歌般朴素自然的风格，把少男少女情窦初开的天真与无邪点染得有声有色。

她提到我就说：他是个孩子！
而我总是叫她“丽斯小姐”。
在教堂里，为了给她译一首圣诗，
我常常把头埋进她的书本；
终于有一天，上帝啊，您是见证！
她如花的面颊碰上我发烫的嘴唇。

初恋的花蕾啊，你开放得这么快！
你是心灵的晨曦与黎明。
神奇的喜悦，你让少年倾倒！
当痛苦伴随着暮色降临，
请让我们着迷的灵魂依然沉醉，
初恋的花蕾啊，你开放得这么快！①

① 雨果：《沉思集》，巴黎：通用出版社1972年版。

诗人的追忆充满了初恋的温存和激动，从他的不假藻饰的吟哦中，从他的情意绵绵的叹息里，我们听到了诗人对远逝的青少年时代的柔情、幻想和痴狂的怀念。然而，雨果用情最真、动情最深的诗作，却是《沉思集·今日篇》中他为大女儿莱奥波蒂娜写的那些作品。

莱奥波蒂娜是雨果的掌上明珠，她 18 岁结婚，可是婚后 7 个月（1843 年 9 月 14 日）在游览塞纳河时不慎落水身亡。她的丈夫纵身塞纳河中搭救爱妻，结果也溺死了。闻知噩耗，诗人悲恸欲绝。从此，极度的哀伤常常把诗人带回过去的岁月，他从深沉的缅怀中重温失去的天伦之乐。在《她在童年就养成了这个习惯》这首诗里，诗人把女儿孩提时代的笑貌音容、动作神态一一摹写，自然地流露出父亲思念亡女的伤感。

> ……
> 她爱上帝，爱鲜花，爱星星，爱青草地，
> 童年时她就那么聪明伶俐。
> 眸子里闪动着她的灵魂晶莹明亮，
> 她常常问这问那，向我询问整个世界。
> 啊！多少欢乐而迷人的冬夜，
> 我们谈论语言、历史、语法，
> 四个孩子环绕膝下，他们的母亲
> 偎在身旁，几个朋友围着炉火闲谈！
> 这样的生活，我称它简朴圆满！
> 谁知她竟去世！唉，上帝保佑！
> 以前每感到她在伤心，我就那么难过；
> 假如出门时发现她眼里有片阴云，
> 即使在最愉快的舞会我也愁绪满怀。①

每逢爱女忌辰，诗人总要亲自为安葬于阿夫勒的亡女祭扫。下面这首诗记述了雨果第四次为女儿上坟时的心情。从巴黎到位于塞纳河下游的阿夫勒有 35 公里的路程，朝发巴黎，夕至墓园，约需一天时间。明天就要出发为女儿扫墓了，作者自叹自诉，那沉郁而悲哀的心情是多么凄楚

---

① 雨果：《沉思集》，巴黎：通用出版社 1972 年版。

感人。

明天拂晓，当原野迎来第一片曙色，
我就出发，我知道你在默默地等我。
穿过树林，翻过山冈，
我不想在远离你的地方久久耽搁。

我踽踽独行，忘记了整个世界，
唯有对你的思念萦绕胸间，
我弯着腰，抄着手，举目无亲，
悲哀把我的白昼染成黑夜。

我无心欣赏坠落天际的金色夕阳，
我无心远眺驶向阿夫勒的点点白帆，
当我来到你的墓前，我将献上，
一捧葱翠的冬青，一束盛开的欧石南。①

同雨果相比，缪塞的气质与风格属于另一种类型。雨果的诗千锤百炼，或气吞山河，或缠绵悱恻，令人敬仰和赞叹；缪塞则不然，他靠自己的艺术直觉，信笔写来，有时色调凄迷，有时活泼艳丽，字里行间每每渗透着一种不可抗拒的诱人魅力。雨果是伟人，不犯错误是他的处世原则，他以艺术家的魄力和政治家的胸怀，把浪漫派作家、艺术家团结在自己的周围，他是无可争议的领袖。缪塞则首先是一名诗人，他坦白地承认自己的弱点和错误。他的冷漠孤傲、愤世嫉俗的态度，他的懒散自负、放荡不羁的性格来自他的贵族的秉性。他借文学以自娱，直抒积郁于胸的爱与恨、失望与期待，艺术是他的生命，诗歌是他的灵魂，他的才气与灵性使他成为巴黎社交界的宠儿。然而，在他的诗篇里，在他的灵魂的镜子里，我们不难发现诗人感情世界的脆弱和精神上的彷徨。1833 年 8 月 15 日，叙事诗《罗拉》在《两世界评论》上发表。综观缪塞的作品，没有哪一部比得上《罗拉》更能代表诗人在这一时期的心态了。雅克·罗拉是巴

① 雨果：《沉思集》，巴黎：通用出版社 1972 年版。

黎的纨绔子弟，他没有理想，没有工作，对什么事都嗤之以鼻，终日眷恋于骄奢淫逸的放荡生活。他把父亲留给他的薄产分成3份，用以维持3年的挥霍，并打算在囊空如洗之日结束自己的生命。3年后的一天，他把最后一枚皮斯托金币付给了年仅15岁的妓女玛里翁。次日清晨，他告诉玛里翁他决定了此残生。为了挽救这位年轻的浪荡子，善良的玛里翁慷慨解囊。但是，死亡是无法用金钱赎买的，罗拉终于在爱的热吻中服毒自杀。玛里翁的房间似乎就是那个社会的缩影，挣扎在社会底层的妓女用真挚的爱心赎回了自己纯洁的灵魂，而放浪形骸的公子哥儿们则从另一个角度证明了社会的败坏。可是，在缪塞的眼里，罗拉不仅仅具有唐璜式的堕落，他还拥有浮士德式的崇高，因为这个高傲而怠惰的青年渴望自由。从罗拉身上，我们似乎看到了诗人对自由的不无偏颇的注解：摆脱束缚，否认权威，拒绝一切责任和义务。罗拉死了，诗人甚至怪罪于老伏尔泰，因为他崇尚理性。

> 老阿鲁埃，你看见了吗？那个充盈着生命的人，
> 他的热吻印遍了那娇美的酥胸。
> 可是明天他将长眠于窄小的墓穴，
> 你的眼睛里是否有一点儿羡慕？
> 安静吧，他读了你的书，可一无所获，
> 没有安慰，也没有希望的光辉。

在罗拉抑郁不平的嗟叹里，诗人那忧愤于胸的绝望自见于言外，因为上帝已经死亡，因为信仰已没有基础，甚至连希望也不复存在！

在缪塞后期的创作生涯中，乔治·桑的影响十分重要，甚至可以说是这位喜穿男装、爱抽烟斗、下笔千言但又不乏女性的细腻与温柔的浪漫派才女改变了诗人的创作格调和精神面貌。

乔治·桑和缪塞结识于1833年春《两世界评论》举行的一次晚宴上，这一年缪塞23岁，乔治·桑比他年长6岁。诗人潇洒脱俗的青春才华和桑别具一格的气质一拍即合。为了找一个接近这位女作家的机会，缪塞第二天即阅读了乔治·桑的新作《印第安娜》，并当即以诗代信，向她畅叙了感情的心曲。

桑，当你写这本书时，可曾在何处见过，
这一骇人的情景，半裸的努恩，
与雷蒙沉醉在印第安娜的床上？
谁向你口授了这一页发烫的文字，
字里行间，颤抖的情臂，
徒劳地寻找爱的幻影？
你的心中是否已有这不幸的体验？①

从此，缪塞成了马拉盖沿河街乔治·桑寓所的常客。乔治·桑对缪塞的爱始终融合着母亲般的关怀和情人式的眷恋。她对这种恋情的理解大胆而富于哲理，她在给缪塞的一封信中这样写道："我的朋友，愿上帝保持你现时的心境与精神状态。爱情是一座圣殿，那是恋人给一个多少值得自己崇拜的对象建造的。殿中最美的倒是祭坛而不是神灵。为什么你不敢去冒冒风险呢？无论崇拜的偶像是长久树立抑或转眼间便告粉碎，但你总算建立起一座美丽的殿堂。你的心灵将会寄托其间而且将会令其圣香缭绕。像你这样的心灵想必会产生伟大的作品。神灵或许会更换，而神殿将与你长存……"② 他们的爱终于趋向成熟。然而，这一对年轻情侣的意大利之行却过早地粉碎了双方在彼此心目中刚刚建立的美丽殿堂。

据传记作家们所述，1834 年 2 月上旬，病中的缪塞突然从床头的镜子中发现，一周以来日日夜夜看护着他的乔治·桑正在和为他治病的意大利青年医生帕杰罗拥吻。诗人无法忍受感情的欺骗，他痛苦地呼喊：女人啊，你的名字是背叛！感情的反复和经济的拮据已使乔治·桑心力交瘁，精神上的折磨更使因为缪塞的病而滞留异乡的少妇心生怨艾，她愤然反驳：男人啊，你的名字是脆弱！

缪塞和乔治·桑在度过了两年的爱情生活后终于分手。热恋的甜蜜和分离的痛苦使诗人变得成熟，他的笔下不再仅仅是青年人那骚动不宁的本能，不再仅仅是波谲云诡的情场、情天恨海的人生。他开始描写纯洁的友谊和忠诚的爱情。1835 年 4 月，他和乔治·桑最后决裂。第二年 1 月，他发表自传体小说《一个世纪儿的忏悔》，书中的女主人公皮埃松夫人简

① 莫里斯·托斯卡：《乔治·桑的伟大爱情》，巴黎：米歇尔出版社 1980 年版。
② 余秀梅：《乔治·桑情诗选》，黄建华译，桂林：漓江出版社 1991 年版，第 118 页。

直就是理想化了的乔治·桑的画像，作家只是隐去了他们关系中不光彩的欺骗和背叛罢了。

这是一对艺术圈子里的才子佳人，他们犹如伊甸园里的亚当和夏娃，偷吃了智慧树上的禁果，两颗卓越的心灵碰撞出天才的火花，在经历了爱的眷恋和恨的痛苦后，两个艺术家都完全成熟了。她的坚强和爱心在缪塞脆弱而容易冲动的感情里注进了力度和宽容；她的坦率和自然在缪塞冷漠和自以为是的意识里增添了热情和诚实。从此，缪塞告别了昨天的狭窄和自私，心胸里冲动着一股摆脱了束缚、超越了自我的智慧的力量。他似乎找到了写诗的真谛，在《十月之夜》里写下了“人是徒弟，痛苦是老师，不经历痛苦谁也不能认识自己”的名句。他那一系列不同凡响的作品，特别是著名的“四夜诗”（即《五月之夜》《十月之夜》《八月之夜》和《十二月之夜》）就是在和乔治·桑决裂后的几年间写成的。诗人治愈了心灵的创伤，终于把最大的失望和痛苦谱写成最美丽的歌。

作为文学家，乔治·桑缺乏缪塞般的男性的艺术直觉，缺乏修养有素的推理能力，作品显得不够简洁洗练。在缪塞的浪漫气质影响下，她学会了喜爱形式。诗人敏捷的才思使她在和谐纯净的风格里创造出斑斓的色彩和活泼的生机。从此，乔治·桑的审美力得到了醇化，她奉献给读者的小说世界充满了一种天真纯朴、田野牧歌式的美。

是的，艺术家们私生活中的是非恩怨不必详考，倒是从他们的心灵里产生的伟大作品凝聚着更为丰富、更为深沉的内涵。神灵可以更换，但是，艺术家们创造的灿烂的文化圣殿与世长存。

（原载《外国文化研究丛书》，华南理工大学出版社，1997 年，第 53 ～ 60 页）

深情的土地

——试评《陈尸台》的艺术特色

现实主义文学的强大生命力在于它按照生活的本来面目塑造有血有肉的人物形象，表现人物复杂的性格和坎坷的命运，刻画人物的精神面貌和道德世界，使读者从对作品的评赏回味中领悟生活的真谛。法国当代著名作家马塞尔·埃梅（1902—1967）的成名之作《陈尸台》以其浓郁的生活气息、各具特征的人物个性和通俗生动的语言特色赢得了广大读者的欢迎（荣膺1929年法国勒诺多文学大奖）。

小说描绘的是第一次世界大战结束后法国乡村生活的一个侧面。故事说的是，青年农民科恩德从集上买马回家，发现妻子奥莱莉已悬梁自缢。岳父母因女儿溘然投环而迁怒于科恩德，四处散布谣言，并挑拨他同旧日的朋友布雷加尔的关系，谎称布雷加尔蹲了6个月班房系科恩德作祟所致，并诬陷科恩德同布雷加尔的妹妹让娜关系暧昧。布雷加尔信以为真，煽动一些人去教堂闹事，企图在奥莱莉的葬礼问题上大做文章，加罪于科恩德。这时，让娜仗义执言，力排众议，终于平息了一场葬礼风波。

年轻、美丽的让娜对科恩德曾有过爱慕之情。奥莱莉因对生活厌倦而自杀甚至使她感到几分快慰，对未来的爱情生活的憧憬使她自觉地站在她哥哥的敌人一边。可是，在布雷加尔的眼里，他们的爱情是不能容忍的。殊不知，让娜的反抗意识，使情窦初开的乡村少女的炽烈爱情反而因此而发展开去。于是布雷加尔决定杀死科恩德以了结旧恨新仇。

妻子新亡使科恩德的心里一片惆怅。突然，纯洁无邪的让娜闯进了他的生活，似乎给他的精神带来了某种安慰。为了避免亲者相斗的不幸事件，科恩德偕让娜去都尔城暂住。然而，农民不能离开土地恰似鱼儿不能离开水，他终于无法忍受饱食终日、无所事事的生活的折磨，重新回到了土地的怀抱。

时值麦收季节，科恩德有一块叫作“陈尸台”的麦田，靠在布雷加尔家附近的树林边，他揣测，布雷加尔可能会在他去麦田收割时从林子里向他开枪。为了摆脱令人惶惶不安的等待，科恩德带上猎枪去“陈尸台”

接受命运的裁决。布雷加尔果然隐匿在林中，于是双方对射，不幸击中受让娜之托前来平息械斗的老人卡比塞。老人之死终于使他们恢复了理智，双方言归于好。

这一类痴情男女的爱情故事，中外文学作品中并不少见，作家往往从情人的角度去表现爱情的缠绵悱恻，爱情的痛苦忧郁。《陈尸台》却不然，作者的主要笔墨没有铺洒在主人公的爱情波折上，而是通过一群善良、朴实、勤劳、心怀坦荡的普通农民形象，从几个不同的侧面，展现了一幅幅引人入胜的民俗画、风情画：广袤的平原，浩瀚的森林，静谧的教堂，喧哗的乡村咖啡馆。他们在这里耕田、伐木，日出而作，日落而息。他们甚至流于保守，显得平庸，“对政治漠不关心，且跟不上时代的步伐，总要落后一二任总统的时间。到了1914年，他们以为还是卢贝[①]当总统呢！”他们有时也偷猎、走私，还惯于豪饮，而且一旦遇到纠纷，他们往往诉诸武力。他们世居在这块与世隔绝的土地上，有着自身特有的生活方式、道德标准和行为模式。物质文明的发展，外部社会的种种变迁，似乎都没有给这个小小的乡村带来多大的冲击，那里依然是第一次世界大战前的景象和气息。某个内阁的倒台或组成都不会使任何人惶惶不安。他们离权力中心太远了。不论谁当总统，人们都得不到丝毫实实在在的好处。他们所关心的是麦子和牲口，不论是在塞西聂村，还是在康塔格莱尔村，谈话总是以每天的劳动、各人所了解的地方上的情况为内容。甚至谈论天气的晴雨变化也并非无关紧要的闲聊，因为气候同农民的经济收益息息相关。

这样的生活节奏和情调同第一次世界大战后被法国人称为“疯狂的年代”的大都市生活形成鲜明的对照。战后，资产者为了忘却战争的余怖，在生活上更讲究自由，更追求享乐，更崇尚时髦。可是在社会的底层，那些普通得连一点特色都没有的乡下人、那些历来被上流社会所蔑视的林区居民，正在为家庭的温饱而奋力挣扎。他们没有被命运的任何打击压得抬不起头，没有沮丧，没有失望，他们一放下打击侵略者的武器，就驾起马车、扛着斧子踏上了孕育着无限生机的绿色的田野和森林。显然，作者描绘的不仅仅是一帧帧别有情趣的乡村风尚画，透过这些朴素的画面，我们还仿佛看到当时法国社会本身存在的层次，以及生活在社会下层

① 卢贝（Emile Loubet），1899—1906年任法国总统。

的人们的喜怒哀乐。

文学必须反映生活，最主要的当然还是要写人。

如果说生动逼真的农民生活画面是这部作品的一大特点，那么科恩德和让娜正是这一画面中呼之欲出的两个主人公形象。

科恩德是这样一个艺术形象：在他的身上，农民的保守思想同诚实、善良、勤劳、独立自主等劳动者所特有的传统美德和谐地结合在一起。他不属于巴尔扎克笔下的拉斯蒂涅一类的野心家。他不懂得作假，也没有向上爬的欲望。他的生活目标是单纯的，他切切于心的是保住自己的土地和麦子。然而，在他的身上，更引人注目的是勤劳、忍让、坦荡和自信心这种光彩熠熠的农民气质。他甘为情死，却并没有在爱情的迷恋中失去理智。在他同让娜双双出走都尔城的日子里，当最初的激动和惶恐平息后，他觉得时光已经没有什么意义，“他所习惯的繁重的劳动生活使他不愿意耽于声色，整日无所事事。早晨6点，科恩德叫醒让娜，立刻又要为打发漫长的白昼而担忧”。他百无聊赖，常常在午饭后“独自跑到郊外的田野里，待到晚上7点才回来，他的心头有一股不可名状的怒火，连见到人家的麦子也会产生嫉妒之意”。哦！勤劳的农民，你对土地的爱是如此深厚，离开了土地岂不是离开了生命之源？

科恩德的婚姻并不美满。他同奥莱莉的结合连他自己也感到意外，他从来就鄙夷她，“还常常当着旁人的面嘲笑她那骨瘦如柴、高大难看的躯壳，以及她的掉了牙的下颌”。然而，奥莱莉毕竟是他的妻子，“虽然他对这个人并没有热烈的感情，可是她是按照自己的思维习惯培养而成的，恰似一部他花了多年时间使其日臻完善、能反映自己意愿的活词典”。奥莱莉的早逝带给他的是什么？是无限惆怅，还是对新生活的幻想？让娜过早地闯进了他的生活，于是新的悲剧又在孕育中，向着他们慢慢地袭来，于是新的矛盾又把读者带进主人公丰富复杂的内心世界……

女主人公让娜虽然不及科恩德形象丰满，但另有她独特的艺术魅力。纯洁无邪的让娜对美好的爱情生活的执着追求突出反映了她在恋爱婚姻问题上争取自主解放的强烈欲望。

美丽、诚挚的让娜有大森林所赋予的坚强、豁达的气概，粗糙的双手结满了厚厚一层茧子，这双手不仅善于挥动伐木的斧子，而且乐于施舍。正是这种顽强、坚韧的性格使她冲破了父兄的阻拦、世俗的偏见、舆论的压力，把命运掌握在自己的手里。

且让我们通过让娜同其兄在教堂院子里的一段对白来揣摩她的性格特征和心理面貌。

弗雷德里克在教堂聚众闹事，把奥莱莉的自杀说成是“谋杀”。这时，让娜挺身而出。

——弗雷德里克，你撒谎。

大家瞪大了眼睛，看着让娜。布雷加尔关上院子里那扇通向公墓的小门。她径直向她的哥哥走来，重复着说，

——还有你们，你们其他人都撒谎，我都听见了。

弗雷德里克脸色苍白，迎着她走过去。

——我叫你待在家里，他低声说。

让娜纵声大笑。

——我待在家里，好让你肆无忌惮地造谣惑众。哈，幸运的是我没听你的。你这个谎话连篇的家伙。

弗雷德里克扭着她的手腕：

——还不住嘴，婊子。

她猛力一拽，挣脱了他的手，向神甫走去。

——神甫先生，他对你说的都不是事实。科恩德没有杀死自己的妻子，我向你起誓。是弗雷德里克想使大家相信他的谎言，因为他为了走私的事对科恩德怀恨在心，刚才是他告诉我的。嗯，你敢说你没有同我讲过这件事。

这一段描写让娜仗义执言，着墨不多却把兄妹俩迥然不同的心情和态度表现得淋漓尽致。

再试看让娜同科恩德的一段对白。

在都尔城，让娜隐隐感到科恩德对她的感情开始出现几片乌云，爱的本能驱使她设置了一个欲擒故纵的小小圈套。

她踮起脚尖，怯生生地跟着他，用一只胳膊搂着他的脖子柔声说：

——都是我的过错，是的，我很清楚，是我的过错。如果你愿意，我就回塞西聂村去，你也能回家。我不想使你为难。但这不妨碍

我像从前一样爱你……

科恩德盘算着。如果他能忘却，能够从此消失，永远不知道以后发生的事……可是不，那是不可能的；……他感动了，决定顺从地投进让娜出于本能而为他设下的陷阱。

——除非一枪结束我的生命，没有任何东西能使我们分离，他说道。

有情人自有有情人的苦恼，让娜的柔声细语里包含着多少惶恐！

值得提出的是，作者在刻画人物性格时，没有把笔触停留在人物的是非功过、荣辱得失上，而是在比较广阔的背景中描绘了他们的生活、劳动和情绪。世事的沉浮、宗教的日趋衰落、家庭的悲欢离合都反映在这些有七情六欲的血肉之躯上，他们的生活无不打上社会和历史的印记。

《陈尸台》的艺术魅力还在于作者把那些富于乡土特色的方言土语熔铸在自己的作品里。作者生长在外省农村，十分熟悉当地的风尚习俗，从小就受到多姿多彩的群众语言的熏陶。他两岁丧母，跟随外祖父外祖母在汝拉省的维莱·罗贝尔村度过了童年，并在小城都尔念完了中学。维莱·罗贝尔的森林、牧场、池塘，当地淳朴、敦厚的民情风俗，农民的勤劳朴实，群众语言的生动幽默都给他留下了难以忘怀的印象。这一特定的自然环境和社会环境对作者的艺术创造产生了深刻的影响，并不断地在他的笔下，尤其是在他的中长篇小说中得以艺术地再现，他的另一代表作《绿色的母马》便是证明。

我国著名作家孙犁曾经说过："幼年的感受，故乡的印象，对于一个作家是非常重要的东西，正像母亲的语言对于婴儿的影响。这种影响和作家一同成熟着，可以影响他毕生的作品。"那薄雾荡漾、晨露未晞的牧场，那溶入茫茫夜色的辽阔平展的麦田，那莽莽林区隐隐传来的咚咚伐木声，那迤逦的林中小路，那乡村咖啡馆里的飞短流长……所有这些，在作者的笔下都闪动着令人悦目怡情的色彩。这一帧帧生活的画面之所以有其动人之处，在很大程度上得力于作者所运用的生动活泼的群众语言。

作者熟悉乡下人使用语言的习惯和特点，书中人物的独白和对话显得形象、生动，即便是作者的叙述也是娓娓道来，如话家常，于朴实平淡处显示出朴素、自然、清新的色调美。且举例一二，看看作者是怎样运用平易流畅的口语语言的。

科尔内特太太认为奥莱莉是骤然得病，她不敢说她疯了，免得触犯死者的游魂。据她看来，这是能够解释奥莱莉猝然轻生的唯一原因，因为奥莱莉从来没间断过礼拜日去做弥撒。

——我不信，路易丝说。她是个很稳重的人，买东西从不肯多花一个苏，科恩德的衣服上也从没缺过一颗纽扣。

——说到稳重，她倒是个稳重的女人。不过……她对教会这么虔诚，不会落个世俗葬礼的可悲下场的。你还记得吧，每逢节日，她必去领圣体。我想神甫不会拒绝为她超度亡灵的。

——这恐怕要靠原来那位神甫才行。可眼下这位神甫……你记得热尼·米库雷的女婿吧，嗯？这还不清楚？

乡村警察卡比塞受到大家的尊敬，他绝无非分之想，既不垂涎别人的财富，也不觊觎人家的女人。作者写道：

“卡比塞恰似被太阳引出窝的母鸡。他早晨出门因为每天早晨大家都出门；再说，他待在家里也无事可做。到外面当然也无事可做，但是他喜欢用脚踏踏康塔格莱尔村平坦的土地，这片土地60年来从没有离开过他的眼睛。他爱所有的人，爱他们饲养的母牛，他们的篱笆，当然还有他们的烧酒。”

这种近乎日常口语的文笔朴素、通俗，饶有趣味，并且同人物的身份、性格和他们各自的生活经历显得和谐一致。

《陈尸台》是在现实生活的土壤上绘制出的一幅富于乡土味的生活画卷。浓厚的生活气息、鲜明的人物形象、通俗生动的语言特色不啻吹进“疯狂的年代”的一股清凉的风。或许作品的思想尚嫌肤浅，对于农民、对于这些普通的体力劳动者的精神世界写得还不够浑厚、不够深刻，然而，作品毕竟以其朴素、清新的格调把读者带进了同灯红酒绿的都市社会大相径庭的另一个世界，一个充满同情、理解和爱的乡村世界。

（原载《外国文坛》1984年第1期，第46～53页）

自由解放的悲壮颂歌

——《愤怒的囚徒》简评

20世纪30年代，法西斯主义的阴霾笼罩着欧洲大陆。在黑暗而令人窒息的政治气氛中，在可以预见但又无法阻止的战争威胁面前，在用刺刀和坦克建立起来的“新秩序”的淫威下，一批批不愿做奴隶的热血青年走上了争取民族解放的道路，他们面对死亡和毁灭的无情挑衅，表现出一股力挽狂澜、宁死不屈的浩然正气。

法国中篇小说《愤怒的囚徒》就是这样一首为争取自由解放而甘愿慷慨赴死的悲壮颂歌。小说的作者若尔治·桑普恩就生活在那样的年代，就属于那一代为摆脱奴役和屈辱而奋起抗争的青年。1937年，刚满17岁的桑普恩随家人逃离独裁者佛朗哥统治下的西班牙，移居法国，开始了他的流亡生涯。法国本土沦陷后，他化名热拉尔，参加地下抗德抵抗运动，并加入了法国共产党，在荣纳省的奥塞尔一带开展游击斗争。1943年，他在若瓦尼市不幸被盖世太保逮捕，受尽酷刑，坚贞不屈。尔后，他被押往德国，囚禁在臭名昭著的布痕瓦尔德集中营……

《愤怒的囚徒》展现在我们面前的正是作者本人亲身经历的这一段生活和斗争。20世纪40年代初期，法西斯头子希特勒在黑沉沉的欧洲大陆建立了300多座集中营，布痕瓦尔德集中营位于德国东部小城魏玛附近，建于1934年，是最早出现在德国本土的集中营之一，内设专供杀人用的瓦斯室、焚尸炉。在1934—1945年间，在那里惨遭杀害的德国爱国志士以及苏联、法国等国战俘达56000余人。纳粹党徒的杀人手段骇人听闻：他们挥舞大头棍，逼使犹太儿童光着脚板在雪地里奔跑，并驱赶狼狗像围猎那样追逐、撕咬那些幼小的生命，待孩子们跑得奄奄一息、拖着遍体鳞伤的身躯在雪地上挣扎时，党卫队再开枪将他们一一射杀。刽子手们还搜集人皮，所有文身的囚徒都受到检查，并由集中营头子的老婆依尔斯·科赫夫人亲自选定。当依尔斯·科赫夫人的淫欲得到满足后，入选的囚徒便被毒药毒死。集中营的法西斯党徒把一片片符合科赫夫人审美要求的、刺着精美的蓝色图案和字样的人皮从尸体上剥下来，经过处理制作成各种色泽典雅的灯罩，供依尔斯·科赫夫人装饰灯具，布置客厅和书房。

战争是残酷的，死亡是悲惨的。铁窗背后的酷刑、饥饿、寒冷、孤独像一团团邪恶的地狱之火摧毁了色彩缤纷、温柔绮丽的和平生活，吞噬了抵抗运动战士对自由、幸福、爱情的梦幻般的憧憬。然而，革命者坚强的灵魂和孱弱的躯体却顶住了死亡的重压和苦难的折磨。没有哀怨，没有沮丧，更没有屈服与背叛。作者以反法西斯战争直接参加者的客观的笔触，真实地再现了这一场自由正义与独裁邪恶的殊死搏斗。作品对纳粹思想的无情鞭挞，对法西斯暴行的深刻揭露，对抵抗运动战士的热情讴歌，对人生理想的执着追求以及作者对生、死、幸福、自由等问题所做的富于理性思辨的精辟议论，突出地表现了铁蹄下的法兰西人民为了民族解放、为了自由正义而勇于赴汤蹈火的崇高形象。小说的主题也因此而更显得悲壮、深沉，透射出一股震撼人心的精神力量。

毫无疑问，若尔治·桑普恩的这部小说从体裁上讲当属自传体小说，作者并没有对那一段噩梦般的历史作任何虚构或提炼，他展现给读者的只是那一段地狱生活中的凡人琐事，是人与物的原型原态，读者可以从中体验到如临其境的真实记录的魅力，在实拍似的人物画面和环境中感受那个时代的痛苦和希望。然而，在创作手法、结构布局乃至思维方式上，作者又不同程度地吸收和融合了现代主义文学创作的某些技巧和意识，使作品具有一种不同于传统的传记文学或纪实文学的美学观念和哲学观念。例如，在叙述方式上，作者没有按照时间的直线延伸简单地铺陈事实，而是让回忆和印象、感受和议论、历史和现实交替出现，故事的进程虽然被隔断了，但是，情节发展的内在逻辑始终如一，而流动的、跳跃的、沉重的意境却给读者留下了对社会和生活的关注，对人类的状况和世界的困境的忧虑。

《愤怒的囚徒》是作者的处女作。1964 年作品发表后受到广大读者的欢迎，并荣获该年度法国“福尔芒托文学奖”和“抵抗运动文学奖”两个桂冠，还被改编成电视连续剧，搬上了荧屏，在法国和广大法语地区国家广为传播。

第二次世界大战距离今天的年轻人已经十分遥远了，只有在战争的灾难中幸存下来的人才最懂得自由与和平的价值。《愤怒的囚徒》正是以历史为龟鉴，促使读者去思索人生，维护正义，保卫和平。今天，哪一名青年不在寻找自己在生活中的位置？不在探索人生的价值？读完这部小说，你也许会掩卷而思，从人类历史的往昔想到人类历史的今天乃至未来，你会感到小说记叙的一切尽管已经成为历史的陈迹，但它依然同我们息息相关，我们依然可以从中得到教益，吸取力量。

（原载《外国文坛》1991年第4期，第127～130页）

评帕尼奥尔的《窦巴兹》

杰出的讽刺艺术往往妙趣横生，回味无穷。讲授讽刺艺术作品也往往容易调动学生的情感，启动他们的思维和联想，收到较好的教学效果。当代法国著名作家、法兰西学院院士马塞尔·帕尼奥尔的成名之作，风俗喜剧《窦巴兹》就是这样一部具有强大的艺术感染力的讽刺艺术杰作。半个世纪以来，它一直以其特有的艺术魅力吸引着各国的读者和观众。

《窦巴兹》全剧分为4幕，情节并不复杂，其主要线索大致如下。

窦巴兹是某私立寄宿学校的教师，他忠于职守，规行矩步，视道德名誉高于一切，教导学生笃信传统的道德准则："财不造福"，"令名胜于金钱"。校长的女儿欧内斯蒂小姐是他的同事，窦巴兹对她颇有爱慕之心，但常常因此而受到她的嘲弄。一天，窦巴兹因拒绝为一坏学生加分而被校长辞退；不久以后，经库图瓦夫人的介绍，结识了她的情夫、市政参议员卡斯特·贝纳克。此人长于营私舞弊，并在幕后控制着一家商社，专靠转手买卖牟取暴利。其时，商社经理贝维尔正为一笔10万法郎的佣金而同卡斯特·贝纳克闹僵，于是窦巴兹便取而代之，当上了商社的经理。日复一日，在那尔虞我诈的金元世界中，窦巴兹目睹官吏渎职，商人投机，就连标榜匡扶正义、暴露流弊的报界也来向他敲诈勒索。在利欲熏染下，窦巴兹终于追随卡斯特·贝纳克蝇营狗苟了。为了减少他的顾虑，卡斯特·贝纳克还设法使他荣获法国一级教育勋章。一时间，昔日的穷教师身价百倍，踌躇满志。然而在背地里，卡斯特·贝纳克正加紧活动，准备抛弃窦巴兹而另择傀儡。殊不知青出于蓝而胜于蓝，窦巴兹先发制人，设法把商社占为已有，并诱使库图瓦夫人背弃贝纳克，转而依附于他。末了，窦巴兹旧日的朋友达密斯来拜访他，谈起社会上有关他商务活动的流言蜚语，窦巴兹嗤之以鼻，并大言不惭地告诫达密斯：当今世界，德行无利可图，人的欲壑难填，唯金钱能主宰一切。

帕尼奥尔的《窦巴兹》把充满不义、邪恶、贪婪、诡诈的西方当代社会予以艺术地渲染、夸大，剧中人物呈"病态"状，几乎个个都是厚颜无耻之徒。作者从窦巴兹低微的社会地位出发，通过描述金钱对于他的思想感情的决定性影响，愤怒鞭笞了政治腐败、社会畸形以及奸诈之风日竞的商业世界。作者用漫画的手法勾勒了那些渎职、贿赂、精于巧取豪夺的官僚政客及市侩无赖们的种种丑态，而他那冷嘲热讽的笔调，极尽揶揄之能事的语言更每每使人忍俊不禁。

卡斯特·贝纳克是一个靠欺骗、奸诈等卑劣手段发家的人物。他的触角四通八达，凭着自己在政界、贸易界的"关系户"而有恃无恐，恣意妄为；他身为市府议员，却玩忽职守，知法犯法，唆使市议会批准购买种种物资装备，然后由他暗中高价出售，半年便获利70多万法郎；他诡计多端，甚至对达官显贵的"轶事秘史"也了如指掌，在商社的投机丑闻即将暴露之际，他端出报社社长韦尼克早年行窃的秘闻，从而使其俯首听命。

教书时的窦巴兹贫困而正直，有职业责任心，却得不到女人的欢心，还屡遭上司的呵责，甚至被逐出校门。经商时的窦巴兹贪赃枉法，同恶相济，却备受社会的敬仰。自命清高的欧内斯蒂小姐向他献媚，连当初视他为"白痴"的校长也对他百般恭顺。他终于明白了，在这个一切都颠倒了的世界上，笃信道德难以安身立命：我执教10年，兢兢业业，竭尽全力，只想有益于社会……当我忐忑不安地等待惩罚时，我却得到了我那10年菲薄的贡献所没有得到的奖赏：一级教育勋章。这辛酸而严峻的感受是对那充满谬误的资本主义社会的愤怒控诉；而那金色的勋章，更是对资产阶级虚伪道德的无情嘲讽。

《窦巴兹》还以隐晦的手法深刻地讽刺了资本主义社会以金钱为信条的人与人之间的关系，表达了作者对人性之恶、对自私自利与冷酷无情的强烈憎恨。

原商社经理贝维尔效劳于卡斯特·贝纳克，是因为可以不劳而获、行骗致富，他的失宠又是因为他的欲望超越了主子所能容忍的限度；库图瓦夫人托庇于卡斯特·贝纳克，是为了满足她的奢欲，她投靠窦巴兹又是因为这座靠山更能保证她在暮年免受贫困之扰。至于欧内斯蒂小姐竭力追求窦巴兹，倒不是为了什么"爱情"，而是看中了窦巴兹保险柜里的大把钞票，妄想有朝一日跻身于豪华奢侈的上流社会，当贵妇人罢了。可是，面对这些贪婪、虚伪、令人恶心欲吐的奸诈之徒，窦巴兹并没有幡然悔悟，改邪归正。相反，他看破"红尘"，认为只有金钱、地位才能支配人的命运，"世界靠强权统治，而这些飒飒作响的长方形的钞票，正是强权的最新的形式”（第四幕第四场）。于是，他一切都按照金钱的意志而思索行动，并恬不知耻地向达密斯宣扬他的人生哲学：“金钱万能，它通行无阻，赋予一切……如果我想要一座新式的住宅，一只隐形的假牙，在斋戒日吃肉，在报上出出风头，或找一个女人寻欢作乐……我只要稍稍打开一点这只保险柜，只要说一句话：要多少？”（第四幕第四场）善良的人们不禁要问：世道怎么就被一班恶棍所支配？这些社会的蛀虫又怎能逍遥法外？作者没有从正面回答这个问题，而是借窦巴兹之口道出了问题的症结所在：“如果不是这个社会糟糕，我早该坐牢了。”（第四幕第四场）帕尼奥尔塑造的这个典型人物是何等生动，对堕落的人性的揭露和批判是何等深刻！窦巴兹的自白，不正是彻底暴露了那些道貌岸然的不法之徒的丑恶灵魂？而他们赖以生存的基础不正是这个腐败的社会本身？显然，窦巴兹不仅仅是这个病态的社会的受害者，而且是它的一名代表。他被嘲笑、谴责，然而他更多地被剖析。金钱的巨大威力在他的心灵深处打上了唯利是图、冷酷自私的烙印，传统的道德伦理对他已没有任何约束，犯罪也不再使他惶惶不安，他已沉沦不能自拔。他的发迹，他的彷徨，他的空虚，他的精神的破灭，恰恰是人性没落的写照。

《窦巴兹》的艺术特色是喜剧式的嘲笑讽刺。夸张的言辞、诙谐的动作、怪诞的形象、富有喜剧效果的情景和人物性格，常常引人讪笑，更令人深思。在第三幕第六、七场中，当地的《公共良心报》掌握了窦巴兹违法乱纪的材料，派人面晤窦巴兹。报社的来使颇有文人学者的风度，且言辞机智，自称为解救窦巴兹于危难而来，并再三标榜报纸的崇高职责是揭露流弊，维护道德的纯洁性。然而，出人意料的是，这个来使晓以利害的目的并非促其反省，而是逼其就范，勒索25000法郎以掩盖丑闻。再看报纸的名称——《公共良心报》，这几个字含蓄、深刻又耐人寻味，内中“良心”两字尤其充满辛辣的讽刺意味。作者笔墨经济而精辟深透，寥寥数笔便把这些资本主义报刊的虚伪、荒唐的真面目揭诸天下。这里，作者成功地运用了反衬对比的表现手法，让报纸的神圣和它的代表——勒索者的卑劣并列，让报社来使外表的尊严和灵魂的丑恶并列，形成强烈的反比，创造了冷峻的幽默情景和砭人肌骨的讽刺喜剧效果，使人们从开心捧腹的艺术享受中领悟到作品的深刻寓意。

《窦巴兹》寓庄于谐，寓教于笑。自1928年首演以来，曾风靡西欧各国，历演5000多场而不衰，并被4次搬上银幕，这绝不是偶然的。诚如伟大的戏剧大师莎士比亚所说："人类见到自己的丑相，由羞愧而知悔改，正是笑能温和地矫正人们的毛病。"我们不正能从对《窦巴兹》的评赏回味中得到启迪，去正确地认识人生，认识社会，热爱美德，憎恨罪恶吗？

应该指出，帕尼奥尔所描绘的这一幅阴暗的风尚画也反映了他愤世嫉俗、悲观失望的精神状态，这当然是作者的思想局限。然而，作者毕竟用他那支又泼辣又幽默的笔剖析了资本主义社会中道德沦丧、尔虞我诈的丑恶现象。这对于我们正确地认识今天的西方社会，信心百倍地建设社会主义的物质文明和精神文明，不是很有帮助吗？

（原载《现代外语》1983 年第 3 期，第 69 ～71 页）

塞纳河诗情

曾两次踏访米拉波桥。

第一次是在寒霜凝地的深秋，走出奥德伊地铁站，那条通往塞纳河的柏油马路依然留下秋雨践踏的凋零，梧桐的败叶在西风中吃力地追逐，粘满了湿淋淋的人行道。当我在黄昏的烟雨迷蒙中信步走近那座宁静的大桥时，阿波利奈那首闻名遐迩的小诗《米拉波桥》便随着塞纳河舒缓的水波一起流进我的脑海。

米拉波桥下塞纳河缓缓地流
还有我们的爱情
不必回首旧日的温馨
离别了痛苦我拥有欢乐

夜色初临钟声悠悠
岁月迁流唯我独留

我们手挽手我们面对面
永恒的目光里
荡漾着疲惫的涟漪
流过我们用胳膊搭成的桥

夜色初临钟声悠悠
岁月迁流唯我独留

爱情如流水一去不复返
爱情已消亡
生活是多么缓慢
心头却摇曳着强烈的希望

夜色初临钟声悠悠
岁月迁流唯我独留

一天天一周周时间匆匆过
光阴不回头
消亡的爱不会复苏
米拉波桥下塞纳河缓缓地流

夜色初临钟声悠悠
岁月迁流唯我独留①

第二次是在暮春，虽然已不见百花飞红，但路树早就伸出嫩绿的枝条，在东风中婆娑起舞。我站在桥上，扶着半壁护栏，在懒洋洋的春日下极目远眺。这时我发现，久远的历史已经充塞了我的视野，我似乎正走进时光的过去。

我看见河中绿洲西岱岛上高高耸立的巴黎圣母院，两座南北对峙的方形塔楼和高达 90 米的钟楼尖顶在丽日阳光下熠熠生辉。这座始建于 1163 年、竣工于 1345 年的哥特式古建筑曾经是法兰西的骄傲，路易十四在这里举行婚礼，拿破仑一世在这里加冕……

我的视线掠过长长的河堤，寻找被现代工业文明覆盖了的那一面面斜斜的土坡，在芳草萋萋的河边，诗人和女友虔诚地挽着胳膊。暮色中，巴黎圣母院传来钟声悠悠；长河里，匆匆奔向不知何方的清流卷走了他们美丽而脆弱的梦想。

阿波利奈的这段恋情始于 1907 年。经名画家毕加索介绍，诗人在巴黎拉菲特街画商克洛维斯·萨戈开设的画廊里结识了青年画家玛丽·洛朗辛。女画家的非凡气质和美丽容貌使诗人倾倒，他随即为行将出版的、带有自传色彩的长诗《失爱者之歌》加了一段卷首语，诗人吟唱：

① 引诗由笔者试译自《法兰西诗歌精华》第 688 ～ 689 页。原载法国《读者文摘诗选》，1987 年第二版。

我的爱情像美丽的凤凰
假如她在晚上涅槃
清晨就会获得新生①

这几句诗当然是有感而发，诗人多情，追求美丽似乎是他们的天性。在这里，涅槃的凤凰显然是指他昔日的恋人阿尼·普莱顿，我们在《失爱者之歌》的女主人公身上可以看到她的笑貌音容；而新生的爱神则暗指玛丽·洛朗辛。

但是，由于种种原因，有情人最终未能成为眷属！先是阿波利奈的母亲嫌玛丽家贫反对这门亲事；尔后，又因阿波利奈涉嫌卢浮宫内一宗腓尼基雕像失窃案，被警方拘讯而遭到女画家母亲的拒绝。于是他们延续了5年之久的爱情终告结束。

在他们相爱的日子里，两人都住在离米拉波桥不远的奥德伊附近。塞纳河畔留下了他们难分难舍的倩影。然而，真如莎翁所说：青春的恋爱就像阴晴不定的4月天气，太阳的光辉刚刚照耀大地，片刻间就遮上了黑沉沉的乌云一片。米拉波桥目睹了这一爱情变奏曲，于是，诗人独自往塞纳河寻旧。岁月悠悠，往事如烟，长河依然，大桥无恙，只是往日的爱情已了无踪影。诗人触景生情，移情于诗，巧妙地运用了铺叙的手法，把静止的桥与飞动的水、消融的岁月与逝去的感情、苍茫的暮色与孤独的惆怅融为一体，渲染了一种徘徊故地、物是人非的悲愁情思。无法阻遏的光阴和不可挽回的爱情虽然令诗人黯然神伤，但是，这淡淡的伤感里似乎又包含了几许摆脱盛情纠葛后的释然。诗人的这种矛盾心态表现得蕴藉而含蓄，写景、抒情、回忆，或动、或静、或明、或暗，都在抑扬顿挫中自然地展现开来，丰满而细腻地表现了失恋的哀伤和自由的欢愉。这种含而不露的创作手法较之直抒胸臆的挥洒更增添了几分委婉曲折的艺术效果。

而且，原诗的章法结构十分严整，呈一长、一短、次短、次长的梯形格式，不仅给人以流水般跌宕起伏的感觉，而且与塞纳河中的重重波浪和诗人胸中的曲折感情交融贯通，别有一番韵味。

《米拉波桥》仿佛是诗人的又一首失爱者之歌，只不过创作灵感的启

① 引诗由笔者试译自《法兰西诗歌精华》第688～689页。原载法国《读者文摘诗选》，1987年第二版。

悟者由阿尼·普莱顿变成了玛丽·洛朗辛罢了。

今天这首婉约的小诗已经跨越了时间、空间和地缘文化的界限，在世界文学艺术的神圣殿堂里占有一席之地，并被编进教材，谱写成歌曲，在各国青年读者中广为传诵，就连塞纳河上这座建于1896年的普普通通的钢架水泥桥也因这首诗、这段情而名闻天下。

（原载《外国文化研究文丛》华南理工大学出版社，1997年3月，第222～225页）

独立鲜活的文学品格

——《法国文学导读——从中世纪到20世纪》前言

高校外语专业的外国文学教学失宠于以市场为导向的经济社会经年，“文学无用”论一度使长期从事外国文学教学与研究的老师们成为“落伍者”。好在大学毕竟是人类世代守望的精神家园，文学作为人类精神生活的重要源泉具有市场法则无法企及的超越性，人类不能只为市场而活着。

外国文学作为一门必修课在继续。当然，也不是没有问题，不少学生反映外国文学名著选读篇幅太长，内容太深，理解太难，费时不少，收获不大。为此，一些外语教学专家对外语专业的学生该不该读外国文学名著、该读哪些名著、怎么读等问题进行了有益的讨论。

首先是该不该读。部分学生认为，自己将来一不从教，二不著译，外国文学知识无助于以后择业。此言大谬。把上大学视为谋生的手段，高等教育的作用就有异化为仕途工具的危险，这种认识是十分狭窄的。随着高等教育大众化，接受高等教育正在成为人生不可或缺的阶段和内容，它是生命的必需，是人生发展的必然。因为文学教学，包括外国文学教学，不仅可以帮助学生感受语言文字的魅力，提高形象思维能力和审美情趣，而且还能提高学生的文学修养，增强他们的人文素质。这是其他任何学科、专业所不能替代的。

其次是读什么。从目前高校外语专业开设的高年级精读课或文选课所选的书目看，学生所学范文大多选自名家名篇。大师、名家的著作是超越时空的经典，有的反映风云变幻的时代，抑扬社会与人性的美丑；有的追寻生命历程的意义，参悟生与死的真谛；有的叩问梦境、潜意识、非理性，力求抵达未知世界的彼岸。这一类作品，读之或许无助于择业，却有益于人生。当然，我们也必须看到，大师、名家们的作品并不是篇篇都适宜于作范文供大学生选读，有些作品艰深难懂，有些作品荒诞不经，超出了大学生的理解水平，倘若编选不当，就可能误导学生，致使学生对外国文学作品浅尝辄止，甚至望而却步。

因此，读什么的问题涉及教师“选什么”及“怎么编”的问题，选编的篇章思想顺畅，难易适度，可读性强，体例科学合理则能成为激发学生阅读兴趣的催化剂。

最后是怎么读。对高校外语专业的大学生而言，阅读外国文学原著会有一定难度。因为难读，学生的读书积极性不高也是事实，这就需要适当的指导，帮助学生解读名著名篇中的某些疑点、难点。因此，怎么读的问题说到底也是怎么教的问题。教师引导得法，不是停留在对作品字、词、句的理解或解释上，而是由表及里，和学生一起挖掘、分析反映在范文中的社会、文化、哲学、美学、宗教或伦理道德问题，通过讨论，在提高学生外语表达能力的同时，有意识地提高他们的思辨能力和欣赏能力，则功莫大焉！

在法国，文学名著的解读读本在图书市场占有相当的比例，较著名的解读系列丛书有 *Lire aujourd' hui*（HACHETTE 出版社）、*Profil d'une oeuvre*（HATIER 出版社）、*Petite bibliothèque PAYOT*（PAYOT 出版社）、*Ecrivains de toujours*（SEUIL 出版社）等。在国内，法语教学界的法国文学泛读倒有好几种读本，但导读读本尚属罕见。

《法国文学导读——从中世纪到 20 世纪》（以下简称《导读》）只能说是我们所做的一个小小的尝试。《导读》根据中国学生学习法语语言文学的认知特点，努力引导学生读懂范文，使学生通过对作者、作品的介绍，对范文的点评分析而品尝到阅读的快乐，从而进一步激发他们阅读原著全文的兴趣，把阅读的过程变成对外国文学作品的审美体验过程。

为此，在范文的编选上我们遵循了以下六原则。

一是选题的科学性。首先，导读读本应具有科学的组织结构，应体现“丰富知识，开阔视野，欣赏鉴别，拓展思维”的原则。在编选范文时，我们对所选篇章程度的高低、内容的深浅、文字的难易、篇幅的长短、体裁的异同一一作了比较、分析，摈弃了那些语言过于晦涩难懂，涉及文化、历史、宗教背景太多的篇章。其次，我们也力求选编那些词语知识和修辞手法形象生动的篇章。这样的范文既有利于巩固学生已掌握的外国语言文化知识，又能促进学生的形象思维。范文所提供的故事情节、人物性格、表达技巧或思辨方式有助于学生对他们所关心的异国文化和社会进行有益的思考。

二是选题的知识性。《导读》读本的任务不仅在于提供学生需要掌握的知识内容，更在于发展学生的智能，使学生通过《导读》读本，主动地学习、积累、研究、发展知识，只有这样，知识才能由静态变成动态，即由书本知识转化为学生的思维能力、发现能力、分析能力和对知识的应用能力。

三是选题的规范性。范文的体裁以记叙文和论说文为主，无论是议事还是写人都有一个相对完整的内容，以方便学生从中学习作者的谋篇布局和文章的遣词造句。《导读》力求向学生提供一个多层次、多方向、多语境并且互为渗透、互为促进的知识迁移的有效渠道。

四是选题的趣味性。从教育心理学的角度看，选编的范文应富有趣味性。一般来说，范文的趣味性应反映在以下几个方面：①简练、优美或富于思辨哲理的语言文字；②生动、幽默或富有性格特征的人物形象；③引人入胜的故事情节。当然，《导读》所选的范文并不都同时具备上述三个条件，但是范文本身的可读性、作品本身的艺术感染力也是我们选编范文的一个重要条件。

五是选题的多样性。《导读》在编写过程中注意到了：①主题的多样性。范文的类型以小说为主，也选用了一定数量的诗歌、戏剧等体裁的作品。②语言层次的多样性。力图帮助学生认识并熟悉社会各个不同时期、不同阶层使用的语言和习惯。③风格的多样性。引导学生理解词、句在不同语境中的意义和色彩，学习不同的修辞风格，感受艺术形式的魅力。

六是评价的合理性。《导读》采用了“中文简介 + 作家及作品介绍 + 原著篇章 + 练习 + 点评”的模式。作家及作品的相关背景材料尽可能简明扼要，推荐的范文不作增删，练习旨在启迪思维，点评则力求贴近原作主题。《导读》除各章篇首简介用中文撰写外，其余皆用法语撰写。所作介绍与评析篇幅不长，有所侧重，力求把作品中反映在思想道德、哲学理念、美学观点、人本思想、理性思维或批判意识方面的智慧之光凸显出来，引导学生在阅读、赏析中汲取法兰西文化中优秀的文明养分，指导学生在较好地把握、理解范文的基础上，更细致地阅读原著，在阅读中接受熏陶。《导读》对自中世纪以来的法国主要文学流派、重要作家及其入选范文作了扼要的介绍与分析，可以作为高校法语专业三、四年级开设的法国文学作品选读课的教材，也可以作为以法语为第二外语的大学生、研究生的自修教材。《导读》改变了现有法国文学作品选读教材的结构与内容，把法国文学教材大都重范文、轻导读的单一形式发展为既重范文又重对作品的分析评论的复合形式。

中世纪以来的法兰西文学源远流长，各种具有明显的超越意义和创新色彩的思潮500年来绵延不息，构成了法国文学独立的品格，成为世界文化艺术宝库中一种极具生命力的文化现象，对法兰西民族乃至世界各国的发展与建设产生了不可忽视的巨大影响。近代以来，法兰西是形形色色的先锋派文学的实验室，多少启迪人类心智的文学流派、美学思想、哲学观念、艺术形式从巴黎的高等学府、文艺沙龙乃至咖啡酒吧走向世界。从蒙田到普鲁斯特，从帕斯卡尔到萨特，从纪德到罗兰·巴特，研究这一份丰厚的文学遗产不仅是法兰西民族的义务，也是从事法国文学教学和研究的中国学者、老师们的职责。特别是今天，当西方社会各种名目繁多的主义，各种标新立异的思潮被翻译、介绍给中国读者，而不少青年读者对此不过是一知半解的时候，《导读》对弥漫于法兰西文学中的浓郁的人文主义和理性批判精神作了比较合理的阐释和点评，这对培养和提高法语学生和法语工作者的文化素质，帮助中国读者正确认识数百年来法兰西社会、历史的发展变化，正确理解近、现代法兰西文化的灵魂，区分其精华和糟粕具有极其重要的现实意义。

就大学生而言，阅读文学名著要比阅读文学名著导读重要得多。但是，一本选材合理、内容生动、分析得当的法国文学导读课本，在目前国内法语原版图书还比较匮乏的情况下，对法语专业学生及以法语为第二外语的当代青年学生来讲还是十分有用的。但愿《导读》能帮助学生对法国文学名著有一个感性的总体认识，并进而激发起他们的阅读兴趣。

（原载《广东外语外贸大学学报》2007年第3期，第107～108页）

《全球化背景下的外国语言文学研究丛书》总序

外国语言文学学科的发展是与国运衰微、西学东渐、现代大学勃兴紧密联系在一起的。随着1840年鸦片战争的爆发，东西方文明在古老的中国不断冲突、碰撞、磨合以及融汇，其剧烈之程度在中国对外交往史中前所未见。西方列强的坚船利炮使东方老大帝国的羸弱暴露无遗。清政府内洋务派为了挽救清廷的统治危机，主张引进、仿造西方的武器装备和学习西方的科学技术，兴办洋务，创设近代企业，将发展重点放在“器物”层面，“师夷长技以制夷”。1894年，中国在甲午海战中惨败，民族危机空前深重，引起思想文化教育界强烈震动，“中学为体，西学为用”受到空前挑战，“制度”革新摆上核心日程，变法维新运动持续高涨。

此时，时代需要中国与西方之间的“翻译者”，从一开始，外语就承担了读懂历史变迁、推动民族奋起自强的重任。中国一批最早接受西方思想的知识分子，如魏源、郑观应等，为译介西书和传播西方的政治体制、科学知识发挥了很大的作用。1862年，被誉为近代第一所国立外国语学院的京师同文馆应运而生，恭亲王奕䜣等人在给清政府的奏折上阐明了建馆的意图：“欲悉各国情景，必先谙其言语文字，方不受人欺蒙。”作为清代最早培养译员的洋务学堂和从事翻译出版的机构，同文馆为推动中国近代化做出了积极而重要的尝试。此后，得益于外语的译介作用，西学在中国的发展步伐不断加快。曾负笈海外的严复翻译了一批重要的西方著作，他的译著（如亚当·斯密的《原富》、斯宾塞的《群学肄言》、孟德斯鸠的《法意》，尤其是赫胥黎的《天演论》，以“物竞天择”“适者生存”“优胜劣汰”的生物进化理论阐发救亡图存的观点）启蒙与教育了一代国人，产生了振聋发聩的影响。戊戌变法之年，中国第一所国立综合性大学——京师大学堂创立伊始，即开设英、法、德、俄、日5个语种的课程。1902年，京师大学堂复学，且随即合并了京师同文馆，次年更名为译学馆。随着现代高等教育在中国的兴起，外语专业作为一门独立学科在我国建立并逐步发展。举起“民主”和“科学”两面旗帜的五四新文化运动，为外语学科增添了发展动力和活力。

适值“三千年未有之大变局”，以促进中国近代化为宗旨的海外留学热潮激情涌动。1872—1875年间，由近代中国留美第一人容闳提议，清政府先后派出4批共120名幼童赴美国留学。这些留美幼童是中国历史上最早的官派留学生。此后，旨在寻求真知的官派和自费留学逐波激荡。这些留学生归国后分布在政界、军界、实业界、教育文化界等各个领域，不少人成为中国近代历史上的知名人物。及至民国时期，一批既饱览西学又具有深厚国学根底的“海归”执掌大学外文系或者从事外文教学研究工作。作为“睁眼看世界”的文化精英，他们学习和借鉴西方先进的理念、模式和方法，制定学术范式，建立课程体系，名师俊彦辈出，学术声誉远播。从当年北京大学、清华大学、西南联大等高校外文系的一流学术阵容可见一斑。在外文界，前辈不懈开拓进取，后学奋力继承创新，学术薪火相传，在短短数十年内为外语学科奠定了较为厚实的基础。1949年以后，由于国内、国际形势的嬗变，外语学科的持续发展受到很大干扰和破坏。1978年中国实行改革开放政策，长期以来对外封闭的坚冰开始消融，外语学科又受到重视，得以焕发新的生机和活力。

近30多年来，科学技术迅猛发展，社会思潮与思想观念更趋丰富多元，学科既深度分化又高度综合，这些变化既拓展了外国语言文学的外延，又深化了其内涵。尤其是20世纪90年代后，全球化趋势深入发展，国与国之间相互依赖、相互依存明显增强，对人类社会的影响涉及经济、政治、教育、社会及文化等各个领域，为外国语言文学创设了新的发展环境和条件。在这个进程中，我国外语界就全球化背景下外国语言文学的使命和责任、外语教育规划、外语学科发展路径、外语人才培养模式等理论和实践问题进行了积极的探索，为推动我国经济社会发展、促进中外文化交流、培养高素质国际化人才做出了重要贡献。在全球化背景下，我们面临进一步提升高等教育国际化水平，繁荣发展哲学社会科学，扩大中国学术的国际影响力和话语权，增强国家文化软实力，增进国际理解的艰巨任务。哲学社会科学要繁荣发展，既要“请进来”，也要“走出去”，对本国传统文化精髓，既不狂傲自大，也不妄自菲薄；对外国优秀文明成果，既不全盘照搬，也不一概否定。在纵横捭阖的大时代面前，我国学术发展更需要世界眼光、国际视野和“海纳百川、有容乃大”的广阔胸怀。面对新形势、新任务，外语院校和外语系学科有独特和不可替代的优势，有责任、有义务、有能力推进内涵发展、质量提升、品牌建设，服务于整个国家学术的发展，服务于国家外交战略能力的大幅提升。

国学大师、清华研究院“四大导师”之一陈寅恪先生曾经说，“读书必先识字”，他自己就精通梵语、英语、法语、德语、巴利语、波斯语、突厥语、西夏语，还修习过中亚古文字和蒙古语。时至今天，要了解古希腊、古埃及、古印度、古巴比伦文明的历史，要感受罗马帝国的辉煌和文艺复兴的灿烂，要领略工业革命和西方哲学的魅力，要把握当前国际社会发展的律动和人类进步的脉搏，外国语言文学仍然是一种十分重要而必不可少的工具、载体和媒介。在全球化背景下，普世价值往往能更易超越民族、文化、宗教、局域认知等，通过外语这座桥梁得以交流和沟通、发扬和传播，从而提升人类社会的福祉。

高等学校的根本任务是培养人才。为适应全球化和高等教育国际化的需要，外语院校和外语学科一项很重要的使命和责任，就是要践行“立足平凡、追求卓越”的教育理念，创新人才培养模式，着眼于培养全球化、高素质公民。这种人才具有较高的公民素养，“不能仅仅是语言、翻译方面的专家，更要在此基础上成为对象国研究和区域研究的专家，成为外语精湛、专业突出、高素质的复合型、复语型的国际化人才”（教育部副部长郝平）。简而言之，全球化、高素质公民的内涵可以用“中国灵魂、世界胸怀、现代意识”12 个字来表述，它包含了人与自我、人与国家、人与世界三个命题。第一，大学生要追求自我完善，务求“格物、致知、诚意、正心”，修身自持，赋予个体生命实际意义。第二，大学生要理性爱国，正确理解与认同传统文化，自觉参与现代中国的社会—文化转型进程。第三，大学生要用全人类而非单一国家民族的眼光关注诸如气候变化、核扩散、大规模传染病等国际性难题，不断提高跨文化交际能力，对外具有独立的品格和开放的心态。

在全球化语境下，外国语言文学需要遵循学科发展规律，顺应国家政策安排，不断加强自身建设，逐步提升学科的影响力和话语权。推进外国语言文学基础理论研究，密切追踪国外学术前沿，注意学习和借鉴，但不能满足于“跟随”和“阐释”，要力争取得有突破性的、具有国际影响的原创性外文理论成果。充分发挥外语学科优势，整合相关学科资源，开展全球问题、国际区域和国别问题的长期跟踪研究，为国家外交战略服务。积极主动对接国家和地方战略需求，就外语教育教学和对外交往的重大理论和实践问题，鼓励个人自由探索，支持学科集体攻关，为党和政府提供高水平的决策咨询服务。比如，广东外语外贸大学在广东省政府的鼎力支持下组建的广东国际战略研究院，近年来就国际金融危机、中国—东盟自贸区成立、日本地震海啸等重大问题对广东的影响及对策，组织外语专家和相关学科学者进行专题研究，向有关方面提交了高质量的调研报告，对政府施政和企业决策产生了积极的影响。“走出去”，是繁荣发展我国哲学社会科学的重要环节。外语院校和外语学科可充分发挥自身独特优势，健全高端国际型人才培养体系，重点培育一批高水平、专业化的翻译团队，培养造就一批造诣高深的翻译名家，翻译并向海外推介一批中国文化经典和学术精品。要适应学科分化与综合的趋势，加强外语与经济、管理、法律、文化、军事、信息技术等学科的交叉和融合，在保持传统语言文学学科优势的基础上，努力催生出一批能与国际学术界直接对话、具备学术话语权的新型特色交叉学科。加强与港澳台外语界的交流与合作，积极参与国际学术活动和学术组织，积极参与和推动国际学术组织有关政策、规则、标准的研究和制定。

以“工程”“项目”和“课题”等名义对高等学校发展实行管理和调控，是我国高等教育体制的重要特色。目前，少数外语院校进入国家“211 工程”建设高校行列，外国语言文学学科也拥有一批国家级重点学科、教育部人文社科重点研究基地、教育部特色专业建设点、国家精品课程、国家教学名师等，这些在总体上构成了外语学科领域的学术制高点。2008 年，广东外语外贸大学“全球化背景下的外国语言文学研究”入选广东省“211 工程”三期重点学科建设项目，其系列专著凝聚了“语言·文学·文化”、现代技术与语言教学评估、跨文化交际与管理、翻译研究与实践等研究方向，来自政府的支持为广外外语学科的创新发展提供了新的机会和平台。出版《全球化背景下的外国语言文学研究丛书》，一来可作项目成果的初步展示，二来以此就教于同行专家学者。

慢工出细活，厚积才能薄发。全球化背景下外国语言文学学科的发展，与中国改革开放与现代化建设事业一样，依然任重而道远。

是为序。

（上海外语教育出版社，2012 年 5 月版，第Ⅰ～Ⅳ页）

在纪念梁宗岱百年诞辰学术研讨会上的讲话

各位领导、各位来宾，老师们、同学们：

大家好！今天我们怀着崇敬之情在这里举行纪念梁宗岱百年诞辰学术研讨会，我谨代表广东外语外贸大学对各位领导和来宾的光临表示热烈欢迎！对关心和支持本次会议的社会各界和梁宗岱先生的亲友高足表示衷心感谢！

梁宗岱先生是我国现代著名诗人、学者、翻译家和教育家，在20世纪中外文化交流史和中国新诗史上占有不容忽视的重要地位，并为我国西方语言文学教育和跨文化人才培养做出了卓越贡献。今年是梁宗岱先生诞生100周年和逝世20周年。我们纪念和研究梁宗岱先生，既是为缅怀梁先生在上述多个领域的富于魅力的创造性与开拓性成果，也是为更好地珍视和继承他留下的丰富的精神遗产，面对我们的境遇，解决我们的问题，从而对梁先生孜孜以求的事业有所推进和发展。

梁宗岱先生给我们的启示是多方面的。对真理与人生的永无止境的追求和刚正博爱的高尚人格，是梁宗岱精神遗产的重要部分。从创作、翻译、教学到学术研究乃至后半生的制药施药，贯穿梁宗岱丰富多彩的一生的是他对真理的热爱，以及像浮士德一样想要穷尽一切生命体验从而追求不止的对人生的执着。同时他又是一个有所为有所不为的人，当专制政府以中将军衔和立法委员的高位招揽从政，他毅然决然地选择了退隐边陲，然而又不甘于陶潜式的逍遥自适，而是以制药施药缓解民间疾苦，表现出刚正博爱的高洁情操。这正是今天我们为学与为人所亟须的品格。

作为一位学贯中西、精通中法英德等多国语言的大学者，梁宗岱先生宽容博大的跨文化视野，和熔铸古今、会通中西的治学理念，为我们在全球化语境下从事学术研究与人文教育树立了典范。他近乎完美的西诗中译和精当独到的西方现代诗歌理论评介，表明他对异域文化的深刻理解；同时，他又是中国文化的出色的传播者，他因《陶潜诗选》法译本与 Paul Valery（保尔·瓦雷里）和 Romain Rolland（罗曼·罗兰）结下的深厚友谊，成为跨文化交流史上广为传诵的佳话。更为重要的是，梁宗岱先生通过中西诗学与文化的会通，建立起自己极具现代性与本土性的诗歌理论批评体系。直到今天，他的这一诗学大厦，仍是探讨中国新诗出路的人无法绕开或回避的。他的这些理论创造，是与学贯中西的治学境界和学术理念密切联系在一起的。

梁宗岱先生还是一位教育家，是中国现代外语教育尤其是法语教育的开创者之一。从28岁留学归来出任北京大学法语系教授和系主任，到以80岁高龄在执教与生活了14年之久的广东外语外贸大学去世，其间有40年他是在三尺讲台前度过的。他以诗人的激情和学者的谨严，为先后执教过的北京大学、南开大学、复旦大学、中山大学、广东外语外贸大学等高校培养了大批外语人才，其中不少人成为著名的诗人、学者或外交家。作为一位深谙教育之道的著名教授，梁宗岱先生以身为范，言传身教，用富于感染力的人格风范和渊博学识吸引了一代代学子，使教育真正成为启人心智、使人终生受益的崇高事业。这同样是梁宗岱先生留给我们的宝贵财富。

各位领导、各位来宾，老师们、同学们，广东外语外贸大学作为梁宗岱教授生前长期执教的最后一所高校，为有幸拥有梁宗岱先生这份重要精神遗产而自豪，同时我们也感到责任的重大。梁宗岱先生逝世后的20年，正是中国走向世界、不断开放的20年，我校的发展也面临着更多的机遇和挑战。在学科与规模上，我校有了较大进步，由1983年仅有9个专业1个学科门类的单纯的外语学院，经过两校合并，到目前已发展成包括29个专业，拥有文学、经济学、管理学、法学、工学等五大学科的多科性涉外型大学。在校生人数也由1983年的不足1000人，发展到目前的1万余人。同时，我们也深知，一所学校的地位不只是取决于规模，更重要的是学术地位和教学质量的不断提升，“大学”和“大师”密切相关。作为处于改革开放前沿的涉外型重点大学，面对越来越激烈的国内外竞争，我们将努力发掘和加倍珍视我们的传统，研究梁宗岱先生，学习梁宗岱先生，继承和发扬梁宗岱先生的治学精神和教育理念，以校训所昭示的“明德尚行，学贯中西”为追求，搞好素质教育和学科建设，以适应全球化的新形势，努力培养具有民族精神和全球意识、能直接参与国际竞争与合作的涉外型通用人才。我想这也是梁宗岱先生对我们的期待。

再次感谢大家的光临和支持指导！预祝本次大会圆满成功！谢谢大家！

2003年11月于广外

徐真华自选集

第二部分

语言教学与语言研究

法语汉化现象浅析

——针对中国学生的特点组织低年级教学

我国成年学生初学法语，难免会受本族语言的干扰，这种干扰是低年级学生学好法语的一大障碍。我们在学生的口、笔语作业中经常发现用汉语的表达习惯说、写出的所谓“汉语式法语”。这就是受汉语干扰的产物。

那么，在教学实践中应该怎样因势利导，帮助学生努力减少汉语的干扰呢？本文准备从两个方面谈谈我们的体会与做法：一是法语汉化现象的原因，二是针对中国学生的特点组织低年级教学。

一、法语汉化现象的原因

（一）从汉语概念出发的心译习惯

大家知道，人类的思维活动与语言有着极其密切的联系，人们的思维和思想只有在语言材料的基础上才能在人们的头脑中产生和形成。通常人们总是用自己从小掌握的那种语言进行思维、交流思想。目前，我国的法语学生大部分是在成年后从字母 ABC 学起的，他们的母语习惯早已形成。母语的语言能力成了他们赖以进行思维活动的支柱。因此，我们在教学活动中常常发现这样的现象：低年级学生在堂上回答问题，或做其他口头练习时，往往自觉或不自觉地先用汉语把意思想好，然后再把它转换成法语表达出来。这种从汉语概念出发的心译习惯造成了中国学生在学习外语时特别容易犯的某些错误。例如，法语中的否定副词短语 ne...pas 相当于汉语中的“不”“没有”等等，初学法语的学生往往把“我没看见什么人”误译成“je n'ai pas vu personne.”。这类错误在法国人的眼里可能会显得十分幼稚可笑。因为在法国学生的口、笔语作业中，类似的错误一般不会存在，然而对中国学生来说，这类病句却是很自然的。从汉法两句句子中的成分来看，法语句子中的 ne...pas personne 正是来自汉语的“没……什么人”。很明显，病句的作者受汉语的影响，忽略了泛指代词 personne 在本句中已经表示否定的意义。再如，由于汉语中没有冠词，初学法语的学生的冠词概念往往十分薄弱，用错冠词的情况更是屡见不鲜。例如，在“每 1 公斤甜瓜 3 个法郎”句中，不少学生很自然地把它译成“le melon coûte trois francs un kilo.”。本句中 1 公斤不能按照汉语习惯用基数词 un 来表示，而要用定冠词 le 来表示，le 起泛指形容词 chaque 的作用，即“le melon coûte trois francs le kilo.”。

（二）对同一事物的命名方式以及意义相当的词的使用范畴不同

词代表着客观事物的概念，词义是人们对客观事物认识的反映。由于不同的文化、历史以及传统习惯的影响，同一客观事物在不同的语言里可以有完全不同的命名方式。比如，汉语中的“人肉”“猪肉”“鱼肉”“果肉”等统统都用同一个“肉”字。可是同汉语“肉”字意义相对应的法语单词“la chair”和“la viande”所表示的意义范围不同。La chair 和 la viande 都可以表示“食用肉”。例如，“la chair de porc，la viande de boeuf.”但当指人体的“肌肉”“肌肤”时，则只能用“la chair”来表示。初学法语的学生往往望文生义，不注意区分不同语言的词汇中有相应意义的词反映事物的范围，以致把“我肉里扎进了一根刺”误说成“J'ai une écharde dans la viande”。又比如，汉语说“打破沉默”，法语则说“Rompre le silence”而不能用同汉语“打破”意义相当的法语动词“casser”来表示。可是在很多其他场合，汉语中的“打破”同法语中的“casser”又可以表示同一个概念，如 casser une vitre（打烂一块窗玻璃）。

另外，法语词与词之间搭配是十分严谨的。所谓严谨，就是一个词和别的词组合在一起使用时，它们之间的搭配必定符合法语的语法、句法规则和表达习惯。如法语动词“dire”和“parler”在汉语中都可作“说”“谈”解，可是它们的搭配习惯又各不相同。dire 是直接及物动词，人们通常说 dire quelque chose，而 parler 的宾语则要由介词 de 引导，因此，在“我有事要同你讲”这一句中，就不能说“j'ai quelque chose à vous parler”，而要说“j'ai quelque chose à vous dire”。同样，人们也不能按照汉语的结构说：“si tu marches encore un pas，tu seras dans le fossé.”而要根据法语的习惯说：“si tu fais un pas de plus，tu seras dans le fossé.”

初学法语的学生往往以为记单词就是记词义，这是很片面的。我们除了要了解词的意义外，还必须掌握词的用法。尤其要注意，一个词在进入句子以后和其他词的搭配关系。如不注意它的搭配关系，就不可能准确地掌握它的用法，就无法完成交流思想的任务。

（三）汉语和法语的表达习惯不同

语言是富于变化的。一方面，同一个思想内容在不同的语言里可以有不同的表达方式；另一方面，在一种语言里被认为是合情合理的表达法，但在另一种语言里则不能被接受。这是因为语言不仅仅受到语法规则和词义的限制，还要受到由不同的社会集体各自约定俗成的表达习惯的制约。我们学习法语就要遵守法国人的语言表达习惯。如不按法国人的语言表达习惯讲话或写文章，法国人就会觉得别扭。例如，在途中相遇或在公共场所见面时，中国学生按照汉语习惯总爱说一句“Où allez-vous?”或“D'où venez-vous?”之类的话，这些话既表示询问，也包含客套的意思，中国人听来绝不会感到惊奇。然而，同样这些问话常常会使法国人愕然不知所措。因为，在法国人看来，见面时随意问人家去哪里会置人于尴尬的境地，尤其是当对方不愿意把他的意向告诉别人时。

我们在学生的口、笔语作业中常常发现这样的情况；有些句子从语法上、句法上乃至从逻辑上看都对，但不能被法国人所接受，原因就在于它不符合法语的表达习惯。例如，在机场、车站等场所迎接外宾时，有些学生常常用“Vous devez être très fatigué”这句话来表示对来宾的慰问。在汉语中，“您该很累了”含“赞许”“关心”“体贴”之意；在法语中，这句话却不包含这种感情。见面就随意问人家累不累，会使法国人不悦。又如，当外宾对我们为他们旅行、工作、生活等提供的服务和方便表示感谢时，有些学生也常常答之以“C'est ce que je dois faire.”。这样的答谢语往往使外宾大惑不解。因为“这是我应该做的”这句话汉语表示谦虚，在法语中却毫无此意。从这句话里，外宾体会到的不是你的谦虚，而是“你为我服务并非诚心，只是为了工作而已”这样一种冷冰冰的态度。

可见，用中国人的表达习惯生硬地套用法语，就容易歪曲自己本来要表达的思想，甚至根本无法使对话者了解自己的意思。这是我们在说话和用词造句时应该特别警惕的。

（四）词序规律不同

用词造句必须遵守一定的词序规律，词序就是词在句子中的位置次序。初学法语的学生往往不注意汉语和法语在词序结构上的异同，不善于将基本句型的结构程式进行比较，结果讲话造句常因词序不当而造成歧义，严重地影响了语言的表达。例如，在年月日的表达法中，法语的词序正好同汉语的词序相反，汉语说×年×月×日，法语则要说×日×月×年，初学法语的学生由于受汉语思维习惯的制约，往往把1949年10月1日误写成“en 1949 le premier octobre”。再如，在表达地名时，汉语是由大到小，即先省份名，再城市名，法语则是由小到大，先城市名，后省份名。因此，“在江苏南京”应该说“à Nangjing au Jiangsu”，而不是相反。

初学法语的学生的思维活动除了受到汉语词序的影响外，也还受到英语词序的影响。法语新生入学前大都有一定的英语基础，而英语的词序同汉语的词序又比较接近，所以初学法语的学生想当然地通过模仿英语的一些句型结构去学习法语的现象也常常出现。

二、针对中国学生的特点组织低年级教学

在学习外语的过程中，学生在用外语会话、做作业时出现错误在所难免。我们分析了我国初学法语的学生在低年级学习中所犯的带有普遍性的错误，探讨了产生这些错误的原因，比较注意针对中国学生的特点组织教学，切实抓紧低年级阶段的基本功训练，帮助学生努力减少本族语言的干扰，对此，我们采取了如下做法。

（1）引导学生熟读、背诵范文。初学法语学生往往习惯从法汉小词典中寻找同某一法语单词相对应的汉语单词，以此扩充词汇量。事实上，离开了具体的语言环境，只知道一个大概的意思就随便运用，只会造成语言上的混乱。而熟读和背诵范文能使学生通过具体的语言情景领会确切的词义，通过模仿掌握词的搭配习惯和熟悉句子的结构，逐步改变他们从汉语的概念出发任意搭配词语、随便创造句型的不良习惯。

（2）根据法语学习中的难易规律组织教学。低年级讲授的语法、句法及词汇等方面的知识归纳起来大致可分为两大类。一类是规则简单，不难领会，却容易用错，诸如动词变位、名词的阴阳性、单复数、形容词同

被修饰的名词的性数配合、代词的位置等等；另一类是规则复杂，变化多，掌握难，诸如介词、冠词的选择，动词的语式和时态等等。它们的共同特点是出现得早、使用率高。因此，我们在教学活动中比较注意把握好语言材料的深浅难易，浅易者辅之以大量的结构操练，吸收听说法的"模仿一记忆"，采用少讲规则、多操练的原则，务使学生熟练掌握；深难者则零敲碎打，每讲授新材料前则复习有关的旧内容，并结合学生的弱点，每课配一定数量的语法或词汇练习，范句和练习力求有一定的典型性。例如，中国学生容易把 le passé composé 和 l'imparfait 这两种时态相混淆，为此，在讲授 l'imparfait 的语法内容时，教师除了重点说明两种时态的主要区别外，还提供适当的时间状语，以便学生把用 le passé composé 这一时态造的句子，改为用 l'imparfait 这一时态造的句子。通过操练这些时态上各具特点的句子，使学生领会差别，逐步掌握用法，尽量让他们摆脱对汉语的依赖。

例如：1. substitution：

范句：Dimanche dernier，Li Ming s'est levé à huit heures et demie.

教师：Pendant les vacances.

学生：Pendant les vacances，il se levait à 7h.

11. Questions-réponses entre les étudiants.

范句：Hier soir，quand Li Ming est allé à la bibliothèque，que faisais-tu？

学生甲：Hier soir，quand Li Ming est allé à la bibliothèque，je me promenais avec Wang.

学生甲：重复范句提的问题，向学生乙提问。

学生乙：Hier soir，quand Li Ming est allé à la bibliothèque，je faisais la lessive.

学生乙：向学生丙提问，以此类推。

（3）通过语言情景讲解词义和教授范句。在讲解词义和教授范句时，我们排斥了由教师在黑板上写例句、学生在笔记本上抄例句的传统做法，也摈弃了通过机械的单句句型操练介绍范句的句型教学法。我们考虑到，我国法语学生的语言环境是汉语的语言环境，在课堂上，学生即使能把各个单句背下来；到了课后，在实际生活中却不能正确地表达。为此，我们从提高学生的语言交际能力出发，采用了社会语言学家们所提倡的把句型教学溶化在有情景的对话或短文中去的方法，力求使学生在操练句型时学到现实生活中的、有交际价值的语言，激发学生对操练和复用这些语言材料的兴趣。这样，在备课时我们力求结合课文，把发生在学生中的生活、学习、文体活动等情况编成一个个的情景，从而增添了句型操练的现实意义和亲切感。例如，在操练动词“devoir” au passé composé 表示 la probabillité 时，教师可根据情况组织如下“情景”。

Situation Ⅰ：

教师：Dimanche dernier，vous êtes allé attendre des amis à la gare. Le train est arrivé，mais ils n'étaient pas dedans. Pourquoi ?

学生：Ils ont dû rater leur train.

Situation Ⅱ：

教师：Demain après-midi，il y aura une conférence. Mais tout à l'heure，Li Ming m'a dit que la conférence aura lieu demain matin.

学生：Non，c'est demain après-midi. Il a dû se tromper.

Situation Ⅲ：

教师：Vous ne trouvez pas votre stylo，mais vous vous en êtes servi à la bibilothèque.

学生：Ah oui，j'ai dû le laisser là-bas.

（4）适当利用汉语作为对比两种语言结构的手段。翻译法在目前的中小学外语教学中尚有一定的市场。这种完全依赖汉语进行外语教学的方法是造成学生反应迟钝、外语汉语化等弊病的原因之一。这种方法是我们在低年级外语教学中应该摈弃的。可是，我们又不能不考虑到，我们的教学对象已经不是小孩。他们思维活跃，理解能力一般也比较强，因此，他们往往不满足于被告知该怎么做，而更想知道为什么要这样做。认识到成年人学习外语的这个特点后，我们在讲解语法、词序等内容时，一般间之以少许汉语注释。以动词的语态为例，有些学生往往把下述句子用于主动态。

例 1：这幅古画最近已经修复好了。

误：Ce tableau antique a restauré récemment.

正：Ce tableau antique a été restauré récemment.

例 2：这本小说值得一读。

误：Ce roman vaut la peine de lire.

正：Ce roman vaut la peine d'être lu.

例 3：由于有雾，所有的航班都取消了。

误：En raison du brouillard，tous les vols ont annulé.

正：En raison du brouillard，tous les vols ont été annulés.

结合这类病句，我们着重向学生讲清楚：在汉语中，有些被动句并没有表示被动态的一般标志，如“被”“受到”“得到”等字样。但被动态的语气可以从整个句子的意义体会到。上述三句的主语都是动作的承受者，而不是施动者，所以都只能用被动态。

（5）积极指导学生的课外阅读。由浅入深、由少到多，引导学生扩大阅读量，是帮助学生增强外语语感、提高理解能力、逐步减少汉语思维习惯势力影响的有效方法。为了帮助学生充分利用课余时间，充分利用图书资料，从二年级开始，教师对适合低年级学生阅读的图书作详细介绍，并根据学生的学习程度分别提出指导性的意见。低年级学生在教师的帮助支持下，还开设了“读书笔记园地”。同学们每看一本简易读物、小说或杂志，就要用法语写一篇该书的介绍，把该书的故事梗概记下来，这样做，有利于创造良好的外语环境，在一定程度上提高了学生课外阅读的积极性。

（6）抓好作业讲评。作业讲评是帮助学生总结语法、词汇、句型等各方面知识复用情况的重要途径。我们每上一课一般要进行 1 ～ 2 次讲评活动。教师一般把学生口、笔语作业中的错误分成两类。第一类是由语言本身的难点所造成的，第二类是受汉语思维的影响而产生的。重点讲评第二类，目的是使学生常常警惕汉语习惯势力的干扰。在作业讲评活动中，教师除了讲评学生作业中的正确与谬误外，还讲评学生的学习态度，适当运用批评与表扬的武器，帮助学生明确学习目的，培养他们谦虚、好学、独立思考的良好习惯。为了帮助学生改进学习方法，我们还安排德智体发展较全面的学生介绍学习心得，组织大家进行讨论，使同学们把苦学和巧学结合起来，提高学习效率。

三、几句结束语

汉语思维对法语学习的干扰作用是客观存在的，针对这个矛盾，我们在教学实践中对学生在汉语思维习惯可能会起干扰作用的几个方面作了一些初步的探讨，制定了一些措施，力求使学生在基础阶段的学习中对法语有比较正确的认识。

学生在基础教学阶段反映出来的问题是多方面的，本文就普遍存在于低年级学生中的法语汉化现象提出了一些不成熟的看法，以求教于从事法语教学和研究的同志们。

（原载《教学科研报告会文集》，广州外国语学院教务处编印，1982 年）

法语三年级精读课教学初探

本文的宗旨是探讨法语三年级精读课的教学问题。

法语三年级精读课是一门必修课，每周6学时，选用的教材是南京大学外语系法语教研室编写的《法语课本》第五、六册（以下简称《课本》）。根据四年制法语专业教学计划，三年级属于提高阶段，它同基础阶段相比，从教学内容、教学方法到对学生的要求都有较大的改变。基础阶段的主要任务是在法语基础知识（语音、语法、词汇）和基本技能方面（听、说、读、写的“四会”能力）对学生进行严格的训练，使他们初步掌握实际运用外语的能力。那么，提高阶段的任务又是什么呢？参照教学大纲的要求，根据《课本》的特点，我们认为要通过法国当代文学作品的阅读、分析和必要的练习，在语言方面着重提高学生的词义辨析能力、词语复用能力和比较正确流畅的连贯表达能力；在智能训练方面，注意培养学生的理解能力、分析能力和独立思考问题、解决问题的能力。

下面，笔者根据近几年来的教学实践谈四个问题，以就教于从事法语教学和研究的同仁：一是正确处理基础和提高的关系，二是正确处理课文选择和学时安排的关系，三是正确处理文学和语言教学的关系，四是正确处理传授知识和培养智能的关系。

一、正确处理基础和提高的关系

三年级精读课的教学活动应该首先注重提高，还是要继续着眼于基础，或是必须把基础和提高统一起来？这是我们在教学工作中遇到的第一个问题。

要解决这个问题，首先要实事求是地分析学生素质和学习情况，对他们的特点、程度、要求有比较正确的认识。以法语80级为例，绝大部分学生是从字母学起的，大致可以分为以下几种类型。第一类学生：汉语程度较高，思维活跃，理解能力较强，表达流利，语言基本功较扎实，错误较少。第二类学生：文化知识面较窄，反应较慢，但学习刻苦认真，初步掌握了运用法语的基本技能。但在他们的口、笔语作业中还相当普遍地存在着诸如语法、用词、理解、逻辑等方面的错误。这两类学生占多数，他们的思想已日臻成熟，往往已经不满足于基础阶段的机械操练，不满足于被告知某句法语该怎么表达或不该怎么表达。他们需要在扩大词汇量和学会连贯表达的同时，培养语言的活用能力，更需要通过三年级精读课的学习和训练，增进对当代法国社会、语言和文化的了解。第三类学生：法语基础知识掌握较差，听、说、读、写都有一定困难，除少数同学外，他们学习都还认真。

鉴于上述情况，我们觉得在组织三年级教学活动时，把基础和提高统一起来的做法更适合学生的实际情形，更有利于调动各类学生的积极性，引导他们在学习中发挥主观能动作用。该补基础的就帮助他们补基础，通过补基础以创造提高的条件，逐步掌握“四会”技能；该提高的则指导他们努力提高，扩大知识面，不断提高“四会”的质量。为此，在讲课时，我们力求做到通俗、生动；在做练习时，注意给学习中困难较多的同学提供合适的操练机会；指导他们课外学习时，充分考虑他们各自在学习中的长处和弱点，向他们介绍必要的自修方法和推荐合适的课外读物。这样做，既使学得较好的同学不受课堂和书本的限制，能够独立自主地发展知识，又保证学习中困难较多的同学及时尝到学习的“甜头”，看到自己的进步，增强学好法语的信心和勇气。

几年来的教学实践证明，无视学生的语言文化水平，片面地强调提高而忽视打基础，或仅仅着眼于打基础而忽略提高的做法，都是十分不妥的。前者无疑会使部分起点较低的学生因教授内容太深而穷于应付，使在基础知识方面有这样或那样漏洞的学生无暇顾及而造成某种“知识脱节”。试想，面对一篇文笔流畅、观点鲜明而又不乏拼写、语法等方面的错误的作文，教师怎能不赞其行文水平而叹其语言基础知识之不足呢？后者则不能满足学生的求知欲，不利于他们发展智力。

三年级是学生能否顺利地走向毕业之路的过渡学年，也是他们巩固基础，独立自主地丰富知识，通过掌握语言知识技能发展智力的转折点，只有掌握的知识技能达到一定熟练的程度，才可能引起智力（如理解能力、分析能力、概括能力等）的量度和质变。因此，教师只有把帮助学生打好语言基础和提高语言水平看成一个整体，在教学过程中把它们有机地结合起来，才能使程度参差不齐的高年级学生都取得应有的进步。

二、正确处理课文选择和学时安排的关系

《课本》第五、六册共计 36 课，均选自法国 20 世纪著名作家的作品，题材比较新颖，内容也比较广泛。每一课除课文正文外，还有背景介绍、作家概况、同课文主题有关的文献资料、文体知识浅谈、词汇练习和句法练习等项目。由于《课本》的内容多，练习量大，80 级学生三年级时每 8 学时上一课，每一课的学时分配如下：

内容	作品、作家简介	课文分析理解	词语情景教学	讨论（结合课文主题）	语法、句法、修辞练习	听写
学时数	1/2	3	1	1	2	1/2

精读课每周的教学时数为 6 学时，而每一课的讲授时数为 8 学时，以每学期实际授课周数 18 周算，每学期一般讲授 12 课。这样就提出了选择课文的问题，即需要把全部课文逐一加以比较，从中筛选出最合适的部分，使学生在限定的时间、篇幅内获得较好的学习效果。那么，究竟应该选择哪些课文呢？

（一）选择客观上学生最需要学习的主题

所谓“客观上最需要”，是指所选学的课文最能充实学生的语言文化知识，课文所反映的思想内容最能帮助学生认识当代法国的家庭、社会、生活和风俗习惯。譬如，学生通过学习 *La chaîne* 一课（Claire Etcherelli；*Elise，ou la vraie vie*）可以加深对资本主义大工业生产的认识，通过学习 *Le proverbe*（Marcel Aymé：*Le Passe—Muraille*）可以增进对法国传统的学校教学和家庭模式的了解，通过学习 *Le chien*（Emile Ajar：*La vie devant soi*）则能对方言、俗语在当代法国文学和日常交际中的地位有一个粗浅的印象。

（二）选择学生主观上最有兴趣学习的主题

当然，学生有必要学习的主题很多。然而，教师在选择主题时，绝不

可不考虑学生的兴趣，不考虑所选课文本身的可读性而保证学生都能学有所获。以《课本》第五册第8课 *L'Etranger* 为例，学生普遍认为该课文字深奥难懂，在三（2）班的21位同学中，有15位反映课文内容不知所云。下面一段话虽经再三启发，全班几乎没有一人能做出像样的解释。

Le fond de sa pensée, si j'ai bien compris, c'est que j'avais prémédité mon crime. Du moins, il a essayé de le démontrer. Comme il le disait lui-même: 《J'en ferai la preuve, messieurs, et je la ferai doublement. Sous l'aveuglante clarté des faits d'abord et ensuite dans l'éclairage sombre que me fournira la psychologie de cette âme criminelle》. Il a rappelé mon insensibilité, l'ignorance où j'étais de l'âge de maman, mon bain du lendemain, avec une femme, le cinéma, Fernandel et enfin la rentrée avec Marie.

这段文字之所以难读，原因有二：一是检察官为了不失其高贵威严的身份，在谈到 Meursault 的罪行时，措辞优雅，文句僻拗而咄咄逼人（尽管他陈述的观点十分简单）；二是文中有不少词语涉及 Meursault 过去生活中发生的种种事件，学生几乎都没有读过该小说的全文，对文中提及的人和事不甚了了，当然也就难以摆脱“无话可讲”的被动局面。

像 *L'Etranger* 这样的世界名著，只要节选恰当，学生学起来是不会兴致索然的。从整体上看，*L'Etranger* 行文流畅，语言简朴，通俗易读，历来是各国青少年的必读物。但《课本》节选的这一篇恰巧是该书的难点之一，这样就可能会使刚刚开始涉猎文学原著的学生造成错觉，以为 *L'Etranger* 文字晦涩而不敢问津。

所以，我们在选择课文时还要考虑学生的主观条件，选学的内容要易于发挥学生的想象和思维，易于调动学生的感情，课文不宜太长，文字也不宜太深。这样的课文既有利于学生学，又有利于教师组织课堂教学。

由于我们在选择课文主题方面注意把课文的可读性及可供挖掘的潜力同学生的需要、兴趣和能力联系在一起，激发了学生上好精读课的热情。从1983年7月对80级（2）班全体学生进行的调查来看，同学们对选学的24篇课文还是比较满意的（见下表）。

Voici les réponses aux questions posées:

Trouvez-vous que les textes sont très difficiles, Pas assez ou juste comme il faut?		
Très difficiles 5/24	Pas assez 4/24	Comme il faut 15/24
Ce quivous intéresse dans ces textes, ce sont les idées, les traits stylistiques, le langage?		
Idées 15/24	Traits stylistiques 3/24	Langage 3/24

三、正确处理文学和语言教学的关系

法语三年级精读课不单单是词汇课，也不是文学选读课。学习文学和学习语言当然是有区别的，然而它们之间的关系又是十分密切的。它们有区别，因为人们学习语言以表达感情、交流思想，而学习文学则重在培养对文学作品的阅读、理解、分析和欣赏能力。它们有联系，因为文学不能没有语言。“皮之不存，毛将焉附”？

综观20世纪以来中外较有影响的外语教科书，从名家名著中节选材料作高年级学生范文的为数不少，这种现象绝非偶然。北京语言学院副院长张道一教授在《北京语言学院汉语教学概况》一文中曾谈到文学作品同学习语言的关系，他说：“通过文学作品的选读，使学生接触到大量的当代的活的语言，使学生不仅能体会到汉语表达方法的丰富多彩，体会到汉语的准确性、生动性、科学性，而且可以同时了解到中国的社会、风俗、人物。这种方法就是通过文学学语言。名家、名篇是汉语这个宝库中的代表，是应很好加以利用的。”张道一教授的这一席话是针对外国人学汉语而言的，但是他提出的通过文学作品学习语言的原则不是同样适合高年级中国学生学习外语吗?

首先，文学作品能培养学生的兴趣，而兴趣正是开发智力的动力。孔子说：“知之者，不如好之者，好之者，不如乐知者。”孔子所说的“好之”“乐之”就是指兴趣。只有“好”和“乐”所迸发出来的求知欲，才是克服困难的强大动力。教学中，不仅要通过教学过程，而且要通过教学内容来激发学生的学习兴趣，这样，兴趣才能持久。（参见周玉仁：《改革教法发展学生智力》）

值得指出的是，三年级精读课是有别于四年级的文学选读课的。既然我们的主要任务不是提高学生的文学分析和文学欣赏能力，我们在讲解课文时，就不能光从文学欣赏的角度出发，用太多的课时去分析作品的主题，介绍修辞特点，讨论人物性格。我们只能适当地利用文学分析和文学欣赏的魅力，刺激学生的求知欲，调动学生的学习情绪，调节课堂教学的气氛，使学生成为课堂教学的积极介入者，为提高学生的外语阅读能力、理解能力和复用能力服务。以《课本》第五册第1课 *Retour à l'école* 为例（Marce l Pagno1：*Le Château de ma mère*），起初，学生觉得书中叙述的不过是小学生的学习琐事，不足为奇，也无须费神劳舌。为了诱发学生的思维，我们引导学生谈作者在本文中着意刻画的几位小学教师的形象，使学生领悟到作品的幽默，品味作者对传统教学方法的并无恶意的讽刺和挖苦。教师引而不发，学生言路顿开，作品的艺术感染力使他们的精神为之一振，刚才还不屑一顾的教书匠变得可敬可笑了。学生的话多了，课堂气氛由“冷”变“热”，随后的各项教学活动和堂上练习也就比较容易集中学生的思想了。

可见，饶有趣味的优秀文学作品能使学生进入最佳思维状态，帮助他们克服诸如不求甚解、懒散马虎等学习中常见的主观性障碍。

四、正确处理传授知识和培养智能的关系

传统的外语教育理论认为，学习外语是一个汲取知识和积累知识的过程，而学生需要的种种知识总是通过某一被确认的“权威”——教师或教材来传授的。这种理论的最大弊端是忽略了学生在教学过程中自主发展知识、提升能力的重要性和必要性，使学生过分地依赖教师，受所学的教材支配，始终处在一种消极被动的从属地位。其结果往往使学生只满足掌握教师传授的有限的知识，而不注意在汲取、积累知识的基础上努力发展自己的智能。

与此相反，先进的教育理论认为，教师的任务不仅仅是传授知识，一切教学活动都应该有利于学生自己发展知识。对外语学生来说，就是要有

利于提高他们理解问题、分析问题以及实际运用外语的能力。

要培养学生的智能，就不能不研究具体的教学方法。的确，外语教学法中的每一个流派都有它的优点和长处，也有它的缺点和短处。语法翻译法（méthode grammaire-traduction）重视语法知识的讲解和通过翻译加深对课文的理解，结构法（méthode structurale）主张通过句型操练培养学生良好的外语表达习惯，直接法（méthode-directe）强调听、说对语言表达的积极作用，于是听说教学法（méthode audio-orale）和视听教学法（méthode audio-visuelle）又应运而生；功能法（méthode fonctionnelle）则注重语言的交际功能，力图培养学生在各种不同的生活环境、社会阶层中自如地运用外语的能力。这些方法只要使用得当，对帮助学生学好语言基础知识，训练他们的听、说技能都是大有裨益的。可是，我们还应该看到，任何一种教学方法的产生都不是盲目的，总有促其产生、演变、发展或消逝的历史的、社会的因素和条件，总是同人类的某种生活、工作需要有着紧密的联系。因此，我们在学习和应用国内外先进的教学方法时，就不能脱离我们的实际情况（包括学生素质、师资水平、教材特点、学生的学习条件、教学的物质条件乃至社会需要等等）。

今天，每所外语院校都在研究外国先进的教材和教学方法。一种做法是拿来就用，把整套教材、教案、练习内容和测试办法统统搬来（或是略有修改），为我所用。这种办法常用于基础教学，也取得了较好的效果。另一种做法是不拘泥于某种教育理论，也不严格遵循某种教学模式，而是从本语种、本年级、本班学生的实际情况出发，结合所选用的教材的特点，取各派之长以组织教学。我们在 80 级三（2）班采用的教学方法就是根据这一原则设计的。我们的指导思想是：把教学的内容、方法、组织形式都纳入为发展学生的智力服务的轨道，充分调动学生的思维，激发他们求知的内部诱因，从而提高学习效果，促进其认识能力和实践能力的发展。

我们的具体做法如下。

（1）课文理解。这部分首先由外籍教师负责，方法是 questions-réponses。我们视外籍教师讲解程度、学生理解的好坏作一些必要的补充。

以《课本》第六册中的 *Le docteur Cottard* 一课为例（Marcel Proust：*Un amour de Swann*）。该课首先由外籍教师讲解（2 学时），讲解以答疑的形式进行。由于在新课之初没有对作品作必要的介绍，在答疑时虽然对课文内容作了必要的分析，但学生仅明白其大意，仍然抓不住要领。于是我们又用一个学时组织学生对本课的场景、主人公的性格和作者运用的讽刺手法进行分析、讨论。现把三个方面的讨论内容归纳如下。

A. Scène：

C'est une scène à un seul personnage；le docteur Cottard. Les autres，y compris Mme Verdurin sont réduits au rôle de figurant.

B. Traits essentiels du docteur Cottard：

△ son air peu naturel en public，

△ son sourire niais qui marche dans tous les cas，qui permet de le sauver dans n'importe quelle circonstance.

△ sa médiocrité，absence de raffinement，de politesse，manque d'originalité dans ses propos.

C. Moyen de 1a satire：

△ Peu de termes qui relèvent du vocabulaire habituel de 1'analyse psychologlique. Le personnage vit，comme le Tartuffe de Molière vivait，non pas parce qu'il déclarait：je suis hypocrite，mais parce qu'il se conduisait ainsi.

△ Par la caricature du docteur Cottard，Proust insiste，sans le dire，sur le fait que chez Cottard comme chez les Verdurin tout est faux，appris，conventionnel.

有意识地引导学生围绕课文要点进行分论，有利于学生开动脑筋，使他们通过教师的提问，通过同学三言两语的发言自己去分析、去归纳课文的主要内容和作者传递的思想，自己得出结论，从而达到思考—分析—理解—表达的目的。反之，如果教师照本宣科，课堂教学势必流于单一、呆板，学生也只能跟着教师亦步亦趋，智力就不可能充分发展。

（2）词语教学。词语教学不仅是扩大学生的词汇量、丰富学生的表达方式的重要步骤，也是帮助学生提高词义的贬褒、强弱、感情色彩的辨析能力的必要手段。而任何词语教学都离不开举例。那么应该怎样举例呢?

第一，举例要融化在情景中进行。举例不能脱离具体的语言情景，语言情景则要力求反映学生熟悉和关心的国内外时事政治、生活状态或社会问题。例如，在学习《课本》第五册 *Malraux est fait prisonnier en* 1944 一课时，我们讲解“俘虏”“监禁”“集中营”“越狱”“抵抗运动”等词语，就以法国总统密特朗（1981—1995 年在任）在第二次世界大战中受伤被俘、囚禁于德国某纳粹集中营，前后经过 3 次越狱尝试，终于在 1942 年越狱成功，潜回法国本土参加地下抵抗运动的史实为情景，使学生比较容易地掌握了所学词汇的含义和用法。

第二，举例切忌“泛”。词语教学要突出重点，主要讲解常用的而且词义和用法又容易搞错的词或短语，讲解常用词义的转化或引申。以副词短语 en fait 和 en effet 为例。

词义差别：

en fait：作“事实上、实际上”解。

en effet：在现代法语中表示原因，意思是“因为，由于”。

用法差别：

en fait：用来否定前面所表述的意见。

例：Il dit oui，en fait，il pense non. 他说对，其实，他认为不对。

en effet：用来为前面表述的意见提供理由。

例：Il dit oui，en effet，il est d'accord. 他说对，因为他同意了。

第三，举例要有“比较”和“扩充”。所谓“比较”，就是将同课文中某一词语“形音”相近的词或词组成对地列出，使学生明白其“貌合神离”之所在，便于他们区别其意义和用法。例如，讲形容词 familier 即带出它的形似义异词 familial。

所谓“扩充”，是指适当讲一些构词法，帮助学生了解基本的词类结构，通过词根、前缀、后缀等扩充词汇量。以动词 armer 为例。词义：qui sert à attaquer ou à se défendre，词根：arm——~ 由此而引出 armement，désarmer，désarmement，réarmer，réarmement 等。

第四，举例要注意“以旧带新”。“以旧带新”的解词方法有利于学生介入课堂教学。例如，在讲解动词 participer de 时，先让学生把他们熟悉的 Participer à 作情景造句，然后再让学生同教师一起进入 participer de 的语言情景，以使学生牢固掌握动词 participer 的新的搭配形式、新的含义和用法。

（3）词语复用。不少外语学生的苦衷是了解了的东西不能自如地表达出来，学过的东西不能灵活地运用。因此，丰富学生口、笔语练习的形式和内容，提高学生对所学语法、词汇知识的复用能力是教师应该经常考虑的。

我们采用的复用练习形式主要有以下几种。

第一种，课堂上（口头）。

1）提供情景，快速造句。由教师口述某一语言情景，要求学生用课堂上学过的词语迅速造出适合这一语言情景的句子。

2）给词说话，即席发言。学生将老师指定的、新课中讲解过的主要词语放进他们自己设计的语言情景中，作二三分钟的成段表达。

3）复述课文。学生用自己的语言说出课文的大意，要求重点突出，用词正确。

4）做各课课文后的机械性练习（如同义词、反义词、词组替换等）和智能性练习（如情景造句、短文分析等）。

第二种，课外（笔头）。

1）改写练习。根据各课的"文体交换"练习，把对话改写成短文。

2）写讨论提纲。为了训练学生的连贯表达能力，要求学生就教师结合各课主题布置的讨论题拟订发言提纲（讨论课结束后，教师一般抽查1/4 学生的发言提纲）。

3）做翻译练习（此处指各课中的汉译法练习）。

（4）讨论课。讨论课较之其他各种练习形式更富有现实生活中用外语进行交际的真实感，更能培养学生活用语言的能力。然而，讨论课的目的不仅于此，通过这一形式，我们还能组织学生对所学文学作品中反映出来的某些思想观点进行分析讨论，使学生对接触到的形形色色的人生观、价值观、哲学观有比较正确的认识。讨论课一般安排在课文分析、词语讲解以后，方法大致分以下几步：①课前由教师结合课文中的某一观点提出问题。②指导学生课余查阅有关资料，准备发言提纲。③鼓励发表各种意见，活跃讨论气氛。④适时归纳学生的观点，引导学生评论这些观点，并得出结论。⑤教师作倾向性的简短发言，对正确的观点从理论上进行补充。

例如，上完第五册第 7 课 *Le mécanisme social*（Roger Martin du Gard, Les Thibault-Eté 1914），我们就针对课文中蒂博兄弟争执不下的"工作自由""建设一个新的、不同的社会的可能性"等观点组织学生讨论，引导学生进行比较、分析，从而增强了学生对不同社会体制的认识。

（5）考核。学生学习成绩的考核同教学过程是一个有机的统一体，考试要对学生丰富知识、掌握技能、发展智力及培养良好的学习风气起积极的推动作用而不是起消极的监督作用，应该激励学生的进取精神而不是挫伤他们的积极性。

在考试方式上，我们采用延续性评分和阶段性考试相结合的办法。所谓延续性评分，是指教师对学生历次做的听写、翻译、概述等练习项目逐一评分入册，建立学生平时成绩档案，通过对学生学习状况的经常性和系统性检查，及时帮助他们端正学习态度，改进学习方法。阶段性考试指期中考试和期末考试，其目的是较全面地检查学生对所学知识的掌握情况和综合运用外语的能力。

在考试的方法上，我们采用传统测试法和客观测试法相结合的办法。传统测试的内容包括听写、翻译、情景造句等项目，客观测试的内容包括词义选择题、理解选择题等。

通过一学年的学习和训练，学生的理解能力、分析能力和口笔语表达能力有了不同程度的提高。

以下是 80 级三（2）班学生三年级上学期期末和三年级下学期期末考试成绩对照表。

时间 / 成绩 / 项目	三（上）期末考					三（下）期末考				
	优	良	中	及格	不及格	优	良	中	及格	不及格
笔试	1	10	6	4	0	3	14	5	0	0
口试	2	7	9	3	0	2	12	4	3	0
理解	7	7	6	1	0	10	6	4	1	0

几句结束语：

我们针对法语学生的特点，在课堂教学中努力发展学生的智能的工作才刚刚开始，很多方面还缺乏深入细致的调查和研究，本文提出的一些观点也还很不成熟，请各位同仁指正。

（原载《外语教育研究》1984 年第 1 期，第 30～38 页）

用词造句要注意逻辑

——法语病句分析举例

句子是由词组成的，而词与词之间的搭配关系直接表现语言的逻辑性。我们要正确地表达自己的思想感情，用词造句就不能不注意逻辑。

人们日常用外语讲话，往往不加修饰，使用的词语比较通俗简单，句子比较短小零散，重复或自我纠正等现象也是常常出现的。为了使听者理解所讲的话，人们还可以借助手势、语调、表情等，以提高表达效果。可是，要把口语准确、通顺地写成文字，情况就不同了。这不仅要求作者具有基本的语法和修辞知识，掌握各种表达方法和一定数量的句型，更重要的还必须善于进行正确的思维，清楚地表述自己的思想。思维和语言有着极其密切的联系，思维必须有言语这个物质形式，而语言则应表达思维的内容。因此，我们说话作文一定要符合逻辑思维的基本规律，一定要为听者读者着想，尽量把话讲清楚，写明白。

初学外语的人用外语会话、写文章，有时会有意无意地忽视思维和语言的逻辑性。有些句子，听起来似乎没有什么毛病，可是经不起推敲，往往不周密，不严谨。它们或是语言含糊，概念混淆；或是搭配不当，结构混乱；或是成分欠缺，指代不明。而不合逻辑，即不合思维规律则是这些错句病句的共同特征。现把散见于学生平时口、笔语作业的此类错误稍作归纳分析如下。

一、自相矛盾

这一类病句大都似是而非，可能作者自己心里是清楚的，但一下笔却前言不搭后语，令人费解。

(1) Va vite prendre tes bagages, garde-toi de ne pas manquer ton train.

既然准备取了行李匆匆上车，怎么又要“避免不误车”呢？代词式动词 se garder de 本身就是“防止”“避免”之意，de 后面的不定式动词不能再用否定副词短语 ne...pas 修饰。

(2) Les camarades de notre groupe ont fait mutuellement leur autocritique pendant la réunion de classe.

本句中的 mutuellement 同 autocritique 相矛盾。副词 mutuellement 包含 un rapport de réciprocité, un échange 之意；而名词 autocritique 的前缀 auto-则有 soi-même 的意思。所以应该把 mutuellement 改成 respectivement 才能使句子中的各个成分显得和谐和一致。同样，在汉语中，人们也不说"互相"作了自我批评，而说"各自"作了自我批评。

二、概念混淆

概念总是依靠实词或词组表达出来。为求语言文字的贴切达意，不可不注意措辞的准确性，不可不注意不同的词组各自所代表的不同的概念。

(1) C'est une grande ville industrielle qui compte un million de classe ouvrière.

"la classe ouvrière"指工人的总和，是集合名词，它和组成这个统一体的各个分子是不同的。分子和统一体的关系是部分和整体的关系。所以不能说"一百万工人阶级，两百万工人阶级"。只有改用具体名词"工人"才能使表达恰当，概念明确。

(2) Il a vu au loin la grosse cloche de l'église sonner six heures.

本句前后所使用的概念不一致，"看见"和"钟敲响了6点"不能并存。人们可以看见远处教堂的大钟在走，至于钟声则只能耳闻而不能目睹。

(3) La salle était pleine, elle contenait beaucoup d'ouvriers, d'étudiants et de femmes.

本句中的"工人""学生"和"妇女"属于交叉概念，并列使用是不妥的。

三、主次不分

句子与句子之间，句子中各成分之间，句子所提及的人之间或物之间的相互关系有时有主次、先后之分，不能任意颠倒。

(1) Son père lui ressemble beaucoup.

通常人们只说子女长得像父母而不是相反。

（2）Non seulement il aide souvent ses camarades dans leurs études, mais encore il est très brillant en français.

学习成绩优异在次序上应先于在学习中常常帮助别人。应改为：Non seulement il est très brillant en français, mais encore, il aide souvent ses camarades dans leurs études.

四、成分欠缺

成分欠缺指句子中缺少了必不可少的成分。不注意句子中的结构层次，不注意句子中各成分之间的相互关系，尤其容易犯这类毛病。

（1）Cet incident inattendu a compromis sa réputation et a perdu cette campagne électorale.

在选举中失败的是“他”而不是“这个意外的事端”。应该在连词 et 后面加代词 il 来代表声誉受到损害的那个人，才能使句子眉目清楚。

（2）Son visage était couvert de sang et a perdu connaissance il y a au moins une demi-heure.

用 son visage 作并列复合句全句的统一主语显然不通。失去知觉的是这个血流满脸的人，而不是他的脸。要表达一个比较复杂的思想，切忌眉毛胡子一把抓。

五、结构混乱

词语在句子里的位置安排不当就会造成结构混乱，致使意思表达不清，甚至不合逻辑。

Il avait eu visiblement une bonne éducation, pourvu du confort le plus moderne, sa maison était parfaitement tenue et vivait dans l'aisance.

是谁生活富裕？作者的意思是指他，可一下笔却成了：他的寓所生活富裕。应将各句的次序调整为：Il avait eu visiblement une bonne éducation et vivait dans l'aisance. Sa maison était parfaitement tenue et pourvue du confort le plus moderne. 这样才能使句子连接自然，脉络清楚，结构紧凑。

六、不合道理

词的配合要合道理是用词的起码条件，然而，不合道理的句子在学生的口、笔语作业中常常出现。究其原因，无不是学生在学习中粗枝大叶、不求甚解所致。学生所掌握的外语单词和表达法本来就不够丰富，如果说话、作文时不能熟练地运用，说或写出来的东西就不能达意。

（1）Tu es dangereux de faire de la sorte.

“危险”系指做某事的行为、举动，而不是说你这个人是危险的。应该改成：Il est dangereux pour toi de faire de la sorte.

（2）Xiao Li est né dans une famille pauvre，à l'âge de 8 ans，sa mère est morte de maladie.

本句内部关系不明确。是“小李在 8 岁时，他母亲病死了”，还是“她母亲在 8 岁时病死了”？作者的本意是前者，可字面上的意思却是后者，不合情理。应该完整地表达时间状语从句，以使句子的主句和从句各有其主。

（3）Elle est devenue mendiante，puis morte dans la rue.

在一定的语言环境里，复合时态中某些助动词的省略可以使叙述简洁。可是如果前后关系不一致，或是毫无瓜葛，则不能牵强附会。本句中的第二句省略了主语和助动词，而使该句在意义上误为 devenir mort，而“变成死的”之说恰恰是不成立的。

（4）Courageux，nous l'avons appelé à accomplir cette tâche dure.

勇敢者是他，而不是我们。由于作者误用了省略结构，意思就完全颠倒了。应该说：Comme il était courageux，nous l'avons appelé à... 如果保留原来的省略结构，则要改变本句的人称，并要用被动语态：Courageux，il a été appelé à accomplir cette tâche dure.

可见，要想把话说得顺理成章，句子写得完满妥帖，并非易事。那么，怎样才能正确地运用概念，正确地遣词造句，正确地表达思想，严密而有说服力地阐述道理，不犯或少犯逻辑错误呢？

首先，不仅要掌握语法规则和丰富的词语，而且还必须善于用词。有些初学外语的人常常喜欢从各处收集自己不熟悉的词或词组，然后按汉语“对号入座”，以此来扩大词汇量，提高表达能力。这种方法往往事倍功半，欲速不达。殊不知，离开了具体的语言环境，孤立地收集片言只语，就很难正确地掌握这些词的意义和用法，在表达时往往用错了自己还不知道。为此，在学习中一定要动脑筋，在提高阅读理解能力的同时，更要努力提高语言的复用能力，缩小读、说、写之间的差距。

其次，还应当有意识地学习一些逻辑知识，努力使自发的逻辑思维转变为自觉的逻辑思维。只有提高思维的严密性，我们在用外语说话或作文时才能做到措辞准确、概念明确，判断恰当、推理合乎思维规律，才有可能造出富有表达效果的句子，把想说、想写的话妥帖地表达出来。

（原载《现代外语》1984 年第 2 期，第 57～59 页）

试论文学教材与外语学习的关系

文学教材在高年级法语教学中的地位历来是比较稳固的。法国历代文豪给后世留下了众多脍炙人口的杰作，它们浓缩了法兰西灿烂的思想文化，学生借以深化语言知识、了解异国文化是很自然的事。但是这几年，在有关外语教学的课程设置、教材革新等问题的讨论中，有些同志根据对法语毕业生的追踪调查，得出了这样的结论：以法国文学为内容的法语高年级课程对学生毕业后从事的工作帮助不大，于是一部分教师和学生产生了学习文学教材无用的观点。文学教材在中国学生，尤其是高年级学生的法语学习中到底有没有作用，这个问题涉及教学的目的和要求，笔者试图通过对反对和赞成在外语教学中使用文学教材的两种不同观点的分析比较，论证文学与语言的关系，说明文学教材在外语学习中的重要地位。

反对使用文学教材的第一个观点是，外语教学的目的是培养学生的听、说、读、写能力，而语言能力的培养并不需要文学作基础。

学习外国语言和学习外国文学当然是有区别的。学习外语的目的是为了能用外语进行听、说、写和译，而学习文学则旨在培养学生对文学作品的阅读、分析、理解和欣赏能力。但是，语言和文学的关系十分密切。语言丰富多彩的表达方式，其特征和功能往往只有通过文学创作才能得到完美的体现。因此，文学教材可以凭其本身的艺术魅力而大大提高语言生的学习兴趣，促进其语言实践能力的提高，这一事实毋庸置疑。记得笔者幼时在学校读过鲁迅先生的《社戏》：朦胧月色下淡黑起伏的山峦，河湾里的点点渔火，乌篷和白篷的木船，以及岸边豆田里一畦畦透着清香的罗汉豆。浙东水乡这一独特的生活风貌虽经数十载岁月流逝而未能忘却，这大概就是文学作品的力量所在吧！事实上，无论是在中国还是在外国，较有影响的外语教科书无不是从名家名篇中节选范文、编纂而成的。张道一先生在论述文学作品与语言学习的关系时指出：“通过文学作品的选读，学生不仅能体会到汉语表达方法的丰富多彩，体会到汉语的准确性、生动性、科学性，而且可以同时了解到中国的社会、风俗、人物。这种方法就是通过文学学习语言。名家、名篇是汉语这个宝库中的代表，是应很好加以利用的。在这里，文学作品选读并不是从文学欣赏的角度去着重讲什么主题思想、作品结构、人物性格描写等，而是着重进行语言分析，进行词语教学，着重帮助学生理解著名作家如何运用语言和修辞手段去表达他们的思想，从而加深学生对词语及不同的表达方法的理解，并进一步进行成段表达的训练。”（张道一：《北京语言学院汉语教学概况》）张道一先生的这席话是针对外国人学习汉语而说的，但是，他提到的通过文学学习语言的原则同样适合于我国学生学习外语。

反对使用文学教材的第二个观点是，学生毕业后所从事的工作大都同外国文学无缘，文学教材无法满足学生的职业需求。

要回答这个问题，首先得弄清楚什么是学生的职业需求。

按照现行的招生和毕业生分配体制，学校不可能在学生进校后就为他们定向。教师对培养对象将来从事何种具体的工作心中无数，外语院（系）的本科学生毕竟不同于对口的职业培训生。在这种情况下坚持要从学生的职业需求出发设置课程，选择教材只可能以偏概全。假设我们的学生多数将从事科技翻译，那么，撇开诸如以文学内容为主的精读课、文选课，而代之以内容广泛的科技外语课，能否培养出高质量的翻译人才呢？我看未必。科技领域包罗万象，科技外语教材往往挂一漏万，充其量只能介绍一些常识。而通过以外国文学为主要内容的精读课、文选课所进行的阅读、分析、理解训练，词义辨析，连贯表达训练却无法凭借科技外语教材一一落实。况且，过早地为学生划定学习知识的范围，人为地限制他们对所学语言国家的政治、文化、历史的兴趣，其结果只会束缚他们的思维和智能，只会使他们埋头于未来的专业而不顾其他。假如一名科技翻译者所学所关心的东西超不出他所翻译的资料范围，对语言对象国的社会、文化漠不关心，他怎么可能具备丰富的想象力，怎么可能进行创造性的劳动呢？必须指出，随着科学技术的迅猛发展，知识的积累和职业的培训不应该仍是直线型的单向发展，而应该是多方向、多层次的。意大利《时代报》是这样论述办学宗旨的：“学校不能只培养新技术行业中的专家，而是首先应使青年们具有一定的文化基础，以便灵活地适应现实，以便了解和把握新的行业和新技术提供的可能性。总之，应当是一种培养出具有创造性、主动精神、在新与旧之间更有选择能力，同时又不轻视体力劳动的人的教育体系。"[1] 因此，从实用主义出发，将来干什么现在就只学什么的做法不可取。

从某种意义上说，我们只有以"打好基础，丰富知识，发展智能"为目标，培养具有较强的口、笔语实践能力的"通才"，使学生在毕业后稍经学习和锻炼，便能适应新的工作环境，担当起科技、外贸、外事、旅游、教育等方面的外语工作重任。显然，我们不能把学生未来的职业需求狭隘地理解为某项工作的专门知识。提高学生的政治和业务素质，培养他们的语言实践能力和适应能力才是每一位外语教师应该首先重视的。当然，根据学生毕业后可能面临的新的知识领域，有针对性地开设诸如科技、外贸、国际法等外语选修课，以拓宽学生的视野，这是十分必要的。倘若矫枉过正，取消以外国文学为主要内容的高年级精读课、文选课，而代之以其他课程则未必是上策。

其实，从学习语言的角度看，语言和文学是不能分开的。根据国外语言学家运用电脑技术对各类文学作品的抽样调查统计，文学作品中60%～70%的词语属于平时生活工作中的常用词，技术性、专业性较强的生僻词语仅占30%左右，而且目前法语专业高年级的精读课也是作为一门基础知识课来讲授的。在课堂教学中，对作品的分析、理解是为促进思维，促使学生介入课堂教学服务的。语言技能的训练（词义辨析、情景造句、概述、讨论等）始终是教学活动的中心内容。而这些项目的训练和学习正是学生将来从事各种口、笔语翻译的基础。无论是搞科技翻译还是搞外贸外事翻译都离不开这个基础。

广州外国语学院法语专业86届学生毕业前曾在中法合资的广州标致汽车公司实习，该班19名同学在短短一个月的时间里翻译了包括图纸、文件、技术标准书、技术报告书、生产计划、管理条例在内的各种资料约40万字，内容除了汽车生产各工艺流程外，还涉及财务、法律、保险、税收、海关等方面的知识。另外，他们还承担了部分技术报告会、讨论会的现场口译任务。笔者根据标致汽车公司各部门对学生实习的书面鉴定以及笔者所做的调查，制作了下面这张图表，用以表示学生的外语实践能力。

① 见《参考消息》1986年11月17日第3版。

法语专业86届毕业生标致汽车公司实习能力统计

部门	人数	任务	口译能力			笔译能力			适应能力		
			强	中	差	强	中	差	强	中	差
总经理室	2	口译	1	1					2		
财政部	2	笔、口译		1	1		1	1		2	
工业部	7	同上	4		3	4		3	4		1
研究部	5	同上		3	2	1	3	1	1	3	1
配套部	3	同上	2	1		2	1		2	1	
合计	19		7	6	6	7	5	5	9	6	4

标致汽车公司法方部门经理贝尔纳先生在为学生写的实习鉴定上有一段话颇具代表性，他说：“Nous avons pu constater parmi les étudiants qui ont travaillé avec nous qu'il y avait trois niveaux. Et ceci, tant pour la compréhension de la langue, l'expression orale, que pour l'aptitude à s'adapter à un vocabulaire technique nouveau ou à des procédures administratives modernes.

Un autre critère a été la faculté de comprendre rapidement les explications que leur ont été données sur des procédés, des techniques ou des procédures entièrement nouveaux pour eux. Cette qualité est absolument indispensable si l'on veut des traductions fiables”.

贝尔纳先生对称职的翻译提出了三个条件，即理解能力、表达能力以及对新的技术用语和现代化管理程序的适应能力。这一届学生同以往历届学生一样，他们在学校接受的主要是语言知识、语言表达技能、法国文化等方面的学习与训练。在实习中，该班有一半学生受到中、法技术专家的好评，其主要原因并不是他们事先掌握了多少汽车制造技术方面的专门知识，而是他们的语言、文化基础知识比较扎实，外语的阅读、分析、理解能力比较强，具备了适应新的语言工作环境的条件。实习结束后，笔者以“翻译归来谈翻译”为题同部分学生座谈，了解他们的实践体会和对学校外语教学的意见，他们认为：

（1）语言基础知识最重要，生活中常用的词语和句型要能够脱口而出，因为它们也是科技翻译的基础用语。

（2）技术词汇和生产程序一般经过一星期接触便熟悉了，学校教学的重点还是应放在丰富学生各方面的知识，培养学生的口、笔语实践能力上。

（3）口译不仅要听得懂，还要反应快、说得准。平时课堂上的词语训练和成段表达训练很重要。高年级还应增加法国电台广播的听力训练。

（4）高年级应大力提倡多读法文原著，注重提高学生的阅读、分析、理解能力。翻译文件资料速度的快慢往往取决于译者的读书能力和理解能力。

由此可见，我们面临的问题不是文学教材无用，而是怎样科学地组织课堂教学，更好地使用文学教材，为提高学生的语言实践能力服务。

反对使用文学教材的第三个观点是，由于政治、经济、历史、社会、传统方面的差别，文学教材存在颇多理解方面的困难，不利于提高学生的语言交际能力，因此高年级学生的口语热情往往下降。

一方面，不同文化的差别会给学生在学习范文时造成一定的困难，这是事实。但是，我们也不能忘记，要学好某门外语，就必须对所学语言国家的社会、历史乃至风土人情有所了解，对它们了解得越深，对那门外语的特点也会掌握得越好，也就越能促进语言表达技能的发展和提高。因此，指导学生不断克服理解方面的困难，有助于活跃学生的思维，培养他们自己发现问题、解决问题的能力。

另一方面，培养学生的语言交际能力要靠在多种语境中的反复实践，而文学作品正可以为学生提供丰富多彩的活的语言情景，教师也能有目的地在范文中选择常用的词语和句型，组织学生进行各种口、笔语复用练习，学生对作品中的词语和表达方式越能吸收利用，他们的读、写能力和口语表达能力也就提高越快。高年级学生的口语热情下降的原因往往并不在于文学教材本身，这同学生班集体的学习风气、学生对未来工作的个人考虑，以及教师的教学方法、责任心等都有密切关系。

总之，在外语教学领域中，我们既要反对“文学教材独尊”的大文学主义观点，也要防止“文学教材无用”的错误论点。外语教学的水平应该提高，以尽快适应现代社会和科学技术对外语教育工作的新要求，但不能以取消或削弱文学性基础课作为解决办法。这几年来，外语教学的改革已经深入到课程、教材、教学的内容和方法层面，因此有必要全面地、客观地评估文学教材在高年级外语教学中的作用和地位，切切实实地依据外语教学本身的规律去探求课程设置的科学性和知识结构的合理性，从而提高外语教学的实际效果。

（原载《外国语言研究与教学》1987 年第 9 期，第 68 ～71 页）

教材练习问题随想

一本好的外语教材除了应具有内容丰富、文质兼美的范文外，还要从教学目的和教材的内容出发，编写深浅适度的练习，以使学生通过堂上、课后的口笔语操练与作业，达到巩固和深化知识、发展外语实践能力的目的。本文拟以南京大学外语系法语教研室编撰的《法语课本》（以下简称《课本》）第五、六册为例，讨论编写高年级法语精读课本练习的指导思想、形式、内容以及应注意避免的弊病。

一

根据传统的教育理论编纂的练习，往往是以复习、巩固已学的知识内容为基础的。这种老办法好不好？我想也有其好的一面：它注重通过大量的、反复的练习，帮助学生掌握知识，我们今天仍然强调多读、多听、多练，没有大量的口、笔语实践作基础，就培养不出高质量的外语人才。但是，随着现代科学技术的迅猛发展，对知识的广度和深度的要求越来越高，知识的更新也越来越快，教师如果还是按老章程办事，仅仅满足于向学生灌输有限的书本知识，而忽视培养学生自己扩充知识的能力，便是失职。因为教学已不再是教师传授知识与学生积累知识的单向过程，而是在帮助学生掌握知识的基础上发展学生智能的复合过程。所以，编写练习不应该局限于课本知识的复习与巩固，而应以促进学生的思维，培养他们的分析、理解以及综合运用等语言实践能力为出发点。

发展学生的智能必须有一个高效率的教材结构，就教材的练习而言，高效率必须体现在能否帮助学生“积累知识，发展思维，提高语言实践能力”上。那么，怎样才能构成练习的高效率呢？笔者认为，法语专业三年级精读课教材的练习至少应该具备以下两个特点。

首先，练习所检查和培养的必须是学生在今后的学习或工作中长期有用的基本能力。

所谓基本能力，是指学生的分析能力、理解能力和综合运用词语的能力。设计练习项目应把对这几种能力的培养和训练放在突出的地位。实践证明，这几种能力可以起到驾驭全部语言知识的作用。知识的迁移往往是以学习方法和学习态度的改善为条件的，高效率的练习设计不仅有利于学生领悟必要的基础知识，而且能促使他们掌握独立获取知识的方法和形成积极的求知态度。因此，像情景造句，短文分析，文体替换，句子结构变换、缩写、概述等实践性较强的智能练习应在全套教材的练习项目中贯穿始末，以便组织学生反复地进行操练。

《课本》在这方面做得比较好，它吸收了当代教育理论研究的某些新成果，打破了以往的教材练习偏重检查学生的记忆能力和机械模仿能力的传统模式，智能性练习占有一定的比例。但是，从整体上看，《课本》选编的智能练习量尚嫌单薄，而且形式也流于单一。除情景造句、文体替换等基本练习项目须在各课中反复出现并逐步加深外，训练的面还可扩大些。比如，可以在各课的练习中增加可读性强的短文，并配以分析性的多项选择题，供学生思考与练习。

例：La première République française fut proclamée par la Convention.

a. le 21 septembre 1792.

b. le 14 juillet 1789.

c. le 4 août 1789.

或者还可以结合范文中的有关词语，增加形、音相近和容易混淆之词的词义辨析项目。

例 1：sentir et ressentir

a. La porte ferme mal, et on ________ le courant d'air.

b. Est-ce que l'aubergiste ________ de la sympathie pour Jean Valjean.

例 2：Il aura fini d'ici 40 minutes.

a. Il finira 40 minutes plus tard.

b. Il va mettre encore 40 minutes.

c. Il aura fini 40 minutes après.

其次，练习项目的设计必须形成一个多层次的、联系紧密并相互促进的知识结构。

知识的联系对学生的学习及智力的发展有着不可忽视的积极作用。赞可夫在《和教师的谈话》一书中写道：“注意各因素之间的联系，注意了这些联系的多样化和多方向性，形成了‘结合紧密’的知识体系，知识就能够牢固地保持在学生的记忆里。” 三年级精读课是高年级的一门基础课，练习项目的设计和内容的选择不应该是任意的、杂乱的、毫无关联的。《课本》在这方面似有待改进。有些练习实用意义不大，学生反映耗时多、收效小。例如，第五册第1课练习8：Quel est le verbe qui exprime le cri des animaux suivants. 第六册第6课练习6：Recherchez l'onomatopée correspondant aux définitions suivantes. 等等。

练习内容的安排应突出重点，要有周密的构思，做到点面结合，既应考虑练习内容同所学范文在词、句、篇章等方面的有机联系，又要注意设计的项目须为提高学生的语言实践能力服务。在设计词法、句法等项练习时，可根据范文的语言内容及修辞特点，从学生的复用和交际需要出发，筛选他们必须掌握的词汇、句型，排列出一个总表，然后确定每课的练习分量。各大练习项目列出后至少还要考虑以下几个因素。

（1）新的知识材料的分布应采用循环式的、螺旋上升的次序，使新的知识内容前呼后应、相互辅佐，让学生对常用的词汇和句型、对基本的表达方法经历一个由浅入深、反复认识的过程。

（2）新的知识材料应尽量置于学生业已形成的知识结构中，这样做一方面可以揭示语言知识之间的内在联系，另一方面也可以减少他们在学习新内容、掌握新知识时所产生的陌生感。

（3）新的知识材料应有一定的难度。一定的难度是指难而有度，高而可攀，以使学生能够习得，但又不是轻易能掌握为佳。练习太易固然达不到训练的目的，太难往往会使学生产生迷惑畏难情绪，而且耗时太多也容易引起学生的厌倦。

（4）练习项目的形式应富于变化。千篇一律的练习模式难免带来枯燥乏味的弊病。不断变换练习形式，让释义、词语替换、情景造句、短文分析、多项选择题等项目在各课中交替出现，力求给学生以新鲜感，调动他们的学习情绪，提高他们的求知欲。

可能有些同志会说，三年级精读课配备太多的练习会束缚学生的手脚。笔者觉得，现在的问题不是学生嫌作业太多，而是抱怨有些练习的质量不高，对他们帮助不大。事实上，知识容量大、生动活泼、富有趣味的练习项目是深受学生欢迎的。再说，教材配备的练习数量一般都大于学生的实际操作量，教师可根据学生的特点和需要进行选择，从而提高学习效率

二

为教材编写练习时以下四种情况应力求避免。为了叙述方便，姑且称之为编写练习“四忌”。

一忌涉及题外太多。

在《课本》的练习中不难发现这种情况：在为某一项目设计的习题中，作为练习目的的对象词虽无不当，但句子中的辅助性词语却显得晦涩难懂。例如：Dans un angle，une grande horloge à gaine et à poids dit gravement l'heure à（tout）.（第五册第 7 课练习 9）该练习要求学生说出 tout 的语法属性，并作性数配合。解决 tout 的问题固然不难，但是句子中的 à gaine et à poids 颇令人费解，学生即使借助工具书也很难明白旧时的这种时钟是何模样。笔者认为，此类节外生枝的生僻词语极易分散学生的精力，造成不必要的循环释疑。

一般来说，做习题用的句子应清楚明白，有的放矢，让学生经过思考或稍经研究便能独立地解决问题。编练习也同写文章一样，要多在归纳、裁剪、综合上下功夫，不能不看对象，不问需要，信手拈来。

二忌厚古薄今。

编练习同编词典不一样。词典是以客观的态度去描述语言的，语文词典的例句一般具有典范的性质。编者援引的例证往往出自经典名著，可供查核。而编练习则不然，教材的练习编得好与坏，主要取决于收词设例是否科学，形式是否生动活泼，内容是否有利于发展学生的思维，提高他们的语言实践能力。因此，练习内容的安排和例句的选择不必因袭旧的做法，求助于古人古书，而应多从现代作品中、多从外国人的日常生活用语中撷取练习素材，编撰例句，让练习的语言和内容充满“现代气息”。

也许有人会反驳说，读一读法国出版的各种语文教材吧，他们编的练习很多不也取材于法国 17—19 世纪的文学名著吗？

此话不假。对学习和研究本民族语言和文化的学生来说，多接触一些以上几个世纪的文学名著作素材的练习当然很有必要，就像中国的文科学生借助古典范文学习、研究某一文化现象的渊源及某些词、字的发展变化一样。但是，我们的教学对象是学习法国语言文化的中国学生。如果在他们尚未完全入门之时，在教材里编排太多“过时”的语言文化材料，供他们学习、操练是不妥当的。试问，学生在做了 Je ne vois goutte en ce raisonnement 之类的句子的练习后，倘若把已显陈旧的否定副词短语 ne...goutte 用于日常会话，岂不令人愕然？高年级基础课的练习很有打破传统的必要，在编写、收取练习时不必过分考虑语言的“纯洁性”，不必太拘泥于语言死板的“规范化”，而应多引进一些“非正规语言”，如学生用语、俗语、俚语等，为学生养成自然的说话习惯创造一些条件，提高他们的外语交际能力。

三忌空泛笼统。

空泛笼统的习题会束缚学生的想象和思维，导致他们在学习中满足于一般而不求深入。且以“就所学课文提问”这一练习项目为例，问句的设计是以让学生重复课文内容为主，还是以检查学生对课文的理解为主？笔者认为，对三年级学生来讲，设问应以能驱动他们的想象和思维为前提，引导他们在初步领会范文意思的基础上，运用分析、综合、归纳等手段去思索，用他们自己的话去解释。因此，诸如“Qui entre dans la grange? Que dit-il? Que fait-il?”（第五册第 11 课问题）等只要求作简单重复的问答形式似不可取。

听说，《课本》在初稿上问答练习曾列为两类：questions sur le texte 和 questions sur les idées，在定稿时不知为什么就合二为一了。以笔者愚见，问题还是设两类好，这样可供教师视教学的具体情况而选择使用。

四忌现炒现卖。

编练习是件苦差事，教师成年累月地钻进书堆，研究教材，搜集资料，查阅词典，制作卡片，往往需要几度寒暑，几经修改才能拿出“产品”来。产品“出笼”总是要经过检验的，教材也不例外。请专家学者审阅固然是检验教材的一项十分重要的措施和程序，但是，在教材送审前，先由编者或合作教师系统地用它给学生上课，把学生做的练习认真地改一改，听听他们的意见和要求，则是绝不能少的一个环节。因为，只有通过教学实践，编者才能发现教材在选材、注释、练习设计等方面可能存在的问题和不足。这样做对保证教材的质量有决定性的意义。

《课本》在这方面似乎尚有欠缺，某些明显的疏忽和失误没有得到纠正。例如，在遣词造句方面，有些句子的表达似不够准确。Donnez 1a situation dans laquelle le petit Marcel retourne à l'école.（第 5 册第 1 课）把动词 Donnez 改成 Expliquez 会更妥帖；Quel est le portrait de M. Besson?（第

5 册第 1 课）说“Faites le portrait de... 或 Comment est M. Besson?”可能更符合法语的表达习惯。在问题的设计方面，有些地方不够周密。请看第 5 册第 16 课的问答练习。

15. Quelle est 1a clé de l'énigme?

（按：设问不着边际，只有读完小说的全文才可能找出答案。）

16. Aimez-vous les romans policiers? Que raconte-t-on en général dans ces livres?

（按：问题的类型是 Questions sur le texte，但这几个问句同课文无直接关系，学生无法借课文回答上述问题。另外，第 17 题和 19 题的顺序也不合逻辑，只有先找出暴力行为的原因，才能讨论与之斗争的方法。）

在对范文的分析提示方面，编者对一些篇章的理解不够透彻。第 5 册第 12 课“范文文体浅淡”中的个别论断同范文的情节相悖。

—Il（M. Jacotin）maintient en famille une justice étroite.

—L'atmosphère de son foyer ne l'irrite pas.

而事实是：

—Il pense maintenir en famille une justice étroite.

—L'atmosphère de son foyer l'irrite beaucoup.

再如，在第 6 册第 7 课的“范文文体浅谈”中，编者对 Chalonnes 的评价也有失实之嫌：“par cette analyse, nous comprenons que si Chalonnes n'a pas réussi dans la carrière littéraire, ce n'était pas la volonté qui lui faisait défaut, mais l'occasion ou la circonstance.”

事实上，Chalonnes 在范文中的形象并非如此，他缺少的并不是机遇，而恰恰是意志！

在词汇练习方面，有个别同义词替换练习的词语也选得不甚合适。

练习作为教材的一个重要部分，总是在教与学的反复实践中得到补充、修正、提高并不断完善的。《课本》虽然还存在着这样或那样的不足，但毕竟瑕不掩瑜，笔者吹毛求疵地挑了一些毛病，只是为了它在再版时以更科学、更适用的面貌出现在教师和学生面前。

（原载《外国语文》1988 年第 2 期，第 47～51 页）

从《法语课本》的得失谈三年级精读课的范文选编

南京大学外语系法语教研室编写的《法语课本》第五、六册是国家教委推荐的目前国内比较好的一套法语高年级基础课教材。笔者曾讲授三年级精读课多年，下面拟结合《法语课本》在选材方面的得与失，就法语高年级基础课的范文选编谈一些粗浅的看法。

假如把法语专业本科生的学习过程分为初级和高级两个阶段，三年级当属第二阶段。在这一学年中，教师开始通过精读、泛读、口语、写作、翻译、法国概况、科技法语等必修和选修课程，对学生进行语言技能和智力等方面的训练。笔者认为，三年级精读课的主要任务是深化学生对法国语言和文化的认识，提高他们对所学范文的分析与理解能力和对所学语言知识的吸收与应用能力。教材是开展教学活动的基础，法语三年级精读课能否提高学生的学习兴趣，促进学生的求知欲，达到“丰富知识，发展能力”这一教学目的，在很大程度上取决于范文选编得好不好，教材的优劣将直接影响学生对这门课的兴趣和热情。

选编教材必须遵循语言学、教育学、心理学中一般公认的教学原理，这是无须多加说明的。单就精读课教材的范文选择而论，以下几点至关重要。

一、科学性

三年级精读课教材应该具有科学的组织结构，是指节选范文时要十分注意作品的语言和句型结构，应体现循序渐进和学以致用的原则。在编排粗选出来的范文时，要对所选篇章程度的高低、内容的深浅、文字的难易、篇幅的长短、体裁的异同一一加以分析、比较，然后再决定材料的取舍。“由浅入深，循序渐进”和“学以致用”的教学原则不仅是基础阶段应该遵循的渐进方式，即使在高年级，在以文学为主要内容的精读课教学中也应予以足够的重视。因此，在选材时应摈弃那些语言过于晦涩难懂，涉及文化、历史背景过多的篇章。《法语课本》分为五、六两册，计 36 课，范文均选自法国 20 世纪著名作家的作品。从整体上看，第五册的范文选得较好，像 *Retour à l'école*（Marcel Pagnol：*Le château de ma mère*），*La chaîne*（Claire Etcherelli：*Elise，ou la vraie vie*），*Le Pain Noir*（Georges Emmanuel Clancier：*le Pain noir*），*Le mécanisme social*（R. Martin du Gard：*Les Thibault - Eté* 1914），*Le rire*（Colette：*La maison de Claudine*）以及 *Le Proverbe*（M. Aymé：*Le Passe-Muraille*）等课文都有一定的难度，但又适合学生的实际水平，选得比较成功。首先，学生在低年级学过的常用词汇和句型，在这些课文，即在新的语言环境中出现的频率较高，减少了他们从二年级过渡到三年级时因所学语言材料过于艰深而产生的突兀感和陌生感，不仅能较好地帮助学生掌握所学过的词语，提高对它们的运用能力，而且从客观上消除了学生的畏难情绪；其次，范文中的词语知识和修辞手法形象生动，既有利于教师借之以调动学生的情感，组织生动活泼的课堂教学，又能促进学生的逻辑思维，使他们通过对范文提供的故事情节、人物性格、表达技巧的分析，逐步从低年级的简单模仿向高年级的分析理解与消化吸收过渡，从而提高口、笔语表达的质量；最后，范文中的文化、历史方面的知识也有助于学生对他们所关心的异国文化和社会进行有益的思考。

然而，《法语课本》中也有少数范文选得不甚理想，而且在课文的编排上也出现时易时难的跳跃式体例，以致前后出现的语言材料不能相互辅佐。第五册第 8 课 *L'Etranger*（Albert Camus：*L'Etranger*）和第六册第 12 课 *La vie parisienne*（André Gide：*L'Immoraliste*）就是两个明显的例子。学生普遍反映这两篇课文的文字深奥难懂，即便借助工具书也难理解作品的含义。例如，*L'Etranger* 中有这样一段话：Le fond de sa pensée，si j'ai bien compris，c'est que j'avais prémédité mon crime. Du moins，il a essayé de le démontrer. Comme il le disait lui-même："J'en ferai la preuve，messieurs，et je la ferai doublement. Sous l'aveuglante clarté des faits d'abord et ensuite dans l'éclairage sombre que me fournira la psychologie de cette âme criminelle. Il a résumé les faits à partir de la mort de maman. Il a rappelé mon insensibilité，l'ignorance où j'étais de l'âge de maman，mon bain du lendemain，avec une femme，le cinéma. Fernandel et enfin la rentrée avec Marie.

这一段文字之所以难读，原因有二：一是虽然检察官陈述的理由十分简单，但他为了不失其威严之态、骄矜之气，在分析 Meursault 的罪行时措辞优雅，文句生僻、拗口，气势咄咄逼人；二是文中有不少话语涉及 Meursault 以往生活中的种种琐事，而多数学生并没有读过原著，对范文理解不深，对文中提及的人和事不甚了解，当然也就很难摆脱“心求通而未得”“口欲言而不能”的被动局面，也就很难介入课堂教学。

像 *L'Etranger* 这样的世界名著，只要节选恰当，学生学起来是不会兴致索然的。从全书看，*L'Etranger* 行文流畅，通俗易读，历来为各国青年读者所喜爱。但是《法语课本》节选的章节恰恰是该书的难点之一，与学生的学习能力相左。这就可能使开始涉猎文学原著的三年级学生造成错觉，以为 *L'Etranger* 文字晦涩而不敢问津。同样，学生从 A. Gide 的 *La vie parisienne* 一课中学到的知识也会比编者所期望的少得多。深奥的寓意、复杂冗长的句子、典雅造作的文笔以及生僻疏远的语式（条件式、过去时、第二式）等等，使得该文令法国人也觉得头痛。

教材过易固然会给人乏味之感，引起学生的厌倦，但太难了也会使他们产生迷惑与畏惧的情绪，两者对教学都没有益处。所以，编者在选择范文时，一定要考虑学生的主观能力和条件，范文力求难度适中，高而可攀，使学生充满信心而又始终感到自己的不足。

二、知识性

总的说来，《法语课本》选用的范文大多文笔优美，而且内容丰富，涉及法国的政治、历史、宗教、战争、家庭、教育、道德修养等等。一方面，作品中的情节、场景、人物形象和他们之间的相互关系有利于学生对范文展开讨论，从而提高他们驾驭语言的能力；另一方面，作品提供的历史、社会背景对他们学习了解异国的文化特点大有裨益。譬如，*La chaîne* 的教学可以加深学生对资本主义大工业生产的认识，*Le proverbe* 可以增进学生对法国传统的学校教学和家庭模式的了解，*Le chien* 则能使学生对方言俗语在当代法国文学和日常交际中的地位有一个粗浅的印象。

当然，教材的任务不仅在于记录学生需要掌握的学科内容，更在于发展学生的智能，使学生通过教材这一联系师生之间的纽带，主动地学习、积累、研究、发展知识。只有这样，知识才可能由静态变成动态，即由书本知识转化成学生的外语实践能力。因此，教师在设计三年级精读课的知识结构时不必面面俱到，而应该突出重点，有一定的针对性。

（1）三年级精读课是一门实践性较强的基础课，而不是外国文学选读课，所以，在节选范文时应特别考虑文章本身是否包含平时常见常用的词语材料和句型结构，以便学生模仿与操练。

（2）范文的体裁宜以记叙文和论说文为主。无论是写人还是议事最好有一个相对完整的内容。这样学生既可以从中学习作者的谋篇布局、文章的转承启合，又能进行概述之类的成段表达训练。《法语课本》第五册选用的 *Le proverbe* 把记叙、描写、议论结合起来，语言精练，富有情趣，深受学生的欢迎。

（3）应该摒弃那种只从古典名著中选编范文的传统做法，基础课教材应该反映当代的法国人和社会面貌。

（4）作为一个高效率的知识结构，知识之间的组织联系必须是多层次、多方向并相互渗透相互促进的。编者除了应该研究范文编排本身的科学性、逻辑性外，还须分析学生的认知规律，使教材成为一条知识迁移的有效渠道。如果说低年级精读课以语法、词汇、句型为中心，注意的是基础，是一个“面”，那么，三年级精读课的教学重点则是几条“线”。它既要从纵的方面注意语法、词汇、句型等内容的复用、巩固和深化，还要从横的方面考虑同写作、法国概况、口语、翻译等其他课程的相互配合，通过多方面的知识的纵横联系，达到相互促进、广博中求精深的效果，促使学生认识能力和实践能力的提高。

三、趣味性

从教育心理学的角度看，选择的范文应富有趣味。就培养一个合格的法语毕业生而言，学生需要学习的语言文化知识很多。但是，编者在选择范文时，如果仅仅考虑这种客观需要而无视学生的主观兴趣，无视范文本身的可读性，就不可能使学生形成最佳的心理状态，真正做到学有所获。笔者曾在广州外国语学院法语专业 84、85、86 届学生中作过调查，对影响学生学习成绩的诸因素进行过统计和分析（见下表），得到的结果颇能说明这种看法的正确性。

学习成功各因素比重表

智力	习惯与方法	兴趣	家庭影响	其他
10%	30%	25%	10%	25%

学习失败各因素比重表

缺乏素质	不努力	无兴趣	个人问题	其他
15%	20%	30%	15%	20%

从上表我们容易发现，兴趣的浓厚与淡薄和学生学习效果的好与坏有着直接的联系。因兴趣而产生的学习欲望和热情是一股强大的动力，其功效较之于任何纪律约束、监督劝告不知会好多少倍！

一般地说，范文的趣味性应该反映在以下几个方面：①简练、优美或富于思辨哲理的语言文字；②生动、幽默或富有性格特征的人物形象；③引人入胜的故事情节。当然，我们不能苛求每篇范文都必须具备上述三个条件，但是，编者在节选范文时务必对文章本身的可读性及可供挖掘的潜力予以足够的重视和估计。因为作品本身的艺术感染力最容易吸引学生，最可能发挥学生的想象和思维，最有利于调动学生的情感，作品中的人和事也就容易在他们的脑海中留下深刻的印象。他们也会主动地对作品的语言、文化、历史方面的知识进行分析研究，并加以利用。这种效果是其他课程所无法媲美的。

《法语课本》第六册中的部分范文显得严肃有余而活泼不足。例如，*Une carrière*（A. Maurois：*Une carrière*），*Une intelligence pure*（G. Duhamel：*Les Maîtres*），*La vie parisienne*，*Le docteur Cottard*（M. Proust：*Un amour de Swann*），*Contre l'humanisme*（J-P. Sartre：*La Nausée*）。这些范文都出自法国文坛名震一时的大师之手，文中也不乏讽刺与幽默，但终因文字艰深、句子冗长、议论深奥而可读性较差。对大多数学习法语的学生来讲，掌握一篇课文中新的语言材料，熟悉、理解文中蕴藏的文化背景和思想观点已是不易，倘若内容再不能引起他们的兴趣，学习效果当然也就不尽如人意了。

四、多样性

（一）主题的多样性

选择范文时一般应避免题材雷同。学习同一题材的课文不仅会减弱学生的学习兴趣，而且也是一种浪费。《法语课本》第六册中有些范文无论是思想内容还是题材，均给人以面目相同之感。那些描绘和嘲讽巴黎上流社会中知识分子生活的课文只要选一篇就足矣。

（二）语言层次的多样性

许多教材编写者都十分重视范文语言的“纯洁性”“规范性”。故此，俚语俗语能够跻身于教科书、登上大雅之堂的实属罕见。《法语课本》在这方面有所突破。第六册所选 *Le chien* 确是一篇不可多得的佳作，文中多姿多彩的方言俗语寓意深，形象生动，常常令人哑然失笑。

教材毕竟不是词典，其目的之一就是要帮助学生学习、了解社会各阶层使用的语言和习惯。多从口语化的文学作品中选取一些声情并茂的篇章，调整现行教材文绉绉的语言结构，对提高学生的口语表达能力是大有好处的。

（三）风格的多样性

同一体裁的文章可以有不同的风格。不同的风格不仅能使学生理解字、词、句在不同语境中的意义和色彩，而且还有助于提高学生的读写能力。《法语课本》第五册中的 *Le mécanisme social* 以说理见长，文中 Thibault 兄弟围绕“革命和建设新的社会秩序”问题各持己见，针锋相对，而且语言生动，层次分明，读来有置身于辩论中之感。而 *Le rire* 则以富于感情的笔调取胜，作者以母亲的笑声为主线，把记叙、描写、抒情融于一体，亲切自然。这些范文深得学生的喜爱，为获得良好的教学效果提供了条件。

五、思想性

所谓“思想性”，当然不是要求编者用无产阶级的思想原则与道德标准去衡量、取舍范文，编什么样板教材。笔者认为，在外语教科书的思想内容上画一条底线还是有必要的。宣扬暴力、无政府主义、个人主义以及种族主义的作品不宜作为范文让学生研读。这样做，无非为了更好地发挥范文的教育、审美、认识作用，陶冶学生健康的道德情操。

在这几年的教学实践中，在不断汲取教训和改进教学的过程中，笔者深深感到一本高效率的外语教科书对提高教学质量、多快好省地培养外语人才是多么重要。最近几年来，不少从事教材编写工作的有识之士，孜孜不倦地进行了多种多样的改革尝试，《法语课本》就是一个比较成功的例子。它在弥补传统教材的不足方面具有积极的意义。

大学外语专业教学重在打好基础，丰富知识，发展技能，这是我们在编写外语教科书时不可偏离的基本出发点。因此，一本好的教科书必须体现在既能帮助学生掌握基本的语言、文化知识和表达技能上，又要有利于培养他们独立探求知识的能力和积极的求知态度，从而使他们在未来从事各项专业性工作时有较强的适应能力。当然，一本高效率的外语教科书只有同教师本身的工作态度、文化水平、语言实践能力和教学技巧相结合，才能发挥它在教师—教材—学生三要素中的媒介作用。

（原载《外国语高教研究》1991 年第 2 期，第 27 ～31 页）

外语基础教学三题

教育要发展，关键是要提高教学质量。教学质量问题涉及面广，而且贯穿整个教育过程。笔者认为，从整体上讲，教学质量的提高必须具备以下六个条件。一是要有正确的办学指导思想，二是要有能够调动师生在工作和学习中的积极性的有效措施，三是要有一支按照客观规律去制订教学计划、建立课程体系、安排教学内容、设计教学方法的教学研究和管理队伍，四是要有一支高水平的、热心教育事业的师资队伍，五是要有开放式的、方便教师学生工作与学习的教学设备（电教、图书、电脑等），六是要有高效率的思想政治工作和后勤工作的支持。从教研室及教师个人的角度来讲，教学质量的提高往往又取决于基层单位对教学工作的组织与领导，取决于教师本身的工作态度与授课水平。这是因为，整体工作方面的某些欠缺与不足，常常可以通过教学计划的组织者（教研室）与实施者（教师）在实际操作中的努力而得到某些修正与弥补。因此，任何因教学环境与气候不尽如人意而不愿意努力创造条件、改造环境的消极情绪以及观望态度都不利于教学质量的提高。具体地说，在外语基础教学中，教师对学生“学什么，怎样学”的导向作用至关重要。教师倡导什么、反对什么都可能直接影响学生的精力投入与方法选择；教师在教学实践中的长处和短处也可能转化成学生在专业学习上的优点和缺点。通过总结近 20 年外语教学的经验与教训，笔者觉得基础教学首先应在基础上多下功夫。

一、回到基础上去

现代外语教学的改革无疑是对传统的外语教学理论与方法的一次革命，在很大程度上改变了传统教学“重视知识传授，忽视能力培养；重视教师主导作用，忽视学生主动探索”的偏向。但是，我们也不能不看到，从 20 世纪 70 年代起，我国外语教学先后采用的直接法、口语法、听说法、视听法、功能法及至交际法都带有不同程度的片面性。因为这些教学方法的设计与制定大都是以各对象国的教学环境和社会实际为立足点，有的甚至是以某种职业需要或生活需要为出发点的。所以，当它们移到别国的教学环境和社会实际中后，会显露出某种局限与不足。比如，视听法突出了听说能力的培养，却忽略了听、说、读、写整体基本功的训练，从而使低年级学生过渡到高年级阶段时后劲不足，特别是基本的读、写能力达不到教学大纲规定的目标。是的，掌握一门外国语的第一个标志是能听会说，学习一门外国语的最佳途径也是从听、说入手。但是，倘若在基础阶段不注重基本的读、写技能训练，那么4年下来，听和说的能力只会停留在专司迎来送往之职的生活翻译水平上。只有牢固地掌握外语基础知识，听、说、读、写基本功全面发展，才可能在面对面的工作翻译中准确迅速地传递信息。

于是，从事外语教学的有识之士早几年就发出了“回到基础上去”的呼声。他们主张取传统外语教学法和现代外语教学法各家之长，从我国的外语教学对象（本文指外语本科生而不是指培训一年半载后出国谋生、进修的培训生）、环境（学生是在中国的文化氛围中学习外语）和他们职业趋向的实际出发（校方及计划部门都无法预定他们的工作岗位）编写教材，设计教法。

“回到基础上去”当然不是走回头路，更不是否定我院实施多年，而且已初见成效的“向口语教学倾斜”的既定方案，而是要把“打好基础，全面发展，丰富知识，发展能力”这一通才教学标准贯穿于4年外语本科生教学的全过程。把听说能力的训练同读写能力的培养紧紧结合起来，使听说能力的提高有一个深厚的根基。事实上，成功的外语教学活动往往是多种教学方法互相渗透、互相补充的有机组合，硬搬一种教学模式、独尊一种教学方法都是不可取的。

“回到基础上去”最重要的是抓好主干课程（tronc commun）教学，配备好基础课的师资力量，理顺听、说、读、写四项基本技能训练的关系，这是提高教学质量的重要环节。所谓主干课程，笔者认为，它不仅包括低年级的基础课，也包括高年级的精读、口语、口译、笔译、听力等课程。学生学好了主干课程，就具备了比较扎实的语法、词汇知识和基本的口、笔语实践能力，就具备了自己发展知识和探求创新的条件。当然，学生掌握语言基础知识和听、说能力的程度，不能光看修了哪些课程、学了多少学时，更要看他们是否积极主动地把握外语学习的本质，这个本质就是多听、多读、多背、多默、多说，就是实践。

“回到基础上去”也是初学外语者必须遵循的一条学习规律。常常听学生提出这样的问题：老师，我的听力不行，怎样才能提高听力水平？老师，我的听写为什么总是错误连篇，是不是我的反应太慢？

听力水平低、听写错误多，这不仅仅是听力差、反应慢的问题，听、说、读、写的综合能力差，亦即基本功差才是问题的症结所在。因此，单单从多听录音着手去提高听力，单单从多听写一两次着手去改善听写，头痛医头，脚痛医脚，往往事倍功半，收效甚微。只有踏踏实实地读、背、默写，认认真真地听、说、练，不好高骛远，不苟且自欺，不急功近利，持之以恒，一步一个脚印，那么学习中的被动局面是可以改变的。

二、实践第一

掌握外语基础知识与发展外语口、笔语实践能力是整个教学过程中的两个密切相关的方面，掌握知识并不是目的，掌握知识是为培养熟练、准确的语言表达能力服务的。一方面，学生口、笔语实践能力的提高是以对语音、词汇、词法、句法、文体修辞、篇章结构及异国文化的习得为前提的；另一方面，逐步形成的语言实践能力又反过来直接影响掌握知识的速度和质量。但是，基础知识掌握好并不一定等于口、笔语实践能力强。因为实践能力的发展有其自身的规律，我们不能用掌握知识的认知规律去代替发展能力的实践规律。“高分低能”也是学生中一种不容忽视的倾向。

学习外语与学习数学不一样。在外语学习中，理解并不等于掌握，掌握一门外语的标准是能否以口、笔语形式进行准确的表达和交流。有些同志认为，学生语言实践能力的发展是一个自在发展的过程，教师不能越俎代庖。这种观点显然是错误的，能力的发展与知识的获得固然相互联系，相互促进。但是，外语实践能力是要经过专门训练、专门培养，才能逐步发展并提高的。因此，每一个外语教师都必须明确自己的责任是培养学生的语言实践能力，并且有计划有步骤地去帮助学生实现这一目标。北京外国语学院副院长、英语教育家胡文仲先生在总结北外的基本教学经验时说道：“外语教学应坚持实践第一，在教学的最初阶段就重视培养学生熟练掌握听、说、读、写的基本技能，有计划、有目的地组织语言训练。为了提高学生使用语言的技能，教师在适当阶段要注意归纳总结必要的基础知识，在课堂教学中坚持精讲多练，以练为主，在讲的过程中采用启发式，避免注入式。"[1] 当然，听、说、读、写全面发展并不意味着教师在教学过程的各个阶段都要面面俱到，平均地分配时间，平均地使用力量。听和说始终是外语教学活动的主要形式，但读、写的基本功训练，书面的理解和表达能力一定要与听、说基本功训练同步进行，否则，打好基础、全面发展只能是一句空话。

贯彻实践第一的原则，对于教师来讲，首先要设法使学生的思维经常处于积极活动的状态，课堂教学中多给学生创造提问、发言、讨论的机会，课后布置适量的口、笔语作业，使学生对教师讲授的知识有一个反刍、消化，即通过练习而吸收、运用的循环过程。现在的问题不是学生不愿意做作业，而是有些教师布置的作业太少，形式单调乏味。试想，一门实践性极强的基础课，学生一学期的笔头作业总量不过 20 面，平均 1 周不过 1 面，表达能力的提高从何谈起？其次，还要经常在学习方法上给学生以指导。比如，使用外语工具书，读课外外语参考书，开展课外小组活动，收集积累学习资料，等等，使学生时时把握住学习的主动权。广州外国语学院西语系法语教研室为了促进学生的课外口语活动，编排了教师轮值表，每周五晚上都有专业教师下班指导学生的法语"口语角"活动。西班牙语教研室将每周一上午第三、四节自修课定为跨年级的口语活动时间，利用系语言实验室的设备，融视、听、说于一堂，教研室主任同外籍教师一起下班辅导，形式多样，内容丰富，受到学生的欢迎。

对于学生来说，外语实践能力的发展与提高更取决于他们自身的努力。大发明家爱迪生说过：对于创造，"天才只占百分之一，而百分之九十九是由于十分努力的工作"。从这个意义上说，学生深厚的外语基础知识和有效的口、笔语实践能力不只是教师教出来的，更是他们刻苦钻研和反复练习的必然结果。遗憾的是，仍有不少外语学生只把外国语当作一门知识来学习，而不是把它作为一种技能去掌握，一种文化去钻研，他们往往只满足于读通看懂，只满足于理解而疏于开口，只满足于完成课外的书面作业而忽视大量反复的口语操练。学习外语好比学弹钢琴，你的乐理知识记得再好，五线谱背得再熟，而 10 个手指头却不愿天天触摸琴键，不愿意在无数次重复的练习中掌握演奏技巧，怎么能舒畅地弹奏优美悦耳的乐章呢？能力的内涵是十分丰富的，除了语言实践能力外，一个人的工作

① 胡文仲：《英语的教与学》，北京：外语教学与研究出版社 1989 年版。

能力、社交能力、生活能力也都是必须从学生时代起就加以培养和锻炼的。一个班级就是一个小小的集体，集体生活中的每一项活动都是一次锻炼的机会，无论是召集会议、布置学习、组织讨论、编辑板报、部署劳动、安排郊游，还是处理同学间的小矛盾、小纠纷，甚至收缴作业，等等，都能反映一个人的态度和作风，都能显示一个人的才能和个性。生活本身就是一种学习，今天的勤勉和付出必然会对日后的成功产生十分积极的影响。

三、教有常规

现代外语教学法名目繁多，而且并不一致。于是，有些同志觉得"教无定法"，只要有学问，不怕教不出好学生。

"教无定法"，不错，但是教又有常规。从教育学的观点看，教学要看对象，教学要讲方法，教学有其自身的规律，研究它与不研究它，掌握它与不掌握它，效果是不一样的。有些在专业知识上颇有造诣的外语教师，包括少数受聘的外籍专家，授课效果并不理想，有的甚至遭到学生的普遍抵制。究其原因，无不是不研究外语教学的规律，不注重课堂讲授的方法所致。须知，任何外语教学方法的设计都不能违背一定的教学原则，比如精讲多练、循序渐进、启发式、讨论式等等，倘若信口开河、不着边际，或者照本宣科、闭塞呆板，那么讲课人水平再高也不可能与学生进行知识的交流与互动。

也许从主观上讲，每位教师都是竭力把自己的知识与才能奉献给学生的，但是每位教师的性格特点、语言能力和组织、调动课堂气氛的水平不尽相同，学生在堂上表现出的情绪和兴趣也就各有差异。学习效果往往与授课质量有关，而授课质量则常常取决于生动、活泼、积极的课堂教学形式。一般说来，教师严谨的治学精神很可能转变成学生踏实的求知态度，认真负责的教风很可能转变成刻苦钻研的学风；相反，教师在教学过程中的缺点也会很容易转化成学生在学习过程中相应的缺点。因此，教学方法的作用不容低估。

教有常规，在基础阶段要特别注意引导学生处理好质与量的关系。初学外语的学生切忌眉毛胡子一把抓，切忌贪多嚼不烂，关键是养成说话写字准确的良好开端。在开始阶段，宁可学得少一些，但要抓得实一些，在基本的语音、语调、词汇、句型方面多下功夫，天天听，天天读，天天背，天天练，一步一个脚印，在保证质量的前提下逐步增加数量。事实证明，满堂灌的教学方法、求多而不求精的学习方法都是不可取的，“在数量中求质量”“从流利中求准确”的观点也是违背外语教学的客观规律的，至少在零起点学生的基础阶段是如此。

教有常规，还应该注意常常变换操练的项目与形式，以不使学生因内容、形式的单一而感到乏味。就类型而言，大致可分为准备性的、训练性的和创造性的三种练习。准备性练习是引导学生进入新的语言知识环境的前奏，选编的材料必须有助于学生向新内容、新知识的迁移；训练性练习通过选用不同的例题和内容促使学生重复同一种思维活动，帮助他们改进已经掌握的表达技巧，并进而形成新的语言实践能力；创造性练习是借助学生自己的知识积累和立场观点，通过阐述问题、讨论意见、解说例证等形式，训练学生表达的连贯性、逻辑性、机敏性和说话作文的适合性，从而发展他们在思维上的主动性和独立性。

从“教无定法”到“教有常规”，我忽然想起了我国古代哲学家庄子的一则寓言，说的是“庖丁解牛”，他“手之所触，肩之所倚，足之所履，膝之所踦，砉然向然，奏刀騞然”，真可谓刀锋所至，无不迎刃而解。庖丁那纯熟的技艺是怎么得来的呢？庄子在寓言中倒没有细谈，因为他一扯就扯到养身之道上面去了。不过，人们可以想见，庖丁在习艺时一定具有兢兢业业、精益求精的敬业精神，才在长期的实践过程中找到了最科学、最合理、最有效的解牛办法，终于成为屠宰业的专家。倘若我们大家都来重视基础教学，每个人的工作都做得更主动、更扎实、更合理些，那么，困扰我们多年的教学质量问题也是一定可以解决的。

（原载《外国语高教研究》1992 年第 1 期，第 1 ～5 页）

外国语学科建设漫谈

一、小语种的学科建设亟待重视

提起学科建设，人们首先想到对重点学科的规划和扶持，如本院的应用语言学、心理语言学研究。这样做当然无可非议。

我想说的是另一个意义上的学科，即外语教学中的科目建设问题。我认为，小语种专业教学的课程设置亟待改革。以西语系德、法语专业四年级本学年上学期所设课程为例：德语专业开设了8门专业课，每周计16学时，其中语言学、文学课程有4门，计8学时，占该学期专业课总学时的50%；法语专业开设了7门专业课，每周计16学时，其中词汇学和文学课程有2门，计6学时，占该学期专业课总学时的1/3强。应该承认，本科高年级学生学习一些语言学和外国文学的基本知识是十分必要的，这也是一名当代文科大学生应该掌握的常识。但是，经济和科学技术迅猛发展的当代社会也向高校提出了一个问题，即怎样帮助学生在短短的大学生活里形成一个高效率的知识结构和实际运用知识的能力，使他们在毕业后能迅速而有效地服务于社会。看来，我们的课程设置、我们的以文学和语言为主导内容的知识结构同社会的要求有较大的差距。

为此，我们设想借鉴北京外国语学院的学科建设经验，在有条件的语种开展专业倾向教学。具体做法是，在高年级阶段除保留必要的基础性课程外（如作文、视听说、快速阅读、外汉互译、语言学入门、文学选读等），确定外经外贸、国际问题（对象国研究）、文秘、旅游、高级口译等若干个专业倾向（以每个教研室选择2～3个专业倾向为宜）。学生从三年级开始分流，基础性课程应合理地分布在后两学年内，不论学生选择什么专业倾向，人人必修。而专业倾向性课程则以小班的形式授课。专业倾向教学与毕业分配不画等号，但可注明学生在高年级阶段修完了多少学时某专业方向课程，以提高学生择职的竞争能力。

专业倾向教学在一定程度上减少了外语教学的盲目性，缩短了学生所学的书本知识与实际工作需要的距离，能较好地提高学生专业学习的积极性。事实上，西语系德、法语专业近几年也作了一些尝试，分别开设的经济德语、外贸法语、旅游法语等课程也确实受到了学生的欢迎。

二、面向社会与开放式外语教学

学科建设的关键之一是改革教学模式，提高教学质量。在 1992 年 11 月 27 日出版的院报第 11 期上，笔者论述了“高年级阶段开展专业倾向性外语教学”的问题。在探索高等外语院校适应社会主义市场经济发展的过程中，作为学科改革的第一步，这是必要的。

但是，我们也必须看到，一方面，“专业倾向性外语教学”只是对原有课程设置的调整和补充，实际上它仍然沿袭了传统的教学模式，学生并没有从“课程—教师—教材”的框框中解脱出来。学生的智力与兴趣所能够选择的知识范围仍然十分狭窄。另一方面，社会需要千差万别，市场发展变化多端，单一学科性的外语高校也没有能力把社会上需要的热门专业知识一一列入倾向性外语教学的范畴。因此，作为学科改革的第二步，有必要考虑破除传统的办学观念和约束，重新设计学校所提供的教学内容和课程体系，设计新的知识结构，重新确立教学的组织形式。

作为外语高校，需要设计一个以外语教学为基础的多层面、多样性的知识结构，这个知识结构应该具有以下三个基本目标：①能够帮助学生掌握扎实的听、说、读、写、译基本功，特别是掌握良好的口头表达和翻译能力；②能够培养具有多方面学识基础和适应能力的“通才”；③能够充分发展学生的个性，有利于造就他们诚实的品德、坚韧不拔的进取精神和创造意识。

为了实现上述目标，就有必要在本科三、四年级采用“开放式”的外语教学模式。所谓“开放式”，是指：

（1）各专业全面推行学分制，学生选择的外语专业必修课每学年不少于 8 门，每门计 2 个学分；选修课每学年不少于 10 门，每门计 1 个学分，亦即每人每年须修满 26 个学分方能升级。

（2）开设多种实用型的、适应市场经济发展需要的选修课，如国际金融、外贸业务、涉外会计、商务公关、商务秘书、国际商法、外事理论与外事管理、旅游资源的开发与管理、科技外语、同声传译、翻译理论与技巧、外国文学赏析、语言学入门、国际问题研究、电脑的程序设计与应用等等。有条件时甚至可以为有文艺特长和天赋的学生开设音乐、舞蹈、艺术等方面的选修课，以便让具备各种性格、各种气质、各种兴趣的学生各尽其能，各展其长。选修课不一定要用外语授课，聘请校内外的专家学者担任“合同制”教师、“钟点制”教师，用中文上课未尝不可。

(3) 尊重学生本人的学习志愿，学生（高年级）可以自由选择本专业本年级开发的必修课（每学期不少于4门），也可以跨专业、跨系上适合自己发展的选修课（每学期不少于5门）。在征得授课教师同意后，高年级学生还可以旁听其他选修课，但自由旁听的学生不考试，也不计学分。

(4) 各系、各专业的课程、课时、授课教师应由学院主管部门统一张榜公布，让学生按有关规定自行选择。

(5) 严格执行考试制度、重修制度和退学制度，各门课程，凡考试成绩不满60分的均不授予学分；凡必修课或选修课不及格者均需重修；一学年内累计5门课不及格者应劝其退学。

(6) 图书馆、电教中心等教学辅助单位逐步由“封闭式”管理向“开放式”服务过渡，扩大阅览室规模，开放听音室、录像室，出借或出租各类教学用音像资料。

在高年级阶段实行“开放式”外语教学模式仅是笔者的一家之言，就此请教于从事外语教学的专家、同行。

（第一部分原载《广州外国语学院学报》1992年11月27日，第2版；第二部分原载《广州外国语学院学报》1993年3月8日，第2版）

谈法语精读课教材的注释原则

注释是外语教科书的重要组成部分，它不仅能帮助学生在阅读范文时解惑释疑，增进理解，而且有时还能提供语言对象国的文化、历史、社会、习俗等方面的背景知识，成为学生读懂、读通、分析范文的点睛之笔。因此，合适的注解、准确的释义常常为教材增色；反之，如果注解失当，释义欠妥，那么教材的使用价值也必然会受到影响。

注释的处理在教材编纂工作中占有相当重要的地位，然而，对这个问题的探讨至今尚不多见。笔者发现，在编写注释的过程中，有些编者往往凭借个人的语感，从外文词典里寻找某些相对应的释语来撰写释文，结果，基础课的外语教材（三年级精读课教材或许尤甚），由于编写者的理解和认识不同，注释词目的选定往往带有较大的随意性，释义的建立常常深浅不一，或者过简，或者过繁，有的甚至出现释义同所释词目在范文中的语境相悖的现象。

因此，注释的建立与撰写必须引起外语教材编写者的重视。目前，在尚未有现成的理论根据或共同的注释标准的情况下，比较切实可行的办法，恐怕仍然应该运用现代词汇学理论，按照教材的规模（如大、中、小型）、性质（如精读、泛读、科技）、读者对象（如普及的或提高的、供本科生使用的或供成人自学的）以及具体的教学、认识规律，统筹考虑，以便合理地选择词目，确定释义建立的宽严与分合的详略（如词目的本义与引申义是并列处理，还是随文释义），从而取得大体一致的注释原则。

那么，就法语三年级的精读课教材而言，我们应当注释哪些词语，怎样概括、撰写释文以及应该避免哪些可能出现的弊端呢？下面，笔者就这几个问题谈一些粗浅的看法。

一

虽然各种教材的编写观点、教学目标不尽相同，但是从理论上说，凡有碍学生理解，并且学生一般无法独自解决的疑难词语都在注释之列，是本义的释本义，是引申义的释引申义。因此，以下几点问题是编者在注释时都应予以考虑的。

（一）词义的临时变体

所谓临时变体，是指根据范文的具体语言环境，由一个词义发展出来的另一个引申用法，它意味并暗示着词的固定意义以外的另一层意思，这一意义并不与词语固定地结合在一起，而是原有词义的一种临时变体。它们衍生于词的固定意义，是词语离开词典、进入活的有生命的语言情景后的产物。而词义的这种临时变体，亦即词的临时意义，学生一般无法从词典的义项中查阅到。所以，依赖特定的语言环境而存在的词义的临时变体应该作为编注的首选词目。而经常使用的本义词，即使是生词也不必加注，可留给学生借助工具书自己解决疑难。

（二）词的修辞用法

修辞用法（比喻、借代、夸张）常常预示着词义在具体语言环境中的发展与变化。词的修辞用法一般是作者个人对语言材料偶然的、富有创造性的运用，它使词义在言语活动中显得更加鲜明和形象。但是，学生对这些词、句的理解一般只停留在词语本身传递的信息上，而对言外之意、对作者在词义中注入的浓厚的色彩和感情、对活泼生动的言语美则难以领会。因此，将这种修辞色彩和感情色彩在注释中比较充分地揭示出来，对帮助学生透彻地理解范文的内容和思想是大有裨益的。

（三）语法意义与词汇意义的复合

语法意义与词汇意义分别属于不同的范畴。外语词典词目的义项一般都是词汇意义的分项，分析和描述语法意义往往是语法书的任务。基础法语精读课的注释也是历来如此，它所选注的词目大都限于词和词组。但是，当某种语法形式或某个语法成分使一个词既具有语法意义，同时又影响到它的词素意义时，那么就产生了有选择地给这类具有双重功能的词语加注说明的必要。例如，既能作副词限定动词或形容词，又能作形容词同位语修饰主语的 Tout 的意义，能分别表示时间、方式、条件、让步等关系的分词式的意义，等等。对这些虽然常用，但又有一定难度，融语法意义与词汇意义于一体的疑点，学生常常会产生难识“庐山真面目”之感，需要稍微点破。

（四）词义的概括

词义通常可以分为两部分。词典编纂学家们把其基本的、固定的部分称作词的“理性意义”；把表示说话人的主观因素部分叫作词的“附加意义”，它包括词的感情色彩、风格色彩等。一般说来，词义的这两个部分都是客观存在于人们的言语中的。但是，在具体的文学作品或语言实践中，由于叙述者或对话双方受思想感情、心理意识、语言环境等主客观因素的影响，在固定的词义中，也可以产生临时的理性意义与临时的附加意义，于是，词义的选择取舍便摆在编写注释者面前。高名凯在他的《普通语言学》中曾谈道：“词典上的语义就是还没有成为语言时的语言建筑材料（词汇）的意义，实际语言中的语义指的是词接受了语法支配而存在于实际语言里的时候所有的意义。”可见，词典里的词是孤立的、相互隔离的，而范文中的词则是相互依存、互为作用的。因此，我们在给教材编注时就不能简单地罗列或照搬照抄词典中的释义，而应以词典为“目标词”所提供的丰富的释语为基础，参照范文的语境，对词义进行必要的概括，从而写出简洁、准确的释文，这种方法就是“随文释义”。

有的同志也许会说：一个词的意义固然要依靠上下文来帮助辨析，但是，上下文的意义并不能代表固定的词义，因此，编写注释者在分析词义时应同时列举所注词目的理性意义与临时的附加意义。这种观点不无道理，它在一定程度上对同一词目的不同释义作了区别，注疏资料更加丰富，释义也更加完备。但是，应该看到词的固定的理性意义与临时的附加意义是对立而又统一的一对矛盾，固定意义是临时意义的母体，所以范文注释一般只要注解因言语活动情景的变化而被改变或发展了的那一层意思就够了，倘若求全，反而会使注释显得庞杂烦琐。另外，从读者的角度看，似乎也并无此种必要，他们对注释的要求是准确、简单、明白。而且作为高年级学生，他们一般已懂得固定义与引申义的区别。

综上所述，在给高年级法语精读课教材编写注释时，应该有一个大体一致的取舍原则，避免注释的随意性和盲目性，提高教材的使用价值。

二

教材注解失当的原因是多种多样的，或由于注释体例不够科学，或由于释语的措辞不够周密，或由于注疏材料欠缺，或由于编注者的一时疏忽。在这里，笔者拟以本人前几年讲授过的《法语课本》第五、六册（南京大学外语系法语教研室编写，以下简称《课本》）为例，谈谈高年级外语教材中一些常见的、违反一般的取舍原则的释义，以及疏漏方面的弊病。

首先应该说明，《课本》是改革开放后国内出版的一套比较好的法语高年级教材，全书计36课，注释的词目达700多条，释文大多简单明了，释义也准确可靠，且字里行间不乏精彩之笔。如第五册第7课注释9、第六册第7课注释9等，不仅释义贴切自然，富于形象，而且由表及里，点明了词语在范文中的附加意义，起了画龙点睛的作用。

然而，由于编审者的疏忽，在《课本》的注解中，释义谬误或失当亦非一处两处。下面笔者谨将在讲授《课本》时随手所记的注释谬误或不当之处分类整理，并略加按语说明道理，以期在《课本》再版时供编者作参考，并就此请教于从事法语教学的专家、同行。

（一）理解错误

词的释义应当力求准确，这是给任何外语教科书作注解的关键，释义欠妥的原因固然很多，但编者对范文中疑难词语所蕴含的意义未作深入推敲，或者在词义的深浅广狭上处理不当却是突出的原因。例如：

（1）Yau de poêle：Une sorte de blague qui se fait parmi les gamins. 《Comment vas-tu Yau de poêle ?》，même prononciation de《tuyau》. Dans le texte，c'est un emploi par extension.（第五册第1课 note 23）

［按语］在课文中，保罗的那位“万事通”朋友一点也不懂谐音在这句话中的妙用，笨拙地把它说成“Comment allez-vous Yau de poêle ?”，从而使句子中的幽默风趣丧失殆尽。因此，“Comment allez-vous Yau de poêle?”并不是“Comment vas-tu Yau de poêle?”的引申用法，作者只是借以讽刺“万事通”的无知罢了。

不妨把释语改成：...Dans le texte，l'imitation maladroite de son copain montre bien son ignorance.

（2）exsangue：qui a perdu beaucoup de sang.（第六册第 4 课 note 3）

［按语］把在疗养院里接受治疗的结核病人的脸解释为“失血过多”，有悖作者的本意。应用 exsangue 的转义 pâle（苍白的）作注解，才能使意义显得明了、准确。

（3）terne：qui éprouve une impression désagréable，une sensation inexprimable.（第六册第 12 课 note 9）

［按语］范文的主人公在乡下蛰居多年后，偕同妻子返回巴黎，顿时对上流社会的繁文缛节产生了一种陌生感，当他再度出入大都市的文艺沙龙时，深有感触地说：Je me sentais，auprès des autres，terne，triste，fâcheux，à 1a fois gênant et gêné. 由此可见本句中的 terne 应是 brillant 的反义词，指主人公在社交场合显得 falot，insignifiant。

（二）注释不确切

只有准确的理解并不能保证释义的妥帖、明确，还有个释义怎样表述的问题。如何选择恰当的词语去解释词义，如何根据语境的修辞色彩忠实地反映词语所包含的感情和形象，往往也会直接影响学生领会释义、理解词目。有些词目的释文不能算错，却未必确切、自然、周全。例如：

（1）Démagogue：celui qui utilise les belles paroles pour la faveur du public.（第五册第 7 课 note 7）

［按语］démagogue 在范文中应作“蛊惑人心的政客”解。《小罗伯尔词典》的释文为 politicien qui flatte les masses pour gagner et exploiter leur faveur。释义同范文中雅克指责其兄安托万粉饰劳资关系、为资产阶级自由唱赞歌的语境相吻合。相比之下，《课本》的释文似乎太客气了一些，没有把词目所指对象的贬义色彩表达清楚，因而意义的解释显得不确切。

（2）Intelligence pure：être spirituel.（第六册第 10 课 note 3）

［按语］être spirituel 意为“富有才智”。但 intelligence pure（纯智慧）却带有强烈的表达色彩，指 homme d'une extrême intelligence，mais qui a seulement cette qualité d'intelligent，qui n'a pas d'autre chose，les sentiments par exemple.《课本》的释文忽略了“纯智慧”的贬义语意，似乎失之笼统。

（3）Singer：imiter maladroitement.（同上，note 15）

［按语］singer 未始不可作 imiter maladroitement 解。但若稍作改动，释为 imiter sans réfléchir comme un singe 则能使学生通过释义更好地领会 singer 的动态形象和贬义色彩。这对帮助学生掌握准确的词义、进行有效的复用都是大有裨益的。

（三）注而不解

释语和被注的词句在意义上必须一致，释义的目的是解决疑难，否则学生便无法通过释语理解词目的意义。《课本》里有些注释罗列堆砌注疏材料，而词目的含义却并没有因此而得到充分说明。这是因为这些释语有时是意义含糊的重复，有时则没有在词目的难点上落笔。由于注释的角度不对，学生在阅读注解时反而倍感困惑。例如：

（1）Ce n'est pas tant 1a nature du travail：Ici "pas tant" est un adverbe marquant la comparaison restrictive.（第五册第 7 课 note 1）

［按语］本句原文是：Ce n'est pas tant 1a nature du travail qui est révoltante dans le régime capitaliste，ce sont les conditions faites au travail. 编注者从语法角度说明了"pas tant"的属性和作用，却没有解释词目本身的含义，学生无法借以加深对词语的理解。不妨根据语境，采用以词释词、引例释词的方法，以达到简单明白、一目了然的目的。本句的释语或可改成 pas tant：pas tellement 更妥。

Ex：Ce n'est pas tant la faim qui la fait souffrir，mais c'est la rage.

（2）À la merci du besoin：dans la dépendance totale du besoin.（同上，note 18）

［按语］本例的释语仅仅解释了介词短语 à la merci de，而对同为难点的名词 le besoin 未作任何说明，于学生的理解无补。不妨改释为 menacé par la misère 更浅显易懂。

（3）cette annociation：（s'écrit en majuscule：message de 1' Ange Gabriel à 1a vierge pour lui annoncer sa conception miraculeuse.）L'auteur emploie le mot dans un sens péjoratif et ironique.（第六册第 4 课 note 12）

［按语］给有历史、宗教背景的词释义要注意反映它们在范文语境中的特定内容。本例的释义失之宽泛。释语先说大写的 Annonciation 这个典故出自《圣经》，指"天神报喜""圣母无玷始胎"，接着指出作者借用此词以示讥讽。可惜唯独没有说明小写的 annonciation 在范文中指"战争

爆发”（cette nouvelle extraordinaire）。

（四）文不对题

释义必须紧扣语境，是本义的注本义，是转义的注转义。如果不顾词目本身所处的语言情景和它所包含的具体内容，生搬硬套词典中的定义，往往容易产生文不对题的毛病。例如：

（1）être talonné：être poursuivi de très près.（第五册第7课 note 8）

［按语］且录原句，以见其义：...En fait，l'ouvrier actuel ne jouit d'aucune indépendance，parce qu'il est talonné par son dénûment！显然，本例的释语有牵强附会之歉，改释语为 être harcelé par la misère 或许更贴切准确些。

（2）Aveuglante clarté：La lumière est si forte qu'elle empêche de voir.（第五册第8课 note 9）

［按语］本例的释语从字面上看没什么问题，但结合范文的语言环境，它就站不住脚了。其实，aveuglante clarté 同 lumière 并无关系，不过是检察官借指 Meursault 的犯罪事实“显而易见”罢了，不妨改释为：sous l'évidence sensible des faits...

（五）节外生枝

为教科书编注释疑不是写文章，不是搞考证，一般只要求就事论事，能让学生一看就懂。下面两例都犯了节外生枝、解释过头的毛病，让人看了不得要领。

（1）de tout repos：très facile à réaliser qui procure une complète tranquilité，qui ne donne aucun souci.（第五册第7课 note15）

［按语］从范文的语境看，第二句释语同词目的意义相符，即 qui ne donne aucun souci。所以第一句释语就成了无的放矢。

（2）pathologique：relative à 1a pathologie，à 1a maladie.（第六册第10课 note 10）

［按语］根据《小罗伯尔词典》的解释，形容词 pathologique 有两个意思：①relatif à 1a pathologie. ②relatif à l'état de maladie. 本例的释语将两层意思合二为一，令人费解。从原文“Je veux une néphrite pathologique et non médicamenteuse.”看，pathologique 的词义显然是指后者而不是

前者。

（六）该注而不注

《课本》注释的疏漏还反映在以下两点：首先，范文中某些具有社会、文化背景的疑难词语未有注解，给学生的阅读造成一定的困难。这些词语一般都影射某时某地的某一社会现象，表示某一动作行为的性质状态，往往暗含一个特定的文化或社会内容。而词义的暗含内容又常常并不包含在构成词的语素义之中，所以学生一般无法自己解决此类理解方面的困难。其次，一些在意义或用法上容易引起学生误解的行话俗语也未受到编注者应有的重视。由于缺少大量真实的、充满法国社会实际生活气息的口语化的语言环境，中国学生对通俗语言的认识能力和应用能力并不很强。因此，望文生义，甚至闹出笑话的事时有发生。倘若编注者在加注时多给自己找一些类似的难题，多搜集一些注疏材料，在表述时力求通过揭示词的暗含内容或本来面目去说明词义，那么学生定能从注解中获得更多的教益。

下列3例为笔者试作的注解。例1和例2中的画线部分均具有一个暗含内容；例1和例3中的画线部分，词义隐而不露，而学生常用的《现代法语词典》和《法汉词典》的词义解释又不尽周详。不作注解，学生难免为歧义所困扰。

（1）J'ai jamais compris pourquoi on ne permet pas aux putes cataloguées d'élever leur enfant, les autres ne se gênent pas.（第六册第8课156页第3行）

注：putes catalogués：prostituées enregistrées à qui le gouvernement français a permis de vivre de la prostitution juste après la Seconde Guerre mondiale.

［按语］“登记的妓女”暗含词组所表示对象的存在时间和性质。

（2）Le patronat décide d'embaucher des jaunes.（第六册第15课305页第3行）

注：Jaunes：briseurs de grève.（Ceux qui ont accepté de travailler à la place des ouvriers en grève.

［按语］“破坏罢工者”暗含词组义所表示的特定的关系对象和条件限制。

（3）Je me suis fait un vrai malheur avec ce chien.（第六册第8课153页第1行）

注：se faire un malheur：remporter un grand succès，ici：être fou de joie.

［按语］这一熟语原是文艺表演用的“行话”，使用了修辞上的“反用法”。作者借以表达阿拉伯孤儿木木自从偷了一条小狗以后的愉快心情。

编教材难，为教材编注释亦非易事。在《课本》36篇范文的注解中零零星星地出现一些错漏实属难免。笔者希望加强教材编著者与使用者之间的合作与联系，新教材付印前先由编著者或委托兄弟院校的教师使用一至二学年，及时发现并纠正在范文选编、注解释义、练习配备等方面存在的问题与不足，那么，外语教材一定会以更完善、更准确、更合理、更科学的面貌出现在教师与学生的书桌上。

（原载《外国语高教研究》1993年第5期，第23～28页）

再谈外语基础教学

前几年，笔者曾就外国语基础教学中的几个问题写过一篇短文，题为《外语基础教学三题》①。这两年，虽然没有再往返于一、二年级的三尺讲台，但也一直没有放下过教鞭，每每同师长、同事、学生谈起教育大势，论及为教、为学之道，无不感慨良多。也有勤于反思的学生慨然道：倘若再当一次学生，必当如何如何！可惜时光不能重复，失去的机会只能成为遗憾，沉淀在记忆中，唯有未来的机会等待他们去捕捉。学生的话倒提醒了我。其实，教育者更有检讨“治教”之必要，以审察观念是否有谬误之处，方法是否有偏颇之处，态度是否有粗疏之处。于是便写下了下面这段文字，权当《外语基础教学三题》的续篇。

一、主导与主体

外语教学的基本特点之一便是教师的主导性，或曰教师的主导地位。这种主导性的具体表现是教师在整个教学过程中所发挥的组织、引导作用。教师按照一定的教育方针和教学目标，运用一定的教学模式，以教材为中介，丰富学生的知识，训练学生的技能，培养学生德、智、体全面发展的基本素质，从这个意义上说，教师在教育实践活动中具有不可动摇的主导地位。

在教育过程中，学生既是教学的客体，即接受教育的客体，又是学习的主体，即学习、认识和发展的主体。学生在教育实践中的这种双重地位是由教育的本质属性所决定的。但是，学生并不仅仅是一个消极的客体，他们相对贫乏的知识和能力，亟待完善的思想和素质还远不能满足社会、经济、文化发展的需要。求知的欲望和成功的希冀交织在一起，成为驱动他们求才智、求发展的内因，而教师的主导作用则是学生学习、认识、发展的外因。外因总是要通过内因才能起作用。因此，调动学生的学习积极

① 参见《外国语高教研究》1992年第1期，第1页。

性，强化学生的学习主体意识，培养学生的独立思考能力、独立发展知识的能力是教师在发挥主导作用时首先要予以重视的教学目标之一。

教师的主导地位绝不等同于传统教学观念中的“教师中心”论，学生的主体地位也绝不等同于过去曾经流行过一阵子的“学生中心”论。片面地夸大教师在教育过程中的主导作用，视主导为“主人”，或者孤立地强调学生在教学活动中的主体作用，视主体为“主宰”，都是违背教育的客观规律和认知的客观规律的。

那么，在教育过程中，怎样才能把教师的主导作用和学生的主体作用有机地统一起来，发挥最大的教学效果和学习效果呢？对此，我国著名教育家叶圣陶先生的精辟论述颇能说明问题：“所谓教师的主导作用，盖在于引导启迪，使学生自奋其力，自致其知，非谓教师滔滔讲说，学生默默聆受。”① 可见，教师的主导性和学生的主体性有一个共同的目标，而且教与学双方的努力都应该统一于这一共同的目标之中，即在教师的引导启迪下，学生能自奋其力，自致其知，自展其能。

二、方法与效率

“人非生而知之，学然后知之。”学习让人从无知走向有知，让人丰富，让人充实。

当今之世，适逢信息革命，知识爆炸，要学的东西真是太多了。庄子有言：“吾生也有涯，而知也无涯。”庄子提出的这个问题很有现实意义，即人怎样在有限的生命时空里积累并发展无限的知识。于是，学习方法的问题就越来越受到人们的重视。有些高等学府甚至开出了读书方法论这一门课，专门与莘莘学子讨论事半功倍的科学的学习方法、研究方法。

学生读书可谓千人千面。苦读者，“笃志虚心，反复详玩”；精读者，“字求其训，句求其诣”（朱熹语）；死读者，终日与书为伴，奈知识水平与实践能力总是差强人意；也有才智不高而不读书者，懵懵然，不知所以；更多的同学学习不得要领，付出的努力与应得的收获不成正比。凡此种种，无不告诉人们，学习要勤奋、刻苦，更要讲究方法。外语教师不但

① 转引自贺兆林《现代教育理论的特点及其发展趋向刍议》，载《教育研究》1991 年第 4 期，第 34 页。

要引导学生勤学苦练听、说、读、写基本功，而且要指导他们不断总结学习中的经验教训，吸取别人的长处，在提高学习效率上多下功夫，不但要授之以知识，而且要授之以获取知识的方法。授以知识，一如施以稻菽；授以方法，却似晓以选种之要，耕作之理，灌溉之法。于是学生便能逐渐养成自己动脑、动口、动手的良好习惯，把求知识、求真理同发展自己的身心健康，同改造自然、改造社会的远大目标结合起来，变成一种自觉的行为。

读书、学习本无千篇一律的方法，除了靠教师的提醒、点拨和学生的摸索、总结，还靠教师良好的示范。严谨的治学态度，认真的教学风范，渊博的文化知识都会对学生的学习态度产生积极的影响。学生耳濡目染，无形中会养成一种良好的学习习惯。教师良好的示范作用还常常通过生动、活泼的教学艺术体现出来。例如，在高年级的讨论课中，作为“节目主持人”，教师的课堂用语要富于特色，“错了”“这个答案不合适”“这个观点难以成立”之类的判断性评语不宜，而应代之以“谁有不同的意见?”（暗示学生回答错了，但毫无批评的色彩，提请大家发表修正意见）；“我等待一个更好的答案。”（暗示学生回答不完整或没有抓住要害，请其他同学补充）；“换一个角度来考虑这个问题，说不定你会有新的发现呢！比如……”（给予适当提示，发展求异思维）；“某某同学一定有与众不同的观点，说出来大家听听，好吗?”（以表扬的口吻，督促学生积极发言）。准确、巧妙、适时的干预往往能调动学生的思维，学生从这些无形的教学艺术中得到的收获，显然已经超出了教材本身所提供的知识要素。

三、容量与质量

课堂教学的容量通常指每一堂课所安排的传授知识量、能力训练量以及由此而产生的思维活动量。外语课堂教学的容量在一定程度上反映了知识交流的数量，技能训练的频率和时间的利用率。每一个单位时间内（外语教学一般为两节课时）所容纳的教学的量增大了，教与学双方交流的机会随之增多，这对提高课堂教学的质量、活跃学生的思维、发展学生的听力及口笔语表达能力无疑是十分有益的。但是，容量大并不一定等于质量高。课堂教学的容量要大得合理，大而无当就可能造成学生“食而不化”。这好比农家种田，密植超过了限度，禾苗就无法健康发育。听、说、读、写训练也要做到有张有弛，训练的节奏要尽可能与大多数学生的接受能力、反应能力合拍，否则，欲速不达，效果反而不好。就听、说训练而言，“稳扎稳打，循序渐进”一定有效，“急躁冒进，贪多务得”必然无功。

帮助学生学得快一些，掌握得多一些，表达得好一些，是每一位外语教师的愿望。但是，一个单位教学时间毕竟只有100分钟，在这100分钟里，学生不仅希望得到知识的数量，更祈求得到教师授课的质量。授课的质量必然会作用于学习的质量，这一点是我们在研究教学质量时不可须臾忘却的。

要做到容量与质量的统一，就必须从教学实际出发，按教育大纲的要求，根据学生的学习程度、知识基础、理解表达能力以及所学课程类型、教材特点、教学目标等不同情况，合理分配教学课时和内容，让容量服从并服务于质量，始终把教学容量控制在一个适宜的范围内。

要做到容量与质量的统一，还应该适当地掌握教学活动的节奏和进度，为学生创造一个和谐、有序的观察、表达、思维、参与的有利环境和条件。

外语课堂教学改革，既是一件实践性很强的工作，又是一项需要进行理论研讨、以新的教育观念作为指导的教研活动。从目前我校课堂教学的现状看，经验型的教学模式仍占很大的比例，教学科研活动亟待加强。好在这几年，由于学校领导、教务主管部门对建设合格课程、重点课程的重视以及有关各系、各教研室的不懈努力，一些设计科学、目的明确、方法严谨、教学资料丰富、测试题库比较完善的合格、重点课程经核查、评审，相继确定。这对大面积地优化课堂教学有较好的示范作用。

四、单向表达与双向交流

在外语基础教学中，我们常常发现这样一种现象：一些学生在作“课文概述”“情况介绍”“故事讲解”“命题口述”时，讲得头头是道，而一旦离开“报告人”事先设定的范围，进入自由讨论或辩论时，便张口结舌，词不达意。这种在单向表达时流畅，在双向交流时“结巴”的“表达幼稚病”有一定的典型性。

在单向表达中，“报告人”由于预先经过不同程度的准备，影响他们表达的语法、词汇方面的困难已经初步解决，所论述问题的详略深浅亦已事先界定，可以顺着设想好的思路滔滔不绝地演讲一通，不必担心由于其表达能力滞后于思维能力而可能引起的尴尬局面。但是，在双向交流中，思想交往的瞬时性要求会话人在毫无准备的情况下做到思维与表达同步，会话人没有时间思考，没有时间斟字酌句，没有权利让另一方等待。由于会话人的习得语言的思维能力尚不成熟，缺乏在第一时间内驾驭习得语言、做出恰当反应的能力，所以，外语讨论课常常停留在浅表的层次上，难以真正达到交流思想的目的。

在现实生活中，双向交流是人类的言语活动中最普遍、最活跃、最有效的一种语言实践形式。人们说话的目的是相互交流，增进理解。学好外语的目的之一就是促进不同语言、不同文化、不同宗教、不同社会背景之间的认识、理解和合作。因此，外语教学应该把提高学生在外语双向交流中的理解能力和表达能力放在首位。

学生外语双向交流能力欠佳的原因是多方面的，除了学生语言天赋方面的因素外，教学方法、训练方法的作用和影响不可忽视。历来的外语基础教学大多重视学生解析语言信息的能力，大多重视以“机械重复”为特点的口语训练，忽视听、说、读、写作为一个不可分割的整体，在外语教学中的统一性和互补性，致使学生的输出能力（说与写的能力）大大弱于输入能力（听与读的能力），其直接结果是学生能听懂、看懂，但一进入与实际生活比较贴近的会话、讨论，便显得力不从心。

正视成年人学习外语的心理特点和生理特点，从外语教学的启蒙阶段开始，就把培养学生的听、说、读、写能力定为一个完整的目标去追求，把听看成是说的前提，把读看成是说的基础，把写看成是提高说话质量的保证，使说变得丰富而有力度，那么，困扰外语教学多年的双向交流能力问题一定能逐步得到解决。

（原载《外语外贸高教研究》1996 年第 1 期，第 1～4 页）

对外国语言学教学与研究中几个问题的思考

这两年来，我有机会参加了外语类研究生学位授予点的评估工作，查阅了一些从事语言学研究的硕士生、博士生的学位论文，接触了省内外在外国语言学教学与研究领域颇有建树的部分专家、学者，受益匪浅。总的感觉是，理论语言学研究中“一边倒”的弊病（如20世纪五六十年代“一边倒”学习苏联语言学，80年代“一边倒”学习美国语言学）已经开始得到纠正，对外国语言学的教学和研究开始由简单的归纳、介绍向独立研究的方向转移，一些新的理论和方法开始崛起。近几年在语言学界产生较大影响的认知学派就是一个例子。一些专家、学者借鉴数学和计算机科学的理论成果，观察不同语言的语法结构，从一个新的视角揭示语义的结构规律，试图以人脑认知世界的神经网络模式使语言的描写形式化。通过对具体的语言现象的分析、研究，提炼新的理论假设，丰富并补正现有的语言理论，这是当前我国语言学研究领域的另一个特点，尽管目前这方面的研究尚未建立起独树一帜的架构体系或“标新立异”的理论假设，但是，对隐含在具体语言现象背后的结构规律和演变规律的探索十分活跃。

对外国语言理论的研究不是玩弄概念式的肤浅述评，更不是空洞的说教，而应在富有“个性”的语言现象研究中透视其可能蕴含的共性规律，从而总结出带有普遍意义的理论模式。这是一件很有意义但十分困难的事。说它困难，一方面当然是指语言学作为一门艰深的学问，其理论上的推陈出新并不是每个研究课题都必然能做得到的。乔姆斯基语言学理论首先是语言学家个人天才的发现，但是不可否认，前人的研究成果、不同流派的不同理论和方法为乔氏的创新提供了坚实的基础；另一方面，反思高校在外国语言学教学与研究方面的思路，似乎也有不少值得商榷的地方，不能不引起我们的重视。

我由硕士、博士学位授予点的评估得到一些启示，但不敢自是，谨诉诸笔端，请高明垂视。

一、理论与理论的应用

因为收集参考书的缘故，我曾利用出差的机会，先后在京沪一些高校的图书馆查阅过一些研究外国语言学方面的学术论文。令我吃惊的是，这些洋洋万言甚至十数万言的大块文章甚少被人借阅过，有的封尘十余载而无人问津。这就产生了几个疑问：①这些经历多年寒窗之苦的学术成果其本身的学术水平如何？②假设其学术水平甚高，怎么会常年封尘书架而无人借阅？③假设其纯属理论研究，已经建立了某个“理论假设”，只是暂时与应用“无关”，那么研究理论的人，或准备研究理论的人（各校并不乏其人）怎么也不去读一读？

这几个问号主要应从学术论文本身的价值中去寻找答案（至于造成这一现象的非学术因素，限于文章篇幅，暂不细考）。有一点似乎可以肯定，“为理论而理论”的指导思想阻断了理论与实践，即理论与应用的内在联系。笔者无意否定这些研究生在他们的学位论文里所显现出的学识和才干，仅想说明另一个问题：在研究生教学中，重理论轻实践的现象还相当普遍，从而导致一些选题钻牛角尖，在外国语言学的一些概念上故弄玄虚、空对空的阐释，没有对实际问题的分析、研究。京沪的一些博士生导师们评之曰：这一类论文非为研究而撰写，仅为学位而拼凑。

1997年上半年对硕士、博士学位授予点的评估给研究生教学的组织者和指导者提供了一次“自省”的机会，这对端正高层次教育的指导思想，端正教风、学风，提高研究生教学质量起了很大的促进作用。广东外语外贸大学的研究生教学有着理论与应用、理论与实践密切结合的优良传统，“这个学科点的导师们带领着研究生和青年教师进行我国英语标准化考试试验，编写交际法教程，进行中国学生学习英语心理过程的基础和应用研究，设计多媒体英语教程，进行我国语用调查，探讨我国编写双语词典的理论和实践，等等”①。桂诗春先生的这一段话是对我校在语言学研究中重应用、重视教学实践需要的最好总结。理论正是有了应用的前景才显示其生命力，实践正是有了理论的科学指导才可能走向成功。这是我校

① 桂诗春：《培养语言学与应用语言学人才的基地》，载《广东外语外贸大学学报》，1997年9月20日。

研究生教学的优势，这个优势千万不能丢。

二、学问与能力

学问与能力有联系，但并不完全相等，更不能互为替代。

读书读到博士，研究的学问不可谓不深，但是其治学处世的能力是否一定很强了呢？不一定。有的研究生假日去广州市区不敢独自往返，此谓生活能力不强；有的研究生组织社会活动毫无章法，此谓工作能力不强；有的研究生讲课不得要领，此谓教学能力不强；有的研究生撰写的学位论文错误累计达 8 个页码，上百处之多，此谓语言实践能力不强。钻研学问切忌读死书，死读书，否则面壁 10 年也难破壁而出。读书读到博士，在某些方面的能力仍然差强人意也算不得“过错”，博士也不是全才。举凡能力，皆可在后天培养，研究生首先要摆正自己的位置，明确自己的努力方向，把培养自己独立研究学问的能力、独立工作的能力、独立思想的能力、独立处世的能力放在与读书同等重要，甚至比读书更加重要的位置上。随着社会主义市场经济的逐步建立与完善，市场对人才的要求会越来越“苛刻”，市场选择人才的第一标准可能不是你的头衔，不是让人引以为豪的“青年语言学家”的称号，而是你的能力。对研究语言学的研究生来说，首先是你的语言应用能力，你的中、外文写作能力，外语的连贯表达能力：你的审稿、定稿能力，你的教学能力，甚至还包括你的办事处世能力。

这么说，攻读博士学位还有什么意义呢？意义当然有，这就是学问与能力的结合。只有两者的结合才可能产生高层次人才的学术效应和社会效应，才能在学问上向更高的境界发展。

三、宽容与兼容

关于宽容，学术界历来有两种不同的主张。赞成者强调，在一个价值多元的时代，任何用某一种思想观念、某一派学术理论为标准去衡量其他人、其他学说的企图，都有导致文化专制主义的危险。反对者坚持自己批判的权利，不理解“对手”，也绝不宽容“异己”。

我信奉“宽容”的原则。一般而言，凡是宽容精神占上风的时代，思想比较开放，精神比较自由，风气比较开明。知识界关心的不是人际间的亲疏关系，不是门户间的好恶态度，而是破解问题的真理。这是已为历史证明了的。

昔者，清华大学校长梅贻琦先生说过："对于校局则以为应追随蔡子民先生①兼容并包之态度，以克尽学术自由之使命，昔日之所谓新旧，今日之所谓左右，其在学校应均以自由探讨之机会，情况正同。此昔日之北大之所以为北大，而将来清华之为清华正应于此注意也。"② 我想，读书、做学问若能本此精神，也就进入了学问的境界。也只有本此精神，学问的境界才可能不断升华。

现代学术西潮东卷，外国语言学及应用语言学研究更是如此。一些同志可能会从思想独立与学术自主的现代观念出发，否定宽容的合理性。窃以为，思想独立与行为自主，不该是任何偏执主张、狭隘思维的挡箭牌；"独尊儒学，罢黜百家"式的为学之道不可取。

作为宽容的类义词，兼容的意思或许更明白些。我读比尔·盖茨的《未来之路》③，感受最深的是"兼容思维"这四个字。比尔·盖茨初出江湖时，全美乃至全世界的计算机市场已经有 IBM 公司和苹果公司两大电脑巨头称王称霸，但是，两大霸王偏偏奉行"独立""自主"的研究、生产、销售策略，各自制造互不兼容的计算机，以保护自己的品牌地位。这一招看似高明，可偏偏让年轻的哈佛辍学学生比尔·盖茨看出破绽。于是，他反其道而行之，专门研究和生产可供一切计算机使用的微软产品，竟后来居上，以兼容打败了封闭与狭隘。

把兼容思维引进到现代教育的广阔领域，就产生了学科交叉、融合，专业渗透、互补，培养应用型、复合型人才的办学思路。把兼容思维引进到科学研究的领域，人们在思考一种理论、一种学说的同时，就会反思或研究与之相对立的或与之并行的另一种理论、另一种学说，从而拓宽我们的视野，补正我们认识上的不足。兼容令人们的思维空间更宽广，令人们的思维方式更合理，更富有弹性。

怎样衡量一个人的水平与能力，评估一项成果的成败得失？不是看其

---

① 蔡子民即蔡元培先生。1917 年蔡先生曾出任北京大学校长。

② 见《近代史资料》总 70 号第 171 页。

③ 比尔·盖茨：《未来之路》，辜正坤译，北京：北京大学出版社 1996 年版。

是否至善至美。倘若一名教师，其学已有所专，其教已有所长，其说能自成一家之言，那么，这名教师的水平与能力就应该得到承认。太史公司马迁有言：“究天人之际，通古今之变，成一家之言。”这“究天人之际，通古今之变”，当是学问的最高境界了。而“成一家之言”，则是代表某一学问领域的创新学说，要达到这一境界，总须毕生努力才行，总须兼容思维、宽容胸襟才行。

（原载《语言学论文集》，华南理工大学出版社1997年版，第33～38页）

《阿歇特当代法语词典（1993）》简评

法国知识界素有编纂语言、百科知识类工具书以反映历史发展、社会进步、文化变革和语言演进的传统。200多年前，狄德罗领导编写的《大百科全书》卷帙浩繁，包罗万象，是对18世纪时人类在科学、文化、艺术、生活、工作诸领域里各种成就和现象的全面总结；《小罗伯尔词典》第一卷（《普通名词词典》）和第二卷（《专有名词词典》）对现代法国语言和世界各国的文化、历史、人物、地理作了全面、翔实、客观的介绍和论述，以其科学性、知识性、准确性、稳定性和权威性著称于世；《拉露丝插图词典》图文并茂，以规范、精练、简明见长；1988年，法国阿歇特出版社又推出*Hachette*, *le Dictionnaire de notre Temps*（《阿歇特当代法语词典》），这部集普通名词与专有名词于一体、按字母顺序排列的大型辞书一出版，即获得了社会各界的广泛好评。巴黎的《世界报》称赞它是一部最具权威性的当代法语词典；《法语世界》杂志则评论说：这部编排新颖、内容丰富、注解简明、查阅方便的巨著，是所有以法语为工作语言和习得语言者不可或缺的语言工具书。1992年，《阿歇特当代法语词典》的第五个版本编纂完成，并于1993年春开始出版发行。这部在马克·穆安松先生（Marc Moingeon）领导下、由玛丽·加塔夫人（Marie Gatard）负责主编的大型辞书共收录了122500条词目，选编了7万余个例句和短语，全书分3栏排印，厚达1824页。同1988年的初版本相比，1993年的第五版增加新词2000余个。

通观全书，《阿歇特当代法语词典》在义项的分合和排列上采用了历史顺序法和频率顺序法两种方法，而词义的现时性则是它们的共同准则。历史顺序法是指按照词的义项在历史上先后出现的顺序进行排列；频率顺序法是指按照词的义项的使用频率高低，以常用、不常用、罕用为序进行排列。这两种排列方法虽然都没有脱离词典编纂设计中有关义项分列组合的传统轨迹，但是，由于这是一部大型的当代共时性语言、百科工具书，所以，它并没有像历史性的语文词典那样，不厌其烦地详列古义，而是“厚今薄古”，以帮助读者掌握词的现代意义和用法为出发点，选择并排列词义。因此，确切地说，在这部词典中，历史顺序应是指词的现代意义的先后顺序，这是它的第一个特点。且以动词 féliciter 为例，看看这一词目在《小罗伯尔词典》第一卷（1989 年版）和《阿歇特当代法语词典》（1993 年版）中的词义取舍和义项排列有什么不同。

一、《小罗伯尔词典》的释义

féliciter《felisite》v. tr. （1468，《rendre heureux》; bas lat. felicitare）1. （XVIIe）. Assurer （qqn.） de la part qu'on prend à sa joie，à son succès，à ce qui lui arrive d'heureux. V. Complimenter，congratuler，féliciter un couple qui annonce son mariage. 《Il le félicitait de son mariage par bienveillance》（CHARDONNE）. 2. Complimenter （qqn.） sur sa conduite. V. Applaudir，approuver，complimenter，louer. Il m'a félicité d'avoir été si prudent. 《On ne félicite pas un instituteur d'enseigner que deux et deux font quatre》（CAMUS）. Je ne vous félicite pas pour votre perspicacité. 3. se féliciter v. pron. S'estimer heureux，content. V. réjouir （se）. Nous nous félicitons de l'heureuse issue de cette affaire. Spécialt. S'approuver soi-même，se savoir bon gré. V. Louer （se）. 《On croit pardonner. On va jusqu'à se féliciter de sa propre grandeur d'âme》（LARBAUD）. 《Chaque fois que j'ai refréné un mouvement agressif，je m'en suis félicité》（CHARDONNE）. ANT. Corriger; critiquer; Déplorer; reprocher （se）.

二、《阿歇特当代法语词典》的释义

féliciter v. tr. 1. Faire compliment à qqn. au sujet d'un événement agréable. Féliciter qqn. de son mariage. 2. Témoigner sa satisfaction à qqn. complimenter. Il l'a félicité pour son travail. 3. v. tr. S'estimer heureux. Je me félicite d'avoir fait ce choix.

从上面的例子可以看出，《小罗伯尔词典》首先指明 féliciter 始用于 1468 年，派生于拉丁语，意思是“使……幸福”，接着解释它的第一个现代意义的推定年代为 17 世纪，意为“祝贺”；第二个义项广义为“感到满意”，狭义为“自夸”。各义项内部有若干例句铺陈词义，表示用法，最后罗列几个词义由弱到强的反义词。

《阿歇特当代法语词典》则把 féliciter 的历史沿革置之一边，开门见山，直截了当地分列了三个现代意义的义项。译成汉语依次为：①祝贺、庆贺；②称赞、赞扬；③感到满意、感到庆幸。三个义项内各举一个例句说明词语的搭配和用法。以笔者愚见，《阿歇特当代法语词典》的义项选择和对词义的诠释简洁、明白，既不面面俱到，又周详、实用，特别适合于广大法语教育工作者和法语学生的需要。

《阿歇特当代法语词典》的第二个特点是面目新，有一种容纳“百家”的大家气度。

历来的词典编纂家及语法学家们都十分推崇语言的纯洁性和规范性，他们往往以大法官般的铁面无私，研究字词的发音、语义、词源，以及它们的构成规则、应用范围等等。有的甚至以近乎偏执的态度拒绝一切来自民间的、外国的新词语，尤其拒绝一切来自下层社会的俚语、俗语，主张驱除语文词典中一切“不合法”的成分，以维护语言的纯洁和语言工具书的权威。于是，词典和语法书便成了裁决言语合法与不合法的两大“法典”。但是，近 20 年来，随着科学技术革命的蓬勃兴起以及应用语言学的发展，不少语言学家和词典编纂学家对语言一成不变的规范性提出了疑问。他们开始注意并研究那些非正规语言中的合理成分，主张把具有一定代表性，并已相对稳定的词和短语收录进词典。《阿歇特当代法语词典》1993 年版即是对语言学和词典编纂学中这一新观念的直接肯定，这就是：承认并接受产生于民间或来自异族文化的俚语、俗语和新词汇的合法性。

《阿歇特当代法语词典》所收录的几千个近 10 年来常用的新词、俗语大致可以分为以下三个类型。

第一类是那些在传播媒介中普遍使用并被社会公众所接受，亦即已经过考验，融入主流语言，或曰正规语言的法语新词。

这些词不少是第一次被收入词典，它们有的记载了风云变幻的国际时局。例如，la C. E. I（独联体），le Groupe des Sept（七国集团），la guerre du Golf（海湾战争），Vukovar（武科瓦尔。在 1991 年的塞、克族冲突中，该城有 5 万居民丧生）。有的反映日新月异的科技革命。例如，l'arbovirus（树木虫媒病毒），bioénergique（生物能的），la polythèque（多元图书馆），le télétraitement（远程信息处理）。有的描述人与社会、自然的关系。例如，le（la）mal-logé（e）（居住环境恶劣者），le punk（朋克），le yeti（喜马拉雅山雪人）。有的体现了民间那些带点油腔滑调，但往往又说到点子上的俚语、行话。例如，la cochonnerie（色情言行），la contre-performance（表现失常），le pousse-au-crime（劣质的烈性烧酒、劣质葡萄酒）。有的显示了多元文化在语言、文字中的互补和共存。例如，来自汉语的 le yin（阴），le yang（阳），le Kung-fu（功夫），le Taichi（太极），le tao（道）；来自日语的 le judo（柔道），le karaté（空手道），le saké（米酒）；来自德语的 le L. S. D（致幻剂）；来自英语的 la cover-girl（封面女郎），le dealeur（毒品小贩），le sit-in（静坐示威），le skin-head（光头党分子），以及 le hardware（硬件），le software（软件）。尽管法国行政当局竭力主张用法语单语 le matériel 和 le logiciel 分别代替这两个英语计算机用语，但不少法国人，尤其是法国知识界仍习惯沿用这两个英语单词。

外来语，尤其是英语词汇的大量“入侵”引起了法国行政当局、广大法语国家和法语语言文字工作者的关注，为此，一个由法国、瑞士、比利时、卢森堡、魁北克等国家和地区的专家、学者们组成的“法语总评议会”，每年都对涌入法语语汇的英语单词和表达法进行筛选，并推荐合适的法语对应词，以保证法语本身高雅、准确的传统特征和按其自身规律，逐步演变进步的稳定性。在这部词典的实用知识彩色专栏里，就专门辟有“来自英语的外来词和法语对应词”一栏，有约 300 个词目。由于他们的努力和传媒工作者的密切配合，一些原来十分流行的外来词已不像开始时那么吃香了。

以下列出的是正在被法语取代的外来词语。

来自英语的外来语	法语替代词	汉语
le lack-out	le couvre-feu	宵禁
le building	la tour	高楼大厦
le business	les affaires	生意、商业
le caddie	le chariot	商场手推车
le container	le conteneur	集装箱
l'ice-cream	la glace	冰激凌
le job	le travail	工作

le self-service	le libre-service	自助式餐厅、商场

第二类是那些虽已被广泛使用，但尚未在正规语言中立足生根，仍处于变化中的新词。这些新词目前尚无缘进入词典的正文，但也已在它的彩色专栏里占有一席之地。例如，le crack（冰毒），le cuisiniste（厨房设计、装修人员），la gagne（成功），la mal-vie（大都市郊区恶劣的生活条件），le méditateur（传媒工作者），Ie micro-trottoir（街道现场录音、采访），la télévente（电视直播销售），Ie yuppie（雅皮士）。经过若干年使用实践的检验，它们中的一部分将融入通用的正规语言，并被词典所接受，另一部分则会被淘汰。例如，曾经流行一时的法语新词 Ie mégabus（大型客车）就没有再被本词典收录。

第三类是在非洲、比利时、瑞士、魁北克等国家和地区中，那些反映当地风土人情、生活习惯、地缘文化的法语词汇和表达方式。地缘文化对法语在这些国家和地区的变化与发展有极大的影响。初到魁北克，一名法国游客或许会抱怨听不懂魁北克法语，究其原因，魁北克人的 joual 方言确会给听力增加一定的难度。但是，从社会语言学的角度去分析，魁北克法语历经 200 多年来殖民、移民的变迁，自然会打上北美文化、社会和自然条件的烙印，一些常用语和表达方式不可避免地会魁北克化。例如，法国人告别时互道：Au revoir，而魁北克人则习惯说 Bonjour 或 Bonsoir；法国人称食品杂货店为 L'épicerie，而魁北克人则冠之以 le dépanneur（此词本义为“抢修人员”。此处大概取其“为街坊解决燃眉之急”之意吧！）；法国人称玉米为 le maïs，魁北克人则称其为 le blé d'Inde。Le magasinage 一词在法国意为“仓储”，在魁北克则专指“逛商店”；而 la poudrerie（火药厂）在魁北克则成了“飞旋的雪花”。法国人称混血儿为 un métis，操法语的非洲人则形象地称之为 un enfant café-au-lait。即使同处西欧，互为近邻，这种由地缘文化所造成的语义差别也随处可见。倘若一个比利时人在巴黎的饭店里进餐，吩咐侍者：un américain，S. V. P.！侍者说不定会误以为他“想吃一个美国人”而惊得目瞪口呆。可是，在布鲁塞尔，侍者会即刻给他送上“一块用芥末蛋黄酱涂抹的牛排”。

实用知识彩色专栏详列了各法语地区和国家所特有的词汇和表达方式，无疑为增进了解、求同存异、促进法语在不同地区和国家的有序发展做了一件极其有意义的工作，也为广大法语教学工作者和法语学生提供了一个全面认识法语的有力依据。此外，编入实用知识彩色专栏的还有词源概要、拼写法简述、应用文规则、语法疑难、历届诺贝尔各学科颁奖概况、历届奥林匹克运动会及各类重大国际体育比赛一览、欧盟简介、欧洲一体化进程、今日欧洲介绍等等，语言、文化、历史、人物、地理、政治、经济无所不包。

除了面目新、实用性强、《阿歇特当代法语词典》的第三个特点是查阅方便。它把语言知识部分和百科知识部分融为一体，全部按照字母顺序排列，这在面向大众的应用型大型工具书中似乎还是首例。这一设计特别有利于学生读者的查阅，使工具书的使用变得简便、省时，他们不必为某个专有名词，再像先前那样到处查找，翻遍一部部词典。

词典的编纂应该反映时代与生活的脉搏。承认并接受俚语、俗语中的合法成分，肯定并吸收语言中的新鲜素材，正在逐步成为广大语言、教育工作者和词典编纂学家们的共识。当然，这并不是说，一切人为的、未经时间考验和实践证明的新词语、新现象都可以收入词典。倘若某一个词语或某一种表达方式已经在社会上或者说已经在某一社会阶层内通用，那么，用应用语言学和社会语言学的观点和分析方法对它们进行必要的鉴别和梳理，让读者了解其粗、俗、俚、行的不同层次和适用范围，这较之于任何“关门主义”的做法不是更有积极意义吗？

最后，给《阿歇特当代法语词典》挑一点毛病。个别专有名词的注释不甚准确。例如，中国当代著名政治家周恩来（Zhou Enlai）的诞生地应该是 Huaian，Jiangsu（江苏淮安），而不是 Huaiyin，Jiangxi（江西淮阴）。另外，假如编者能考虑到广大外国读者的工作、学习需要，在常用词的词目内适当增加同义词、类义词和反义词等内容，那么，《阿歇特当代法语词典》的下一个版本一定会在法语界更受欢迎。

（原载《语言·文化·教学》中山大学出版社 1999 年版，第 190～197 页）

新词与社会互动关系研究

每一种语言都有其特异性，语言学研究者对语言特异性的解读从来没有停止过。作为社会、经济、精神和物质需要的保证形式，新词是某一特定时代社会变化和语言演进的标记。自 20 世纪 80 年代以来，这种变化和演进在中法两国尤其突出，新词的发展把人们对社会词汇学和词典学两个相近领域的研究引向深入。因为，正是在词汇的层面上，说话者对新词的特征和反映在社会、经济、政治和文化方面的变化的感知和领悟表现得最充分。人们有理由相信，新词是社会现象学最好的研究对象。比如，“文革”曾经创造了它那个时代的新词汇，那是一种凸显“阶级斗争”的新词汇。当中国向世界敞开大门以后，中国人使用的词汇也随即发生了变化。这是一个彻底的变革，它不仅反映在习惯使用的词汇及其政治色彩和修辞色彩方面，更重要的是，词汇的内容和语言的交流体现了一种摆脱桎梏后更自由、更开放的求异思想和创新意识。

当然，无论是中国人还是法国人，他们对各自使用的新词和方言的宽容态度都离不开语言学和超语言学变革运动及其社会环境。新词的研究（形式新词、意义新词、外来词等等）不仅对改善新词的合法地位、促进它们的推广、规范它们的应用有着十分重要的意义，而且也阐明了一个事实，即新词是人类当代事业的真实写照。语言学者借助现代社会语言学的理论和方法，通过对新词汇的产生原因、构成成分、推广程度和应用范围等问题的研究，能够有效地洞察当代人的思想状态和思维方式，有效地捕捉一个特定的社会内言语行为的种种发展变化及超语言学领域内的种种发展变化。

然而，一方面，传统语法学家和经院派词汇学家坚持从语言的内部规律研究词语变化，对新词常常抱着恩赐的态度，他们对词汇创新与跨文化交流的相互作用，对地缘差别的影响，对社会、政治、经济、文化变革与语言的关联作用和互动关系往往表示不信任。另一方面，当社会语言学家们对这些研究方向倾注了巨大热情时，困难也随即显现：新词是什么？怎样筛选新词和外来词？这一选择的标准如何确定？语文类词典有无必要把得到认可的新词都列为词目？可见，讨论新词，必须讨论新词的标准问题，必须讨论新词与社会诸因素的互动关系与相互影响，而对这些问题的分析与研究都应该在语言与社会的共时层面上进行。

一、研究目的

本研究提出并证明一个理论观点：词与词义的新陈代谢是语言发展的必然规律，其在语音、词形、词义、词汇层次等表现形式与结构特征方面的变化是一个缓慢的长期过程，而社会在政治、经济、文化领域内的变革运动正是语言发展变化的催化剂。

与语言变化的内部驱动作用相反，社会的政治、经济、文化诸因素对词与词义新变化的外部刺激作用显得更直接、更迅速，而词与词义的变革运动对社会生活、对人们的思想行为所产生的导向作用也更积极、更活跃。

因此，本项研究的首要任务是：

（1）阐明在日常的交流活动中，新词的形成、产生、推广应用与语言的自身规律、社会的变革发展及人的思维方式之间的必然联系。

（2）为我国语言文字工作者对新词的界定、筛选、录用提供参考依据。

（3）分析在语言与文化交流中新词形成发展的自身条件与外部条件，为修订我国现行的语言政策提供有价值的参考意见。比如，媒体应对区域性流行语及方言的应用做适当的限制与疏导。

（4）为修正当前国内外流行的语文类词典的编纂原则提供符合语言和社会发展趋势的意见和建议。

二、研究的方法和过程

本项研究采用定性研究与定量研究相结合的方法。定性研究，指在自然环境下，采用参与型与非参与型观察、问卷调查、访谈讨论、文献分析和典型分析等方法对近 20 年来法、汉语中的新词进行比较深入的研究。定量研究，指分析方法以统计归纳法为主，把从在读学生和毕业生中收集到的第一手资料进行归类统计，并以图表方式显示各类受访者对新词及对广州方言中“babélisme”现象的看法和态度。

在访谈和问卷调查中，笔者利用讲授专业必修课和全校性任意选修课之便，抽取了广东外语外贸大学1996、1997级10个专业的120余名在校生和已经毕业并在广州地区和深圳地区国企、三资企业或外商独资企业工作的毕业生10余人作为调查对象。调查方式分为问卷调查和访谈调查两种，问卷调查在堂上进行。从回收的120余份答卷中筛选出100份作典型分析。访谈方式为单独访谈和集体访谈，一般也是先做问卷，然后讨论。在访谈前，笔者根据不同的对象，制订了不同的访谈提纲，访谈对象为广东外语外贸大学1997、1998届在广州、深圳地区工作的15位毕业生，集体访谈一般每次2～3人，时间为1小时，访谈时做现场记录。

三、研究结果

通过问卷调查、访谈和资料统计分析，笔者从以下三个角度阐述结论。

（1）多元化价值观念的整合与冲突。研究新词的发展规律、理论意义和应用价值，仅仅从语言内部去寻找其演变轨迹是远远不够的。在倡导多元化价值体系和扩大开放，增进不同民族、不同文化的了解和交流的国际大气候中，从事语言文字研究的学者亦应该诉诸一种多元体系去认识新词、诠释新词，即坚定不移地把社会、政治、经济、文化等超语言学因素纳入新词研究的视野。

（2）在语文类词典的编纂中，应突出语言的共时价值和语用价值，变传统意义上的“规范性、纯洁性、权威性”原则为现代意义上的“规范性、适用性、普遍性”原则。把语文类词典从“名家”与“经典著作”的传统领地中解放出来，让民众在日常生活和文化交流中创造的新鲜而富有生命力的、经过时间和应用实践考验的新词大批量地跻身语文类词典的词目之列。

（3）新词研究不应该仅仅停留在新词的意义内容或结构形式上，新词研究的终极目的应该是人的行为，即通过人的言语行为去认识人的思维方式和思想行为，诠释这三者间的互动关系和相互影响。因为新词不仅是社会变化的客观反映，也是说话者积极认识社会、自主参与社会活动的能动创造。

每一种语言都蕴含着认识世界的某种方式，都预示着对这个世界的生存经验的某种分析方法，因此，人们对产生于不同的语言体系、不同的社会环境和不同的文化背景中的新词的分析与研究就不能简单地求诸一家、一派之说。因为语言的接触和文化的交流并不是从一种语言到另一种语言的简单转换，更重要的是存在于语言链中的分析方式、关系类型和认知模式也随之变化。用法国著名语言学家 A. Martinet 的话来说：Nous ne devons jamais poser que ce que différencie une langue d'une autre est essentiellement un choix différent dans les moyens formels d'expression，réalise bien plutôt le type d'analyse，de l'expérience qu'elle manifeste，et le genre de rapports qu'on peut constater entre les chainons linguistiques. ①

四、新词的启示

语言的发展离不开社会的发展，离不开社会的政治变革和经济变革，离不开思想文化形态的嬗变。要讨论语言，就应该讨论社会。

语言同生物界一样遵循“生老病死”的发展规律，语言也同社会一样遭遇革命和运动。因此，新词所凸显的就不仅仅是一种语言现象，更是一种氛围、一种意识形态、一种变革。毋庸置疑，语言的发展变化往往与时代和社会的发展变化同步。

翻开 20 世纪 50 年代初的一部《新订新词语辞典》② （以下简称《辞典》），1949 年政权更迭后，中国社会的生活面貌和思维特征跃然纸上。下面这些按《辞典》原文抄录的“新词”，无不深深地刻着那个时代的烙印，无不透示出 20 世纪 50 年代初期中国社会的运动“脉络”。

【反恶霸斗争】在新中国成立前的农村或城市中，恶霸欺压敲诈、残害百姓。到新中国成立后，经当地人民检举，人民政府予以逮捕，集合民众控诉他们的罪状，清算他们的罪恶，并予以惩办，就叫作反恶霸斗争。

【诉苦大会】在反动统治时期，一般贫苦农民受尽封建恶霸地主欺压剥削，痛苦不堪。新中国成立后，实行土改，所有过去被压迫的群众激于悲愤，集会诉说血泪痛史，由此展开反封建、斗恶霸的斗争。

---

① Martinet A. *Elements de Linguistique Generale*. 1980.

② 见《新订新词语辞典》社会之部——群众工作栏目，上海：上海春明出版社 1952 年版。

【斗争果实】群众在惩办汉奸、恶霸、反动地主时，所追查出来赔偿或没收的物资，如土地、耕畜、房屋、家具等，称为“斗争果实”。

【挖谣根】系追究谣言根源，杜绝一切反革命分子散播谣言的可能性，并对比较落后的群众施以教育的一种方式。

【自报互评】是一种群众路线的工作方法。例如，工商界中直接与厂商有关的税率，不由领导方面自上而下地做出规定，以命令实行；而先由大家讨论，每家厂商提出自己的具体意见，然后大家集体评定提出的意见是否妥当，领导方面再根据讨论结果做出最后决定。

【打击面】革命斗争对象数量上的范围，叫作“打击面”。例如，中共中央委员任弼时（已故）在土改报告中说，土改的打击面，“无论如何，只应把打击面放在真正的封建剥削阶级的范围以内，绝对不允许超出这个范围”。

【公审大会】是集合群众对罪大恶极的人进行共同的审判。例如，在镇压反革命运动中，许多地方都曾经展开了对恶霸、把头等反革命分子的公审大会，由当事人当众控诉他们的罪状，要他们当众坦白和服罪，然后依照公意加以判决。这样可以提高群众的认识和革命情绪。

【红黑点运动】是过去在敌后斗争之中分化、瓦解敌人的一种政治工作方法。对每个敌人，记下他们的姓名，做一件危害人民的事情则点一个黑点；立了功则点一个红点，可以赎罪，也可以减去黑点，以鼓励其将功赎罪，少做坏事，否则到最后逮捕时将严厉惩办。对敌人开展政治攻势时号召其立功，减少黑点。又称“擦黑点”或“擦黑点运动”。

岁月迁流，这些当年风行一时的词条都已失却了昔日辉煌的生命，随着往事沉淀在发黄的辞书里。50年后的今天，新词语从根本上换了一种思想，与半个世纪前的社会生活形成巨大的反差。现在，随便翻阅国内稍有影响的一份报刊，带着鲜明时代气息的新词语应接不暇。知识经济、网络、再就业、三讲、廉政、打黄扫非、扩招、批“两国”论、国庆50周年、澳门回归等成为现时中国社会主流文化的主题词。

《新周刊》对近几年的流行语作过调查统计，该刊选出的'96十大流行语[①]颇有特色，这十大流行语是：炒股、九七（香港回归）、上网、说不、打黄扫非、下岗（再就业）、承诺、王海、VCD和“下课”。这些新

① 见《新周刊》1997年第1期。

词语、流行语形象而生动地表述着自己的时代，透过词条里记录的风风雨雨，我们似乎看到了当今社会的走向。

新词语（也包括流行语）是一面多棱镜，不仅新的专业语言迅速普通化，大量进入日常词汇，而且现代都市语言的崛起正在改变着人们的语言习惯。这一类新词语最直接地折射出现代都市人矛盾复杂、微妙莫名的心理状态。于是，“增长”的反义词不再是“降低”，而是“负增长”；“后进”则替代“落后”，成为“先进”的反义词。生猛、另类、激活、出位、打冷、酷、款、腕、爆、窜、侃、卡、网、热、炒、霸、王、狼等等节奏感强、音节少的“另类”词语成为都市大众传媒和民众交际中的一道风景，冲击着大众的感官，它们迎合文化消费者的切身经验和情绪，力图引起人们精神上的共鸣。

我们在街头的影视广告中也找到了它的印记，“另类”解读透视了都市流行文化的浮躁与粗俗。

《西游记》——人妖大谋杀；

《红楼梦》——女儿国的秘密；

《水浒传》——孙二娘与她的100多个男朋友；

《窦娥冤》——寡妇血泪洒刑场；

《三国演义》——战乱大揭秘。

显然，都市“另类”语言是文化工业时代的产物，一词一句都瞄准了都市人的求异心理。像一切工业产品一样，语言产品也必须不断推陈出新，提供“替代性”的选择，以求刺激都市民众的文化消费欲望。然而，大众传媒批量生产出来的都市语言大都缺乏丰厚的文化底蕴，生命周期显得短暂，有的更成为“语言垃圾”。诚如韩少功所说：虽然华美，未免生硬冷淡。一句话，它们渐渐在冷却，拿到手上时已感觉不到人的体温。[①]

假如我们留心检视一下如今民众的言语交流及媒体提供的语言环境，我们不难发现，人们的言语方式与新词语的产生渠道、传播方式以及人们自身的生活经历或工作环境有着十分密切的联系。因此，语言文字工作者在欢迎言语的个性、以宽容的态度接纳老百姓常用的新词的时候，也必须时时警惕语言在工业技术时代包括在未来的数码文化时代的严重偏离或萎缩，必须努力保持文字时代所崇尚的独立思考、理性思辨和深层创造精

① 转引自林旭《工业技术时代的文化反思》，《海南日报》1996年2月18日。

神，让人类思想的载体——语言，沿着普遍性、适用性和规范性的发展道路健康地成长。

（原载《语言学》第六辑，华南理工大学出版社2000年8月版，第29～36页）

从广州年轻人的语言态度看语言与社会的互动关系

本文通过实地调查和问卷调查等方式研究广州地区大学生和年轻白领对不规范语言和方言所采取的语言态度。笔者深入到调查对象中，与他们有意识地聊天和有针对性地展开讨论。在对收集到的有关信息进行分类和归纳时，我们发现，在同一交际过程中，广州大学生的言语行为包含了语码转换、形式混合、语言变体、普通话、方言和外来语夹杂等现象。我们根据他们的言语行为表现设计了一组开放性问题，以问卷形式了解他们对不规范语言和方言所具有的理性认识和情感体验。

一、广州大学生的语言态度

我们从在广东外语外贸大学就读的各专业大学生中挑选了100名调查对象，将他们分成4组，每组25人，平均年龄19～22岁。第一组和第二组分别是能讲普通话和广东话的广东籍男生和女生，第三组和第四组分别是主要讲普通话的来自其他省份的男生和女生。调查结果显示，前两组大学生在日常会话中更愿意使用广东方言（广州话、潮州话、客家话）、不规范语言（babélisme）和外来语，男生比女生讲广东话的比例稍高，女生比男生讲外来语的比例稍高。后两组大学生在日常交往中基本上使用普通话。从这4组的整体情况看，普通话是受试的主要交际语言。

下表是通过问卷调查得到的反馈信息，反映了广州大学生对待方言和不规范语言的态度。

问题1	不规范语言蔓延的主要原因是什么？				
理由	英语的传播	不同语言和文化之间的自然接触	经济和技术因素	毗邻香港的地理位置	年轻人赶时髦

续上表

意见	28%		30%	14%		16%	12%
问题 2	你赞同还是反对在日常生活中使用方言进行交流？						
意见	赞同：35%			反对：60%			未表态：5%
问题 3	你赞同还是反对在日常生活中使用不规范语言进行交流？						
意见	赞同：28%			反对：69%			未表态：3%

通过对调查结果的分析，可以看出多数大学生（69%）不赞成在日常交往中使用不规范语言。其中，有 28% 的大学生认为对英语的不正确使用会冲击汉语的健康发展，会影响汉语的规范性和纯洁性，尤其是会破坏汉语固有的构词法和句法的严密结构；12% 的学生认为年轻人使用不规范语言只是出于赶时髦，与当今社会的快速变化和发展所带来的新词现象无实质性关联。

值得注意的是，60% 的大学生对在日常学习、生活中常说广州白话（即广州方言）也表示了反对态度。广东籍学生使用广州白话或普通话来跟其他省份的同学进行交流应被看作不同的言语行为，能传递出不同的社会意义。郑立华指出："语言的社会属性不仅在于它能反映社会现实，还在于它的施为作用，能够积极地创造社会现实，交际既是受制的同时又是能动的行为。"①

语言形式的选择如同语域的选择，是统一于交际情景的一个组成部分，将适时地参与对信息的传递与理解；同样地，交际情景和语言形式之间建立起来的紧密联系，在各种情况下都会直接决定讲话人使用和组织某一种特殊类型的符号材料发出言语行为。正如我们在对白领阶层的调查中所发现的那样，他们的态度与大学生们截然不同，是不规范语言和方言的积极拥护者和身体力行者，这跟他们的工作性质和工作环境有关。请看我们从媒体收集到的广州方言和外来语混合使用的几个实例（下同）。

① Zheng，Lihua. *Langage et interactions sociales. La fonction stratégique du langage dans les jeux de face*. Paris：L'Harmattan. 1998，p. 187.

例 1：

——呢单 case 就交俾你，听日写份 report fax 俾我，OK？（这件事就交给你，明日写份报告传真给我，明白了吗？）

例 2：

——帮我 hold 住个电话，做埋 memo，你 keep 住先，等我返嚟 pass 俾我。（别挂那个电话，做份记录，你先保存着，等我回来给我。）

调查中发现，习惯于多语混用者大多在外企工作，讲英语的机会较多。不规范语言恰恰是受外语的影响而产生的一个语言现象。对年轻的广州人来说，需要他们常讲英语的场合就是其工作单位。原因很简单，外企老板一般都说英语，无论他是哪国人。即使周围的同事都是中国人，老板与员工或者员工之间在说话时也夹杂着英语借词。由于有操练英语的语言环境，白领阶层一般都掌握了英语的初级知识，在工作中有意或无意地吸收了一些英语单词并学会了发音，虽然他们不一定拥有系统的英语知识。

在广州方言中掺杂英语单词的现象在年轻人，尤其是在合资企业工作的白领中屡见不鲜。不过，这只展现了不规范语言的一个侧面。在谈话中使用按照英语发音转写的汉语则是不规范语言的另一个不可忽视的侧面。请看两位广州年轻女性在朋友家聚会闲聊时说的一段话。

例 3：

——阿雯，你嘅飞苏做咗几钱？（阿雯，你这次面部按摩花了多少钱？）

——88 蚊，旧年先 40 蚊，成个踏步。（88 元，去年才 40 元，贵了 1 倍。）

——你嘅波番做装修，大把银啦，惊咩？（你的男朋友搞装修，有钱，怕什么？）

——你说得倒容易，赚钱不是开 party，很辛苦。（改用普通话作答，并伴有语调变化）

——也对，不过……（话不投机，另一方也随即改用普通话）

在这段对话里，英语单词 facial（面部按摩）与广州方言的“飞苏”对应，后者是按前者的广州话发音转译而来（下同）；double 变成了“踏步”；money 则成了“蚊”字。同时我们也观察到，白领阶层对待方言的态度更为积极。据调查，他们认为地域文化更具影响力，感到方言在日常生活的沟通和交流中更具亲和力。例 3 中出现了广州白话和普通话交替使用的情况，对此，我们将在后文详细探讨。

从方言和不规范语言所具有的丰富的价值功能这一角度出发，我们认为无论在工作场合与上司或同事间的交流还是在非工作场合与朋友间的闲聊，年轻人愿意使用外来语借词这一现象说明他们对外语价值认可度较高；他们这样的行为倾向更多的是出于对社会与经济利益方面的考虑。英语在年轻人心目中被视作事业成功的必要条件，是改善自己社会地位必不可少的工具。

我们认为，对使用不规范语言这一现象不应采取鼓励的态度，因为，这种混杂的语言不是大众广为接受和惯用的语言，应当减少其交际作用。从调查结果来看，大学生们对不规范语言同样持否定态度。至于广州白话，人们的态度颇有差别。表示反对或赞同都有各自的理由。地理、心理、语言、文化、经济和社会等方面的因素对年轻人的语言态度起着决定性作用。例如，那些反对使用和传播广州方言的人大多是来自其他省份的大学生，他们认为广州话不易掌握，交际价值大大小于普通话。而广州本地学生则希望能收听或收看某些用广州话制作的广播和电视节目，不讲广州话的生活环境令他们感到缺少属于自己的文化氛围，而能够使用他们日常生活中常用的区域语言变体也颇能满足他们的心理需求；从社会实用的角度看，在购物时会方便洽谈，或者在求职时更容易拉近文化距离。相反，在与教育界人士进行讨论时，所有人都表示反对在学校使用区域语言从事教学活动。因为，方言同普通话相比，缺少长远的竞争力，尤其在大中城市的学校里更无法与普通话匹敌。

当然，一个不可否认的事实是，广州白话有其独特的发音系统，在书写形式上也表现出一定的独立性，它不是普通话的简单仿造。因此，广州白话与普通话并行使用的现象不足为奇，而且也难以完全避免。论及二者共存的必然性，笔者是指应从整体上对广州白话进行语言规划，明确其发展远景，从而使广州话词汇的发音机制，以及它的构词和句法特点都能够保持结构的严密性，使之能够朝着规范有序的方向发展。具体说来，任何活跃着的方言要想获得强势地位，都应依据社会现实朝两个不同的重要方向发生运动。第一个在于确保它能够作为民族文化认同的典型标志而表现出一种语言所具有的独特性；第二个在于顺应社会的发展，呈现开放的姿态，从其他语言形式和文化形式中汲取丰富的营养来充实自己。因为，“身份，绝不是对自己的无限重复，而是同化其他使之融入自己，在延续中发展变化的一个辩证过程”①。

总之，普通话、区域语言（如广州白话）和英语分别有不同的应用群体和各自的价值取向，这无疑要取决于每个社会集团成员的语言浸润，他们所从事的职业、受过的教育以及拥有的社会地位。对在合资企业从业的年轻职员来讲，普通话被他们降到了较低的位置，远不及区域语言和英语的地位高，甚至对于那些非广东籍、没有掌握广州方言的人来讲也是如此；他们重视广州方言的原因，是学会了一门方言就更容易了解当地的文化习俗并尽快融入当地的生活。在广州的高等院校中，普通话和英语则明显占据了优势地位，连广东籍大学生也在认识上把广州方言放在了次要的地位。但无论如何，他们都会将方言视为主要的交际手段之一。因为，方言作为一个文化符号，是表明他们文化属相的一种方式，是滋养他们人脉关系的一种营养，人们根据方言这个社会参数来推断他们的社会背景，确定他们的交际距离。因此，方言的凝聚力会在人与人的关系中和人们的工作、生活中发挥巨大的影响。

二、日常言语行为的互动特征

从辩证角度看，具有各自文化底蕴的不同种类的语言在实际接触中会产生一种互动，表现在发出言语行为和理解言语行为两个方面。Bakhtine认为，言语行为的互动性源自交际过程中讲话人和听话人彼此所做的积极反应。他说道：“语言是关联双方言语行为的社会互动实现的一个连续不断的演变过程，而且理解语言的创造性不能脱离它所蕴含的命题内容和意识形态。”② 这种言语行为的社会互动一般表现为交际双方的合作或对抗。从讲话人的角度看，言语行为是作用于他人的一种手段；讲话人发出的任

① Camilleri, C. & M. Cohen-Emerique (eds.). *Chocs de cultures. Concepts et enjeux pratiques de l'interculturel*. Paris: L'Harmattan. 1989. p. 44.

② Bakhtine, M. *Le marxisme et la philosophie du langage. Essai d'application de la méthode sociologique en linguistique*. Paris: Minuit. 1977, p. 141.

何言语行为都有明确的交际意图和交际方式，他要用自己的思想影响听话人，使之对自己说出的话做出一定的反应；从听话人的角度看，他要对讲话人发出的言语行为进行评判，然后做出自己相应的反应。语言与社会互动的一个重要特征在于不断发明新概念和新名词，这能使我们用于交际的语言更富有活力和能动性。在一个对外开放的社会里，大众社会使用的语言系统随时都在与同它性质迥异的其他文化的语言系统或者与同它处于相同的大文化背景之下的各种方言发生接触。例如，在实行对外开放政策较早的广州市，人们在使用一种标准的语言进行交流时，还可混杂着其他的语言形式、语言变体。这些不同的语言形式或变体之间在日常交往中会形成一定的互动关系，常见的情况有语码的混用和转换、简单形式和复杂形式的交替、新词取代旧词、借用外来语等，这些现象都是我们在研究语言变化时所不能忽略的内容。

前面谈到在外企工作的白领喜欢夹杂着英语单词或者使用按英语的发音特征译写的词汇与同事或朋友进行交流。如果说这样做不一定是有意识的行为，而是一种表达上的需要，那么，讲话人在相同的交际环境中突然转换语言形式的做法无疑是意识行为。也就是说，假定不同语言体系的单词所表达的指称意义相同，但在特定的交际情景中，语言形式的转换会使它们传递出不同的社会意义。

下面以例 3 为分析对象。

在这个朋友间的对话里，有两个地方需要引起注意。首先，谈话是在亲密的气氛中开始的，表现在交际双方所选择的语言形式上：讲话人在第一个语段中讲的是掺有音译词的广州方言，听话人在第二个语段中以同样的语言形式予以回应，这非常符合广州年轻人的日常谈话习惯并与谈话的内容（个人生活琐事）相匹配。换句话说，主题和语言形式反映了讲话人和听话人之间关系的和谐与亲密程度。这种亲密的氛围在第三个语段中得到了维持。但在第四个语段中，听话人突然改用普通话来回应讲话人的观点，并同时改变了说话的腔调，这个举动表明听话人不同意讲话人的意见。

在这个交际情景中，当听话人对讲话人所使用的广州话词汇表达的意义不认可时，她就换用普通话的形式明确表示广州话这个语言形式传递出来的意义不可接受。在这里，听话人对讲话人的言语行为进行了直接评价，她做出的反应就是不再使用原来表示协调一致态度的语言形式即广州白话，而改用了与之不同的语言形式即普通话。这两种言语行为虽然都是汉语的表达形式，但显然，普通话在听话人的眼里应被视为正式语体，与在亲密语境中使用广州白话的意义是不同的。二者之间的转换标志着意义上的对立和冲突，反映了交际双方关系的远近差别。需要指出的是，在例3这个对话中，不像例1和例2只是词汇上的个别替代，而是改换了整个语言形式（中间夹杂着一个音译的外来词“派对”），其目的就是要通过使用不一样的言语方式来否定对方的观点。由此可见，如果讲话人使用的词汇包含有某种潜在的所指意义和评价意义，那么言语形式也必然会包含这种潜在的意义。

从社会语言学角度分析言语及言语方式的互动行为包括两方面的内容，一方面是双方协调一致的关系，另一方面是彼此观点的差距关系。前者是指听话人对讲话人发出的言语行为表示接受和赞同，互动的基础在于双方的相互理解；后者指双方在交际过程中未能达成谅解和默契，听话人对讲话人传递的信息内容有质疑性质的评价，并通过运用不同的言语形式迅速做出反应（语码转换、改变语域等）以表明不同的态度。

通过分析在交际过程中使用不同区域语言变体和诠释所产生的不同言语行为，可以看出广州白话和普通话所起的不同作用和交际双方在掌握双语能力方面的水平差异。Mackey 写道：一种语言的重要性“不是由它的单词或语法结构形式体现出来的内部语言价值决定的”，而在于“它所起的能与他人交流重要内容的交际作用”①。

应该说，人们对某种语言所采取的态度与对该语言重要性的认识程度密不可分。究竟是何种原因使得广州的年轻人对普通话、广州白话和英语产生不同的看法，调查结果显示，下列因素起了决定性的作用。

（1）从行政和社会的角度看，普通话责无旁贷成了城市生活圈的交际语言，是知识分子和政府部门行政管理的主导语言。

（2）从文化角度看，尽管在口语交际中，如果不使用普通话，不同区域的人进行交际时可能会出现彼此听不懂的困难局面，但是，不同区域的居民共享同一种书写文字，除文盲外，他们在书面交流上毫无障碍，因而在全国范围内大力推广规范的普通话不可逆转。

（3）从经济角度看，在广东省，由于大部分合资企业聚集在比较发

① Mackey, W. *Bilinguisme et contact des langues*. Paris: Klincksieck. 1976, p. 201.

达的珠江三角洲地区，这种集中布局直接导致的一个结果就是大大加强了广州白话在这一地区经济活动中所起的重要作用，使它成为区域性强势方言。事实上，也正是在该地区，政府所采取的推广普通话的政策在贯彻实施时遇到了一些困难和阻力。

三、结语

处于同一文化背景的各种区域语言及其相应的语言变体，与具有不同文化特点的不同语言体系一样，它们在相互接触时面临的不只是一个理解言语行为的问题，它们还要面对如何做出言语行为的问题。因此，我们不能单向度地求证方言和普通话使用中的普遍规律。我们在调查中观察到的言语行为既是一种社会行为，同时又是一种思维活动，二者协调统一于上文所分析的日常言语行为当中。从广州地区大学生使用什么样的语言进行交际这个细节入手来分析语言和社会之间的互动关系，我们的体会是，任何否认方言的积极作用的极端态度和做法都有可能伤害到维系不同社会成员之间动态关系的地方文化。然而，这还不是关键问题所在。我们所要做的不只是简单地探讨各种区域语言和通行全国的普通话在社会交往中分别所起的作用，更重要的是要制定出相关的语言政策，为今后在国内和国际范围发生的导致社会、政治和经济新关系的剧烈变化做好准备，因为，“不同文化之间接触的不可避免和国际交流的日益频繁，都会尖锐地提出语言的共存和并行使用的问题，说得更深入一点，还会牵扯到身份认同的问题”①。

（原载《外语教学与研究》2008 年第 4 期，第 310～313 页）

① Lavallée, M. & F. Larose (eds.). *Identité*, *culture et changement social*. Paris: L'Harmattan. 1992, p. 11.

第三部分

译作

《泡泡》

安德烈·洛德，法国当代诗人和小说家。短篇小说《泡泡》通过对主人公“我”的生活矛盾和心理面貌的描写，展示了当代西方社会中家庭逐渐走向解体的一个侧面，作者从看似平淡的生活琐事里透视了当今西方社会所面临的家庭和婚姻危机。

她叫泡泡，她真是个泡泡。我不知道她这个名字是怎么取的，可能从小就这么叫的吧。可是泡泡绝不提她的童年，也从不谈自己的事，只知道酗酒，喝够了就胡言乱语，无话不说。

我刚认识泡泡时，她并不喝酒。那时候她年轻漂亮，皮肤像抹了油彩，一头金发梳得像个男孩儿，栗色的眼睛深邃有神，抿着的嘴巴稚气未脱，两片嘴唇端正秀气，十分动人。

我常常独自去一家兼营咖啡的餐馆用晚餐。这家叫“小巴黎”的餐馆价格低廉，吸引了形形色色的顾客：记者、潦倒的画家、电视技师、昔日的情场老手、跟不上潮流的 1968 年 8 月风潮的斗士、跑龙套的配角演员、嗜酒如命的诗人。餐馆的饭菜还说得过去，土豆牛肉糜烧得不算太坏，排骨也还差强人意。我很喜欢这个地方。四面墙上挂着几幅 19 世纪的宣传画，庄严地揭示酗酒的危害。新来的顾客往往一笑置之。

那天晚上，我同阿丽娜的关系破裂了，感情的裂痕已无法弥合。为什么？真是一言难尽。是因为我们的年龄差别太大？阿丽娜比泡泡稍大一些，可我早就 40 出头。还是由于我自己的过错？我确实很粗暴、野蛮、咄咄逼人。我终日愁肠百结，唯有借酒消愁。不错，我贪杯，可只有这样才能减少我对死亡的恐惧，只有这样我才有勇气打开信箱。毫无疑问，里面又是公务员送来的通知，总而言之是让人讨厌的信件。为此我常常满怀忧郁，暴躁易怒。

有时我恨这个世界。多少次，由于没有明确的目标，我便朝阿丽娜发泄愤懑，对她疾言厉色，大发雷霆，甚至拳脚相加。这时，我实际上处在病态中。这样的家庭生活对阿丽娜来说无疑是难熬的地狱。于是，她建议无论如何我们得分开过。我同意了。晚上我去“我的住所”睡觉。好几天我们相互视同路人，即使交臂而过也互不理睬。后来，阿丽娜动摇了。“上楼来吃夜宵，好吗?”她温柔地对我说，精神显得十分疲惫。她习惯把“吃晚饭”说成“吃夜宵”，可能这是从她当农民的远祖那里继承来的吧。我上了楼，我们打开了电视机。阿丽娜说要替我修指甲。我没有反对。我们坐在沙发上，她依偎在我的身旁，我抚摩着她，心里茫茫然一片惆怅。她抽抽噎噎地哭起来，泪水浸湿了她悉心保养的美丽脸庞。可是，好景不长，地狱般的生活又重新开始。阿丽娜紧绷着的脸上流露出刻骨的仇恨。我呢，像一头咆哮的野兽。邻居们忍无可忍，他们敲着墙壁，威胁说要去叫警察。

这是一个漫长的感情破裂时期，好好坏坏，我至今还记忆犹新。这种状况一直延续到我们这个家庭的彻底崩溃。在我同泡泡第一次见面后不几天，阿丽娜投入了格扎维埃的怀抱。格扎维埃住在普瓦提埃，每周都来巴黎度周末，他的老母亲就住在巴黎。因为考哲学博士学位的缘故，他在博布尔图书馆同阿丽娜邂逅。阿丽娜也在准备考哲学教师的职位，尼采和西奥朗是她敬仰的两位哲学大师。起初，阿丽娜只是淡淡地提到格扎维埃，几周后，我发觉她对这个年轻人的热慕之情越来越溢于言表了。我一点儿也不妒忌，对她的时间安排也极少过问。但是，我很快了解到，阿丽娜和格扎维埃还常常在图书馆以外的地方幽会，格扎维埃曾多次带阿丽娜看电影、上饭馆。阿丽娜常常在盛怒之下威胁我要随他人而去，哪怕是一个偶然遇到的人。我一直很少把她的这种恐吓放在心上。

然而，一天晚上，无法挽回的事情终于发生了。那是在学校放复活节假的前夕，阿丽娜又说她要去普瓦提埃找格扎维埃；还说我们俩的关系到此结束，我得从她的房间里滚出去。她就这样走了。此后，为了解决从前生活中的一些琐事，我们又见过两三次面。几个月后，我从阿丽娜的一位女友处得知，她已经同格扎维埃结婚，并将在埃克斯－普罗旺斯定居。埃克斯，正是在这座城市里，我和阿丽娜曾常常一起散步，一起在米拉博河畔徜徉，夏天，我们绕着喷水池溜达，在花市漫步。从那以后，我再也没见过阿丽娜，也没听到有关她的任何消息。

我结识泡泡是在这次家庭动乱发生以前。动乱！是的，因为失去阿丽娜不仅仅意味着失去一个女人，还意味着我最终失去了建立家庭的希望。不怕你们笑话，我对于夫妻生活的追求，犹如游子忧伤地思念故乡。不止一次，我力图建立一个像样的家庭：从前在阿尔及尔有阿维瓦，在马赛有马蒂娜，在巴黎有佛朗索瓦兹和玛丽，在南方乡下有米歇尔。但是，每一次我都失败了，为什么?

阿丽娜是我的最后一次机会。想到这一点，我就激动不已。我爱她，我还曾渴望同她有一个孩子。年轻时，我曾两次享受过当父亲的乐趣，可我却没能同我的孩子们一起生活，都是孩子们各自的母亲看着他们长大成人，渐渐地认识世界。阿丽娜再次激起了我的这种愿望——养育儿女。

阿丽娜出走以后，我变得沉默寡言。我有意回避平素一起进出酒吧间的朋友们；我深居简出，茶饭不思。在我工作的报社里，当编委们开会时，我也总是一言不发；会议一结束，同事们都去街口的咖啡馆歇息闲聊，我则匆匆离去。我越来越贪杯，常常喝到黎明时分才和衣倒在乱糟糟的床上。作为文学评论家，我已无法认真阅读那些赠阅的作品，这种精神状况也影响我撰写评论文章。为此，我曾多次受到总编辑的严厉斥责。

我认识泡泡时，阿丽娜还没离开我，可我知道，她或迟或早总是要走的。那时候，我每次回家总怀着忐忑不安的心情打开房门。我担心人走室空，我害怕在桌上一眼见到那张仅仅写着“别了”字样的纸条。

那天晚上在“小巴黎”饭店，为了避开熟人们的视线，我拣了个僻静的角落坐下，要了一碟俄式鸡蛋拼盘，一碟塞肉西红柿和半升加尔葡萄酒。我心不在焉地翻着《世界报》。店堂里客人不多，三位年轻人，看样子像休假的士兵，臂肘支在柜台上大声喧闹。显然，他们的行径惹怒了老板维克多。

过了一会儿，泡泡进来了。她走到柜台前，要了一杯果子汁。维克多给她送上饮料，还同她聊了几句。毫无疑问，泡泡是这里的老主顾了。很快，三位当兵的把兴趣移到泡泡身上，纷纷同她开玩笑，言语猥亵露骨。泡泡只当没听见，并不理睬他们。可三个小伙子乘着酒兴，没完没了地缠着她。泡泡显得极不耐烦，一把拿过自己的杯子，来到我的桌前。“我可以坐在这里吗?”“当然可以。”没等我抬头，她就坐下了。可是事情并没有就此了结。一名士兵向我们走来，对泡泡说：“我们跳个舞，好吗?”我仰起头，声色俱厉地警告这个不识时务的家伙，不准他再缠着泡泡。没几秒钟，我们便交上了手。我怒不可遏，小伙子很结实，我奋力拼斗，仿佛是为了保护我的阿丽娜。斗殴只持续了不一会儿，因为老板维克多和他那健壮如牛的侍者很快把这几个家伙撵到了街上。他们悻悻地走了，边走边大声恫吓。

泡泡没有走，我替她另要了一杯饮料。我们天南海北，随便闲聊。我觉得她太迷人了。她告诉我大家都叫她“泡泡”，她自己也不很清楚为什么。她只依稀记得，小时候她长得胖乎乎的，她母亲就给她起了个小名，叫“皮球”。至于为什么“皮球”又变成了“泡泡”，那就无从查考了。

她还告诉我，她靠打零工勉强维持生活，还爱过一位摇滚乐师。她也询问了我的职业。我说我是记者、作家。“您写些什么?”她问。“诗歌，也写小说和童话，”我答道。她问我是否喜欢马尔科姆·劳里的《在火山下》，这是她最爱读的书。真是太巧了，我对这部惊人的杰作也是爱不释手，每年至少要重读一遍。她还问我爱不爱摇滚舞曲，这种“青年人的音乐”，我暗示说我还不觉得自己这么老嘛!

她说她的童年是在法国中部的一个小城市度过的，那儿对青年人来说真是乏味透了。闲极无聊的青年们有时用“暂借”的汽车进行种种自杀性的表演。柜台后面维克多正在算账，像平时一样，店堂里客人不多。忽然，巴黎上空风雨大作。“我很怕雷雨”，泡泡说，“小时候，我的一只狗遭了雷击，多可爱的一只小狗。一只滚圆滚圆的黑狗”。

又过了很长时间，维克多示意要关门了。这时雨也停了。我问泡泡住在哪里。“在圣路易岛。六层楼上的一间单间。”我提议陪她回去，她没有拒绝。我们走上大街，马路上湿漉漉的，路灯投下了一缕缕纤细的光线。一辆汽车从暗处开过来，溅了我们一身。圣克鲁瓦·布雷里大街上阒无人迹，只有门廊下偶尔隐现的一两个湿淋淋的人影才表明人类的存在。我们拐向布尔底波大街，穿过里沃利路，进入路易·菲利普桥大街。塞纳河上空大片大片的乌云随着最后一班客轮飘移而去。远处，著名的“银塔”饭店灯火辉煌。我们很快就到了泡泡的住所。交谈片刻后，我们便互祝晚安，分手了。

报社曾派我去世界的某个角落采访一场战争。这场莫名其妙的战争旷日持久。仗越打越残酷，交战的双方损失惨重。我和阿丽娜天各一方，相隔万里。我吃的是大米，量少而简单，晚上睡的是石板。夜里，部队休息时，我凝视着光秃秃的高山上空的点点寒星，心想我多像这个国家的一棵干枯的树木，备受战火的熏烤。

我离开巴黎将近5个月。战地采访归来，报社向我表示祝贺，我写的报道受到了读者的热烈欢迎。我没有忘记阿丽娜，也没有忘记泡泡。我对她除了关怀，别无其他。我揣测她的内心是那样脆弱和忧伤。

回巴黎两天后，我决定去“小巴黎”饭店吃晚饭。还是从前的样子，维克多端坐在一排排玻璃杯后面。他向我打听那场战争，他不明白这是怎么回事。我尽力给他解释。后来，他突然说，“你知道泡泡的事吧，太可怕了!”维克多告诉我，那是在我离开巴黎后的一个星期，泡泡的父亲在一次车祸中丧生。一辆巨型载重卡车撞上了他驾驶的小车，把他轧得粉身碎骨。泡泡很爱她的父亲，从此，她狂饮滥喝。起初，不论是维克多还是本街区我们常常光顾的“夜鸟”“鹦鹉”“奥弗涅火山”“阿里”等咖啡馆的老板都没有把她父亲的死同她的酗酒联系起来。

我告别了维克多，不由自主地来到“鹦鹉”咖啡馆。老板贝尔纳的目光把我引向泡泡。她倒在椅子上，脸埋在手里，睡着了。“她喝醉了。”老板的话使我心里一阵难受。有些顾客在放肆地议论泡泡，言语下流猥亵。“看样子，她连性交都不会了。”我走到泡泡身边，轻轻地托起她那沉浸在悲哀和怀念中的头。她慢慢地睁开眼睛，盯着我，足足有一分钟，仿佛我是外国人，是陌生人。然而，她终于认出了我，叫着我的名字：帕特里克。她的声音嘶哑，双目滞呆无神，两只手心微微渗汗。

这一夜，泡泡睡在我的家里，我把她安置在那张年久失修的长沙发上。

这一夜不论是对她还是对我，都标志着一种地狱般的生活的开端。从此，她紧紧地抓住我，像一个落水遇难的人，像一个受到惊吓的小女孩。

现在，她的脸部浮肿，只几个月竟胖了许多，那少女特有的青春美早已消逝。早晨醒来，喝过滚烫的巧克力，她的大脑尚算清醒，这时，她往往痛哭流涕，自责不该酗酒，给我增添了许多麻烦，她感到内疚，请求我的宽恕。慢慢地，这个我朝夕见惯的街巷变成了充满危险的热带丛林。有些人的眼神仿佛在说：“怎么能和这种女人睡觉?”我不想申辩，告诉他们我并没有和她睡觉。

我还得经常偿还一笔笔数目不小的酒账。我恳求咖啡馆的老板们不要再让泡泡滥饮，以免她在醉酒后被逐出店门。我甚至怀疑老板们是受了某种色情暴虐癖的驱使，一次又一次地请她喝永无止境的最后一杯，泡泡当然是不会拒绝的。

不知有多少次，我把在外面喝得神志迷糊、吵闹不休的泡泡带回家里。有时候，我真想把她赶出门去，同她断绝一切往来。可我不忍心这么做，她那憔悴的面孔深深地打动了我的心。我知道泡泡是无辜的。

不过，确实也有令人愉快的时候。这时的泡泡爱说爱笑，能做美味可口的菜肴，还会帮我这个除了摆弄摆弄打字机，其他一无所长的记者钉钉西服纽扣。这时的泡泡甚至会被马雷老区的精美的浮雕造像所倾倒，对这些艺术珍品赞不绝口。她还许下神圣的诺言，绝不再碰酒杯。可是一切都是徒劳的，无法避免的地狱生活很快又重新开始。

阿丽娜离开我，主要因为我酗酒。我不能再离开泡泡。我们不可能成为情人，但是在现实生活里又难以分离。当她不在我身边时，我为她担忧：她在干什么？她又在喝什么？有没有同仅仅对她的性器官感兴趣的、恐怖可憎的家伙在一起？当她喝醉了酒，昏昏入睡时，我坐在长沙发旁的椅子上，注视着她，一杯接一杯地喝着威士忌。这时。我觉得我们似乎是绑在同一条锁链上的两名入地狱者，注定要遭受同样的磨难。

我失去了阿丽娜，泡泡失去了她敬爱的父亲，可能我们将在一起衰老，首先是我。

我记录了我们共同的不幸遭遇。冷雨叩击着房间的窗玻璃，我煮好汤，准备上街寻找泡泡。每晚例行的寻访又要开始了："鹦鹉""奥弗涅火山""阿里""夜鸟"咖啡馆。

时间不早了。天黑后泡泡免不了要害怕的。

（本文译自1982年10月3日法国《世界报》，译文刊于北京外国语学院《外国文学》1986年第4期，第36～39页）

《西格弗里德情话》

爱德华·布拉塞（Edouard Bracey），当代法国记者。短篇小说《西格弗里德情话》描述了一名自幼接受纳粹思想教育的青年，在法西斯主义的潜网下沉沦难以自拔的心路历程，抨击了战后在西方青年一代中滋长的新纳粹主义倾向。

本文系作者同友人打赌而作：取任意选择的两部文学作品的开头和结尾，创作一则结构和谐的故事。本文的开头取自J.D.塞林格的《九个故事》，结尾取自马尔科姆·劳里的《在火山下》。

几天前，我接到一份从国外寄来的请柬，邀请我参加定于4月18日在英国举行的婚礼。去赴这喜庆之约，我是很愿意的。在接到请柬的瞬间，我真想一步跨越海峡。让吝啬见鬼去吧！可是在同我的妻子、一个处世非常稳重的女人再三商量之后，我们取消了赴约的计划。必须说明，10年前是埃里克卑鄙地抛弃了我，虽然迁流的岁月已使我对旧日的记忆淡忘，可是，海尔嘉，我的妻子对此却记忆犹新。

埃里克要结婚，真是怪事一桩！我们曾同在慕尼黑大学攻读人类学专业，我从没听说过他有任何风花雪月之事。而且，在这方面，他的腼腆近乎病态，即使在忏悔或遭受酷刑威逼时，他也绝不会谈论有关他私生活的任何细枝末节。所以，我想他一定是童男子。

那时我们意气相投，对德意志歌剧有着共同的爱好，瓦格纳的作品尤其使我们神往。虽然，我们对作品中神话故事的丰富多彩赞不绝口，但常常在作品的意义问题上各持己见，争论不休。我更喜欢神话中那富有人情味的一面。笨伯帕西法尔和曾受维纳斯的诱惑、尔后又皈依宗教的汤豪舍比全能的神和英雄更可亲。且以瓦格纳创作的四联剧《尼伯龙根指环》的结尾为例，试问：人们怎么能被以侮辱和厌恶自己的保护人米梅为乐的西格弗里德[1]所感动？——“米梅么，他是犹太人的化身，”埃里克插嘴说。我觉得西格弗里德充其量不过是个短裤打扮的超人的漫画形象。他去森林里追逐鸟儿，唤醒了冒充林中睡美人的肥胖的瓦尔基里，后来饮了“春药”，一切记忆都化为乌有，轻率地同巩特龙结了婚，乔装改扮以后又劫持了林中睡美人，并把她送给其内兄巩特尔，最后竟愚蠢地被哈根用矛刺中背部而身亡！英雄之所以如此脆弱，是因为他们只从一个角度看待问题，他们只有一张脸谱，他们孑然一身。他们缺乏普通人的两面性，所以通常是首先在战场上遭殃。真正的英雄，是死去的英雄。事情本来十分简单。

相反，埃里克却赞美西格弗里德是自由和完美的德意志青年的象征：他们反抗并战胜了国家——沃坦，战胜了银行家——尼伯龙根宝物的守护神，毒龙法夫内尔，战胜了犹太人——米梅和国王尼伯龙。这些言辞使我反感，因为事情同我有直接关系。那时我刚和海尔嘉订婚，而海尔嘉正是富商巨贾之女，她的父亲就是一名犹太银行家。

此外，大学毕业后，我们之间还为筹划创办人类学杂志的事出现过一些龃龉。

根据埃里克对杂志的设想，我俩在发征订通知以前为杂志的出版苦心经营了很长时间。可是收到的预订金额远远满足不了出版的需要，如果没有巨额资金的补充，一切努力必将付诸东流。于是我请海尔嘉的父亲帮忙，本来这是无可非议的事，不过我承认，当时我并没有同埃里克商量。他立即叫他的银行向我提供了一笔为期6个月的贷款，附加的利率是微不足道的。

一天，海尔嘉的父亲来到编辑部。至今我仍不明白他为什么不事先打招呼便突然造访。或许他想亲眼看看我们究竟如何使用他的资金。埃里克同他素不相识，见面后，他始终缄口不言，沉默中蕴含着几分蔑视。海尔嘉的父亲似乎并不介意。他对我们所从事的工作很感兴趣，他什么都想了解。过了一会儿，他毫无恶意地向我建议，如果我们需要，他可以把偿还

---

① 西格弗里德（Sigfried）：一译齐格弗里德，13世纪初德国民间史诗《尼伯龙根之歌》中的英雄。相传他以龙血沐浴，全身刀枪不入，唯背上一小块地方可以致命。里查·瓦格纳的四联剧《尼伯龙根指环》即取材于此。文中提到的帕西法尔、瓦尔基里、巩特龙、巩特尔、哈根、毒龙法夫内尔、米梅等均是该神话中的人物。

贷款的期限延长几个月。埃里克的脸色顿时变得灰白。他冷冷地问我所谓付款期限是怎么回事。我不得不把事情的始末和盘托出。上帝啊，这是多么令人难堪的时刻！埃里克狂怒不已，简直疯了。他把海尔嘉的父亲撵出门外，并大声叫嚷绝不接受犹太佬的资助。接着，他把满腔怒火转向我，指责我是叛徒，同人类的敌人沆瀣一气。说完，他“砰”的一声关上门，走了。

打那以后，我再也没见过他。少了他，这杂志便成了子虚乌有。我很快清理完一切事务，几个月后，我同海尔嘉来到黑非洲，并在这里安了家。我研究本地土著人的部落，为一些专业性的杂志撰稿，还不时出版一两部著作。埃里克大概就是从我的出版商那儿打听到了我的地址。该死的埃里克，这10年来他到底干了些什么？因为不准备参加他的婚礼，我打算给他写一封贺信。至少，我应该这样待他。

4月18日。

前天晚上，我接到埃里克拍来的电报，内容十分简单：“4月18日11点50分飞抵。埃里克。”我驱车前往机场，飞机刚刚降落，乘客们陆续走出机舱。人流中我一眼瞥见一个长着金黄色头发的高个儿。是他，埃里克。当我走近他时，他仿佛才从悠长的梦境中醒来。“你好，埃里克。”“你好，德雷格。”在上吉普车前，我们没有再说什么。10年，要讲的话太多了！由于海尔嘉的缘故，我没有贸然把他接回家。我先带他去“斯塔拉斯”咖啡馆小憩，我们找了张桌子坐下，饮着啤酒闲聊，我若无其事地探询了他10年来的生活。

我们散伙后他去了南美洲。他在那里研究生活在亚马逊河流域的部落，一待就是几年。后来，一场恶性痢疾引起的肠并发症迫使他去英国就医。病愈后，他无意重返热带丛林，不久便在伦敦某大学获得了讲师的职务，并结识了凯特，一名议员的女儿，同她订婚，本该在4月18日同她完婚……“不知怎么搞的，临了，我却不能同她结合。她那个家，我周围的那些人，简直无法忍受……就这样，我给你发了电报，乘第一班飞机到了这里。对不起，别再提她了。”

我把埃里克接到家里。当他在房里整理衣服时，我悄悄告诫海尔嘉尽量把往昔的怨恨搁置一边，别再火上浇油。

埃里克似乎也抛弃了成见。他不再是我们印象中的那个狂热而偏执的人，因此午餐时的气氛也还令人愉快。我们天南地北随便闲谈，当然，大家都有意不提他这次流产的婚礼和10年前使我们分道扬镳的种种不悦。

饭后，我邀埃里克第二天同我结伴，一起去参加库库塔伊部落举行的传统节庆，驾车去那儿需要半天时间。这一邀请似乎令埃里克喜出望外，整个下午他都帮我收拾帐篷和准备野营用品。因为庆祝活动将延续两三天，我们必须就地露营。

库库塔伊部落崇拜骁勇的武士和推许壮烈的死亡。而只有那些不怕死并战胜死神的部落成员才被授予武士的称号。库库塔伊人已多年没有打仗了，他们把对死神的挑战改成一种象征性的仪式。每年都有一些青少年要走下一个同地狱无异的大土坑，他们赤身裸体，各自待在坑底的一隅。土坑里不仅有库库塔伊人的尸骸（这个部落尚不懂土葬），还有已经腐烂的野兽的尸体，以及遭雷击的大树的树墩。

每个库库塔伊少年必须在这个恶臭难闻的骸骨堆里呆3昼夜。第四天，这些武士候选人才能获得自由，重新回到地面上。根据规则，只有那些能够忍受孤独、恐怖、饥饿、干渴和疾病折磨的人才能加入武士的行列。规则是残酷的，如果哪个候选人在接受考验期间缺乏勇气，或者在返回地面时显得过分虚弱，染上了疾病，那么人们会把他再次推下土坑，而这一次将一去不复返。所以，有时在仪式结束后的几周内，那些被尘世所永远摈弃的绝望的库库塔伊人的哀号在村子上空回荡不息，令人毛骨悚然。

今年，5名12～15岁的少年被指定接受考验。人们仔细地帮助他们净身、熏香、佩戴上用铜或金制成的手镯，还在他们的脸部和上半身涂上各种鲜艳的色彩。在他们悉心准备期间，部落的其他成员燃旺一个个巨大的火堆，唱起旋律单调而沉郁的歌曲。

傍晚，5名少年下了土坑，一到坑底他们便无法爬上地面，也不能相聚或交谈。土坑深达30米左右，可是腐尸的恶臭还是扑鼻而来。

夜空比白天更奇特。火堆映射出一缕缕凄淡的光线，库库塔伊武士们机械地朗诵着永无休止的咒语，无数惯于夜间出没的动物飒飒作响，仿佛近在咫尺。

我和埃里克缩在后面，注视着这一切。

“难道还有什么更好的赎罪的办法吗？”他对我说，“如果能熬过来，他们便成了不可战胜的武士；反之，他们将长居地狱。至少这一点是清楚的。绝不会有平庸之辈，因为只有英雄才有生存的权利。道理如此简单，而我们……”

“埃里克，给我谈谈凯特吧。”我不假思索地说。

他犹豫片刻后，凝视着远方，慢慢地说：“我把她杀了，是的，我杀死了她，因为她发现了我的秘密。”我俩身在黑色非洲大陆的深处，一个几乎被外部世界所遗忘的部落，所以他若无其事地告诉我他杀死了自己的未婚妻！我尽量用平静的口吻问：“什么秘密，埃里克？”

他没有回答。他向土坑方向眺望，可是沉郁的目光似乎投得更远，投向一个虚无的梦幻世界。

“你看他们会同意我下去吗？”他突然大声问，“我是说下那个土坑。”

“埃里克，说正经的，你不觉得……” “喂，来吧！咱们一起去见酋长。”

怎么办？难道假装向他让步不是上策？酋长端坐在武士们之间。我同他很熟，所以他立刻接受了我们的请求，条件是埃里克必须遵守这项活动的全部规则，3 天限期届满前不得乞求返回地面。我同意埃里克这一荒唐之举，仅仅是为了争取时间，一有可能，我就想悄悄离去，向附近的政府机关报告。

武士们替埃里克脱去衣裤，替他沐浴熏香，在他的脸上和上半身涂抹不吉利的色彩。一切都准备好了，在陪送者送他去土坑前，他向我走来。

“别了，德雷格。我知道，你准以为我疯了，不过，你错了。我下到坑底后，你去翻翻我的钱包，你会明白很多事情的。别了，德雷格，我总是努力，想成为你的好朋友。”说完他倏地转身，随库库塔伊武士走了。他扶着绳梯爬下坑底，绳梯随即被拉上了地面。

我匆忙找到他的衣物用品。钱包里有他的身份证，有一张梳着短发的棕色姑娘的照片，还有一张揉皱了的德国红十字会签发的证明书，上面写着：“德国红十字会，汉堡，1947 年 6 月 14 日。号码：05569；姓：不详；名：埃里克；眼睛：灰色；头发：金黄色；出生年月：1935 或 1936 年；出生地点：巴伐利亚州，施泰因赫林优等种族研究中心[①]。该中心关闭以前，他一直在那里接受纳粹思想的教育。1945 年被红十字会收容，1947 年转交纽伦堡贫民救济所抚养。”我感到一阵眩晕，脑袋开始昏乱。

① 优等种族研究中心：纳粹男女党徒为创造所谓“新的高等种族”在那里同居、繁衍后代。

“埃里克!”我边喊边奔向土坑，“埃里克，回来!”

突然，他大声吼叫，声音仿佛从一棵树折射向另一棵树，回音四起。树木也似乎动了恻隐之心，相互靠拢，一棵棵紧紧地挤在一起，向他弯下枝头……

他下去后，有人向土坑里扔下一条死狗。

（本文译自1982年1月10日法国《世界报》。译文刊于《外国文学》1987年第4期，第23～26页）

附录

专访　徐真华：喜欢探讨人生的文学

徐真华，1950年生于江苏无锡，1975年毕业于广州外国语学院（以下简称“广外”），后由国家派赴摩洛哥王国五世大学法国语言文学系进修，1977年返回广外法语系任教。20世纪八九十年代先后赴法国新索邦大学和加拿大蒙特利尔大学研修法国现当代文学和高等教育管理。1995—1998年在广外国家级重点学科外国语言学及应用语言学中心攻读并获颁应用语言学博士学位。教授、博士生导师，曾任广东外语外贸大学校长、党委书记。主要著作有：《理性与非理性——20世纪法国文学主流》《法国文学导读——从中世纪到20世纪》《文学与哲学的双重品格——20世纪法国文学回顾》《从广州年轻人的语言态度看语言与社会的互动关系》《米兰·昆德拉：小说是关于存在的诗性之思》等。曾主持广东省高校人文社科重点研究项目“20世纪法国小说的‘存在’观照”，广东省“211工程”第三期重点学科建设项目“全球化背景下的外国语言文学研究”。

在徐真华的简历中，有着很吸引人的一段描述，他不仅是一位有着丰富治学经历的学者，还曾是大学的校长、党委书记。学术和行政职务兼顾的他，在2003年被评为“广东省高等学校十大师德标兵”。他说：“我最欣赏那些把文学、哲学和文化结合起来探讨人生的法国文学家。”也许正是丰富的阅历和多样化的身份，让他偏爱那些探讨人生的文学作品。

文学青年的好底子

和大多数同龄的知识分子一样，徐真华也是从工农兵学员变成为一名大学生。读大学的时候，他已经22岁了。从小喜欢文学和历史的他，在学习条件艰苦的情况下仍然读了很多书，小学到中学，他一直喜欢外语，爱写文章。

那个年代选大学生，不像今天的高考，考察重点是能否和乡下的农民劳动、生活在一起，有没有和贫下中农打成一片，这是能否顺利进入大学的重要指标。“我在苏北乡下的4年，每天都和他们‘泡’在一起。过了这关，再经过大队、公社推荐到县里，上百名知青一起参加考试。”徐真华说：“当年广外（当时的广州外国语学院）在江苏招了18个人，其中17个是当地知青，只有我一个是从城市到苏北去插队的。”徐真华把他顺利进入大学学习归功于幸运和自己那篇写得还不错的考试作文。

“可能是有学英语的底子吧，我学法语的时候，没有遇到太大的困难。”他回忆说，“那个时候，学生最怕听写了。譬如一篇两三百字的听写，大家普遍都会有二十几处拼写错误，但我一般很少会出错”。他学法语的感受和不少从事了多年法国文学研究的老师差不多，那就是轻松而快乐，学习并不是负担，这也成为他们能够一直在法语这条路上走下去的重要原因。

丰富的法国文学治学经历

说起学习经历，徐真华最初的感受是，上了大学，生活开始变得安稳，而最重要的感受是能吃饱饭了。再就是觉得自己很幸运，原来的那些优秀的同学，绝大多数都还在乡下种地，自己却有了上大学的宝贵机会。“我当时就非常明确地告诫自己，一定要把书读好。吃了4年苦，终于有这个机会进入一片完全不同的天地，这是一个莫大的转机。”

强大的动力，加上以前英语学得比较好，徐真华的法语成绩一直名列前茅，大学毕业前就被提前选拔为出国留学的培养对象，学成归国后再留校任教。1975年，他和北外（当时的北京外国语学院）、上外（当时的上海外国语学院）的几名同学，一起前往摩洛哥王国五世大学学习，那里的法国文学系全是由具有法国大学教师资格的法国教师授课。“也就是这次留学的两年时间，为我们打下了比较好的听、说、读、写的法语基础；包括我后来回国当老师，都得益于这至关重要的两年学习。”

在国外留学的日子里，徐真华最大的感受来源于不同文化造就的不同生活方式。作为曾是“法国保护国”的摩洛哥，既具有浓厚的阿拉伯风情，又兼备法国文化的气质。对于中国留学生来讲，除了中国的“母文化”和法国文化外，在这里体会到了“第三种文化”。“这段经历培养了我们包容、宽容的处世态度和多元的文化视角。”徐真华回忆：“那个时候中国还比较封闭和贫困，人们的思想单一，穿着只有一种款式。但摩洛哥尽管是伊斯兰教国家，首都拉巴特已经比较开放。在我看来，那里人民的生活已经达到了小康水平，虽然贫富差距仍很明显，乡下的生活也比较苦，但城市居民已经过上了不错的日子。”

从当时较封闭的中国前去学习的留学生们，已经在那里看到了第三世界国家的发展，一个全新的发展前景在眼前铺展开。除了多元文化带来的冲击外，摩洛哥的学习经历也使徐真华和他的同学们在法国文学的学习上收获丰厚，因为文学课程所占的课时比例是最大的，加上人类思想发展史和艺术发展史这类课程的辅助和支撑，使文学的内容变得更加厚重。

在国内学习时，徐真华的主要研究内容是18、19世纪比较传统的批判现实主义的法国文学作品；到了国外，更多地接触到20世纪一些作家的作品，他的兴趣也随之转向了现当代法国文学，因为这类作品更关注人的存在的多种可能性，更具现代气息。

“比如马尔罗，”他举例说，“我对他就很感兴趣。包括莫里亚克也是，所以10年后，当我有机会再到法国去留学的时候，把马尔罗作为我学位论文的研究对象”。

现代法国文学关注“人的存在”

和徐真华年龄相仿的学者，大都喜欢经典的传统法国文学作家和作品，他认为这是源于一种相互契合的原因。“那个时期的法国文学作品关注现实，属于批判现实主义的类型，这类作品聚焦基层老百姓的生存状况，透视人的喜怒哀乐以及情感生活等。比如司汤达，他关注的是新兴资产阶级青年如何为自己争得地位、如何获得爱情、如何奋斗成长等等。这同新中国成立以后几十年崇尚现实主义文学作品是一致的。”

徐真华认为，到了20世纪，法国文学有了比较重大的转向，虽然文学作品仍写现实，但重心却转移到关注和研究“人的存在”上来。就像昆德拉所说：“文学不研究现实，而是研究存在。”因为人的存在被遮蔽了，被意识形态、被技术工具、被社会的种种习俗和宗教的各种观念以及人类自身追求物质生活的目光所遮蔽。因此，文学应该将这些遮蔽去掉，它承接了敞亮存在，关注存在的重要使命。

现代主义法国文学作品所彰显的超现实主义、存在主义、新批评主义、新小说、荒诞派文学等等，正是要揭示人存在的各种可能性。也许生活是困苦的，甚至是无望的，但人可以通过自身的努力，给自己的生活发现意义和价值，也就可能会创造另一种不同的存在，而不要安于自己的“命”。

“我在和研究生讨论法国文学家和他们的作品时，比较注重挖掘他们作品背后想要传达的信息。”徐真华说：“我最欣赏现代作家的地方就在于他们把文学、哲学和文化结合起来探讨人生，这是一种超越。就像马尔罗，他不仅是一位文学家，还是社会学家，更是个悲天悯人的文化哲学家。年轻时，他崇尚革命，他在20世纪20年代末和30年代初创作的几部作品中，描绘了东方民族面对痛苦和死亡所表现出的从革命中寻找尊严的强烈愿望，以及对自由、和平的热切追求。”

马尔罗不懈地透过文学作品的形式来探索信仰的本质和含义，表现人类与命运进行抗争的强烈愿望，并且颂扬能够战胜死亡而成为永恒的艺术创造。对于他来讲，死亡令人的肉体消灭，但艺术以及艺术形式却可以创造出生命的永恒。

徐真华很欣赏这样有思想的文学家，他认为他们可以通过文学作品描绘生命的尊严和自由，表达对人性、异化，对潜意识、非理性，对生、死以及人的尊严等很多形而上的思考、追问和反思，这些都和中国的文学作品不甚相同。

“莫言荣获了诺贝尔文学奖”。谈到法国文学和中国文学的比较时，徐真华说起了莫言。“我跟学生们讨论，为什么他能获奖，学生说因为他的作品是乡土文学，反映了他生活的那片土地上人们的喜怒哀乐。但我想这个答案不全对，因为乡土文学作品很多，美国有、法国有，中国和印度也有，为什么偏偏是莫言呢?”

徐真华认为，莫言的作品可以引导人们去思索，就像他提到的那些法国文学家一样，作品中充满了对人的关怀和对人性的拷问，而这已经远远超越了文学作品让读者一起高兴或落泪的教化层面。也正是这类作品，共同创造了世界文学的辉煌。

（欧洲时报网　特约记者冷雨晴　北京报道，2014年10月）

剑胆琴心：徐真华先生的岁月坚守

张向荣

又是一个暑假渐渐远了，新的学期伴随秋意而至，所有事物的新起点都铺天盖地而来。这样一个阳光炙热的午后，窗外绿意盎然，而我正怀着虔诚的心境校阅手中的文稿，这是法国文学专家徐真华教授多年学术成果的集成。

去年接近圣诞节时，传来消息：徐真华获评广东省“第二届优秀社会科学家”称号。在众多外国文学理论家中脱颖而出，这非常不容易，也让人感动得不知说什么好。但得知这一消息的刹那间，我却十分平静，我觉得这个荣誉颁给徐真华先生再正常不过了。但我依然真切地高兴，既为这荣誉，也为徐先生多年的学术积累和硕果终有了应得的回报。

作为他曾经的博士研究生，今日众多徐门弟子中的一位，自从我考入徐先生的门下后，就开始踏上了文学的朝圣之路，满怀超越理想的激情。年少轻狂，面对如山的书籍和众多的理论却不知如何着手，是徐先生的循循教导让我对文学的认识更加清晰，也渐渐有了较为准确和实际的定位。在老师的指导下，我阅读了大量外文和中国文学理论等方面的文献，从纷繁芜杂的资料中抽丝剥茧地发现具有论证价值的线索和亮点。我在撰写博士毕业论文时，大胆假设，小心求证，当论文能如期付梓，内心对师恩的感激溢于言表。

写到这里，大家似乎已经明白，徐真华先生是一位教育家，但首先他是法国文学研究专家。他的人生是一种让生命变得更美好的勇气、让学问深入骨髓的艺术。先生生于无锡，历史悠久的江南文化赋予他笃实的人文土壤，而自学自强的家学底蕴则润泽了他儒雅祥和的气质，这些为他以后蜚声外语学界奠定了扎实的基础。

徐先生早期从事法语教学及语言学研究，兼及翻译，后来转向法国文学研究。虽然历经转换，但他在每个领域都做出了卓有成效的贡献。在教学岗位上，他兢兢业业，几十年如一日，认真教学，悉心培养学生，受到学生一致拥戴，“有幸遇到徐老师，他让我们 4 年的大学生活过得充实而有意义”。这几乎是校庆 50 周年回校“省亲”的法语学子们的共同心声。

因其热情而富有实效的教书育人业绩，早在20世纪80年代，徐先生便数次获得由广东省人民政府授予的“立功证书”及“优秀青年教师”称号。在多年的教学实践中，徐先生积累了厚实的法语教学经验及习得体会，并细致整理分类，形成著作或论文，如专著《理论·模式·方法——外国语高教研究》《中国学生易犯的法文错误分析》，论文《用词造句要注意逻辑——法语病句分析举例》《对外国语言教学与研究中几个问题的思考》《外语基础教学三题》《试论文学教材与外语学习的关系》《法语精读课教材的注释原则》《教材练习问题随想》等，这些著述为国内的法语教学提供了鲜活的实践案例，具有重要的教学参考价值。在教学的同时，徐先生致力于应用语言学及社会语言学研究，尤其关注法语和汉语新词产生的社会现象研究。他用法文撰写的专著《新词与社会互动关系研究》在法国 L'Harmattan 出版社出版，此外，他还陆续用法语或汉语撰写了《言语行为中的新词》《广州地区的多语混用与社会语言学》《从广州年轻人的语言态度看语言与社会的互动关系》《法语汉化现象浅析》《语言与文化——从诗与歌看法国的俚语俗语》等大量具有重要学术价值的论文，并相继发表于《现代外语》《外语教学与研究》《法国研究》等国内语言类权威期刊或文学文化类期刊上，在语言学界反响强烈，并数次获得广东省社科优秀成果奖。徐先生提倡交际过程中关注本土语言与外来语言的“语码转换、形式混合、语言变体、普通话、方言和外来语夹杂等现象”①，不同语言的交互使用必然产生基于多种语言合体的新词。徐真华先生关注语言背后的文化现象对语言流变的影响，他对广州地区年轻大学生的语言使用情况进行实地调查，得出结论，认为“处于同一文化背景的各种区域语言及其相应的语言变体，与具有不同文化特点的不同语言体系一样，它们在相互接触时面临的不只是一个理解言语行为的问题；它们还要面对如何做出言语行为的问题”②。他还以法语诗歌为例，通过研究诗歌的韵律考量得出结论：“事实上，语言学研究的终极目的就是应用，就是通过揭示语言发展的历史规律、社会规律、心理规律和应用规律，教会人们怎样更合理、更有效、更得体地使用各种文化背景中的各种层次上

① 徐真华：《从广州年轻人的语言态度看语言与社会的互动关系》，载《外语教学与研究》2008年第4期，第310页。

② 同上，第313页。

的语言，在逐渐被信息高速公路连成一体的现代文明社会里，协力建造和平、发展、繁荣的通天塔。”① 徐先生语言研究的著述及观点引起法语学界人士的关注，其观点也常常被学者引用。语言是文学、文化的载体，也正是对语言及其研究的开放态度，使得徐先生在日后的文学及文学批评研究中能透过文字，细致挖掘创作者的心灵本质，把握他们的创作温度，更显得心应手。徐先生在语言研究的间歇中还进行法汉或汉法翻译，早年所译法国知名作家的短篇如《泡泡》《西格弗里德情话》等在国内权威期刊《外国文学》上发表。因其笃厚的中国传统文学底蕴和扎实过硬的外语功夫，徐先生的译作文字优美，表达典雅，不啻是对原作者的体贴和致敬。

以外语教学和应用语言学为研究起点，徐先生在探究语言领域的同时，也在探究语言所承载的上层建筑——文学和文化问题，亦即作为语言的精神家园的文学的生命本质问题。徐真华先生在几十年的法语语言文学教学中，发现“一本书只有当它对人类和世界提出疑问时，或者说，只有当它能把心灵世界、现实世界和形式世界结合起来时，才具有生命力”②。因此，他从语言的樊篱走出来，对文学、文学史及文学批评进行了追踪溯源式的描述、探寻和阐释。文学作为一种“已存在经验”，可以囊括人类思想的基本元素，因此，徐先生在研究文学的同时，更关注对文学中哲学元素的提炼，也努力在哲学中勘正文学的轨迹，并积极将哲学纳入到文学批评的视野中。这个过程不是随意的想象，而是从多年精耕细读的渐觉中顿悟出来的文学本真，是建立在实践基础上的事实逻辑。具体到研究对象，徐先生以法国文学为切入点，条分缕析地解读作者与文本之想说与已说，综合分析作者生平经历和社会文化带给他们的创作影响，从字里行间解读文本中隐逸的人生思考，系统总结特定历史时期下作家及其文学作品背后所隐藏的哲学脉络。他的研究让文学的光华在岁月的流沙中慢慢展现，让哲学的品格于优美的文字之间细细流淌，显得纯粹而有力度。

徐先生的文学研究及批评大致经历了三个阶段：早期的文本阐释，中期文学批评中哲学品格的形成，后期文学研究中“意识”的透视。早期

---

① 徐真华：《语言与文化——从诗与歌看法国的俚语俗语》，载《现代外语》1996 年第 3 期，第 5 页。

② 徐真华、黄建华：《文学与哲学的双重品格——20 世纪法国文学回顾》，上海：上海外语教育出版社 2008 年版，第 5 页。

的文学批评著述如:《评帕尼奥尔的〈窦巴兹〉》《试论安德烈·布鲁希的文学批评观》《雨果、缪塞、乔治·桑——浪漫主义文学大师的感情世界》《深情的土地——试评〈陈尸台〉的艺术特色》《自由解放的悲壮颂歌——〈愤怒的囚徒〉简评》等。这些文学批评透过细致剖析文本所再现的历史画面,搭建了读者与作品之间融通的桥梁,让读者能轻而易举地走进创作者的内心世界,感受作者们对过往的情结、对旧日光阴的恋恋不舍,也让读者轻易感知到某个时代所传递的灵魂,从历史中得到生活的启示。就像徐先生所言:"读完这部小说,你也许会掩卷而思,从人类历史的往昔想到人类历史的今天乃至未来,你会感到小说记叙的一切尽管已经成为历史的陈迹,但它依然同我们息息相关,我们依然可以从中得到教益,吸取力量。"① 在审慎评析的时候,徐先生也深知文本必然有它的局限,而且作者已经述说的必然大于他想说的,所以他善于从作者写作的局限性中走出来,透视文本之外的言说意义,捕捉社会背景、人物境遇及文化承载所赋予的价值内涵,而给予读者某种情节之外的想象灵感。徐先生早期的文本阐释精炼细致,读后,我们仿佛也身临文本设定的语境中。是的,看起来这一切都很平常,然而,对于文学批评者来说,这是一个历险而艰辛的过程,并不亚于对作品的二次创作。文本作者的心思是复杂的,文字背后的隐喻更是真真假假,稍有不慎就会被作者时不时的迷局所蒙蔽。这就需要评论家们细致地阅读、清晰地梳理、智慧地取舍、巧妙地对接,甚至要能从繁芜的话语逻辑中剥离冗余信息,呈现那些关键思想。能做到这些的确难能可贵,但对于徐先生,这是再正常不过的学术功夫。正是这样扎实的学术功底,他能轻易将研究从早期对文本的细读阐释迅速跃升至构建文学的哲学品格的高度,这是徐先生文学批评的第二个时期,也是形成他独特的文学宗旨的重要时期。从《文学的嬗变——20 世纪法国文学辨正》《文学批评与文学创新》等著述到《独立鲜活的文学品格》《米兰·昆德拉:小说是关于存在的诗性之思》等一系列发表于《外国文学研究》《学术研究》类权威期刊或其他集子中的论文,确立了他对于文学批评的基本理念。其专著《20 世纪法国文学回顾:文学与哲学的双重品格》(与黄建华先生合作),是徐先生在该时期文学思想的主要集成。

① 徐真华:《自由解放的悲壮颂歌——〈愤怒的囚徒〉简评》,载《外国文坛》1991 年第 4 期,第 130 页。

此著作传递给读者这样的信息：文学的存在不仅仅是文艺的一个门类，文学也是一种哲学精神，是作者通过文字在精神世界对所存在的世界与读者达成的共鸣或者给予读者的启示。这种共鸣或启示不但引发读者对世界、对命运、对生死、对爱恨、对价值观的新认识，它们也寄予了对现存文学的精神状态进行哲学改造的期望。正是通过这样理性而磊落的哲学思考，徐先生将文学从作者、文本到读者这一单纯的批评阐释过程抽检出来，用多元化的学术视角保留了文学面对世界的全貌，并凸显了哲学对于文学的价值。尤其是处于中西方文化交流的关键时期，提炼并呈现中西方文学的哲学碰撞是文学批评者必备的功课，在这一点上，徐先生有他独到的见解。他在《外国语言文学系列丛书》[①] 出版序言中写道："要了解古希腊、古埃及、古印度、古巴比伦文明的历史，要感受罗马帝国的辉煌和文艺复兴的灿烂，要领略工业革命和西方哲学的魅力，要把握当前国际社会发展的律动和人类进步的脉搏，外国语言文学仍然是一种十分重要而必不可少的工具、载体和媒介。"是的，徐先生秉承这一文学理念，将哲学引进到文学批评中，扩展对文学本质阐发的宽度。的确，一本书也好，一种思想也好，它们都或多或少地反映那个时代的脉搏，从某种意义上说，文学与哲学的灵魂是同步的。文学不计代价，为着那一季人世间的精神风貌而倾其所有地绽放，哲学则将它们的华丽影像抽检出来升华为永恒。人，终究会老去，但，思想之花永不凋零。徐先生对文学的追问，孜孜不倦，孜孜以求。当他抽丝剥茧提炼文学的哲学思考时，发现文学阐释体现在哲学的最高境界就是人道主义。因此，对于"人"的存在、人性意识的重构，成为他文学批评第三个时期的重要内容。徐先生认为，哲学的终极目的是"对生命的尊重，对存在的诘问，对爱情的向往，对自由的憧憬"[②]。每个思想火花的本质都是将人性置于至高无上的位置，《论马尔罗的艺术形式理论》《让－保罗·萨特：存在文学与自由追寻》《跨越时空的人性光芒——莫里亚克对现代女性意识的重构》《传统精神与现代视野》《叩问杜拉斯：孤独美学的另一种绝唱》等论文相继问世，尤其是发表于台湾

---

① 广东省"211 工程"第三批重点学科建设项目"全球化背景下的外国语言文学研究"成果，徐真华主持。

② 徐真华：《跨越时空的人性光芒——莫里亚克对现代女性意识的重构》，载《哲学与文化》，《台湾辅仁大学学报》2013 年第 5 期，第 35 页。

辅仁大学《哲学与文化》期刊上的《跨越时空的人性光芒——莫里亚克对现代女性意识的重构》，在流畅清丽的文字背后是对人性的关怀、对生命本质的热爱、对人之初心的悉心呵护。这让我们看到的不仅仅是一位学者，更是一位使者，以一颗虔诚之心和坚韧的勇气，铺出一条现代理性与传统理性完美结合的文学"人本"之路。是的，文学精神的终极目标是关怀人性，是人之为人的本性。然而，从人类学角度看，人的本性与大自然的天性是和谐统一的还是存在二律背反的可能？徐先生告诉我们："人生活在这个由类主体组成的世界上，他不应该是孤立的，而应该与客体在一起，与其他主体在一起。这种主体间性的相互作用构成个体自由的大背景。"① 在此，徐先生为我们树立了榜样，人性与自然要达成和解。在人性面前，自然是敦厚的孩子；而在自然面前，人性只要历经苦难，依存自然，创造个性，坚守初心，那么"伟大的生命，纯朴的关怀"就从来不会缺席。记得徐先生曾经说过"立足平凡，追求卓越"，虽然这是他对现代大学生的谆谆教诲，但又何尝不是他警醒自己的座右铭？现代社会，各色文学粉墨登场，红尘滚滚犹如痴客，都对这人间悲欢异常"脉脉情深"。然而，谁又知"风过红尘"后哪些文字更值得我们挽留？所幸的是，还有徐先生这样纯粹的学者在默默耕耘，精挑细选，只为浪里淘沙，让经典再现。

徐先生的著述因超越的思想、独特的分析视角、优美流畅的文笔，曾分别于2010年和2014年两次获得广东省哲学社会科学优秀成果奖。他的论文《米兰·昆德拉：小说是关于存在的诗性之思》《跨越时空的人性光芒——莫里亚克对现代女性意识的重构》被知名的学术权威数据库A&CHI收录，他的部分著作被法国和东南亚一些著名大学收藏。不止于此，徐先生深知学术传承的重要性和紧迫性，积极承担提教后生的重任。在任博士生导师的近20年生涯里，徐先生严谨治学的态度、审悉正直的为人、德隆望尊的师风给学生树立了真正学者的榜样。他常常教导学生要紧紧抓住生命的碎片，捕捉学术的闪光点，不断创造学术的独特性、差异性，让学生以积极的态度发现并攻克未知的学术阵地。在徐先生的悉心教导和立德立言立功的教诲下，多名学生的毕业论文获颁"优秀博士毕业

① 徐真华：《让-保罗·萨特：存在文学与自由追寻》，载《文心》2009年8月第三辑，暨南大学出版社2009年版，第6页。

论文”，并且这些毕业生在各自工作岗位上勤奋向学，正在成长为学术力量的中坚。在繁忙的工作之余，徐先生还主编了系列文学教材，如《理性与非理性——20世纪法国文学主流》《法国文学导读——从中世纪到20世纪》等，为学生们烹制了精神食粮的饕餮盛宴。其中《理性与非理性——20世纪法国文学主流》早在2001年被国务院学位办指定为研究生专业教学推荐用书。《法国文学导读——从中世纪到20世纪》被列为“十二五”“十三五”国家规划教材，重印8次，被国内约30所高校的法语系当作本科生或研究生法国文学教材。相对于宏大的教育世界，相对于古往今来的圣人巨著，这些著作更像爱的插曲，不虚美不隐恶，字字珠玑，切切叮咛，唯诚望后生潜心静气，修千日之功，成栋梁之材。在担任广东省“211工程”第三期重点学科建设项目“全球化背景下的外国语言文学研究”主持人期间，他带领学术团队创新精进，团队成员学术成果丰硕，发表论文40余篇、出版专著25部。在此期间，他还挖掘培养出一大批外国语言文学方面的青年才俊。

徐真华先生在2000—2010年担任广东外语外贸大学校长、书记期间，将自己的治学理念、教育思想融会贯通于他的理政方针中，他抓住机遇、爱惜人才，为大学发展带来了勃勃生机。10年不过是人类历史长河中的沧海一粟，然而，对于一地一物或一人则具有非凡意义。无疑，在有限的时间里，徐先生夯实了广外高等教育的生命厚度。因在语言教育和研究、法国文学、中法文化交流等诸多方面的影响力，徐先生于2009年3月被法国政府授予“法兰西教育骑士勋章”①，以奖励他为中法教育和文化事业做出的杰出贡献。这荣誉，实至名归。

徐真华先生做学问如此，做人亦然。他对学生们亲切平和，尽力提携，对学者朋友更是以诚相待。徐先生终其半生爱学术，倾尽热血为教育，鞠躬尽瘁。也许，在他的心目中，只有“做学问”和“为他人”是清晰的，这是他终身的主题，却也在不经意间彰显着人生魅力。闲暇时光里的神来之笔，每每释放出江南才子特有的细致、沉静与柔中有刚的豪迈之气。追忆岭南学人程贤章老先生，惜才挽留著名语言学家钱冠连先生，

---

① 骑士勋章是法国的荣誉勋章，由法兰西皇帝拿破仑创立。原来主要授予在战争中立功的法国公民。1963年，在戴高乐总统的倡议下，重新设立骑士勋章，作为法国政府国家级最高荣誉，授予国内外杰出人士。

剑胆琴心，止于至善。而《塞纳河诗情》《雨果、缪塞、乔治·桑——浪漫主义文学大师的感情世界》，这些优柔细腻的文字，犹如心灵捕手，在喧嚣的尘世为读者寻得一隅休憩的港湾。用平静至简的文字换来精神的家园，用质朴中不乏抒情的叙述克服现实的脆弱，徐先生深知“人都是在不确定中长大的孩子”，然而，“剑胆琴心，坚守本真”的他，始终让我们感动。

撰于云山语轩　2016. 9. 10

徐真华主要著述目录（含合作）

一、著作

[1]《中国学生易犯的法文错误分析》，台湾志一出版社1997年版。

[2]《理论·模式·方法——外国语高教研究》，海南出版社1997年版。

[3]《理性与非理性——20世纪法国文学主流》（法文版），外语教学与研究出版社2000年版。

[4]《新词与社会互动关系研究》（法文版），巴黎L'Harmattan出版社2001年版。

[5]《法国文学导读——从中世纪到20世纪》（法文版），上海外语教育出版社2006年版。

[6]《文学与哲学的双重品格——20世纪法国文学回顾》，上海外语教育出版社2008年版。

[7]《20世纪法国小说的“存在”观照》，暨南大学出版社2011年版。

[8]《全球化背景下的外国语言文学研究丛书》，上海外语教育出版社2012年起陆续出版。

[9]《SPT人才培养模式的探索与实践》，中央文献出版社2014年版。

二、论文

[1]《评帕尼奥尔的〈窦巴兹〉》，《现代外语》1983年第3期。

[2]《深情的土地——评〈陈尸台〉的艺术特色》，《外国文坛》1984年第1期。

[3]《自由解放的悲壮颂歌——〈愤怒的囚徒〉评析》，《外国文坛》1991年第4期。

[4]《西欧六国极右势力透视》，《国际纵横》1993年第1期。

[5]《试论安德烈·布鲁希的文学批评观》，《加拿大文学论文集》，

译林出版社 1993 年版。

[6]《城市感悟派诗人内佛和他的诗》，《加拿大透视》1994 年第 8 期。

[7]《雨果、缪塞、乔治·桑——浪漫主义文学大师的感情世界》，《外国文化研究文丛》，华南理工大学出版社 1997 年版。

[8]《塞纳河诗情》，《外国文学文化研究文丛》1997 年 1 月。

[9]《加拿大的移民政策与多元文化》，《中国心，枫叶情》，广东高等教育出版社 1998 年版。

[10]《中外文学与文化论集·序》，华南理工大学 2001 年版。

[11]《21 世纪法学丛书·总序》，中山大学出版社 2002 年版。

[12]《论马尔罗的艺术形式理论》，《辽宁大学学报》2003 年第 2 期。

[13]《在纪念梁宗岱百年诞辰学术研讨会上的讲话》，2003 年秋。

[14]《独立鲜活的文学品格——〈法国文学导读——从中世纪到 20 世纪〉》，《广东外语外贸大学学报》2007 年第 3 期。

[15]《米兰·昆德拉：小说是关于存在的诗性之思》，《外国文学研究》2008 年第 4 期。

[16]《让-保罗·萨特：存在文学与自由追寻》，《文心》第三辑，暨南大学出版社 2009 年版。

[17]《法国文学他化的启示》，《学术研究》2010 年第 2 期。

[18]《站在未来的地平线上》，《南方日报》2010 年 7 月 11 日。

[19]《现代思维·现代人才·序》，世界图书出版公司 2010 年版。

[20]《传统精神与现代视野——女性文学之辨正》，《外国文学》2012 年第 6 期。

[21]《程贤章和他的珍贵藏书》，《岭南文史》2012 年第 2 期。

[22]《全球化背景下的外国语言文学研究丛书·总序》，上海外语教育出版社 2012 年版。

[23]《跨越时空的人性光芒——弗朗索瓦·莫里亚克对现代女性意识的重构》，台湾辅仁大学《哲学与文化》2013 年 5 月第四十卷第五期。

[24]《信息传播与可持续发展——中国传统文化的贡献·序》，浙江大学出版社 2014 年版。

[25]《阅读钱冠连》，《当代外语研究》2014 年第 6 期。

[26]《玉质金声读紫云——著名作家程贤章和他的“百砚斋”》,《岭南文史》2015年第3期。

[27]《方寸之间,气象万千——程道树书法篆刻鉴赏》,广东人民出版社2015年版。

[28]《叩问杜拉斯:孤独美学的另一种绝唱》,《广东社会科学》2016年第4期。

三、译著

[1]《泡泡》,安德烈·洛德著,原载1982年10月3日法国《世界报》,译文刊于《外国文学》1986年第4期。

[2]《西格弗里德情话》,爱德华·布拉塞著,原载1982年1月10日法国《世界报》,译文刊于《外国文学》1987年第4期。

[3]《陈尸台》,广东人民出版社1986年版。

[4]《法国司法黑案》,与龚毓秀老师合译,四川人民出版社1988年版。

[5]《愤怒的囚徒》,与麦梅娟老师合译,南海出版公司1991年版。

后 记

本书收入笔者自20世纪80年代以来，在法国语言教学与研究、法国文学研究以及文化哲学等领域的著述，除小部分摘自作者的有关著作外，大都选自散见于各个时期报章杂志的文章。正文分为三部分：第一部分：法国现当代文学评述，包括21篇文章；第二部分：语言教学与语言研究，涵盖作者对外语教学方法、教材编纂、新词语等方面的研究；第三部分是两篇译作。笔者自忖才疏学浅，编选之余，内心更觉个人努力之不足，阐述的学识观点尚有不少改进之处。

本书由广东外语外贸大学外国文学文化研究中心张向荣教授负责选稿和编辑，并统筹全部中文的校审及终稿修订工作，陈穗湘教授领衔审校了全部法语文字。

本书在成书过程中还得到浙江越秀外国语学院中文学院余晓栋副教授、广东外语外贸大学词典学研究中心王淑艳博士、浙江越秀外国语学院西语学院葛金玲副教授和广东外语外贸大学文印中心杨焕英女士的热情帮助。

感谢广东省社科联姜波博士、张杰炜老师，感谢中山大学出版社嵇春霞副编审、刘学谦编辑，他们对本书从选编原则到书稿校订、编辑出版给予我无私帮助，对他们的真诚付出一并致以衷心的感谢。

徐真华

2016年10月20日